国家社科基金
GUOJIA SHEKE JIJIN HOUQI ZIZHU XIANGMU
后期资助项目

U0807158

RESEARCH ON
ALASDAIR MACINTYRE'S
MARXIST THOUGHT

阿拉斯戴尔·麦金太尔
马克思主义思想研究

张 晓◎著

上海辞书出版社

国家社科基金后期资助项目
出版说明

后期资助项目是国家社科基金设立的一类重要项目，旨在鼓励广大社科研究者潜心治学，支持基础研究多出优秀成果。它是经过严格评审，从接近完成的科研成果中遴选立项的。为扩大后期资助项目的影响，更好地推动学术发展，促进成果转化，全国哲学社会科学工作办公室按照“统一设计、统一标识、统一版式、形成系列”的总体要求，组织出版国家社科基金后期资助项目成果。

全国哲学社会科学工作办公室

序　何为“西方马克思主义”？一百年后的中国再审视

1923 年是 20 世纪马克思主义发展史上的传奇之年：是年 5 月圣灵降临节期间，德国犹太富商之子、左派知识分子费利克斯·韦尔（Felix Well）发起并赞助第一个“马克思主义工作周”，参与者是 24 位与共产党有关的青年左派知识分子，讨论的主题源于两部即将出版的理论著作，即流亡的匈牙利共产党人卢卡奇·格奥尔格（Lukács György）的《历史与阶级意识》和德国共产党人卡尔·柯尔施（Karl Korsch）的《马克思主义和哲学》；①随后，一种新的马克思主义理论传统在德国学院体系中悄然出现，先如春雪初融，后如大河奔流，最终成为深刻影响 20 世纪西方思想发展格局和走向的四大哲学主流之一，②这个思潮就是 1974 年由佩里·安德森（Perry Anderson）命名和定义的“西方马克思主义”。自从 20 世纪 70 年代末 80 年代初被引入中国，“西方马克思主义”在争议中得到充分研究，被公认是 20 世纪国外马克思主义发展史上最重要的一个思想流派，而佩里·安德森的定义也得到国内学界的最广泛接受。“滚滚长江东逝水，浪花淘尽英雄。是非成败转头空。青山依旧在，几度夕阳红。”如今，在处于全新历史方位的中国，当我们再度回看，自然会对何为“西方马克思主义”有新的观察、新的理解。

一、“西方马克思主义”是怎样的马克思主义？

“西方马克思主义”在形成、发展与传播过程中时有批评与争议之声。早在 1920 年，列宁（Владимир Ильич Ленин）就批评维也纳的流亡共产党人

---

① ［德］罗尔夫·魏格豪斯：《法兰克福学派：历史、理论及政治影响》上卷，孟登迎等译，上海：上海人民出版社，2010 年版，第 22 页。

② ［德］于尔根·哈贝马斯：《后形而上学思想》，曹卫东、付德根译，南京：译林出版社，2001 年版，第 4 页。

具有共产主义运动中“左派幼稚病”的明显症候,他认为卢卡奇《论议会活动问题》一文“左得很,糟得很”。①《历史与阶级意识》与《马克思主义和哲学》出版后,第三国际随即基于列宁的立场对卢卡奇、柯尔施等展开批判。在苏联马克思主义者眼中,“西方马克思主义”不仅是修正主义的,甚至是打着马克思主义旗号的反马克思主义。②受苏联影响,我国学术界在20世纪八九十年代曾围绕“西方马克思主义”是不是马克思主义展开热烈讨论,余音至今可闻。“灯不拨不亮,理不辩不明。”长期存在的争论让我们更加清楚地看到:十月革命胜利后,在第二国际政治破产的废墟上,马克思主义进入全球传播、多元发展的新阶段,时代化、本土化成为这一阶段马克思主义发展的基本动力;应运而生、顺势而长的“西方马克思主义”毫无疑问是马克思主义的,但是一种既不同于此前第二国际马克思主义,也有别于同时代第三国际和苏联马克思主义的新传统。

“西方马克思主义”的“新”主要表现在四个方面。

第一,“西方马克思主义”形成发展的历史方位是资本主义现代化的新阶段。时代是思想之母。时代的阶段性变化必然会推动思想生产的阶段性变化。在马克思(Karl Marx)诞生100年以后,马克思主义所要科学地认识、革命地超越的资本主义已经发生重大阶段性变化,列宁通过分析资本主义的生产关系和生产力的矛盾运动,指出资本主义已经“发展到一定的、很高的阶段……变成了资本帝国主义”,“垄断是从资本主义到更高级的制度的过渡”,“帝国主义是资本主义的垄断阶段”。③从现代化的角度分析,马克思、恩格斯(Friedrich Engels)时代处于资本主义现代化的第一阶段,列宁所说的帝国主义则进入了资本主义现代化的第二阶段。在这个阶段,资本主义的生产方式、经济结构、阶级结构、政治结构等发生重要变化,无产阶级革命的形势与任务随之发生改变,以卢卡奇、柯尔施、葛兰西(Antonio Gramsci)为代表的西方马克思主义者自觉面对新阶段、研究新问题、探索新战略,其理论成果就是深深植根于这个新阶段的新理论传统,即“西方马克思主义”。

第二,“西方马克思主义”形成发展的政治环境是国际社会主义运动的新格局。十月革命的伟大胜利使社会主义从理论变成现实,社会主义运动日益成为世界性的运动,其基本格局也随之发生根本性变化:实践的兴奋点、活跃区不断从西欧转向东方、转向第三世界国家,运动的政治领导权从第二国际转移

---

① 《列宁选集》第4卷,北京:人民出版社,2012年版,第212页。

② [苏联]Б. Н. 别索诺夫:《在“新马克思主义”旗帜下的反马克思主义》,德礼译,北京:中国人民大学出版社,1983年版。

③ 《列宁选集》第2卷,北京:人民出版社,2012年版,第650页。

到第三国际和苏联共产党手中，运动的理论话语权也随之从第二国际向第三国际和苏联共产党转移。在这种新格局中，西欧的马克思主义者失去了第二国际时期曾拥有的天然理论领导地位，成为多元格局中的普通一员，不仅需要和同时代其他马克思主义传统开展平等对话，而且还不得不面对来自新主流、新中心即第三国际和苏联马克思主义的强烈质疑和严厉批判。“西方马克思主义”的“西方”因此在地理学意蕴之外具有了新的政治意蕴，即非正统、非主流。

第三，“西方马克思主义”形成发展的社会空间是知识精英云集的学院新场域。从马克思、恩格斯到第二国际再到列宁，马克思主义是在革命的知识分子与革命的无产阶级运动相结合的过程中形成发展起来的。无产阶级运动和无产阶级政党这种政治化的社会空间决定了传统马克思主义的理论创新必须面向革命实践、面向无产阶级群众，服从并服务于无产阶级政党的政治领导。国际社会主义运动的发展最终使马克思主义从大众化的无产阶级运动扩散到精英化的资产阶级学院，催生一批新的学院化生存的马克思主义者。新的生存空间决定了这些马克思主义者的理论创新远离革命实践、远离无产阶级群众、远离无产阶级政党，具有更强的理论性、精英性、个体性或非政党性。就此而言，列宁所说的“左派幼稚病”很大程度上是“西方马克思主义”适应新场域、新环境的自然表征。

第四，“西方马克思主义”在适应新场域、新环境的过程中创造了自己的理论新生态。佩里·安德森敏锐地观察到，“西方马克思主义”的理论主题存在着从经济、政治向意识形态、文化的转移或退却，并因此创造出了自己别具一格的理论系统，他对此现象的解释是：“西方马克思主义是第一次世界大战后欧洲资本主义先进地区无产阶级革命失败的产物，它是在社会主义理论和工人阶级实践之间愈益分离的情况下发展起来的。”[①]这一批评无疑是深刻的，但理论与实践的二分法显然不足以解释“西方马克思主义”已经载入史册的理论贡献。生态系统垂直结构是登临过崇山峻岭的旅行者都能观察到的自然现象：随着海拔的变化，植被层、动物层、土壤层构成的生态系统会随之发生改变。如果以低海拔的热带雨林为标准，自然会认为高海拔的高山草甸是荒芜的、脆弱的，但如果就高海拔环境看高山草甸，就会不禁赞叹这是自然生命的奇迹。同理观之，“西方马克思主义”从经济基础上升到意识形态上层建筑，适应了传统马克思主义未曾充分经历的新场域、新环境，创造了全新的理论生态，同样是令人赞叹的理论生命的奇迹。

---

① ［英］佩里·安德森：《西方马克思主义探讨》，高铦等译，北京：人民出版社，1981年版，第117页。

二、“西方马克思主义”何以在德国应运而生？

1919年第三国际成立后，西方马克思主义越来越明显地集中于德国、法国、意大利三个国家，在这三个国家里都出现激进的知识分子与共产党相结合的显著趋势，但“西方马克思主义”最终在德国率先破土而出，并成为其早期发展的主源、主流。德国何以会成为“西方马克思主义”的主要策源地呢？

首先，德国现代化进程中不断涌现的政治、经济、文化的新变化、新现象、新问题为“西方马克思主义”的创立和发展提供了深厚的时代土壤。德国不是最早启动现代化的欧洲国家，但由于其现代化是在“不确定的”地理空间内孕育发生，集中体现了“不同时代的同时代性”，因而具有自己的独特性。① 这种独特性使得德国在20世纪上半叶遭遇一系列无法用其他欧洲国家既有理论解释的新变化、新现象、新问题：政治上，德国十一月革命终结了德意志帝国，随后进行“自上而下”的现代政治转型，创立被大多数人认为是失败的魏玛共和国，恰恰是魏玛共和国的民主政治孕育了强人政治的再起，使得极权主义纳粹政权的上台成为现实；经济上，对于资本主义现代化中必然出现的劳资冲突，帝国时代的德国就形成了以劳资妥协、国家调解为核心特色的独特处置方式，并在魏玛共和国时期确立为其经济民主的核心，这种有组织的资本主义在纳粹德国时期最终演化为国家资本主义；文化上，快速发展的现代化进程冲击、摧毁了西方传统文化的根基，催生大量新的思想文化艺术潮流，造就传统与现代、技术与人文、左派与右派的对立冲突与斗争发展，以电影为代表的新传播媒介的爆发式发展则拉开大众文化时代的序幕，使得精英文化与大众文化的反差与冲突空前强烈地展现在世人眼前。面对大量涌现的新变化、新现象、新问题，生活在德国的马克思主义知识分子们“近水楼台先得月”，作出符合历史需要的理论创新创造。

其次，20世纪上半叶德国思想文化的高度繁荣为“西方马克思主义”的创立和发展提供了雄厚的创新基础。就像伟大的河流都发源于高原那样，具有深远影响的思想潮流都有自己深厚的“累土”。“西方马克思主义”创立和发展的“累土”是20世纪上半叶德国耀眼夺目的现代思想文化：哲学上，现象学运动崛起并取代新康德主义成为德国现代哲学的主流，卢卡奇及法兰克福学派早期核心成员大多出身新康德主义并与现象学保持密切的理论互动关系；社会科学上，韦伯（Max Weber）、齐美尔（Georg

---

① 孟钟捷：《德国现代化的历史道路》，《历史研究》2023年第2期。

Simmel)、滕尼斯(Ferdinand Tönnies)等人的社会学理论，弗洛伊德(Sigmund Freud)的精神分析学，奥地利马克思主义的政治经济学，都具有开宗立派的意义并对卢卡奇及法兰克福学派早期核心成员产生过积极影响；文化艺术上，德国是现代主义文学、音乐、绘画以及电影的重镇，不少代表性艺术家都与卢卡奇及法兰克福学派早期核心成员有直接交往，后者还深度参与表现主义争论等重要的艺术事件。“不畏浮云遮望眼，自缘身在最高层。”如果没有20世纪上半叶德国思想文化所达到的卓越高度，“西方马克思主义”也不可能如巨人般在德国横空出世。

再次，十月革命后学院左派知识分子的马克思主义转向为“西方马克思主义”的创立和发展提供了必要的人员基础。19世纪40年代中期，马克思、恩格斯两位伟大的、革命的知识分子在与工人阶级运动相结合的过程中创立马克思主义，此后，马克思主义随着工人阶级运动的发展壮大不断从西欧走向全欧洲，乃至全世界，成为一种世界性的政治运动和思想潮流。不过，在俄国十月革命胜利以前，即便是在马克思的故乡德国，马克思主义也不是学院左派知识分子的首要选择，那时候，对资本主义现实持批判立场的学院知识分子更多是聚集在激进自由主义、浪漫主义、宗教社会主义等的旗帜下。十月革命的胜利给西方批判资本主义的学院左派知识分子提供了全新的理论选择。以1918年12月卢卡奇出乎朋友们意料地加入匈牙利共产党为标志性事件，越来越多的欧洲青年学院左派知识分子开始转向马克思主义，尤以德国为盛。1923年法兰克福社会研究所之所以能够成立，关键原因就在于学院左派知识分子已小成气候，需要为自己搭建合适的学院舞台。在需要理论创新也能够进行理论创新的时代，创新主体的涌现最终使“西方马克思主义”的创新发展成为可能。

最后，魏玛共和国的软弱政权为“西方马克思主义”的创立和发展提供了较为宽松的政治环境。尽管在不少领域取得值得肯定的成就，①但魏玛共和国无疑是一个缺乏权威、失败的政权：“魏玛共和国是德国对议会民主制的第一次尝试。它在1918年的军事失败与国内革命中诞生，其历史中的处处妥协和重重困难使其不堪重负。它的开局就充满了动荡。其后，从1924年到1928年，度过了一段还算平稳的时期。然而，1929年到1933年，在每况愈下的经济困难的背景下，来自各个方向对民主的攻击最终结束了这个政权。”②魏玛共和国的内政外交到处承压，结果就是政权高度不稳定：1919年2月至

① ［爱尔兰］安东尼·麦克利戈特：《反思魏玛共和国——1916—1936年的权威和威权主义》，王顺君译，北京：商务印书馆，2020年版。

② ［英］玛丽·弗尔布鲁克：《德国史：1918—2014（第四版）》，卿文辉译，上海：上海人民出版社，2018年版，第21页。

1933年1月,14年间走马灯式地出现21届内阁,①平均执政时间不到8个月。软弱涣散的政治统治让社会精英强烈不满,或缅怀过去,或期待新的未来,同时也给文化精英的思想创新创造提供了更宽松自由的政治社会环境,于是乎,魏玛时期文化繁荣、群星璀璨,造就一个文化传奇,被认为是“黄金的20年代”。②这一文化传奇中十分重要的一个篇章就是“西方马克思主义”的创立和发展。

三、“西方马克思主义”何以能在西欧持续发展?

20世纪20年代至六七十年代,“西方马克思主义”先在德国,既而在法国、意大利生机勃勃地发展起来。在德国,以卢卡奇和柯尔施的工作为起点和基础,霍克海默尔(Max Horkheimer)、阿多诺(Theodor Wiesengrund Adorno)、本雅明(Walter Benjamin)、马尔库塞(Herbert Marcuse)等在法兰克福社会研究所工作的左派思想家高举“哲学与社会科学的联盟”旗帜,在马克思主义哲学的指导下综合各种当代西方哲学思潮和社会科学资源,对进入现代化新阶段的西方资本主义社会进行系统批判,于30年代创立“批判理论”;50年代以后,西方资本主义国家先后进入“丰裕社会”,法兰克福学派对由此带来的经济、政治、社会、文化、哲学新变化进行深入思考,第一代成员阿多诺与马尔库塞、马尔库塞与第二代成员哈贝马斯(Jürgen Habermas)之间在若干基本问题上出现明显分歧,学派呈现多样化发展态势。在现象学从德国向法国传播的过程中,40—60年代,以萨特(Jean-Paul Sartre)、梅洛-庞蒂(Maurice Merleau-Ponty)为代表的法语世界左派思想家开始致力于把马克思主义和存在主义结合起来,以存在主义“补充”马克思主义的“人学的空场”,“存在主义的马克思主义”应运而生。法国思想家阿尔都塞(Louis Althusser)反对“存在主义的马克思主义”等思潮把马克思主义人道主义化的倾向,他运用结构主义方法,结合精神分析理论,分析了马克思思想发展过程,提出这一过程存在“认识论的断裂”。60年代以后,阿尔都塞和普兰查斯(Nicos Poulantzas)对意识形态、国家等马克思主义哲学基本理论进行分析,创立“结构主义的马克思主义”。在意大利,葛兰西在被法西斯政府监禁期间坚持理

① [德]汉斯·蒙森:《魏玛共和国的兴亡:1918—1933》,常晅等译,南京:译林出版社,2023年版,第606—612页。

② [美]彼得·盖伊:《魏玛文化:一则短暂而璀璨的文化传奇》,刘森尧译,合肥:安徽教育出版社,2005年版。

论探索，写下32本《狱中札记》，成为“西方马克思主义”的另外一个源头。50年代以后，以德拉-沃尔佩（Galvano della Volpe）和科莱蒂（Lucio Colletti）为代表的意大利左派思想家也反对把马克思主义人道主义化，主张将马克思主义与现代科学的逻辑统一起来，把马克思主义当作实证科学并据此理解马克思的辩证法与黑格尔（Georg Wilhelm Friedrich Hegel）的辩证法的关系，从而形成了一个与“结构主义的马克思主义”相呼应的“新实证主义的马克思主义”。总的说来，至20世纪50年代，“西方马克思主义”由潜而显成为西欧青年知识分子群体中占据主导地位的马克思主义思潮，并开始向中东欧、英语世界国家以及世界其他地区传播，日益成为一种具有世界性影响力的马克思主义传统。

“西方马克思主义”能够在西欧持续发展的主体因素在于不断有高水平的思想家投身其中，汇聚了强大的思想创新创造能力。在德国，法兰克福学派第一代核心成员大多数具有专业哲学背景，且出自当时学术名流门下：霍克海默尔、阿多诺是马堡学派新康德主义哲学家汉斯·科内利乌斯（Hans Cornelius）的学生，本雅明为获得法兰克福大学教职资格而联系的指导教师也是科内利乌斯；马尔库塞在弗赖堡大学主修文学史，辅修哲学和经济学，1928—1932年间在海德格尔（Martin Heidegger）的指导下准备教职资格论文；弗罗姆（Erich Fromm）在海德堡大学的博士论文指导教师是马克斯·韦伯的兄弟阿尔弗雷德·韦伯（Alfred Weber），其间还受到卡尔·雅斯贝斯（Karl Jaspers）和李凯尔特（Heinrich Rickert）的教导。他们如果不投身“西方马克思主义”，也能够在德国大学体系里获得一席之地并大放异彩。以哈贝马斯、阿尔弗雷德·施密特（Alfred Schmidt）为代表的法兰克福学派第二代成员，毫无疑问都是同时代德国青年知识分子中的翘楚。在法国，20世纪20年代末，列斐伏尔（Henri Lefebvre）成为巴黎大学青年哲学教师、小有名气的反柏格森青年哲学家团体核心成员后加入共产党，成为马克思主义者；第二次世界大战结束前后，萨特和梅洛-庞蒂在成为法国存在主义奠基性哲学家、获得巨大的社会影响力之后转向“西方马克思主义”；1945年，吕西安·戈德曼（Lucien Goldmann）在瑞士获得哲学博士学位后返回巴黎，在法国社会科学高等研究院获得一个教职，而后转向马克思主义；1948年，阿尔都塞博士毕业后留在法国顶尖大学巴黎高等师范学院任教，而后成为共产党人、马克思主义者。在意大利，1944年，年近50岁的墨西拿大学哲学教授德拉-沃尔佩转向马克思主义，成为共产党人，随后在他的共产党员学生群体中形成一个马克思主义学派；50年代，在罗马大学获得哲学博士学位的科莱蒂也在德拉-沃尔佩的影响下转向马克思主义。如果没有这些顶尖思想家的创新创造，

“西方马克思主义”是不可能持续发展并产生越来越大的社会影响的。

“西方马克思主义”能够在西欧持续发展的社会历史因素在于西方资本主义现代化高速发展产生大量新变化、新现象、新问题，等待马克思主义作出与时俱进的理论解答。1923 年以后的半个世纪里，尽管经历了大萧条、第二次世界大战和朝鲜战争等局部战争的多次冲击，但西方资本主义现代化进程还是在以自动化为代表的技术进步的持续推动下，处于长期增长周期，各主要资本主义国家在第二次世界大战结束后陆续进入“丰裕社会”，建成福利国家，劳资关系趋于缓和，社会状态趋于平衡稳定，曾经似乎马上就要降临的社会主义革命高潮被不断延宕。在这种时代背景下，以科学地认识、革命地改造世界为目标的马克思主义，迫切需要对一系列事关社会主义革命前途命运的新课题给出自己的解答：工人阶级的革命意识为什么会下降甚至被抑制？技术理性的发展对工人阶级、社会主义革命究竟意味着什么？工人阶级是不是因为产业结构的调整已趋向“消失”？新兴的大众文化本质是什么？对作为革命主体的工人阶级而言，大众文化的流行究竟是积极的还是消极的？什么社会集团有可能取代传统工人阶级成为新的革命主体？为什么现代人不再追求关于社会历史的整体性真理？怎样使人们摆脱资产阶级同一性的思想桎梏而重新追求真理？现代主义艺术在何种意义上具有真理性？新左派学生的“文化大拒绝”能够突破资产阶级意识形态的控制，从而带来真正的社会主义革命吗？现代资产阶级社会中的意识形态是主观的还是客观的？是意识形态塑造主体还是主体改变意识形态？等等。显然，“西方马克思主义”理论家无法从马克思、恩格斯的经典著作中找到新课题的现成答案，只能遵循马克思、恩格斯的教导，运用马克思主义的方法去研究新课题、构建新理论，“西方马克思主义”的创新发展因此得以持续进行，其理论影响也随之不断扩大。

“西方马克思主义”能够在西欧持续发展的政治文化因素在于马克思主义阵营出现理论立场的多元分化和思想家的代际分化，不时发生的批判争论为思想创新创造提供了强劲动力。推动“西方马克思主义”发展的批判争论大体分为四种类型。一是“西方马克思主义”与同时代其他马克思主义传统之间的批判争论。十月革命以后，马克思主义进入多元分化发展的新时期，第三国际和苏联马克思主义、第二国际马克思主义、“西方马克思主义”、第四国际托洛茨基主义等同时并存、相互竞争。新兴的“西方马克思主义”面临的质疑与批判来自多个阵营，主要是第三国际和苏联马克思主义：20 年代第三国际对卢卡奇、柯尔施的批判，30 年代的表现主义争论、阿多诺与本雅明之争，三四十年代列斐伏尔辩证唯物主义哲学观点的被批判和被压制，四五十年代关于存在主义是不是马克思主义的争论，基本属此类。二是“西方马克思主义”内部不同哲学立场之间的对话争论，如：三四十年代霍克海默尔、阿多诺等与弗罗姆关于精神分析学使用限度的立场分歧，五六十年代关于马克思主义的人本主义与科学主义之争，六七十年代的历史主义与结构主义之争。三是“西方马克思主义”内部不同政治立场选择之间的对话争论，这突出地体现在60年代阿多诺、哈贝马斯与马尔库塞关于新左派学生运动的性质与前途的原则性对立上。四是与“西方马克思主义”的代际分化有关，最具典型性的是晚年霍克海默尔、阿多诺与青年哈贝马斯之间的思想摩擦与失和。

“西方马克思主义”能够在西欧持续发展的学术因素在于“西方马克思主义”坚持在学院传统主流中生存发展。生存发展始终局限在资产阶级学院，远离革命实践、远离无产阶级群众、远离无产阶级政党，确实是“西方马克思主义”的“原始创伤”。不过，“西方马克思主义”的成功之处就在于，“既然选择了远方，便只顾风雨兼程”，坚持在学院传统主流中求生存、求发展，最终成为新的学院主流。一方面是深深扎根学院主流。如前已述，“西方马克思主义”的早期思想家绝大多数都学出主流，如：卢卡奇之于新康德主义，霍克海默尔、阿多诺、马尔库塞、萨特、梅洛-庞蒂之于现象学，弗罗姆之于精神分析学，阿尔都塞之于结构主义，戈德曼之于发生认识论，这使得“西方马克思主义”能够充分继承学院主流的思想成果，青出于蓝而胜于蓝。另一方面是自觉批判学院主流。齐白石说：“学我者生，似我者死。”仅仅追随大师、模仿大师是成不了大师的。尽管栖身学院，但“西方马克思主义”没有遗忘自己的革命基因，不断向自己所由来的学院主流掷去投枪，以期杀出一条真正的超越之路。在这个方面，霍克海默尔、阿多诺、马尔库塞对从德国古典哲学到现象学的德国近现代哲学主流的批判，阿多诺与拉扎斯菲尔德（Paul Felix Lazarsfeld）在传播学方法论上的分歧与论争，阿多诺与卡尔·波普（Karl Raimund Popper）关于实证主义方法论的论战，非常具有代表性。事实上，如果没有这些富有成效的批判争论，“西方马克思主义”也不可能跻身20世纪西方四大哲学主潮之列。

四、“西方马克思主义”何以走向终结？

在早年的一篇文章中，我提出阿多诺是“西方马克思主义”逻辑终结者的观点，[①]引发不少同行的困惑和质疑：虽然阿多诺1969年英年早逝，可大多数“西方马克思主义”思想家还健在，哈贝马斯等法兰克福学派第二代正

① 张亮：《阿多诺与西方马克思主义的逻辑终结》，《福建论坛（文史哲版）》2000年第4期。

处于思想发展的起飞阶段,怎么就说“西方马克思主义”逻辑终结了呢?无论情感上是否能够接受,我们都必须看到,不仅“西方马克思主义”,任何应运而生的思潮都有其终结,因为思想的根基在于诞生它的时代,时代变化了,思想的现实性也将随之消失,从而走向终结。什么是思想的现实性?黑格尔认为,现实性指思想得以诞生的时代,“每个人都是他那时代的产儿。哲学也是这样,它是被把握在思想中的它的时代”。[①]马克思和恩格斯强调,要从人及其现实生活过程出发来理解思想观念,而不是相反,“道德、宗教、形而上学和其他意识形态,以及与它们相适应的意识形式便不再保留独立性的外观了。它们没有历史,没有发展,而发展着自己的物质生产和物质交往的人们,在改变自己的这个现实的同时也改变着自己的思维和思维的产物。不是意识决定生活,而是生活决定意识”,[②]“一切划时代的体系的真正的内容都是由于产生这些体系的那个时期的需要而形成起来的”。[③]时代发展变化了,过去时代的哲学、思想,不管有多么伟大、多么令人恋恋不舍,都会失去现实性和生命力,被新的哲学、思想所超越、替代。所以,通常被认为是连续不断的哲学史、思想史,本质上是连续与中断的统一:所谓连续,指哲学史、思想史在形式上是累积的、前后相继的线性平滑过程;所谓中断,指哲学史、思想史链条上的每一个环节都是独特的系统,前后相连两个环节之间的过渡都是系统的整体跃迁,尽管两者会共享部分要素(如术语、概念、思想家等)。同时,这也意味着思想和思想家并不是一一对应的,大多数思想家通常只属于一个思想环节,有些思想家则会经历多个思想环节、多次自我超越与自我替代。以哈贝马斯为例,20 世纪 80 年代以前,他是法兰克福学派的第二代成员,属“西方马克思主义”学者;80 年代,他创立交往行动理论,成为一位中间偏右的资产阶级主流社会理论家,开始走出“西方马克思主义”;90 年代以后,他鼓吹“欧盟哲学”,成为欧盟这一建立在“政治流沙”上的“次级帝国”的桂冠哲学家,[④]已经与“西方马克思主义”完全背道而驰了。

“西方马克思主义”在 20 世纪 60 年代末期以后走向终结的根本原因在于资本主义现代化进入更新阶段。资本主义现代化第二阶段的经济基石是以福特制为代表的大规模工业生产模式。60 年代末期,福特制开始遭遇危机。70 年代以后,西方国家抓住第三次科技革命的历史新机遇,在计算机和

① [德]黑格尔:《法哲学原理》,范扬、张企泰译,北京:商务印书馆,1961 年版,序言第 12 页。
② 《马克思恩格斯文集》第 1 卷,北京:人民出版社,2009 年版,第 525 页。
③ 《马克思恩格斯全集》第 3 卷,北京:人民出版社,1960 年版,第 544 页。
④ 许冰融、张亮:《晚年哈贝马斯的“欧盟哲学”:形成、发展及其当代危机》,《福建论坛(人文社会科学版)》2022 年第 5 期。

网络信息技术的支撑下，实现了从福特制到后福特制的转型。后福特制生产方式以个性化、差异化、精致化的灵活弹性生产为核心特征，强化对劳动者智力和创造力的开发，追求以知识和智力等为核心的创新驱动发展，它的普及将资本主义现代化推进到一个更新阶段：经济上，西方国家大力推进经济全球化，越来越注重核心竞争力的提升，不断抢占全球价值链中的中高端产业，形成了以高科技、金融、服务业等为主导的产业结构模式，并纷纷将低端产业转移到第三世界和发展中国家，制造业在整个产业结构中的比重日益下降；政治上，西方国家利用经济全球化使国内社会矛盾实现有效的全球空间转移，同时利用经济全球化获得的超额利润对国内民众进行收买，实现对人的欲望和社会生活的全面控制与殖民，在民众追逐个人欲望的自发实践中，建构起了没有反抗的权力体系，将他们纳入资本和国家的权力体系之中，不知不觉间将民众转化为资本主义制度的认同者；意识形态上，西方国家在新自由主义的指导下进行意识形态和价值观的重塑，建构了一套以个人自由为基础的经济、政治、文化实践体系，包括消费主义、多元文化主义、身份政治、后现代主义、大众文化等，将资产阶级价值观嵌入到民众日常生活的方方面面，以“润物细无声”的方式潜移默化影响底层民众的价值观。总之，60年代末期以后，随着资本主义现代化最新阶段的全面展开，西方社会进入一个经济更繁荣、政治更稳定、意识形态更有韧性的状态，被全面控制的社会民众感觉资本主义已经超越周期性危机而获得“永生”，革命已经不再是自己的根本需要了。

“西方马克思主义”在60年代末期以后走向终结的内在原因在于其内部已经出现自我否定的异质性思想因素。作为一种思想传统，“西方马克思主义”的本质是由其起源定义的。从卢卡奇、柯尔施、葛兰西的奠基性著作中，我们可以发现“西方马克思主义”的如下本质特征：第一，肯定存在一个本真的马克思，努力在与既有理论正统的争论中重新发现自己所认定的真正的马克思主义；第二，坚持马克思所开启的生产力批判逻辑，主张在现代化的工业文明基础上通过生产关系、社会关系、思想关系的调整实现对资本主义的超越；第三，坚持马克思源于黑格尔的辩证法观念，追求“总体性辩证法”，寻找“历史的主客体”。在1966年的《否定的辩证法》中，阿多诺确实不再追求本真的马克思，而是力图在批判工业文明、启蒙理性的基础上构建新的、非同一性的“否定的辩证法”，后者恰恰是明确反对“总体性”“总体性辩证法”和“历史的主客体”的。[1]阿多诺肯定不是一个后现代主义者，但《否

---

① 张一兵：《无调式的辩证想象：阿多诺〈否定的辩证法〉的文本学解读》，北京：生活·读书·新知三联书店，2001年版。

定的辩证法》与后结构主义(解构主义)确实存在特别引人注目的相似性,"当代解构主义几乎没有一个主题不曾在他(阿多诺——引者注)的著作中被充分地阐述过"。[①]这些奇妙相似性的出现不过预示了"西方马克思主义"理论逻辑的自我否定、自我解构。历史很快就验证了这一点:80年代以后,"西方马克思主义"在西方学院中的主导地位轰然解体,在它解体的废墟上,"晚期马克思主义""后马克思主义""后现代主义的马克思主义"等当代国外马克思主义思潮杂然而生,使之成为一个群雄并起、众声喧哗,但又日益边缘、落寞的"战场"。

五、今天应当怎么对待"西方马克思主义"?

"西方马克思主义"作为20世纪的西方思潮已经终结。但它的终结不是消失,而是伤口的愈合,在20世纪马克思主义发展史和人类思想史上都留下了自己不曾磨灭的深刻印迹。当前,中国正在着力构建中国特色哲学社会科学体系,我们只有不忘本来、吸收外来、面向未来,充分吸收包括"西方马克思主义"在内的一切其他国家的哲学社会科学所取得的积极成果,才能完成这一伟大历史使命。为此,我们必须继续重视并深入推进"西方马克思主义"研究。

一方面,我们需要重新审视"西方马克思主义"的思想史地位。[②]

第一,"西方马克思主义"是列宁主义之后成就最高、影响最大的国外马克思主义思潮,为批判地理解20世纪以来资本主义现代化的当代发展提供了基本的理论框架。无论怎么批评"西方马克思主义",我们都必须承认,"西方马克思主义"努力站在马克思主义的立场上,聚合新的理论资源,批判地认识20世纪上半叶资本主义现代化第二阶段的新变化、新现象、新问题,探索新的历史条件下社会主义革命的可能性与新战略,使诞生于19世纪的马克思主义获得了一种20世纪的当代西欧形态,并得到人们广泛重视,产生世界性影响。在"西方马克思主义"终结的基础上,诞生了众多当代国外马克思主义思潮。尽管每一个当代国外马克思主义思潮都以不同的方式宣称自己超越了"西方马克思主义",但事实上它们都没有能够实质性地超越"西方马克思主义"确立的当代资本主义理解框架体系。"西方马克思主义"是

---

① Terry Eagleton, *Walter Benjamin or Towards a Revolutionary Criticism*, London: Verso, 1981, p. 141, note 59.

② 张亮:《展望20世纪国外马克思主义研究的未来发展走向》,《社会科学家》2019年第12期。

我们批判地理解当代资本主义一座无法超越的纪念碑。

第二，“西方马克思主义”在客观上开创了一种新的理解路径，深刻影响了20世纪以来欧美马克思主义阵营的马克思观。从卢卡奇、柯尔施、葛兰西以降，“西方马克思主义”思想家不断回到马克思，针对什么是马克思主义以及如何坚持和发展马克思主义，留下了大量富有创造性的学术思考。这些既不同于第二国际也不同于第三国际和苏联马克思主义的思考，深刻影响了20世纪以来欧美马克思主义阵营的马克思观。离开“西方马克思主义”，我们很难想象马克思和马克思主义的当代学术形象将会是什么样子。

第三，“西方马克思主义”深刻介入改革开放以来我国马克思主义理论与学术的发展进程，是国外马克思主义思潮中真正产生了显著中国效应的一个流派。互联网时代降临以来，各种国外马克思主义思潮竞相涌入中国，吸引了中国学术界乃至一般知识界的目光，有的甚至成为“网红”，但没有哪一种国外马克思主义思潮能够与“西方马克思主义”相提并论：借助“西方马克思主义”的思想启迪，我们实现了思想解放，挣脱了教条主义马克思主义的桎梏；与20世纪西方哲学主流实现交流、交融，完成哲学立场和哲学观念从传统到现代的升级换代；重新思考什么是社会主义、什么是资本主义，推动了马克思主义观的与时俱进发展；引入新的视角、新的资源，探索对当代中国伟大复兴进程中的新现象、新问题的深入理解；获取新的论题、新的范式，推动马克思主义发展史研究不断走向深入，彻底摆脱学徒状态，成为欧美学界的平等对话者。脱离“西方马克思主义”，我们就难以实现对当代中国马克思主义思想生产与学术生产的全面自我理解。

另一方面，我们需要以新的中国方式深入推进“西方马克思主义”研究。

第一，要立足世界历史发展的当下，构建新的“西方马克思主义”发展史图景。“西方马克思主义”的基本发展史框架是由佩里·安德森等西方新左派学者在20世纪70年代构建的。今天，随着世界百年未有之大变局的深度展开，世界历史的时代背景已经发生沧桑巨变。既有的“西方马克思主义”发展史图景显然已经部分过时，我们必须在充分继承西方学界既有认知成果的基础上，立足历史的当下，依靠中国学界自己构建新的“西方马克思主义”发展史图景。在完成此任务的过程中，我们需要处理好四对关系：一是思想史和社会史的关系，即不能脱离20世纪资本主义发展史，抽象地理解“西方马克思主义”的形成与发展；二是要在20世纪马克思主义发展史的完整语境中，揭示“西方马克思主义”与同时代其他马克思主义传统的对话、批判、互动关系；三是马克思主义与非马克思主义的关系，即不能脱离与20世纪西方资产阶级思想主流的互动关系，片面理解“西方马克思主义”的形成与发展；

四是局部与整体的关系，即不能脱离“西方马克思主义”这个总体，孤立地看待具体的流派、阶段、人物和论著。

第二，要立足当代中国的学术需要，推进“西方马克思主义”的创造性转化。40多年来，我们之所以对“西方马克思主义”孜孜以求，说到底，是为了发现并解决中国问题，建构中国马克思主义哲学理论体系，创造中国特色哲学社会科学。也就是说，我们研究的是“西方马克思主义”的文本，但真正追求的是其中的思想及其在当代中国的创造性转化。因此，我们今天的研究，必须从对“西方马克思主义”的文本研究出发，适时超越文本研究，把通过文本研究得到的思想理论创造性地转化到马克思主义哲学原理体系的当代建构中去，以不辜负我们所处之“需要理论而且一定能够产生理论的时代”“需要思想而且一定能够产生思想的时代”。①

第三，要面向未来，学习借鉴“西方马克思主义”的理论创新道路。一个时代有一个时代的问题。我们今天所面临的问题，既不可能从19世纪马克思、恩格斯的经典著作，也不可能从20世纪“西方马克思主义”的论著中找到现成的答案。但我们可以从“西方马克思主义”的理论创新道路中寻找到有益的启示。一是与时俱进，不断发现时代的真问题。“西方马克思主义”的创新实践充分证明，理论创新只能从真问题的发现开始，“提出一个问题往往比解决一个问题更重要”。②二是破除学科壁垒，以“哲学和社会科学的联盟”为指引推进跨学科研究。③“西方马克思主义”的创新实践充分证明，进入现代化的较高阶段以后，社会现象日益复杂，社会发展问题已不再能够依靠单一学科单打独斗解决，而必须走跨学科的协同创新道路。三是包容并蓄，坚持用发展的马克思主义哲学指导理论创新。“西方马克思主义”的创新实践充分证明，只有批判地吸收、继承包括同时代资产阶级学术成果在内的一切人类优秀思想文化成果，理论创新才可能源深流长，但这种批判继承绝不是无原则的，必须以与时俱进的发展的马克思主义哲学为指导。

南京大学研究生院副院长，教授，博士生导师
教育部“长江学者”特聘教授
张　亮

---

① 习近平：《在哲学社会科学工作座谈会上的讲话》，北京：人民出版社，2016年版，第8页。

② ［美］A. 爱因斯坦、［波］L. 英费尔德：《物理学的进化》，周肇威译，上海：上海科学技术出版社，1962年版，第66页。

③ 张亮：《马克思的理论创新道路及其当代效应》，《哲学研究》2019年第1期。

目　录

绪论　麦金太尔的马克思主义探索及其当代审视

1859 年,已过不惑之年的马克思在《〈政治经济学批判〉序言》中,对他为什么转向政治经济学研究进行了说明。他说,时代和社会的意识“必须从物质生活的矛盾中,从社会生产力和生产关系之间的现存冲突中去解释”。①由此正式开启了他一生中一次重要的话语转向。马克思的这种话语转向,成为人类思想史上的一个经典案例,给人类带来了深刻的科学话语之变。当今,作为西方最具代表性的德性理论家之一,阿拉斯戴尔·麦金太尔(Alasdair MacIntyre)也在其学术研究过程中经历过一次重要的话语体系转变,其研究的对象也恰恰是马克思。20 世纪 90 年代初,他的德性理论体系虽早已成熟,但在接受一次采访的过程中,他回顾了自己的思想,把学术经历的前 20 多年(1949—1971)定义为自己思想发展的早期或第一阶段,将之描述为是“另类的”和“破碎的”,充斥着“沮丧和烦恼”,尽管如此,他又认为自己在这段历程中“学到了很多东西”。②麦金太尔的这一表述并非无中生有。如果梳理他早先的相关著作,以及他参与的各类社会和政治运动历程就可以发现,他在这一段时期中实则经历了深刻的哲学理论话语和逻辑转变,以及多场实践变革。正如他自己所回溯的,自己先后在不同的左派阵营间游走,比如一开始是一名“积极的英国共产党员”,之后分别加入了新左派和托洛茨基主义群体。其间,麦金太尔始终坚持研究、探索马克思主义,致力于同其他左派学者一道,开展英国化的马克思主义思想研究,并且时隔多年之后,毫不避讳地承认他在早年就是一名马克思主义者!③从中可以发现,这一段理论和实践经历对于麦金太尔来说有着特殊的意义,以至于他到了晚年依旧要经常提

① 《马克思恩格斯文集》第 2 卷,北京:人民出版社,2009 年版,第 592 页。

② Mark C. Murphy (ed.), *Alasdair MacIntyre*, Cambridge: Cambridge University Press, 2003, p. 1.

③ Giovanna Borradori (ed.), Rosanna Crocitto (trans.), *The American Philosopher*, Chicago: University of Chicago Press, 1994, p. 143.

及，并且丝毫没有任何遮掩的意图。当学界纷纷聚焦麦金太尔的伦理学立场时，我们应当从思想史角度思考：他的伦理学体系理论形成的过程如何？他是怎么样实现从马克思主义哲学话语转向伦理学话语的？他当初究竟为什么会接触和深入研究马克思主义？这些转变和积累背后，有哪些深刻的理论和现实因素发挥着推动作用？弄清这些问题，我们就能够更加充分、立体地了解麦金太尔的理论探索历程，不仅会对其伦理学有更加完整的认识，也能够以其马克思主义的研究经历作为把握西方马克思主义从20世纪后半叶至今整体发展进程的重要参照。

一、麦金太尔其人

1929年，麦金太尔在苏格兰格拉斯哥(Glasgow)一个医生家庭出生，他的父母分别为爱尔兰人和苏格兰人，他父亲的家族有浓厚的罗马基督教氛围，并且与当地的牧师有频繁交往。在这一过程中，麦金太尔得以接触到基督教的一些基本立场和观点，成为后来其理论构建的一个重要来源。他的父母后在劳工聚集的伦敦(London)东区工作，他也迁往那里居住，并且他们也去过苏格兰的阿盖尔郡(Argyllshire)。在父亲去世后，麦金太尔便随母亲一起搬到了北爱尔兰首府贝尔法斯特(Belfast)。从学习经历来看，他13岁的时候进入艾普森学院学习，但由于身体原因未能完成5年制的课程，随后又花费时间补修。其间，他跟随的导师是英国牛津大学著名哲学家、历史学家罗宾·乔治·科林伍德(Robin George Collingwood)的学生，并由导师推荐给了科林伍德本人。在科林伍德的教导下，麦金太尔系统研究了约翰·罗斯金(John Ruskin)的政治哲学，其理论观点和方法也深受后者的影响。同时，他开始对基督教和托马斯·阿奎那(Tommaso d'Aquino)的学说产生较为浓厚的学术兴趣。①

麦金太尔16岁时进入位于伦敦东区的伦敦大学玛丽王后学院深造。在校期间，他系统地学习了柏拉图(Plato)与亚里士多德(Aristotle)的思想，同时受到当时玛丽王后学院著名古希腊学家W. 艾利逊·雷德罗(W. Alison Laidlaw)的深刻影响，开展了大量的伦理学方向的学习，并以优异的成绩获得古希腊学学士学位。其间，麦金太尔与伦敦东区的工人阶级有密切的联

① 值得注意的是，罗宾·乔治·科林伍德是英国艺术家、作家威廉·格什温·科林伍德(William Gershom Collingwood)的儿子，后者出版过一本专门介绍罗斯金的著作《约翰·罗斯金的一生》。

系，充分了解到当地广大工人阶级的政治诉求，感受到左派政党的活跃，加上学院的左派思想传统，共同推动他开展了一系列的左派探索，立志要有所作为，于是他在18岁的时候加入了英国共产党。但是仅仅1年之后，他就退党了，后来他提到，其中的原因是当时对组织体系的不满。虽然他在组织上离开了英国共产党，但是在理论上，他始终对马克思主义维持很浓厚的研究兴趣。除此之外，出于对伦理学的关注，麦金太尔还在伦敦另一所著名的学校——伦敦大学学院参加过讨论课程。当时主持这项讨论课程的，就是著名的实证主义哲学家A. J. 艾耶尔（A. J. Ayer）和激进政治学家乔治·格罗特（George Grote）。

在本科学习期间，麦金太尔经历了不平凡的校园学习生活，除了加入过英国共产党之外，还曾参加过基督教学生运动，对英国国教有了比较深入的了解，算作是对其家庭传统氛围的继承。在校期间，麦金太尔并没有正式参加过某一个教义组织，但对包括宗教问题在内的多个理论领域都保持了浓厚的兴趣。获得学士学位后，麦金太尔前往曼彻斯特大学进修哲学硕士学位，师从情感主义学家C. L. 史蒂文森（C. L. Stevenson）。在后者的指导下，麦金太尔的硕士学位论文选题为“道德判断的意义”。

在硕士毕业之后的6年时间里，麦金太尔留在曼彻斯特大学教授哲学、宗教学与心理学课程。1957年，麦金太尔前往利兹大学继续从事研究工作。在利兹大学的4年中，他逐渐意识到，社会学研究是伦理学研究中不可或缺的部分。于是，他又迁往牛津大学纳菲尔德学院从事社会学研究。不过，为了获得教授职位，他又离开牛津大学，前往埃克塞特大学任教。到了60年代，麦金太尔计划去美国继续发展。但当时美苏争霸正处于胶着之际，美国国内保守主义横行，这对曾经有过左派经历而要迁往资本主义世界大本营的麦金太尔来说，显然是不利的。事实也的确如此。由于在大学时期曾加入英国共产党，他在移民的过程中遇到了巨大的阻碍。后来，麦金太尔通过加入由存在主义理论者马乔里·格勒内（Marjorie Grene）组织的一个研究小组，暂时获得布兰迪斯大学哲学系的教职，但他仍然没有摆脱那一段英国共产党经历的影响——这个教职因当时马萨诸塞州（Massachusetts）的一个议员干涉而丢失，麦金太尔也只能另觅他处。2年之后，麦金太尔受到时任波士顿大学校长亨利·R. 卢斯（Henry R. Luce）的邀请，得以在波士顿大学工作8年，并在韦尔斯利学院任客座教授。其间，麦金太尔认识了在韦尔斯利学院攻读哲学博士学位的妻子，等到后者毕业之后，他们一起搬到田纳西州（Tennessee），麦金太尔成为范德堡大学的教授。自此以后，麦金太尔在美国的学术发展就相对顺利了。为了能够获得更好的研究项目和更多的教学机会，他在1988年就职于圣母大学，接着在1995年伴随妻子来到杜克大学，麦金太尔为该校历史学方向访问学者，其妻子为艺术与科学教授。之后，麦金太尔回到圣母大学的伦理与文化研究中心，处于半退休状态，主要教授哲学，并从事研究工作至今。

可见，麦金太尔的生活、学习和工作经历用“奔波”一词来形容一点都不为过，这与其本人多元的学术旨趣、丰富的学术经历和人生经历，以及当时复杂的时代背景是紧密相关的。之前我们提到，麦金太尔一方面在从事理论研究，另一方面对一些学术运动和社会组织也抱有十分浓厚的兴趣。除了参加新左派运动之外，他于1959年加入了托洛茨基主义性质的英国社会主义工人联盟（Socialist Labour League, SLL），不过由于反对当时的领导者格里·希利（Gerry Healy）的独断式管理而拒绝担任任何职务，并于1960年离开这一组织，又在同年秋天成为左派激进杂志《国际社会主义》（*International Socialism*）的编辑，直到1968年提出辞呈。总的来看，第二次世界大战（以下简称“二战”）后，麦金太尔先后参加的英国共产党、新左派运动、英国社会主义工人联盟、《国际社会主义》杂志编辑等，都是当时最具代表性的英国左派团体及活动，不论是在理论上还是在实践上，这些都能够令人深信，麦金太尔早年就是一位坚定的左派知识分子，因为“如果这些组织不能代表社会主义的话，那么也就没有其他的还能够代表了”。①应当注意的是，相对于美国来说，当时英国的人文社会环境还是相对宽松的，这使得各种不同的社会主义思潮能够兼容共存，也为麦金太尔游离于不同的左派团体、全面接触英国马克思主义创造了理想的条件。而先后参加如此之多的左派阵营，也成为他与其他新左派理论者乃至于所有英国马克思主义者显著不同的一个特点。不过，与大部分英国左派理论者类似的是，从20世纪70年代初开始，麦金太尔的学术话语经历了明显的转变过程，并再也没有参加过与共产党或马克思主义有关的团体及活动了。

从理论话语来讲，人们之所以将麦金太尔定位为一名德性理论者，是因为他出版的大量著作都是以伦理学话语为主的，这些著作在西方道德理论阵营中产生了巨大影响，包括《伦理学简史》《世俗化与道德变化》《时代自我形象的批判》《追寻美德》《谁之正义？何种合理性?》《第一原理、终极目的与当代哲学问题》《三种对立的道德探究观：百科全书派、谱系学和传统》《依赖性的理性动物》《现代性冲突中的伦理学》等。而当学者们都聚焦于麦金太

① Paul Blackledge and Neil Davidson (ed.), *Alasdair MacIntyre's Engagement with Marxism*, Chicago: Haymarket Books, 2009, p. xxxv.

尔中期和后期的成熟作品，致力于其德性论研究时，我们发现，事实上他在早期所发表的论著就十分丰富，不仅包括马克思主义本土化研究，也包括大量关于基督教和伦理学的作品。从1950年公开《形而上学中的相似性》开始，麦金太尔的研究文章就已经涵盖了这三个主题范畴。不过与基督教和伦理学研究不同的是，麦金太尔对于马克思主义的研究往往是与当时的英国阶级状况和国际社会主义形势紧密联系在一起的，呈现出更加明确的现实性特征。除了《马克思主义：一种阐释》之外，他后续发表的又一重要作品《马克思主义的轨迹》，以及《马克思主义：一种阐释》的改版《马克思主义与基督教》，都是他综合当时马克思主义在英国发展的具体情况、社会情况和自身的理论研究进展而形成的成果，成为20世纪具有代表性的英国新左派运动的重要作品。而《马克思主义：一种阐释》和《马克思主义与基督教》是他关于马克思主义仅有的理论著作，也是他探讨英国马克思主义的重要理论成果。

另有一点值得注意，由于麦金太尔思想理论来源的多样性，他的作品中充满了基督教、伦理学和马克思主义视角，特别是后两者相互融合的特征。随着研究的深入，麦金太尔对于基督教的兴趣越来越淡化，伦理学和马克思主义慢慢成为他后来的主要研究方向，并且实现了话语的相互融合。比如，在《马克思主义：一种阐释》《道德荒原笔记》《马克思主义者与基督徒》，包括后来的一些评述性文章，例如《如何论述斯大林》《如何论述列宁——如何才能不论述?》，以及评价切·格瓦拉(Ernesto Che Guevara)革命精神的《马克思主义的意志》中，麦金太尔一方面从理论和现实的角度考察马克思主义面临的现实问题；另一方面，又强调只有重拾亚里士多德的伦理学，并通过实践，才能够实现对人类历史观和目的论的完整描述，这些过程成为麦金太尔从马克思主义话语向伦理学话语转变的重要保证。因此，马克思主义探索历程已成为麦金太尔理论研究的中心线索，富含深层的理论和时代内涵，等待研究者去发掘。

二、麦金太尔的马克思主义探索历程再现

麦金太尔之所以能够开展马克思主义探索，是由诸多因素共同推动的。首先，是当时复杂的时代和社会背景。“二战”结束以后，国际格局发生了深刻变化，以苏联为首的社会主义阵营崛起，令马克思主义在西方社会广为流传。在英国，马克思主义在社会和高等院校已经较为普及，英国共产党组织

也在各高校纷纷成立。1956年,不论是对于社会主义阵营,还是对于整个国际地缘政治体制来说,都是十分重要的年份。在这一年,赫鲁晓夫(Никита Сергеевич Хрущёв)在苏共二十大会议上发表全面否定斯大林主义的《关于个人崇拜及其后果》(以下简称《秘密报告》),苏联出兵干涉匈牙利内政;英国工党悍然支持政府出兵抢夺苏伊士运河管辖权。这一系列密集发生的事件,给当时仍沉迷于英国马克思主义发展的知识分子以当头棒喝,给他们上了生动的一课,原本还囿于既有马克思主义话语体系的先锋学者们,对现实中的社会主义运动现状感到不满,并对国际共产主义未来的发展前途产生了深深的怀疑。于是,他们积极寻求"第三条道路",即马克思主义的英国本土化。在此期间,形成了对西方马克思主义极具冲击力的英国新左派运动。英国新左派运动并非一场具有统一理论立场和观点的文化运动,而是由为数众多的英国学者,分别从不同视角、不同立场和不同方法出发,形成的百家争鸣的理论热潮。英国新左派运动先后经历了两个主要阶段。第一阶段,以爱德华·汤普森(Edward P. Thompson)、斯图亚特·霍尔(Stuart M. Hall)为代表的第一代新左派或在英国本土出生,或拥有本土教育背景,主要将斯大林主义中的机械决定论和人道主义缺失作为批判对象,形成"文化主义马克思主义"。第二阶段,从20世纪60年代初开始,以佩里·安德森为代表的第二代新左派理论者对之前的社会主义运动进行了反思,指出其往往是"民粹社会主义""经验主义"和"盲目乐观"的,并且与同时期的阿尔都塞等人一起,力争以一种"结构主义马克思主义"对"文化主义马克思主义"进行升级。这让英国马克思主义更加具备了多元性的文化特征,更加作为"一个整体"的理论被世人了解。①

这一时代对于麦金太尔的学术发展来说,影响是巨大的。一方面,瞬息万变的时代局势和"二战"后英国异常深刻的社会变迁,给麦金太尔学术生涯初期的探索提供了十分丰富的研究素材,并且令他在大学期间就有机会接触到共产主义理论,推动其左派理论认知的不断成熟。另一方面,麦金太尔对人性的探索也令他在这一阶段完成了学术三重旨趣的结合,包括对人道主义的追求、对马克思主义的探索以及对基督教的研究,这些成为他能够在新左派运动和英国马克思主义思想史中占据一席之地的重要因素。从麦金太尔之后的著作来看,他的这种三重旨趣体现得异常明显:他在学术历程上的第一本著作《马克思主义:一种阐释》主要对马克思主义的一些重要概念进

① 张亮:《"英国马克思主义"的历史、理论道路与理论成就》,《马克思主义研究》2012年第7期。

行甄别,也可以说是他正式踏上马克思主义研究之路的标志。麦金太尔对这本书十分重视,在该著作出版时隔 15 年后又进行了改版,更名为《马克思主义与基督教》,将马克思主义作为一种信仰,对其进行了深入的探索。除此之外,麦金太尔还在新左派运动时期发表了著名长文《道德荒原笔记》,围绕马克思主义与道德问题进行了全面系统的讨论。马克思主义中的德性维度、信仰维度,以及英国社会主义运动的现实状况,构成了麦金太尔研究马克思主义的独特视域。

麦金太尔的马克思主义研究产生的现实影响或许并没有德性理论那么广泛,但是,这并不意味着他的这一段研究就没有价值。相反,他的这一段历程,展示了丰富的时代信息、理论内涵,反映了当时英国马克思主义的整体发展状况,映射出英国乃至西方的整体时代环境和理论氛围对麦金太尔及左派学者的理论观点产生的深远影响。英国新左派运动是"二战"结束之后西方社会内部形成的一股新兴的马克思主义潮流,代表了当时西方左派学者关于马克思主义本土化研究的新要求,又充分结合了西方资本主义国家发展的新情况和整个国际共产主义发展的新形势,表现出与之前西方马克思主义大为不同的独特理论气质。而麦金太尔则完全融入了这一潮流,成为其中的典型——以马克思主义英国化为初衷,结合个人经历和整体社会环境,形成自己的马克思主义观念。事实上,当时麦金太尔虽然年轻,但其马克思主义研究已经产生了一定的社会影响,并且被当时一些重要的学者重视。汤普森就在他主编的重要新左派作品《走出冷淡》中收录了霍尔、拉斐尔·塞缪尔[Raphael Samuel,又作拉尔夫·塞缪尔(Ralph Samuel)]和麦金太尔等人的诸多作品。而麦金太尔的思想,也随着后来一些学者的不断阐释,产生了更为广泛的影响,在当代,迈克尔·肯尼(Michael Kenny)、保罗·布莱克里奇(Paul Blackledge)、玛德琳·戴维斯(Madeline Davis)等对麦金太尔思想进行了专题讨论,不乏一些重要专著和编著的出版。可见,麦金太尔的马克思主义研究不仅存在,而且已经成为英国马克思主义史中不可或缺的一个部分。

麦金太尔研究马克思主义时,发表了大量的研究文本,形式多种多样,包括专著、编著、论文、社论等,可见其当时学术活跃程度。麦金太尔的马克思主义思想,既可以划分为 4 个阶段,又可以将之看作是 4 种不同的理解模式。①

① 对麦金太尔的马克思主义研究阶段划分,参见张晓:《"未知的麦金太尔"及其再发现》,《国外理论动态》2014 年第 12 期。

第一阶段是从麦金太尔获得学士学位到新左派运动形成之前的独立探索时期(1949 年至 1956 年)。这一时期,麦金太尔的马克思主义学术旨趣和立场刚刚形成,再加上受到宗教文化、自由主义、经验主义等本土思潮影响,形成了一些探索性作品,也为全面开展马克思主义研究奠定了重要基础。他将马克思主义与人道主义及其他文化形式相融合,构建了一套独特的马克思主义话语体系,体现出浓厚的英国本土文化意蕴。在 50 年代初,麦金太尔出版了其早期最具代表性的作品《马克思主义：一种阐释》。该著作是麦金太尔研究马克思主义的第一部著作,更是其整个学术生涯的第一部著作,完整展示了当时麦金太尔的学术视野。作为当时的马克思主义者,同时又受到英国本土教义文化影响的麦金太尔,尝试在这两种话语体系中间寻求联系和区别,进而探索统一化的结构体系和价值观,将马克思主义与英国本土的宗教文化相结合。这是他创作该作品的一个主要初衷,也是将马克思主义英国化的一次重要尝试。

在《马克思主义：一种阐释》中,麦金太尔从资本主义的世俗世界入手,深入地阐述了基督教与马克思主义的内在分歧,从而进一步辨别后者作为信仰的独特之处。他认为,基督教将人类世界分成"神圣世界"和"世俗世界",人类社会的发展令日常生活不断碎片化,进而分成了周一到周五的劳动时间和周六与周日的休息、反思时间。基督教的这种日期设立,就是要在形式上唤醒人们对上帝存在的感知。但马克思主义与基督教完全相反,它的重点是将现实生活作为考察对象,正如基督教阐释"神圣世界"一样。正是由于马克思主义这种对现实世界的绝对关注,麦金太尔将其称为一种"更为激进的社会实践哲学"。①同时,麦金太尔在这部书中考察了马克思的资本主义政治经济学批判,强调马克思主义的科学性、现实性。他指出,马克思构想的共产主义,是对人类社会未来发展的一种预言。马克思的政治经济学批判,就是要证明这种预言的科学性。但是,马克思在批判过程中,有两个地方是需要进一步阐释的,一个是资本主义制度之下,工会能够在组织上对工人的权益起到保护作用,一定程度上削减了资本主义对工人的剥削;另一个是随着资本主义殖民扩张,西方国家获得了新的殖民地和市场,资本主义迎来了一段充裕的发展时期,因而马克思"虽然预测到了资本主义的没落,却没有预测到没落的实际过程"。②"二战"后资本主义的快速恢复发展,民众生活的持续改善,地缘政治的重新稳定,令麦金太尔也不禁感叹道:"如果马克思关于资

---

① Alasdair MacIntyre, *Marxism: An Interpretation*, London: SCM Press Ltd., 1953, p. 47.
② Alasdair MacIntyre, *Marxism: An Interpretation*, London: SCM Press Ltd., 1953, p. 98.

本主义进程的预测是正确的,那么无产阶级遭受的痛苦会增加。可是实际情况是在资本主义历史后期这是不正确的。”①资本主义经济社会的发展也必然会造成社会政治文化形态的变化。从阶级存在情况来看,随着“二战”后福利国家制度的建立,民众生活水平快速恢复和提升,部分政治需求得到满足,令无产阶级的革命性大打折扣,他们既没有推翻资本主义制度的强烈现实要求,更没有现实斗争的组织条件。这也促使麦金太尔和其他新左派理论者重新思考无产阶级运动的组织形式,并且强化从文化理论方面开辟英国本土的马克思主义发展道路,开展一种经验化的预测,以至于到 1956 年,他提出,不应当拘泥于传统思维去刻意反对形而上学的文化和秩序,更不应当为追求理论的现实印证而刻意炮制贫困现象,否则这对于整个社会来说会是一个巨大的威胁。②这说明,麦金太尔等新左派理论者的立场更加具备开放的特征。

第二阶段是从麦金太尔加入新左派运动到转投托洛茨基主义阵营之前(1956 年至 1960 年前后)。1956 年,苏伊士运河事件和苏共二十大的召开,在英国国内产生了极大的政治冲击波,对马克思主义在英国的发展造成了深刻的影响。这些问题一方面给马克思主义在英国发展增添了极大的理论难题,但是另一方面又客观促成了英国马克思主义的发展。新左派运动的形成就是一个典型的例证,它标志着英国马克思主义的发展进入了崭新阶段,也意味着英国马克思主义本土化已经提升到一个新的水平,发展本土化的无产阶级理论已经在这个国家成为一个重大的理论需求,马克思主义在西方社会又迎来了新的发展机遇。1957 年,汤普森发表了著名的《社会主义人道主义:致非利士人书》一文,以探索社会主义人道主义为主题,在英国掀起了第一次关于马克思主义的集体讨论浪潮。当时尚独自探索马克思主义与道德理论关联的麦金太尔随即参与争论,发表了《道德荒原笔记》,同汤普森及众多知识分子一道,以道德为切口,共同讨论马克思主义在英国的德性理论形态。虽然新左派知识分子的理论关注点普遍不同,导致整个运动并没有统一的观点和方法,从而形成一个较为松散的理论思潮,但是,当时参加这一讨论的学者们都有一个共识,即“正统的”斯大林主义的一个核心观点,是要把马克思主义的历史观单纯理解为经济决定论,并且将之意识形态化。③这成为

① Alasdair MacIntyre, *Marxism: An Interpretation*, London: SCM Press Ltd., 1953, p. 96.

② Alasdair MacIntyre, “A Society Without a Metaphysics”, *The Listener*, September 13, 1956, pp. 375—376.

③ E. P. Thompson, “Socialist Humanism: An Epistle to the Philistines”, *The New Reasoner*, 1, 1957, p. 112.

新左派理论者们共同讨论的一个重要方面。同时,斯大林主义在人道主义中的话语缺失,也成为这一批新左派学者共同反思的议题。据此,麦金太尔总结道,在这种社会和共产主义运动背景之下,马克思主义在英国的发展正面临来自内外两个方面的困境,马克思主义似乎暂时只能在资本主义话语中寻求发展。①在《道德荒原笔记》中,麦金太尔虽然仍然承认工人运动为马克思主义的革命方式,但是就西欧的情况来看,英国马克思主义不得不重新加强道德话语探索,以继续保证理论的活力。②因此,与其说《道德荒原笔记》是一篇揭示斯大林主义的教条主义和人道主义话语缺失的檄文,倒不如说是麦金太尔道德探究的起始点。

麦金太尔在文中还认为,斯大林主义在马克思主义发展历程中扮演着一种特殊的角色,他称前者是一种含有"继发性"属性的马克思主义,即既是对马克思主义的继承,也是对马克思主义的阐释,是马克思主义在发展过程中的一个拥有阶段性特征的理论形态。斯大林主义的"经济基础—上层建筑"模型,本意是要预测人类社会发展,含有历史性分析方法,但是在实际发展过程中,反而容易成为一种教条式的理解人类发展的学说。于是,麦金太尔从马克思主义中抽取阶级的概念,结合个人的发展需求,即人的欲望,赋予道德理论以历史视角,构成历史性道德立场:"发现我们与他人共享的东西,重新发现共同欲望,就是在吁求新的道德立场。当然,人们无法通过系统的或随机的反省来获得这一发现。人能否获得这一发现,取决于资本主义是否将人置于生来就有非常深切的不满的地位上,而只能对'我究竟需要什么'给出现实的回答。所有虚假意识的历史就是回避这一问题的历史。只有发现我同谁分享同样的需要,当我发现我从属于什么阶级时,我也发现我要什么、如何获得。在有阶级划分的社会里,我的欲望把我引向这个阶级或那个阶级。因为重新发现道德规则对于实现欲望的重要性正在于这种类型的发现,从中可以看出马克思关于所有的道德都是阶级道德的观点是如何得出的。"③麦金太尔通过这种论述方式,既从个人的主观欲望角度完成了对德性理论的前提性探索,又实现了对马克思主义整体阶级革命观和社会发展观的继承,在当时的新左派运动中独树一帜。

第三阶段,是麦金太尔对英国马克思主义的持续发展期,他开始了对马

---

① Alasdair MacIntyre, "The Algebra of the Revolution", *Universities and Left Review*, 5, 1958, p. 80.

② Alasdair MacIntyre, "Notes from the Moral Wilderness—II", *The New Reasoner*, 8, 1959, p. 93.

③ [美] 阿拉斯戴尔·麦金太尔:《道德荒原笔记》,张亮、熊婴编:《伦理、文化与社会主义——英国新左派早期思想读本》,南京:江苏人民出版社,2013年版,第92页。

克思主义的整体性反思(大概从 20 世纪 60 年代初期至中期)。其间,英国资本主义持续恢复和发展,阶级和社会变化朝着更加有利于资本主义的方向发展,也造成资本主义和英国马克思主义的理论碰撞更加剧烈,推动麦金太尔进一步加强对英国社会现实的考察。虽然英国在“二战”后首先建立了现代意义上的福利国家制度,较大幅度提升了英国国民的生活质量,但是麦金太尔认为,英国实行的一系列制度,虽然表面上消减了经济压迫,但是并不能够说明人们已经越来越自由了。他认为,生活在资本主义制度之下的人们想要获得自由,不仅要摆脱经济的压迫,更要摆脱资本的束缚和“死劳动”。[①]在现实当中,仍要审视资本主义的政治经济体制是否已经发生了根本转变,到底是不是有必要再经历一场“激进的变革”。虽然民众急需这种变革,但是现实的状况是,他们作出各种判断和选择时,依旧要考虑到现实的经济关系,不能够真正脱离资本的顽固束缚。因此,英国马克思主义真正需要的并不是“政治思想”,而是“政治运动”。从实际操作层面来看,无产阶级政党需要从意识上继续保持党员的斗争性,还要建立新的党内组织秩序,强化组织原则的凝聚作用,提高党员的斗争自觉性。

麦金太尔认为,只有建立这样一种新的党内组织形式,才能够实现制度上和精神上的实质性团结,从而保证英国马克思主义的整体活力。社会主义政治制度集中体现在民主制度中,不应该把两者割裂开来。但是在具体民主形式上,却需要严谨的论证。他指出,社会主义民主与资本主义参与式民主不同,前者应当采用一种少数派和多数派并存的原则,而且多数不应当迫使少数服从、忽视少数的诉求。这是无产阶级运动内部体现成员权益的一个重要特点。他认为,包括个体和广泛意义上的人的自由是具有革命属性的,每一个人都是自由革命的一分子,都要亲身参与斗争。这一种党内的斗争并非消除另一方意见的斗争,而是保护性的交涉。如此,就不存在一些人对民主集中制的抵触,认为“会破坏我们对自由自身的理解”。[②]但麦金太尔在这里所指的自由是有条件的,即从事自由革命的革命主体往往不是一般民众,而是知识分子。他认为,知识分子应当摆脱“福利资本主义”的视界,在“自我活动”中苏醒过来,以理论的方式阐述当前的资本主义社会秩序,“知识分子真正需要的是无产阶级运动的那种责任感,以及他们自身的使命感”。[③]可

① Alasdair MacIntyre, “Freedom and Revolution”, *Labour Review*, Vol. 5, No. 1, February-March 1960, p. 21.

② Alasdair MacIntyre, “Freedom and Revolution”, *Labour Review*, Vol. 5, No. 1, February-March 1960, p. 24.

③ E. P. Thompson, *Out of Apathy*, London: Stevens & Sons Limited, 1960, p. 238.

见，麦金太尔已经对同作为革命主体的不同社会阶层之间的关系问题有了新的认识，这也是其寻求英国无产阶级新生革命力量的重要努力。

第四阶段，麦金太尔对马克思主义话语和立场进行了全面提炼，在德性理论的构建过程中，逐渐形成马克思主义的“第二形态”（大致是20世纪60年代中期之后）。他的理论立场发生深刻转变，个人学术话语和旨趣也发生了明显变化，致力于以马克思主义的基本立场和核心概念为理论基础，构建德性理论，构建为我们熟知的道德体系。在这段时间，包括英国在内的西方社会呈现出更加繁荣的景象，社会的“阶级感”几乎消失，代表民众利益的工党也将政治斗争的主要途径放到议会斗争上，放弃了对民众的政策承诺，完全成为公司和工厂上层人士的代言人。大众的革命热情已丧失殆尽，游离于政治疆场之外，他们的政治诉求只能屈居于“非官方化”意见的地位了。①麦金太尔认为，无产阶级如要发动革命，需要具备三种基本的政治认知前提：一是工人阶级基础，二是科学的国家观，三是专门的阶级规则。“但所有的这三个前提都已经消失了。”②因为无产阶级革命的这三个前提都被当时的资本主义社会同化，不再能够为工人阶级提供彻底的社会主义革命条件。“当工人阶级企图运用这些理论的时候，它只是成为一种有竞争性的政治、经济和社会选项。而且，它在当前状况下的褪色正是其失败的标志。”③同时，麦金太尔从学术生涯一开始，就对马克思关于实现人的自由的描述抱有浓厚的学术兴趣。他认为，虽然马克思要实现康德主义的王国，但其提出的革命理论是一种“自由领导理论”，④如何对现实工人阶级的革命提出具体指导，则需要进一步阐释。⑤他将格瓦拉所坚持的战斗称为“马克思主义的意志”，展现出了“牺牲精神”，这种精神超出了实际的斗争条件。格瓦拉的事例成为麦金太尔从马克思主义“第一形态”转向“第二形态”研究的又一依据。总之，来自理论和现实的双重考量，令麦金太尔最终采用更加符合其理论主张的马克思主义阶级实践革命话语，从而转到“亚里士多德式”的实践道德体系上去。⑥在“第二形态”中，麦金太尔构建了继承同时也是隐匿了马克思主义认识论、话语和价值观形态的德性理论。

---

① David Widgery, *The Left in Britain 1956—68*, Harmondsworth: Penguin Books, 1976, p. 239.

② Alasdair MacIntyre, “Labour Policy and Capitalist Planning”, *International Socialism*, 15, Winter 1963/4, pp. 6—7.

③ Alasdair MacIntyre, *Marxism and Christianity*, London: Gerald Duckworth & Co. Ltd., 1968, p. xxx.

④ Alasdair MacIntyre, “Liberal Marx”, *International Socialism*, 21, Summer 1965, p. 30.

⑤ Alasdair MacIntyre, *A Short History of Ethics*, New York: Touchstone, 1966, p. 214.

⑥ Alasdair MacIntyre, *Marxism and Christianity*, London: Gerald Duckworth & Co. Ltd., 1968, p. xxvii.

由此,我们可以看到,麦金太尔的马克思主义研究,经历了从早期接受,到全面推进,再到话语、形态转向和建立“第二形态”的整个过程,同时也是他对马克思主义和西方社会主义运动的内在认知发生深刻转变的过程。这也正应了安东尼·克罗斯兰(Anthony Crosland)所说的,“社会主义思想随着时间的变化而变化,不同的时间就会流行不同的理论。事实也应该这样。因此,即使是在同一时期拥护不同理论学说——欧文主义和宪章主义,马克思主义和基督教社会主义,费边主义和基尔特社会主义——也没有什么可大惊小怪的”。[①]麦金太尔与当时部分新左派理论者始终坚持在社会深刻变革的过程中,寻求马克思主义阶级革命理论在社会主义实践中发挥的实质性作用。但是当时的一系列形势,让他们感受到工人阶级斗争的理论支撑和现实可能性都在经受反复的考验。

麦金太尔传统意义上的新左派成员身份到20世纪60年代末就宣告结束。以辞去《国际社会主义》的编辑职务为标志,他与新左派阵营最终分道扬镳,并于70年代初在研究焦点和话语上转向德性理论。从实际的理论发展来看,他对马克思主义发生了一次重要的视角转化。他曾在早期反复认为自己是一名基督徒的同时又是一名真正的、系统化的马克思主义者,[②]并且以苏联斯大林主义作为与其他新左派理论者和知识分子的共同讨论主题,他们致力于批判地分析苏联的马克思主义现实,以形成一种抛却了官僚化的、基于普通实践和正义实践的马克思主义,为马克思主义在英国的本土化作出了巨大贡献。而到了中年以后,麦金太尔吸纳了青年马克思运用过的思辨的、人本的哲学思维方式,将之隐匿在德性理论的建构之中。可以认为,麦金太尔的德性理论既是对其早期就持有的伦理学旨趣的坚持,又是对早期马克思话语和基本立场的隐蔽性回归。

三、麦金太尔马克思主义思想的当代反响

麦金太尔的马克思主义研究不论是对他本人的学术历程,还是对西方马克思主义研究来说都是十分重要的。虽然其马克思主义研究产生的直接影响远不及德性伦理学,但这始终是他本人难以割舍的理论经历。实际上,这种难以割舍,既体现在麦金太尔后来的多次学术回顾中,也体现在他的德性

---

① [英]安东尼·克罗斯兰:《社会主义的未来》,轩传树等译,上海:上海人民出版社,2011年版,第50页。

② Alasdair MacIntyre, *Marxism and Christianity*, London: Gerald Duckworth & Co. Ltd., 1968, p. xv.

伦理体系建构之中。所以在出版了一系列著名的德性理论作品而获得极高声誉之后，麦金太尔每每在受访中仍然不忘提及早年的马克思主义研究经历。他本人虽然将之作为一段相对独立的学术探索阶段，认为同他之后的德性伦理学没有关系，但事实却远没有这么简单，比如，就其代表作《追寻美德》一书来看，马克思主义贯穿了整本著作，并且在该书的序言中，麦金太尔本人也是屡屡提及。可以断定，马克思主义成为麦金太尔构建德性理论或者亚里士多德主义的主要理论话语和观点参照。这也势必引起麦金太尔的研究者们对他的马克思主义研究的极大兴趣。

事实也的确如此。西方学者对麦金太尔马克思主义思想的研究于 20 世纪 90 年代就开始了，主要有三种方式：第一，通过访谈或文本归纳等方式，对麦金太尔的这段经历进行完整再现；第二，结合贯穿麦金太尔学术思想的伦理学视角，对他的马克思主义探讨予以解读；第三，叙事化地梳理麦金太尔早期的马克思主义作品和思想。

西方学者研究麦金太尔，首先是以专访为主要形式，基于麦金太尔的个人陈述，再结合成果梳理，对其理论发展经历进行梳理和总结。当麦金太尔完成了德性伦理学的最后建构之后，学术界纷纷将关注的目光投到他身上。美国瓦萨尔学院的哲学教授吉奥瓦娜·博拉多利（Giovanna Borradori）是具有广泛影响力的学者和记者，曾经采访过众多的哲学家，包括麦金太尔。她于 1994 年出版了《美国哲学家》一书，其中有一篇对麦金太尔的专访。这次专访中的提问几乎涵盖了麦金太尔理论生涯所涉及的所有范畴，包括对马克思主义、基督教、伦理学、现代性等问题的理解，麦金太尔也进行了十分详细的回答，使人们对他的学习和研究历程有了更加清晰的认知。在专访中，麦金太尔对自己的马克思主义研究历程进行了总结，认为它为自己的德性伦理学的建构提供了重要的视野和学术方法。在马克思主义研究过程中，他充分体会到“实践”概念的理论作用，认为如想摆脱资本主义的自由主义“意识形态”，就要结合具体的社会实践去发现历史规律。不过博拉多利总结道，麦金太尔的这一表述并不意味着他就是一名完全意义上的马克思主义者或者唯物主义者，因为虽然他在离开英国之后的理论研究中保留了这一范畴，但是最终的目的，还是用作建构德性理论。正是因为沿用了马克思主义的“实践”范畴和话语，博拉多利将麦金太尔在建构德性伦理学时运用的综合方法称为“对盎格鲁-撒克逊传统自由观念的突破”。①

① Giovanna Borradori (ed.), Rosanna Crocitto (trans.), *The American Philosopher*, Chicago: University of Chicago Press, 1994, pp. 142—144.

在接受博拉多利采访的同一时期,麦金太尔还接受了戈登·雷迪夫德(Gordon Reddiford)和威廉·瓦特·米勒(William Watts Miller)的采访。在这次采访中,麦金太尔没有像上一次采访时那样过多地讲述马克思主义研究,这也和采访的主题有关——此次更加注重对其伦理学著作本身的采访。采访者首先提到了《追寻美德》一书,请麦金太尔围绕该书评价一下自己的学术历程。麦金太尔在自述一开始,阐释了其早期的研究经过,又着重提到了马克思主义。可见,不论是麦金太尔本人,还是麦金太尔的研究者们,只要提到德性伦理学建构,是根本无法回避马克思主义的。麦金太尔在当时就说,马克思主义让他意识到了当代道德的贫困,以及“自由意识形态”的重要性。同时,他坦诚,通过马克思主义认识到“特定的目的性群体是能够与现代经济控制和社会形式相兼容的”。①

21世纪以来,西方对麦金太尔的研究热度依旧不减,一些学者还专门以其马克思主义研究历程作为研究对象。布莱克里奇、尼尔·戴维德森(Neil Davidson)全面系统地梳理了麦金太尔早期所有的马克思主义研究作品,于2005年出版编著《阿拉斯戴尔·麦金太尔马克思主义作品集》,收录了麦金太尔早期创作的46篇文章,以及1篇收录于《马克思主义与基督教》(第二版)的麦金太尔本人的学术回顾。书中收录的内容形式多样,包括著作节选、研究论文、书评、社论等。这本书出版之后,引起了较为广泛的反响,让更多学者们看到了这位著名的伦理学家在过去被忽视了的一段学术历程。比如克里斯·哈曼(Chris Harman)在《国际社会主义》第121期的书评《麦金太尔遗忘的答案》中认为,这本作品集能够全面地展示麦金太尔早期的理论成果,显现出非常高的研究价值。同时哈曼重复提出了自己在1967年该杂志秋季刊发表的文章《马克思主义的道德?》中曾指出的问题,那就是麦金太尔研究马克思主义时忽视了重要的资本批判,退一步说,麦金太尔将马克思主义的资本剥削批判转移到了道德批判上面。还有学者认为麦金太尔早期作品的再版有利于唤起人们对社会主义人道主义和麦金太尔德性理论的再思考,并同时指出,这些作品能够反映麦金太尔本人对时代的灵敏把握,特别是如何处理好政治领域中重要范畴之间的广泛关系。也有学者从马克思主义史学角度出发,认为麦金太尔对马克思主义的研究视域还显得过于狭隘,难以全面支撑起德性理论的构建,因此马克思主义对其之后的学术支撑是非全面的。

---

① Kelvin Knight (ed.), *The MacIntyre Reader*, Notre Dame: University of Notre Dame Press, 1998, p. 267.

还有是对麦金太尔伦理学的全面分析。麦金太尔定居美国之后,其理论影响力进一步扩大。从20世纪90年代起,西方开始全面研究麦金太尔马克思主义思想。1990年,美国学者罗德尼·G.佩弗(Rodney G. Peffer)出版了《马克思主义、道德与社会正义》一书,系统地阐述了马克思主义伦理学。他写作这一本书的目的在于提供一种能够同时代发展相适应的马克思主义道德与社会理论,已经声名远播的麦金太尔德性伦理学自然就成为该书中重点讨论的一部分。佩弗首先认为,共产主义道德理论中不含有能够反映当代社会的社会正义与人权的范畴,强行为原著中的道德理论辩护是没有任何意义的。在他看来,麦金太尔等人基于马克思主义进一步创建伦理学话语,真正为马克思主义的发展作出了实质性贡献。同时佩弗也指出,麦金太尔的共产主义道德理论会不可避免地迈向一种悲观化的道路。因为在当代西方,马克思主义不仅仅需要理论的补充,而且需要真正意义上的话语再建。尽管麦金太尔赞同类似于黑格尔的"教化"的客观道德的存在,但是佩弗仍然将麦金太尔的共产主义道德理解为一种标准的伦理相对主义。这就导致麦金太尔始终将更加具有西方话语色彩的正义作为首要的道德规则,而不能达到对共产主义的本真化阐释。①

曼彻斯特大学的彼得·麦克米勒(Peter McMylor)在1994年出版了《阿拉斯戴尔·麦金太尔:现代性批判》一书。在这本书中,麦克米勒着重强调,麦金太尔通过讲述基督教和马克思主义传统,意在表达出一种针对现代西方社会的激进评价,即居于现代性的亚里士多德主义的道德批判。因此,此书将社会科学批判与亚里士多德主义联系在了一起。在总共六章的篇幅中,麦克米勒将前两章作为第一部分,题目为"麦金太尔:基督教还是马克思主义?",分别阐述了麦金太尔眼中基督教和马克思主义之间的关系问题,以及亚里士多德式马克思主义的建构。在他看来,麦金太尔是基于一种"基督教传统"来理解马克思主义的。面对马克思主义在内的各类理论对社会的冲击,麦金太尔等人企图使用一种"道德主义"的基督教视野,②进而把马克思主义置于科学之外予以审视,并不侵扰到传统意义上的"世俗化"世界。

乔治敦大学宗教学教授马克·C.墨菲(Mark C. Murphy)于2003年出版了《阿拉斯戴尔·麦金太尔:当代哲学聚焦》,他在这本书中对麦金太尔给予了较高评价,认为后者的理论宗旨就是为社会批判服务,麦金太尔在早期研

---

① R. G. Peffer, *Marxism, Morality, and Social Justice*, Princeton: Princeton University Press, 1990, p. 118.

② Peter McMylor, *Alasdair MacIntyre: Critic of Modernity*, London: Routledge, 1994, pp. 15—16.

究马克思主义和基督教,都是为了要诊断当代资本主义和现代化的弊病,并为之寻求出路。而麦金太尔之后的话语转变,也体现出他个人对理论话语的重新思考。但是,从德性理论的整体形态来看,麦金太尔不能够从马克思主义中提取真正有用的部分,哪怕是在对斯大林主义和英国新左派运动的反思中孕育出来的社会主义人道主义,也仍然没有能够取得突破性的理论创新。第一,麦金太尔将马克思主义作为一种在当时被斯大林用以推动社会变革的政治工具和规定,苏联的社会主义国家也成为推动全世界社会主义革命的起点,但并不能够体现马克思主义的普遍真理性特质。第二,马克思主义中并不含有现实中可以遵循的价值观,因而它不能够为麦金太尔始终致力于推动的当代道德改革提供关键资源。马克思主义的科学性,不论是在麦金太尔的早期著作《马克思主义:一种阐释》中,还是在成熟时期的著作《追寻美德》中,都没有得到完整的体现。最后,墨菲将麦金太尔对马克思主义的悲观态度定义为:在情感主义(emotivism)与规定主义(prescriptivism)下的英美哲学对马克思主义科学性的否决。①还有学者认为,使麦金太尔产生悲观态度的原因在于他不是要改变人对现实的态度,而是期望在实践中塑造出人类的整体价值。麦金太尔对社会主义人道主义的实践性改造终归还是要回到一种无效的共产主义道德权威的构建之中。

剑桥大学沃尔夫森学院的汤姆斯·安德里亚(Thomas D. D' Andrea)在2006年出版的《传统、理性与德性》中,从追寻美德的理论来源、具体结构和未来方向三个维度,展示了麦金太尔的理论构架。他说,这本书的目标,是要介绍"麦金太尔的思想史"。②他将马克思主义研究作为麦金太尔早期理论经历的一个十分重要的阶段。首先,马克思主义是麦金太尔追寻美德的理论起点之一。麦金太尔接受马克思主义看上去是"不情愿的",但这是他解释人类宗教冲动的"最终手段",并且马克思主义在当时看来"优越于其他世俗世界观"。③其次,安德里亚又在第三部分,即"未来的方向"中再次提到了麦金太尔对马克思主义的理论取向。麦金太尔着手开始德性理论构建,就是以马克思主义话语和逻辑转向"第二形态"为标志的,而安德里亚又为何重新强调马克思主义对于麦金太尔的"未来理论"的重要性呢?原因就是他要强调麦金太尔后期思想与马克思主义历史观的紧密联系:前者在反对历史决定

① Mark C. Murphy (ed.), *Alasdair MacIntyre*, Cambridge: Cambridge University Press, 2003, p. 5.

② Thomas D. D' Andrea, *Tradition, Rationality, and Virtue: The Thought of Alasdair MacIntyre*, Hampshire: Ashgate Publishing Ltd., 2006, p. xiii.

③ Thomas D. D' Andrea, *Tradition, Rationality, and Virtue: The Thought of Alasdair MacIntyre*, Hampshire: Ashgate Publishing Ltd., 2006, pp. 87—88.

论的同时,强调人的理性作用,主张通过人的理性形成德性诉求,进而再通过理性予以实现。在这个过程中,麦金太尔就实现了人的主观意愿和客观历史发展规律的紧密结合。

凯文·耐特(Kelvin Knight)在2007年出版了专著《亚里士多德哲学》,对麦金太尔的哲学理论进行了一次系统的梳理。麦金太尔本人也撰文肯定耐特为历史地归纳自己的思想做了大量工作,并将之与其他政治思想进行关联,不仅包括自己已经做到的,还包括以后会做到的。但耐特在这本书中,恰恰未对麦金太尔早期的马克思主义探索给予太多的重视。除《亚里士多德哲学》以外,耐特曾经出版过《麦金太尔读本》一书,书中也没有对麦金太尔的马克思主义进行大篇幅的论述,只是节选了他的《道德荒原笔记》。他在分析《道德荒原笔记》时指出两点背景:第一是麦金太尔在20世纪五六十年代参加社会主义运动的情况,第二是新左派理论者围绕道德问题展开的一系列争论。从耐特编写这部作品的动机来看,他是希望通过节选一些麦金太尔的标志性作品,包括其早期文献,以更加清晰地呈现后者的"亚里士多德工程"开展脉络。用他的话来说,是"突出麦金太尔的核心论题,介绍其最重要却最不被人所熟知的作品,以及追随他的理论轨迹"。①《道德荒原笔记》虽不是麦金太尔最早的作品,但它却被公认为是麦金太尔开拓亚里士多德主义道路的真正起点。因此,纵然它是一部关于社会主义人道主义思想主题的代表作,耐特也更加倾向于将其归类为伦理学作品,而不仅仅是单纯的马克思主义性质的作品。

卢斯·格罗夫(Ruth Groff)在论文《亚里士多德马克思主义或马克思亚里士多德主义:麦金太尔,马克思与抽象分析》中,全面梳理了麦金太尔的亚里士多德主义的内在逻辑。格罗夫认为,麦金太尔选择亚里士多德主义等同于选择了自由道德批判,并且麦金太尔应该将马克思在《资本论》第一卷中的批判立场作为人道主义的论证依据。正如马克思在其中所说:"政治经济学所研究的材料的特殊性质,把人们心中最激烈、最卑鄙、最恶劣的感情,把代表私人利益的复仇女神召唤到战场上来反对自由的科学研究。"②同青年时期的作品一样,马克思在《资本论》中依然含有浓厚的人文主义关怀。格罗夫解释了麦金太尔的亚里士多德主义路径选择,认为亚里士多德主义自身是非历史的,因而决定了麦金太尔的社会主义人道主义更加关注以人的活动性质为主体的社会关系,因此他的研究所追寻的实际上

① Kelvin Knight (ed.), *The MacIntyre Reader*, Notre Dame: University of Notre Dame Press, 1998, p. 1.

② 《马克思恩格斯文集》第5卷,北京:人民出版社,2009年版,第10页。

是一种“实践智慧”。①

布莱克里奇和戴维德森在2011年共同编写了《道德与政治：阿拉斯戴尔·麦金太尔的革命的亚里士多德主义》一书，深刻、全面地论述了麦金太尔的亚里士多德德性论，并且收录了麦金太尔本人对亚里士多德主义革命性的阐释，以及更多的他人对麦金太尔的解读。麦金太尔在《亚里士多德是如何具有革命性的？》一文中将“实践”和“革命”作为重点范畴，尽管他没有提到马克思了，但还是有学者从他的早期思想出发来分析他的亚里士多德德性论。埃米尔·佩罗-索欣（Émile Perreau-Saussine）在《对斯大林主义的道德批判》一文中指出，对斯大林的批判促进了麦金太尔的道德理性观的形成，并且促进其脱离了“功利主义的自由主义”。②麦金太尔也正是借此超越了理想主义和自由主义，实现了对人类这一“整体”进行考察。

可以说，以上学者在对麦金太尔的伦理学进行考察的时候提到了麦金太尔的马克思主义理论研究经历，也从另一个角度证明马克思主义在麦金太尔伦理学的形成和构建过程之中起到了重要的铺垫作用。在麦金太尔的伦理学中，对人的本质的讨论占有十分重要的地位，而在论述这一内容的时候，他从马克思那里受到了极大启发。因此，马克思主义成为麦金太尔思想之中一个无法割弃的源头。学者们基于这一点，将麦金太尔马克思主义理论纳入其伦理学体系是十分恰当的。可是他们也忽视了一个事实，那就是从研究麦金太尔的整体情形来看，还是有相当一部分学者由于过分注重和强调麦金太尔的伦理学地位，进而忽视了其马克思主义理论研究的重要性。所以相较于伦理学，对于麦金太尔马克思主义思想的研究大大滞后。

最后，是对麦金太尔马克思主义研究若干重要问题的专门剖析。菲利普·科林伯格（Philip Kohlenberg）早在1970年就发表了一篇关于《马克思主义与基督教》的简要书评，指出麦金太尔引入了马克思《巴黎手稿》和卢卡奇的很多概念，这在一定意义上属于写作技巧，但是他对其中一些概念的解释和运用并不对其理论建构有实质性作用，反而会引起初学者和专家们的误解。③由上可知，大多数注意到麦金太尔马克思主义理论研究经历的学者们都是从德性角度对麦金太尔的马克思主义研究进行一种嵌入式的考察，即都

① Ruth Groff, “Aristotelian Marxism/Marxist Aristotelianism: MacIntyre, Marx and the Analysis of Abstraction”, *Philosophy & Social Criticism*, 38, 2012, pp. 775—776.

② Paul Blackledge and Kelvin Knight (eds.), *Virtue and Politics: Alasdair MacIntyre's Revolutionary Aristotelianism*, Notre Dame: University of Notre Dame Press, 2011, pp. 138—139.

③ Philip Kohlenberg, “Review of Marxism and Christianity”, *The Journal of Religion*, Vol. 50, No. 1, January 1970, p. 118.

是从目的论角度，将麦金太尔的马克思主义探索作为构筑其亚里士多德伦理体系的工具予以对待。但对这一探索过程开展另一种主题性、非嵌入式考察的，是以布莱克里奇为代表的学者。在《阿拉斯戴尔・麦金太尔马克思主义作品集》的前言中，他和同为编者的戴维德森提到，他们之所以要研究麦金太尔的马克思主义作品，是因为作为著名理论家，麦金太尔如此重要的一段思想历程却没有引起研究者们的应有关注，而这一阶段的理论是形成其后期思想的重要准备。两人较为详细地对麦金太尔整个马克思主义的探索进行了分阶段的阐释，其中包括对麦金太尔参与的共产主义运动组织、一些标志性文本的解读。在最后的结论中，他们认为，麦金太尔在整个过程中始终希望将对工人阶级问题的考察转移到对人类欲望和道德的关系问题上去。尽管如此，麦金太尔关于劳动价值的讨论和人的本质属性的讨论还是拉近了其思想与马克思主义的距离。

不仅如此，布莱克里奇对麦金太尔马克思主义研究的分析也是十分全面和深入的，特别是评估后者对马克思主义的创造性发展。他在文章《新的道路：阿拉斯戴尔・麦金太尔对马克思主义的贡献》中，批判地阐释了麦金太尔对马克思经典文本的解读以及1960年与左派的决裂过程，指出麦金太尔后来的转型在某种程度上并不是十分必要，至少在其特别注重的对考茨基(Karl Kautsky)和斯大林的唯物主义的考察上面，往往表现出一种激进性。布莱克里奇基于新左派的革命性作品，认为俄国十月革命及其之后的共产主义发展蕴含了十分丰富的理论资源和辩证维度，而这些维度排除了“鲁莽的唯物主义”和政治投降主义。最后他认为，青年麦金太尔正是基于这些事实，以青年马克思思想作为基调，走出了伦理马克思主义的实践探寻之路。

布莱克里奇对麦金太尔的马克思主义研究是较为推崇的，不仅因为他自身就是托洛茨基主义者，还因为他的理论立场也可以在麦金太尔那里得到体现，比较具有代表性的是他于2006年出版的专著《对马克思历史理论的思考》。在该著作中，布莱克里奇对马克思的历史理论进行了系统的整理，并且将全文的重点都放在了麦金太尔对自由斗争的讨论上。他在结语中指出，麦金太尔早期的作品，和佩里・安德森的一道，成为当代左派学者对历史唯物主义的“最强有力的重释”。[①]同时，布莱克里奇对麦金太尔马克思主义研究中产生的乌托邦式构想进行了考证。2019年，他在《乌托邦：阿拉斯戴尔・麦金太尔与C. L. R. 詹姆斯的未来，现在与具体》一文中指出，麦金太尔

① Paul Blackledge, *Reflections on the Marxist Theory of History*, Manchester: Manchester University Press, 2006, p. 191.

在《现代性冲突中的伦理学》中，再一次反思马克思主义的话语体系，这是可以与其在20世纪60年代的马克思主义研究联系起来的。麦金太尔对马克思主义的研究分析很难称得上是成功的，因为前者并没有真正从现实实践角度考察后者，而只是过度强调工人阶级自身革命意识与整个社会意识之间的关系。[①]这对麦金太尔的马克思主义研究来说是一个巨大的困扰。

与布莱克里奇同为托洛茨基主义者的戴维德森，专注于研究自由主义、早期马克思主义、资本主义、亚里士多德主义与托洛茨基主义。他在名为《阿拉斯戴尔·麦金太尔与托洛茨基主义》的文章中同样注意到了马克思主义对麦金太尔德性理论发展的深远影响。戴维德森认为，麦金太尔话语的转变，是基于对马克思主义的整体考虑，而不是单纯针对"每一部分"而言的。麦金太尔的马克思主义研究有一个重要特征，即鲜明的政治性，而他对托洛茨基主义的理解和一定意义上的接受又成为其中的一个主要部分。"二战"末期开始，传统的托洛茨基主义者发现社会主义情势并非如他们所愿的那样，因而想着如何去否认现实，然后结合理论，以寻求托洛茨基主义与马克思主义阶级理论的持续发展。但麦金太尔则与之相反，他一开始"过于诚恳地"对马克思主义进行"继承"，但到了后期，麦金太尔则又转向，隐匿了之前他所遵守的"社会秩序"思路，声称这一社会秩序"由于不能推翻，因而应当放弃"。[②]

可以说，布莱克里奇和其他学者对于麦金太尔马克思主义思想的研究已经达到专题式研究的层次，这对于推动人们关注这一主题起到了十分重要的作用。但是他们在研究过程中也存在一个重要问题，那就是他们仍旧欠缺对于麦金太尔早期马克思主义思想的研究深度。他们遗漏了大多数重要作品，使得其对麦金太尔当时的思想了解并不十分全面，这会导致一些十分重要的问题，比如给他们对麦金太尔在英国马克思主义发展史中扮演的具体角色的辩知造成困难。

麦金太尔的马克思主义研究在近几年依旧得到持续关注。2019年，约翰·格雷森(John Gregson)撰写了《革命的马克思主义者：社会主义工人联盟与国际社会主义：阿拉斯戴尔·麦金太尔作品》，发表于《美国天主教哲学季刊》。他对麦金太尔在20世纪五六十年代在托洛茨基主义阵营中的相关作品进行了解读，认为托洛茨基主义阶段对麦金太尔来说是特殊而重要的，

① Paul Blackledge, "Utopias: Future, Present and Concrete in Alasdair MacIntyre and C. L. R. James", *International Critical Thought*, Vol. 9, No. 3, 2019, p. 420.

② Paul Blackledge and Kelvin Knight (eds.), *Virtue and Politics: Alasdair MacIntyre's Revolutionary Aristotelianism*, Notre Dame: University of Notre Dame Press, 2011, p. 176.

在这一阵营中，麦金太尔表现出了一种政治的乐观主义，在理论中融入了大量的托洛茨基主义立场，逐渐与马克思主义政治学脱离开来。①

2022 年，托尼·伯恩斯（Tony Burns）在《阿拉斯戴尔·麦金太尔论利益的分歧和机构腐败权力》中指出，部分学者认为麦金太尔的独特性在于，他的亚里士多德主义和柏拉图主义是有重要区分的，因为他同时具备了实践主义和学院式的理论构建。相比于其他学者，麦金太尔能够在乌托邦主义普遍流行的背景下，探索亚里士多德主义道路，并且同柏拉图主义保持密切的联系，这是亟待进一步探索的重要问题。当然，只要提及麦金太尔的亚里士多德主义，必然要将他和马克思进行对比研究。借助马克斯·韦伯的著作，可以对麦金太尔与马克思的现代性视域进行比较性研究。②

国内学术界开始全面研究麦金太尔大致始于 20 世纪 80 年代，应当说，是与麦金太尔成熟伦理学的形成时间大致同步。在早期研究阶段，龚群、万俊人、白锡堃等学者围绕麦金太尔德性思想，开展了系统的引介和研究工作。当时随着改革开放拉开序幕，西方长时间积累的哲学社会科学理论成果，特别是一些"应当学习借鉴的先进事物"被大量引介。③那时已经成为西方伦理学界重要代表人物的麦金太尔及其伦理学思想自然就成为学界争相引介和研究的对象。但是，在面对异彩纷呈的国外哲学社会科学成果时，国内学界受限于研究队伍规模较小、研究视域较窄、批判反思性意识较为缺乏、短时期难以形成共识等一系列原因，对西方的思想史考察尚无法即时开展，往往是就最具代表性的理论观点进行研读。对麦金太尔的研究同样如此。麦金太尔在离开新左派之后，便系统进行德性研究，这使得他后期作品的话语大多数都与马克思主义相差甚远。这造成了国内学术界与西方学术界在研究麦金太尔过程中出现的一个相似状况，即麦金太尔的马克思主义研究虽然十分有意义，但是并没有同他的德性理论一起在同一时间为人们所重视。最为典型的表现是，尽管国内学者对麦金太尔的伦理学进行了深入翔实的分析，但是对于其中一些较为核心的观念，比如实践问题、革命问题、历史观问题、阶级问题等，仍旧停留在单一的德性视域中，并不能够按照麦金太尔的逻辑发展线索向前追溯。因此长期以来，我们对麦金太尔理论的认知较为缺乏思想

---

① John Gregson, The Revolutionary Marxists: The Socialist Labour League and International Socialism: The Work of Alasdair MacIntyre, *American Catholic Philosophical Quarterly*, January, 2019, pp. 757—759.

② Tony Burns, "Alasdair MacIntyre on the Division of Goods and 'The Corrupting Power of Institutions'", *Frontiers in Sociology*, No. 10, November 2022, p. 11.

③ 张亮：《国外马克思主义哲学研究 70 年：回顾与展望》，《武汉大学学报（哲学社会科学版）》2019 年第 7 期。

史的支撑。

随着对麦金太尔研究的不断深入，有学者开始发掘其思想形成的复杂过程。高国希于1996年出版专著《走出伦理困境——麦金太尔道德哲学与马克思主义伦理学研究》，认为麦金太尔对马克思主义的理解，既有不可忽视的独特见解，同时也有局限。他认为，麦金太尔肯定了马克思主义对人的全面生存的解释，运用了高格调的大手笔在物化的世界中痛斥异化，有着理想—目的论色彩，从多层次对人进行考察，这是正确的。可是，麦金太尔将马克思主义与基督教进行类比，指出马克思是基督教的历史继承人，这是错误的，因为他没有看到，马克思的未来社会图景是建立在对资本主义社会矛盾的科学把握和对人类历史规律的科学认识上，从而不同于幻想的、超自然的神学启示录。2011年，高国希又发表了论文《麦金太尔：亚里士多德式的马克思主义?》，较为详细地阐述了麦金太尔的道德哲学与马克思主义哲学之间的关系，指出麦金太尔通过对马克思的伦理观、市民社会、理论与实践关系思想的分析，对马克思的哲学精神有着深邃的洞察与分析。高国希提出，麦金太尔认为马克思在写作《关于费尔巴哈的提纲》之后放弃了哲学是不公允的，同时，麦金太尔还错误地认为马克思放弃了实践。事实上，马克思后来一直强调，只有在现实的世界中使用现实的手段才能实现真正的解放，要实现共产主义，就要使现存世界革命化，在现实中反对现存事物。所以，实践的唯物主义是贯穿了马克思的一生的。这一论断为我们考察麦金太尔马克思主义思想的话语特征及基本立场转变特征提供了重要借鉴。

21世纪以来，随着学术界对麦金太尔理论体系的研究不断深入，学者们对麦金太尔马克思主义思想的相关研究在数量上不断增加，并且研究的视域也不断拓展。秦越存出版的专著《追寻美德之路：麦金太尔对现代西方伦理危机的反思》，阐述了麦金太尔构建美德伦理思想的伦理学和亚里士多德传统，其中包含了对麦金太尔关于马克思主义认识变化的相关论述。同时，针对麦金太尔马克思主义思想的专题性研究成果不断涌现，兼具学理性和学术史视角，为理解麦金太尔的理论全貌奠定了重要的基础。比如，姚大志、张霄、张言亮、张永刚、邵永选、韩伟等学者针对麦金太尔马克思主义思想中的系列核心范畴和观点进行了深入的探讨，拓宽了这一主题的研究视野。例如：结合亚里士多德的革命观和实践观，考察麦金太尔伦理学中的实践概念，触及后者伦理学中的话语基础；关于基督教和马克思主义的比较问题，认为马克思主义成为后基督教时代唯一一种能代替基督教在解释人类生存状态时的作用的学说，把异化以及基督教的道德主题带到了现实的人的生活中，但是，如果马克思主义从人道主义的道德学说转向一种社会科学的时候，就会陷入机械的唯科学主义的危险中；根据《追寻美德》及麦金太尔的相关著作，将当代伦理学的重要话语与马克思伦理观进行了有益的探索；从政治经济学话语角度，反思了麦金太尔的理论构建方法论；对麦金太尔思想形成的基督教、古典哲学和马克思主义三种源头进行梳理；等等。应当说，随着国内马克思主义和伦理学研究的持续进展，学者们对麦金太尔的研究已经越来越呈现出反思性和对话性，麦金太尔马克思主义思想在国内的影响愈加得到体现。

四、如何描绘麦金太尔的马克思主义研究之路？

国内学者不论是对麦金太尔的德性理论还是对其早期的马克思主义思想的研究都取得了显著进展，在此基础上，还需要进一步将其马克思主义研究看作一条具体和相对独立的发展路径展开论述，这样才能有益于我们深化相关认识。麦金太尔的德性理论是他的代表性成果，加上德性理论的建构工作贯穿了其研究过程，因而在过去，马克思主义更多地被认为是其追寻美德中的一个载体。但是一旦深入研究这一经历，我们就能发现其本身所涵盖的内容远远超出了这一载体的定位。作为一个典型案例，麦金太尔的马克思主义研究折射出 20 世纪中期英国乃至世界社会主义运动状况及其深刻变化，以及马克思主义英国化过程中研究者们面临的困惑与挑战，涵盖他自身的理论探究与西方经济、阶级、文化等社会现实变迁这两个重要的维度。因此，我们不能仅仅将麦金太尔的马克思主义研究归结为其德性理论形成过程中的附属性研究，而是要将之上升到麦金太尔个人理论发展的一段主要经历、核心理论逻辑的形成过程的高度，并将之作为 20 世纪马克思主义英国本土化研究的一个重要典型。其中的关键问题，即麦金太尔究竟为何会发生话语和理论形态的转变，这一系列变化背后包含哪些深刻内涵，是需要我们真正予以重视的。

总之，我们需要进一步厘清麦金太尔早期作品的思想脉络，从思想史角度将之进行阶段性划分，并且结合英国实际的社会、思想发展背景，进行全面的研究；同时要客观评判麦金太尔马克思主义话语形态变化过程，发掘其对麦金太尔个人及西方马克思主义发展史的独特意义。

首先，我们需要探讨麦金太尔是如何走向马克思主义道路的。英国本土浓厚的宗教文化，以及家庭的宗教传统，对麦金太尔有显著的影响，加上当时一批新左派理论者的马克思主义探索，推动本身具有强烈伦理关注的麦金太尔共同参与到马克思主义的研究工作中去。本书将加强阐述麦金太尔研究马克思主义的主客观条件，因为不论是从麦金太尔的个人经历，还是从当时英国和世界社会主义运动的发展状况来看，他早期开展这一研究的主客观因素是十分多元化的，这对我们把握问题的实质十分重要。麦金太尔对马克思主义科学性的探究，是他审视当代马克思主义的第一次尝试，也是将之同基督教进行比较研究的直接推动力，这是他 1953 年出版个人首部专著《马克思主义：一种阐释》的主观原因，也是他将德性与马克思主义进行融合的起始尝试。

其次，要探寻包括麦金太尔在内的第一代新左派理论者的人道主义探索与建构，全面阐释麦金太尔的社会主义人道主义思想及其马克思主义的“第一形态”。这一阶段是麦金太尔将马克思主义与伦理学融合得最为深刻的时期。本书将从三方面进行考察。第一，是他对社会主义现实运动的审视。他在 20 世纪 50 年代中后期陆续加入新左派运动、英国社会主义工人联盟、《国际社会主义》杂志等左派阵营，本书将介绍他加入英国左派运动和团体的背景、经过和成果，重现其左派历程。第二，是他的社会主义人道主义立场。他认为，社会主义人道主义应当在实践中得到完善，并且应当基于现实构建。他看到了马克思对黑格尔“人的本质”的继承，对现实的斯大林主义进行反思，发掘马克思主义中的“亚里士多德主义向度”。第三，是他对马克思主义话语的反思与更新话语的动机初显。在形成了一系列社会主义人道主义观点之后，麦金太尔对马克思主义道德进行了整体反思。他看到，马克思自从青年之后就不再专门探讨道德问题了，而社会主义运动在现实中又面临了理论意识与方法上的双重空场，这使他重新寻找德性话语的出路，因而萌发了转向亚里士多德主义的想法。

再次，是要分析麦金太尔在向德性理论转化的过渡阶段对马克思主义的整体反思。从 20 世纪 60 年代初开始，麦金太尔越来越感受到需要创新理论以更好地指导现实，因而他开始转向亚里士多德伦理学叙事话语体系。事实上，麦金太尔的构建工作主要分三个步骤进行：他先专门讨论了人的自由，并且论述马克思主义在实现人的自由时，将伦理内涵从个体扩大到整体（社群）。麦金太尔认为，道德哲学不应当仅仅来自个人，也不会来源于工人阶级，而应当来自社群。然后，因历史辩证法与托洛茨基主义都不再能够适应当时的社会情况，马克思主义话语已不能够在麦金太尔那里起到理论基始性的作用，他转而从人自身的自由本质出发，通过文化和伦理革命建立起一种真正具有实践性的伦理体系。麦金太尔结合当时社会主义运动的实际状况，认为在资本主义民主进程下进行政治革命已经不再可能，他继而阐述了知识分子们的职责，就是应当摆脱这种既定的话语框架，寻找出其他实现人的自由的话语。

从次，是描述在英国社会主义运动归于平静的背景之下，麦金太尔表面上虽然在组织、话语、理论形态层面离开了英国左派，但是，却把马克思主义的一些重要范畴和方法延续到了对德性理论的建构之中，形成了马克思主义的隐性"第二形态"。他认为马克思主义在现实的理论发展上遇到了三个困境，这不仅导致工人阶级在面临现实革命问题时缺乏理论支撑，而且在国家层面也遇到了制度和形式层面的创新难题。他通过改版《马克思主义：一种阐释》，以及发表《社会主义民主英格兰奇怪的灭亡》《接替哈罗德·威尔逊》及相关作品，清晰地表现了对马克思主义以及英国无产阶级运动的审慎态度，并推崇一种个人的自由化政治参与模式。他在马克思主义研究阶段的后期也陆续创造了一些文本，基本是对一些重要理论家或革命人物，比如卢卡奇、马尔库塞、斯大林、列宁、格瓦拉的评论，集中呈现了他对马克思主义的阶段性态度。应当尤其关注的是，麦金太尔在实现话语和立场转向后，仍然反复提及马克思主义，表明他依旧无法离开马克思主义的启蒙，毫无疑问，后者是他构建德性理论的重要显性和隐性基础。

最后，是要从麦金太尔成熟的德性理论中，梳理出隐匿的马克思主义内核。如果说研究麦金太尔马克思主义思想的基础性工作在于文本搜集和解读，系统性工作在于历史性描述其在转向前的"第一形态"马克思主义、话语和形态转向的具体过程，那么，其中的发掘性工作就在于要把麦金太尔德性理论中含有的马克思主义范畴充分、系统地整理出来，形成与"第一形态"既有延续又有新特征的"第二形态"马克思主义。要能够从德性理论体系的外壳下，筛滤出麦金太尔始终都未抛却的马克思主义叙事方式、话语方式和价值观，呼吁重新界定麦金太尔理论历程的理论特性和麦金太尔学术角色。应当以麦金太尔这一当今西方最具代表性的德性伦理学家为典型，对当代西方整体德性理论的发展逻辑和话语体系进行深刻反思，进一步深挖马克思主义在当代西方伦理学中的存在形态及特征。

需要充分认识到，麦金太尔的哲学话语和逻辑转变过程是丰满、完整的，源于其主观旨趣和客观环境的双重塑造，因而可以理解为是马克思主义"英国化"的一个典型个例。我们在对此进行概括的时候，可以认为麦金太尔在学术研究中始终保持着对德性的追寻意欲，并且由于当时英国本土的文化和社会主义发展实际状况，他选择马克思主义作为其搭建伦理体系的学理性载体。随着资本主义在"二战"后的逐步发展，包括他在内的众多理论者认为马克思主义在当下要继续为社会发展提供指导，就必须在话语和形态上作出重大创新。因此,麦金太尔寻求德性理论话语便是一种必然。

本书通过对麦金太尔早期文本进行深入解读,结合英国社会、政党、理论的历史发展脉络,对其马克思主义思想历程进行全面化构建。本书主要有以下四点创新:第一,对麦金太尔早期鲜为人知的理论经历进行完整再现。麦金太尔作为一名享有盛誉的伦理学家,其德性思想已经为人们所熟知,并且产生了极其深刻的影响。但是,与之相比,人们对于其整体的思想发展转化经历,特别是其中的马克思主义研究知之甚少。因此,本书力图整体化呈现麦金太尔马克思主义思想的所有形态。第二,充分结合当时英国社会特殊的发展阶段,使麦金太尔的理论话语和形态转变描述更加丰满。通过对麦金太尔本人于20世纪中期以后出版的作品进行深入解读,将其所包括的丰富的宗教、社会和伦理学内涵一一反映。本书依据麦金太尔在研究马克思主义的整个过程中所存在着的两条主要线索(一条是麦金太尔自身对于马克思主义的认知转变过程,一条是麦金太尔德性理论话语的转变过程)进行深入的解读,呈现出理论和现实之间的复杂联系。第三,尝试对麦金太尔马克思主义研究进行定位。本书结尾对麦金太尔这一探索阶段的理论本质进行了探讨,对其在英国马克思主义发展史中所扮演的角色进行定位,并且发掘出这一研究的理论意义,深化主题。第四,对麦金太尔马克思主义思想进行双重话语、双重逻辑转向的界定,阐述“第一形态”和“第二形态”各自的主要特点,以及两种形态的转变机制,将马克思主义研究的主线贯穿其全部思想建构过程,引导学术界重新定位麦金太尔的学术身份,重新定性其追寻美德的理论架构。将对麦金太尔究竟是德性论者还是马克思主义者的问题,变换为马克思主义在其理论中的显性和隐性形态转换问题,进一步强调马克思主义思想在当今西方伦理学界的潜在而挥之不去的影响。

本书认为,要深入分析麦金太尔马克思主义研究的本质,需要继续加强其思想与马克思主义经典文本的相关度。我们发现,麦金太尔本人受到大量马克思主义经典文本的影响,包括《1844年经济学哲学手稿》《德意志意识形态》《〈黑格尔法哲学批判〉导言》《关于费尔巴哈的提纲》《共产党宣言》《〈政治经济学批判〉序言》《国家与革命》等。这些原著中所含有的马克思对“异化”、“实践”、“社群”(“共同体”)、“阶级”等重要范畴的讨论,对历史观、价值观的讨论,以及对黑格尔和费尔巴哈(Ludwig Andreas Feuerbach)“从人本学到人本现象学”的批判、宗教观的批判,等等,为麦金太尔的伦理学建构提供了重要的学理和话语支撑。而列宁关于国家和革命的论述也为麦金太尔对于共产主义运动的判断提供了重要依据。立足于这些文本,可以为进一步理解麦金太尔的马克思主义研究,包括早期马克思主义的创新性构建、中期话语和形态转变,以及后期隐匿性马克思主义“第二形态”构建等提供重要参考。另外,就是要进一步发掘麦金太尔的马克思主义研究与德性理论建构的关联,凸显马克思主义作为追寻美德重要基础和支撑的重要地位。

第一章　走向马克思主义："英国化"的初步尝试

1968年《马克思主义：一种阐释》改版之际，麦金太尔在前言中专门回顾了自己1953年创作原版时的初衷。他说："我曾经想既当一名基督徒，又当一名马克思主义者，或至少将它们彼此相通。"①这一句话中包含着丰富的个人思想史信息。相对于基督教和伦理学，麦金太尔接触马克思主义要更晚，但是他却在冷战到来、共产主义思潮与左派知识分子在西方受到严厉排挤的情况下转向马克思主义研究，其中的缘由和过程是十分耐人寻味的。一方面，当麦金太尔以一名基督徒的身份面对马克思主义在英国的扎根，他内心的信仰会与外来的理论产生撞击——他起初对马克思主义的科学性持谨慎态度，体现出他内心一种维持信仰的顽固性；另一方面，他又期望将马克思主义理论中存在的在当时看来十分有活力的因素"嫁接"到价值追求中去，帮助他更好地找到理论出路。这便是麦金太尔将马克思主义"英国化"的一个基本来源。以此为出发点，本章将从英国本土文化传统和马克思主义角度，对麦金太尔早期马克思主义思想的来源进行梳理，阐释他对马克思主义的科学性的质疑，同时，探究他将基督教与马克思主义进行类比的理论依据，并发掘出他将之作为"意识形态"的理论依据。

第一节　麦金太尔早期哲学的主要思想来源

麦金太尔曾经感叹，他是在一种多元文化背景下开始自身的研究历程的，因此不得不处理各个理论之间的"相互冲突"。②"二战"结束之初，当麦

① Alasdair MacIntyre, *Marxism and Christianity*, London: Gerald Duckworth & Co. Ltd., 1968, p. vii.

② Giovanna Borradori (ed.), Rosanna Crocitto (trans.), *The American Philosopher*, Chicago: University of Chicago Press, 1994, p. 141.

金太尔进入大学开始学习、研究哲学时，基督教伦理依旧是英国社会的主导价值观之一，伦理学则在大学哲学学科中占据非常重要的地位。况且，当时在西方学界也整体掀起了一波基督教的热潮，一直延续到 20 世纪 60 年代。与此同时，随着社会主义的发展，马克思主义理论也依旧在高校中获得广泛传播。这些因素共同推动麦金太尔形成了复杂的知识构成。20 世纪 50 年代初期，麦金太尔进入曼彻斯特大学攻读哲学硕士学位，陆续发表了一些本体论文章。照此推理，他的第一本著作应当是一部很主流、充满西方传统理论体系色彩的作品。但是，他却出版了一部专门研究马克思主义的书籍。该书综合了麦金太尔当时涉猎的几乎所有理论范畴，并且得到了较为合理的组织，形成一个完整的理论结构。可见当时麦金太尔十分熟练地掌握了这些思想，也可见他受它们的影响之深。因此，系统梳理麦金太尔的理论源流，是我们理解他的马克思主义理论“两种形态”，从马克思主义理论话语到德性理论话语、从马克思主义理论逻辑到德性理论逻辑“双重转向”过程的重要前提，同时也是确定其整个理论体系本质的基本依据。

一、英国本土宗教的现代影响

20 世纪英国的教会组织在本国的社会和文化事务中始终发挥着核心作用，其结构、立场和组织深入影响着社会活动，虽然同以往相比影响力已经大大减弱，但是仍然在某种程度上约束着人们的言行，依旧在某种程度上扮演着“将时间、地域和公共空间结合在一起”的角色。① 西方教会的权力影响逐渐式微，这已不再是像过去那样政治斗争妥协的结果，而是历史的最终走向。不过，正如恩格斯指出：“一切宗教都不过是支配着人们日常生活的外部力量在人们头脑中的幻想的反映，在这种反映中，人间的力量采取了超人间的力量的形式。”② 宗教的出现，本身就是人在社会生产生活中的主观创造，是“可以作为人们对支配着他们的异己的自然力量和社会力量的这种关系的直接形式即感情上的形式而继续存在”。③ 因此，宗教对人具有一种特殊的主观影响，这种影响能够超脱人对客观存在的科学认知范畴。虽然人们对宗教的认识早已同实验室科学兴起之前大为不同，可是这并不意味着基督教及其教会组织不再能够生存下去了，它们会以另一种“形态”存在下去。这种“形态”是 20 世纪以来的学者们经常使用的词汇。英国学者们将当时的教堂体

---

① Keith Robbins, *England*, *Ireland*, *Scotland*, *Wales: The Christian Church 1900—2000*, Oxford: Oxford University Press Inc., 2008, p. 1.

② 《马克思恩格斯文集》第 9 卷，北京：人民出版社，2009 年版，第 333 页。

③ 《马克思恩格斯文集》第 9 卷，北京：人民出版社，2009 年版，第 334 页。

系仍然看作一个体系,塑造出一种“教会体制”。当然,这种体制对于不同的人来说意义也是不一样的。“对于教会的理解会体现出不同的人对之定义方式的不同。教会作为一个单独的客观存在系统,由于其多种多样的传承方式,会被当作可以影响人们不同方面的文化。”①从这方面来说,一种整体性的、拥有单一教制的基督教也不能再被人们接受了,众人对于教堂的看法也不尽相同,相当一部分人对教堂是否应当继续存在犹豫不决。这种情况的出现是社会和科学的发展产生的必然结果。当教会在20世纪初期处于发展的十字路口时,它仍旧企图在政治社会运转中发挥余热。

当时的教会力量因教义的多样性而变得分散,与此同时,议会便开始着手降低教会的政治地位。其实,教义的分裂和政治权力丧失这两个危机的发生并非毫无牵连。正是由于教义分裂,使教会统一的政治地位面临崩溃。此时,教会虽然希望维护政治团结,但是这种场景并没有能够建立起来。20世纪20年代中期,爱尔兰的分裂造成了一次非常严重的教会危机。英国希望在广阔殖民地基础上建立统一体的计划分崩离析。第一次世界大战过后,英王爱德华七世(Edward Ⅶ)原本有过恢复清教的企图,但发现当时民众已经不再像过去一样热衷于教义了,特别是青年人:“英国伦敦主教发现更多的年轻人会在礼拜天下午去踢足球或打高尔夫球,而教堂则越来越空闲。”②因此,新一轮的布教活动在教堂和福音主义者之间进行。虽然被议会屡屡限制,但是教会又不得不与议会“相互合作”。由于基督教始终都要“证实自己能够成为世界宗教——而且是适合于现世的宗教”,③同时,为了弥补由于政治权力丧失而导致的社会话语权弱化,教会成立了“街道议会”,用以聚集大量的民众。在伦敦则以圣保罗教堂和英国皇家歌剧院为中心。

尽管教会致力于通过建立相应的组织以维持社会影响力,但是,由于教义的分散和多元化已经不可逆转,因而,组织本身也随着思想的多元而变得零碎:“当主要的教堂组织起更加庞大的议会组织,并在街头进行政治活动的时候,下层也在纷纷成长为一个个细小的分支——人们因为从当时的世界中感受到的是仇恨,而非真理,因而希望洗清自己。由于这部分人几乎是福音教派的,因而随着不断的自省就会产生新的理念,但也保存着一些传统的认知。”④实

---

① Keith Robbins, *England, Ireland, Scotland, Wales: The Christian Church 1900—2000*, Oxford: Oxford University Press Inc., 2008, p. 2.

② Callum G. Brown, *Religion and Society in Twentieth-Century Britain*, Harlow: Pearson Education Ltd., 2006, p. 116.

③ 《马克思恩格斯文集》第3卷,北京:人民出版社,2009年版,第599页。

④ Callum G. Brown, *Religion and Society in Twentieth-Century Britain*, Harlow: Pearson Education Ltd., 2006, p. 117.

质上可以认为，尽管宗教在失去政治权力的情况下，往往会采用非正式的方式力图维护其话语权，但由于支撑其存在的本质教义发生了分化，因而它的政治努力的效力难免要大打折扣。即便如此，我们应当看到的是，基督教只是在政治权力舞台上退出了，但是在文化上的控制力依然没有退化。正如恩格斯指出，基督教“为普遍渴求的摆脱堕落世界而获取内心得救即心灵上的安慰提供了人人容易理解的形式”，①进而能够轻易地获得人们的思想和情感依赖。

可以说，英格兰的基督教传统是麦金太尔的宗教观念的主要源泉。麦金太尔在幼年和青少年时，曾先后居住在苏格兰的格拉斯哥、阿盖尔郡、贝尔法斯特，英格兰的伦敦东区与曼彻斯特(Manchester)等地。这些地方都具有十分浓厚的基督教传统氛围。从1890年到1939年，由于基督教教义的规定，苏格兰有45%的女孩参加了节制说教，她们之中的大部分还要参加教会的礼拜课，以接受“宗教化的伦理学教育”。而在成人世界，基督教对苏格兰的影响也体现在人们生活的方方面面，比如：对礼拜天重要性的强调；对富人骑摩托车，甚至参加高尔夫球运动的抵制；等等。②苏格兰当时浓厚的教义氛围对麦金太尔产生了异常深远的影响，增强了其对教义现实影响力的实际感受。

在这里，如果我们说麦金太尔对基督教的兴趣仅仅受其父亲和社会宗教大环境的影响是不全面的，因为更重要的是，他自身在学习的过程中经常接触到基督教，并较为深入地进行研究。除了在曼彻斯特大学攻读硕士学位，麦金太尔其余的学业都是在伦敦完成的。早年，他在艾普森学院念中学。艾普森学院是位于伦敦南部的一所中学，成立于1855年。该所中学成立的直接原因是当时医药学成为大学的一门学科，而它在当时是专门招收医生子女的，因而出身医生家庭的麦金太尔得以进入这所学校学习。但是麦金太尔入学后并没有学习医学，因为当时他生了一场病，只能在养病的同时学习一些感兴趣的学科。这也使得他的名字没有出现在艾普森学院毕业生的名单中。他在这段时间中继续关注着基督教，但是，“对于基督教的一些基础性质疑使麦金太尔对其保持着一段距离，而他后来的宗教导师劝他不要这样”。③

① 《马克思恩格斯文集》第3卷，北京：人民出版社，2009年版，第599页。

② Callum G. Brown, *Religion and Society in Twentieth-Century Britain*, Harlow: Pearson Education Ltd., 2006, pp. 120—123.

③ Thomas D. D' Andrea, *Tradition, Rationality, and Virtue: The Thought of Alasdair MacIntyre*, Hampshire: Ashgate Publishing Ltd., 2006, p. xvi.

到了大学和研究生阶段，麦金太尔对基督教的参与方式更为直接。他在本科时期就读于伦敦大学玛丽王后学院以及硕士时期就读于曼彻斯特大学时，均参加了与基督教有关的活动，尤其是国教运动和基督教学生运动。他在曼彻斯特大学时还与一些后来加入罗马天主教的同学一起参加讨论小组。在学习宗教神学的过程中，对麦金太尔的宗教理论塑造起到直接促进作用的是阿奎那的神学思想。在阿奎那看来，神学与哲学的关系是十分密切的。他认为上帝是启示性的学问，以弥补人类由于智能的缺陷而导致的认知错误，维持真理在人间能够被合适和准确地掌握。因此，神学应当是第一哲学。阿奎那进一步论证，神学具有较其他学科更强的确实性，且更为高贵，它直接来源于上帝，凌驾于哲学和其他学科之上。由此，麦金太尔获得了两点启示：第一，基督教应当审视其他文化，包括马克思主义的主要视野；第二，基督教作为一种信仰，应当与具体的科学知识区分开来。

可以认为，在20世纪前期国际形势风云变幻之下，在宗教传统氛围浓厚的家庭中成长起来的青年麦金太尔，其早期思想受到来自基督教的影响是十分深远的。只不过随着资本主义的发展，基督教在英国发挥的社会功能和存在形式均发生了巨大变化，让麦金太尔逐渐将之排除出研究视域。20世纪60年代之后，麦金太尔围绕基督教进行创作的作品数量逐渐减少，到了1968年，他说，比起十多年之前，他的兴趣发生了转变，而当初促使他产生学术兴趣的社会和政治形势也发生了转变。"当时我追求基督教和马克思主义，至少他们能够相互兼容和补充；但是现在我对它们都产生了怀疑，不过还不至于彻底放弃他们或觉得一无是处。"①当提到基督教在自己理论中扮演的角色时，他说道："在一段时间中，我曾努力将宗教范畴和其他的生活实践区分开来，并把它作为一种'别具一格的生活模式'。它有内在的标准，能够用卡尔·巴特的理论协调好维特根斯坦的'生命形式理念'。"②基督教既是麦金太尔第一本学术著作《马克思主义：一种阐释》的一个核心文化领域，同时也是其伦理学兴趣的一个重要来源，可以说，是其追求人的本质得以实现的起点。麦金太尔肯定一种主流观点，即作为一种西方思想，马克思主义亦不可避免地受到了基督教思想的影响。就英国而言，虽然在一段时间里面"宗教与政治不可分正是英国革命的特点，政治与宗教的结合，使政治斗争不可调

① Alasdair MacIntyre, *Marxism and Christianity*, London: Gerald Duckworth & Co. Ltd., 1968, p. vii.

② Giovanna Borradori (ed.), Rosanna Crocitto (trans.), *The American Philosopher*, Chicago: University of Chicago Press, 1994, p. 142.

和”,①但本土宗教力量无力再以一种独立的政治形式直接参与权力的执行。尽管英国的宗教政治权力和组织不断黯淡,可是这种宗教方式,或可以说是文化方式必然会以某种形态保留下来,当另一种文化思想流入时,它的影响力就会显现出来。基督教教义在当时虽不能扮演一种实质性的政治角色,可是“与其说它是随着在教堂中不断简化的宗教活动而消失,还不如说它是在传统宗教界限以外的地方,比如含有宗教经验的小说和个体方式中占得一席之地。一种‘无形’的宗教已经取代了传统的宗教活动仪式”。②在麦金太尔看来,这使得基督教在英国仍然有资本面对马克思主义并采取一种高傲的态度,因为“只有马克思主义在阐述生命时否定了上帝创造世界”。③他认为,马克思主义者在讨论世俗主义和无神论时,与基督教的话语有高度的重合,但是,前者体现的基本立场与基督教教义有根本的差异。马克思指出:“宗教里的苦难既是现实的苦难的表现,又是对这种现实的苦难的抗议。宗教是被压迫生灵的叹息,是无情世界的情感,正像它是无精神活力的制度的精神一样。宗教是人民的鸦片。”④马克思和恩格斯就宗教的讨论,成为麦金太尔当时引用的重要立场和话语来源,也成为他从多元的理论中形成独立立场的重要条件。

经过长时间的宗教研究,麦金太尔相信用基督教的术语来阐述可以有助于马克思主义在英国的传播,而这种效果主要是在与马克思主义进行比较的过程中体现出来的。首先,麦金太尔认为两者对现实生活的指导意义已然不同。基督教从宗教层面阐述了世俗所崇拜的神圣实质上是源自上帝,而马克思主义可以在世俗和宗教中同时作为“最有力”的“表达方式”存在。⑤其次,两者在政治社会中的表现不同。近代以来,基督教的科学权威不复存在,政治权威性也早已不复当年。相反,马克思主义“能够知道如何长期收集权力及其相关问题。更有甚者,马克思主义能够从外界环境中认识到科学态度、观点和技术必须在现代权力理解下运用”。⑥最后,两者在对历史的分析方法上也大相径庭。对于社会进化动力的分析,现代社会中的基督教只能在“上帝的力量”和“世界本身的力量”之间的紧张关系中不断游离,而马克思主义

---

① 钱乘旦、徐洁明:《英国通史》,上海:上海社会科学院出版社,2002年版,第173页。

② Bernhard Giesen and Daniel Suber (eds.), *Religion and Politics: Cultural Perspectives*, Leiden and Boston: Brill, 2005, p. 4.

③ Alasdair MacIntyre, *Marxism: An Interpretation*, London: SCM Press Ltd., 1953, p. 10. 此段分析参见张晓:《德性与科学的交轨——麦金太尔早期的基督教化马克思主义观评析》,《山东社会科学》2013年第6期。

④ 《马克思恩格斯文集》第1卷,北京:人民出版社,2009年版,第4页。

⑤ Alasdair MacIntyre, *Marxism: An Interpretation*, London: SCM Press Ltd., 1953, pp. 9—10.

⑥ Alasdair MacIntyre, *Marxism: An Interpretation*, London: SCM Press Ltd., 1953, p. 17.

却是"作为一种具有重要意义的世俗主义优秀理论，它解释了历史本身不得不解释的权力、正义、救赎以及重建的问题"。①基于教义，马克思提出了从宗教批判到世俗批判的重要逻辑。他指出："对宗教的批判变成对法的批判，对神学的批判变成对政治的批判。"②这一系列比较，也是麦金太尔针对马克思主义与基督教某些共同范畴进行的，马克思和恩格斯的宗教批判为马克思主义和基督教的整体类比提供了语境条件，使得马克思主义能够更加方便地在一种新的文化区域中传播。

二、来自罗斯金、科林伍德及阿奎那的伦理学影响

麦金太尔自从进入学校接受教育开始，就积极开展伦理学研究。如果说麦金太尔的基督教信仰是源自家庭、社会和学校环境，那么，对伦理学的热衷就完全是他在学院中形成的了。在中学阶段，麦金太尔从科林伍德那里了解了罗斯金的思想。罗斯金是19世纪英国一位天才型学者，其研究领域十分广泛，包括美学、哲学、地质学等，并且都有很深的造诣。罗斯金本科在牛津大学就读，以优异的成绩获得了诗歌奖——纽迪吉特奖(Newdigate Prize)，其间还居住在一所教堂之中，感受着当地独有的人文和自然景象。虽然由于病况未能完成所有本科学业，但这却为拥有美学天分的他提供了一个绝好的接触外界的机会，他去意大利、瑞士等地进行了一次深入的体验，这成为其美学创作的开端，之后他出版了成名作《现代画家》。对于麦金太尔以及他的导师来说，罗斯金的社会学批判是令他们真正受益的地方。

19世纪50年代之后，罗斯金将注意力逐渐转移到了社会政治经济批判中。事实上，这种从美学到政治经济学的转变不是偶然的，而且也不仅仅是因为他本人的兴趣广泛——他开展艺术创作时正处于欧洲快速工业化、城市化时期，而这两个进程在当时产生了大量的贫民，这些现实促使他从没有意义的宗教美学转到了对现实的关注上来。他意识到，如果作品脱离了大众，那么只能成为走廊中的展品，脱离了工人们的实际需求："如果通过艺术让自己有钱，这绝对不只是说我们自己依靠艺术积累出来，同时也意味着我们的邻居会赚得更少。准确地说，'我们通过艺术创造了不平等的最大化'。"③因而，艺术和社会的衰落实质上是源于资本主义政治经济形势的改变，他呼吁大众对资本主义进行批判："在这场持久的游戏中，他们熟悉了换牌，并能正确地解释自身的失与得。但他们不知道是谁控制着赌场一样的银行，不知

---

① Alasdair MacIntyre, *Marxism: An Interpretation*, London: SCM Press Ltd., 1953, p. 18.
② 《马克思恩格斯文集》第1卷，北京：人民出版社，2009年版，第4页。
③ John Ruskin, *Unto This Last*, Glasgow: The Grant Educational Co. Ltd., 1920, pp. 44—45.

道哪些地方同样设了这种牌局,也不知道他们的失与得虽看起来是无法控制的,但事实上恰恰是可以控制的。他们知道一些,但也仅仅是贸易经济中的法律,而且还不是政治经济中的。”①这种从艺术到现实批判的跨越,特别是对底层社会人民生活的关注,给麦金太尔从事现实批判提供了强烈的动机引领。

罗斯金在《给未来者言》中认为,对于生产和消费的考察会对人们的生活与幸福产生非常重要的影响。他提出,盈利性生产与继而产生的过度生产会造成一个极度不平等的社会,既会产生生活奢侈的富人,同时也会有极度贫困的贫民。尽管罗斯金的结论与其他社会主义者的结论存在着较大差别,但是这与他身为托利党党员所应当具有的保守立场相斥,并重新定义了那个时代的阶级政治理念。罗斯金在其中体现的不仅仅是一种新颖的经济学思想,同时也在一定程度上反映出社会主义的理论。他说:“或许人类历史中一个最为奇怪的现实,就是他们否认政治经济学可以决定工资;而此时重要的,以及很多不重要的因素,包括世界上的劳动力和工资已经被决定了。”②而由此产生的一种基于伦理的考量,那就是通过政治经济学的分析,人们应当可以具有辨别自身处境的能力,这应当是马克思口中的工人需要具备的觉悟:“人们或许不会理解马克思和罗斯金的平淡理论,但是他们在进行错误的批判,或者付出的时间和劳动同所得不等价时,就会醒悟;他们会知道根本得不到(足够的)医疗和牙科护理;他们在损害背部和肺部的时候会知道,当初接受的初级教育会使自身除了从事危险和低薪的工作之外别无选择。”③马克思实际上在《工资、价格和利润》中也直接指出:“随着劳动生产力的发展,即使工资的水平相当高,资本的积累也会越来越快”,“现代工业的发展本身一定会越来越有利于资本家而有害于工人”。④

以此为基础,罗斯金提出的“应当”(ought)概念对于麦金太尔的影响也是十分深远的。罗斯金说:“根据一个人的工作来决定他应该做什么,比强迫他去做要更为容易。他自认为必须要做的不只是由经验决定,还应包括分析和观察。当你像一个疑惑的小学生那样回答这个问题——一直到你找到一个和自己相称的状况;并且,你通过估算所寻找到的结果是有一定局限的。”⑤

---

① John Ruskin, *Unto This Last*, Glasgow: The Grant Educational Co. Ltd., 1920, p. 44.

② John Ruskin, *Unto This Last*, Glasgow: The Grant Educational Co. Ltd., 1920, p. 29.

③ Stephen J. Fortunato Jr., “The Soul of Socialism: Connecting with the People's Values”, *Monthly Review*, Vol. 57, No. 3, July-August 2005.

④ 《马克思恩格斯文集》第3卷,北京:人民出版社,2009年版,第76—77页。

⑤ John Ruskin, *Unto This Last*, Glasgow: The Grant Educational Co. Ltd., 1920, p. 74.

能够较为清晰地反映罗斯金伦理思想的著作，是他的《尘世的伦理》一书。事实上，这本书比起罗斯金的其他著作来说十分独特，因为从形式上来讲，这本书的叙述方式是对话，因此其中所含有的批判思想并没有系统展现出来。但这并没有影响书中蕴含思想的复杂性。"这一本书的中心主题，是罗斯金对精神权威的考察，以及他为了自己和他人而对这种权威的创造。这在他的作品中并不算新颖，并且一直都存在着。"①而这种精神权威，在罗斯金那里被当作类似于麦金太尔的道德理性，并称之为"透明的道德"。他特别强调了"理智"（mind），认为通常所称的人的"理智"实际上是"感觉"（feeling），而不是"信仰"（belief）。"你的智慧和责任会触到灵魂的缺陷，它们是一样的。什么是错的，以及你所知道的弥补方法，采取这些方法，并且予以实现：当你审视自身，不称自己是'有错的人'，那是一个十分轻微的陋习；并且是毫无用处的。你甚至会爱好这个，以之为荣。如果你有一些明智的话，会称自己是一个撒谎者、一个懦夫、一个懒人、一个贪嘴之人，或者一个邪恶之人、无奈的嫉妒者，并使用有效的方法检讨自身的缺陷并自责。只要尽快以积极的方式修正，你将会忽视你所看不到的缺陷。接着，你将发现如果继续用原先的德性来填塞却更加难以根除缺陷。"②罗斯金在这里实质上直接点出了世俗社会德性的一个主观问题，具体来说，是一种由作为生产者的人的理性造成的德性问题。

另外，在这一本书中罗斯金还提到了另一个重要的词汇："法则"（law）。当然，罗斯金不仅只在这一本书中提及相似的范畴。在《给未来者言》中，他认为，人的正义判断是决定因素。并且，麦金太尔在《道德荒原笔记》及之后的作品中所提及的"道德律"，在这里找到了重要线索。罗斯金说："影响人兴趣的多维环境是不断出现的，而要从当前平衡的环境之中改变或者削减行为规则的任何行为都是无用的。而这也应是无用的。因为人类行为的决定者不会被当前平衡的环境，而是由正义的平衡所引导。"③在阐述过程中，罗斯金全面展示了道德的发展机制，也涉及人的主观理性与道德客观规律之间的相互关系。因此我们可以说，罗斯金的理论为麦金太尔提供了重要的启示。

如果说麦金太尔的伦理学，甚至马克思主义研究都受到了罗斯金的影响的话，那么，麦金太尔的导师科林伍德则是带他开展伦理学研究的引路人。

---

① Dinah Birch, "The Ethics of the Dust: Ruskin's Authorities", *Prose Studies: History, Theory, Criticism*, July 16, 2008, p. 147.

② John Ruskin, *The Ethics of the Dust*, London: J. M. Dent & Sons Ltd., 1908, p. 80.

③ John Ruskin, *Unto This Last*, Glasgow: The Grant Educational Co. Ltd., 1920, p. 23.

从科林伍德出版的作品来看,他所继承的是一种宗教“浪漫主义”,“通过想象更深层次的、后有神论式的宗教发展来获得”。①他认为,人的精神是一种统一体,它存在于人的活动之中,而宗教此时就扮演着一种必要的角色,包括对于人的情感、行为和思考。在第一本著作《宗教与哲学》中,科林伍德谈到了对宽容的宗教解释。他认为,宽容是基督教在面对人的意志错误和缺陷时的态度和责任,而需要做的,就是要对教义进行一种哲学解释。因而他引出了“爱”的概念,他将之看作一种历史化的原则,是一种个人化的“个体特征”:男人和女人的比身体或思想更为可贵的灵魂。这些让宗教能够反过来在人们的实际生活中取得制高点:“宗教形式能够直接或间接地占据人们的各个精神层次,它能够控制男人和女人对于真理和谬误的区分。”②当然,科林伍德的宗教伦理观对于麦金太尔的影响不是主要集中在宗教方面,而是建立在宗教基础之上的伦理观方面,只不过麦金太尔将这一立场延续到他的宗教观之中,成为之后讨论基督教与马克思主义关系的一个重要方面。

而科林伍德自身的伦理学也是其理论体系中一个十分重要的部分,体现在他将伦理和逻辑一起作为哲学判断的依据。他认为,人的思想和行为的产生源自人的意志,而真正的思维却是和德性紧紧联系在一起的。德性并不是人生来就有的,而是内在于人的实践之中,就像人的思维和行为,以及行为和理性那样同时发生:“通过形而上学、美学以及其他哲学科学来追求相似概念的方法被认为是无趣的。读者是无能为力的,他将发现每一处符合规则——即来自那些阶级之中的传统的哲学思想——的地方都是善的。如果他因此认为传统的理念——不仅是伦理,还包括其他的哲学范畴——会相互处于矛盾之中,就必须要以十分激进的方式进行修改,以顺应阶级的统治。这会促使他对这些范畴进行修改,如果他这样,就将会发现人们会顽固地抵抗这种努力,如果他深深地与阶级统治结合在一起,以开发出一些不为人知的思想,他就必然不能以哲学的名义继续进行思考了。”③有关伦理和哲学的思考必须面对理性和现实的矛盾,人的理性的产生也需要在现实当中不断克服阶级特性制约,由此,这个重要的新问题也就被发掘了出来。科林伍德一

① Joseph M. Felser, “The Conflict in Collingwood's Views on Regligious Tolerance”, David Boucher and Bruce Haddock (eds.), *Collingwood Studies*, Swansea: The Collingwood Society, 1995, p. 43.

② Joseph M. Felser, “The Conflict in Collingwood's Views on Regligious Tolerance”, David Boucher and Bruce Haddock (eds.), *Collingwood Studies*, Swansea: The Collingwood Society, 1995, p. 49.

③ Robin George Collingwood, *An Essay on Philosophical Method*, London: Oxford University Press, 1933, pp. 43—44.

直都希望解决这一问题,麦金太尔也正是运用了前者同样强调的重要范畴"社会实践"对这一问题予以解决。

麦金太尔说,他从科林伍德那里接受了一种社会实践的观念。事实上,马克思主义与伦理学对于麦金太尔来说并不是谁包含谁的关系,而是它们共同为他带来了伦理与政治哲学的系统性观点。"到 1953 年,我不仅是从共产党和非共产党的马克思主义老师那里,还从 R.G.科林伍德那里接受了融入社会实践概念的哲学,以及由前者(科林伍德)反映出的其他范畴。"①科林伍德认为,实践在社会历史中起到决定性的作用。他时常提到在历史与哲学中,实践较"历史趋势"更加具有现实意义。达森(W. J. Van Der Dussen)认为,科林伍德的历史实践领域应当从三方面加以理解,分别是"历史在人类认识自我中的作用,历史在认识现实中的作用,以及历史在认识人类本性中的作用"。②首先,人是处于历史之中的,因此人的意识也是来自历史的。其次,历史知识可以提供解决现实问题的途径,而由于这种途径是新产生的,因而历史知识提供的往往是一种"必要依据"。最后,人的性格是相对不变的,它和人自身的经历息息相关,只会随着人的发展而发生变化。人们对于历史的看法,并不是历史的事实,而是依据现实往上追溯,找出相关的部分然后连接起来。③这种思想在麦金太尔的历史道德中扮演着重要角色。

同时,阿奎那的伦理理论也对麦金太尔产生了一定的影响。阿奎那认为,伦理学是研究人生意义的。人的欲望是阻碍其接近上帝的因素,而实现人的欲望,或者使之不再成为误导人的因素,就能实现人向上帝的接近。值得注意的是,阿奎那的伦理学与亚里士多德的伦理学有着十分紧密的联系。阿奎那对亚里士多德的哲学进行了一种基督教式改造。虽整体上还遵循亚里士多德范式,但也利用基督教的神学对之进行拓展:他认为,人的德性都来自人的本性,并且应当分为实践神性、理智神性和神学德性。实践神性和理智神性决定了人要实现德性,而神学德性则是人达到至善的来源。

虽然这些理论对于麦金太尔自身理论形成的作用十分重要,但是并不能完全解决他的所有问题,因此在本科期间他就形成了几个重要的疑问:"我不能完全理解哲学是如何被认为至少包含着四重主观范畴和任务。首先,是我们应当经验地去了解一些东西:规则、概念、判断,以及当人参与社会生活

---

① Alasdair MacIntyre, *Marxism and Christianity*, London: Gerald Duckworth & Co. Ltd., 1968, p. xvi.

② [德] W. J. 冯·德·达森:《论历史的实践领域——科林伍德的哲学》,《国外社会科学》1982 年第 12 期。

③ William H. Dray, *History as Re-enactment*, Oxford: Clarendon Press, 1995, p. 317.

而需要遵守秩序所表现出的争议性辩护模式和活动模式。其次，应当如何理解决定社会秩序的活动、相关秩序和标准、概念、判断以及争议性辩护等。再次，两者之间如何能够相契合，如果有差别，这种差别又是何种程度的。最后，如果哲学家认为他或她能够超越历史和社会环境的限制进行论述，至少能够针对前三个问题有效地进行表达，以揭露物质是如何表现出来的，或者是如何呈现在人们的历史和社会观点之中的，以及历史和社会本身是什么样的。”①这一系列问题，系统包含了认识论、历史论、规则论、本体论、话语论等基本哲学主题，推动当时尚处于学术生涯早期的麦金太尔不断寻求话语和逻辑出路。

三、“二战”后“丰裕社会”的形成及其多重影响

“二战”的战局，促进了社会主义在英国的普及。因为要共同面对法西斯，迫使当时的英国社会基于同一战线角度，在一定程度上接受苏联和社会主义，而英国国内的共产主义组织也抓住这一机会让自身得到发展。在当时的英国国内，民众对社会主义大致持一种接受的态度，不仅仅是因为战局，还出于生活需求，他们的态度亦对当时英国的文化意识政策产生了重要的影响。当时不论是丘吉尔政府还是英国民众，都必须在纳粹和苏联之间进行选择。甚至可以说，当时英国国内已经成为社会主义发展的沃土：“苏联的巨大力量换来了一个政治暗示。从消极的角度来说，是环境延缓了对共产主义系统的强烈批判，比如之前在苏联的英国间谍和反布尔什维克的政客——保罗·杜克爵士——没有时间对之进行谴责：他被禁止这样做”，“与苏联的结盟决定了各种委员会和社会团体要对苏维埃以及两国之间的友谊进行宣传。外事办公室与信息产业部都注重这些，他们需要牢牢掌握在手里”。②可见，“二战”带来的不仅仅是西方国家国内的经济社会生产、生活模式转变，更重要的是让资本主义阵营和社会主义阵营的矛盾得到暂时搁置，这为共产主义在西方社会的理论和组织发展提供了罕见的机遇。

“二战”结束之后，随着国内、国际秩序的逐渐稳定，英国国内经济、政治、文化呈现出史无前例的新状况，即进入“丰裕社会”时期。随着艾德礼(Clement Richard Attlee)领导的工党于1945年击败丘吉尔(Winston Churchill)的保守党上台之后，他们逐渐将《贝弗里奇报告》中的福利国家设

---

① Alasdair MacIntyre, *Marxism and Christianity*, London: Gerald Duckworth & Co. Ltd., 1968, pp. xvi—xvii.

② Paul Addison, *The Road to 1945: British Politics and the Second World War*, London: Pimlico, 1994, pp. 136—137.

想落实,开始了真正意义上的英国战后政治和经济重建。首先在所有制上,英国国内的私有制与公有制之间的界限慢慢模糊。政府开始大幅提高公共性支出的比例,并且公私所有权之间的转换也变得愈加频繁。即使是在竞选中被击败的保守党,为了维持其政治存在,也不得不进行附和,承认公有制的重要性。①根据克罗斯兰的记载,丘吉尔在 1951 年重新执政后强调,"深信政府能够维持充分就业、慷慨的社会福利以及社会稳定的广大选民肯定不愿放弃这些。任何执政党随意损害保证充分就业的福利国家的基本结构,都会在选举中遭遇重大损失",②这是他在实际政治进程中获得的切实感受。因此,他在重新上台之后,也不得不继续这种政策。

同时,战后英国的市场运行机制也发生了重要变化。由社会公有制所带来的最直接后果,就是计划经济在国民经济调节中的主导性地位,以致克罗斯兰等学者提出要用计划经济完全取代凯恩斯主义。虽然国家化的权力可能对自由消费市场产生影响,降低生产效率,形成官僚化体制,但是就当时英国的战后发展来说,通过国家计划分配、集中资源恢复社会运转才是急迫需要的。③因为通过这一过程,国家得以推动商品和服务的贸易,推动资源市场的整合,并能够以权力形式保证这一过程的实现。只不过面对新的现实状况,学者们放弃了继承战时国家经济调节方式的想法,而实行新的国家性调配体制。这些政策在当时已经被理解为是"社会主义得以实现的一种方式"了。与公有制相比,战后的凯恩斯主义虽然强调要维持经济的高度平衡,但是却十分乏力——"这种经济计划对小规模的公共管理部门才会有效"。④战后恢复的社会整体目标已经取代了个人消费欲望,成为全社会最主要的导向,因而,以公有制和国有化为基础的计划性经济就优先得到了采纳。

最后,也是福利国家政策给予大众最为现实的影响,那就是更加平等的再分配制度。公民的所得税问题是当时的一个重要话题,它涉及战后英国社会保障的一项重要工作——收入的再分配。不论是在当时的政界还是学界,这一问题都成为福利国家建设中的核心问题。这又不免牵扯到了国有化问题,因为国有化最有希望利用国家权力去除国民经济中的"非劳动"财富,以进一步实现无阶级化的目标,实现社会公平。这一构想在当时得到了现实的

---

① Robert Millward and John Singleton (eds.), *The Political Economy of Nationalisation in Britain 1920—50*, Camberidge: Cambridge University Press, 1995, p. 311.

② [英] 安东尼·克罗斯兰:《社会主义的未来》,轩传树等译,上海: 上海人民出版社,2011 年版,第 26 页。

③ Anthony Crosland, *The Future of Socialism*, London: Jonathan Cape, 1956, pp. 346—347.

④ G. D. H. Cole, *Socialist Economics*, London: Gollancz, 1950, p. 53.

执行,比如1951年,英国的所得税率就达到了97.5%,[①]这证明高税收换得高福利的想法是有现实可行性的。用当时的执政理念术语来说,是保障“公民权利”。事实上,除了再分配以外,福利政策还包括教育、住房、医疗等各方面。用一些学者的话说,这一政策是战后英国出现的一种激进化乌托邦,但由于处在特殊的战后恢复时期,以及大众的急迫需求,这一带有浓厚社会主义特色的执政理念得以在老牌的资本主义国家中维持多年。[②]

在此还有必要提一下英国共产党在战后的政治表现。实际上,现存的英国共产党和新左派时期的英国共产党是不同的两个组织。当时的共产党全名是“大不列颠共产党”(Communist Party of Great Britain, CPGB),而非现今的“不列颠共产党”(Communist Party of Britain, CPB)。与很多国家的共产党不同,它起初并不是直接成立的,而是由若干小型的社会主义政党组织合并而成。成立之后,大不列颠共产党便积极开始在英国国内发动工人运动和大罢工,从政治上支持苏联,并且积极参与反法西斯战争。战后,大不列颠共产党的政治地位空前提升,甚至短期赢得过下议院议席。只不过进入20世纪50年代,其政治影响慢慢消退,特别是1956年《秘密报告》的曝光,给大不列颠共产党直接造成负面影响,党员不断流失,组织自身也从60年代开始不断分裂。虽然,它也曾组织过一些社会主义政治运动,可是并没有能够为马克思主义在英国的传播发挥实质性作用。一方面,它虽然保留了部分“民主化的中央集权制”外壳,却显现出强烈的官僚主义倾向;[③]另一方面,它也不能在理论方面对马克思主义进行创造性诠释。这使其在英国左派中的声望并不尽如人意。

总的来说,在这一时段里面,英国社会呈现出整体性变迁,为马克思主义在英国的传播提供了十分肥沃的现实土壤。但是,我们并不能认为这些就足以产生英国马克思主义了。因为英国马克思主义的诞生,不仅需要时代和社会的土壤,同样还需要一些置身于本土环境中的马克思主义知识分子,共同形成一种开辟英国自身特色马克思主义理论的共识,并且形成理论成果。正如艾德礼所说:“社会主义不包括某些特殊措施。它比政治信仰或经济制度有更多的内容。它是一种社会哲学。社会主义者认为,个人人格的自由和发展不是通过竞争性的斗争来实现,而是在一个以平等和友爱为基础的社会中

---

① Noel Thompson, *Political Economy and the Labour Party*, London: Routledge, 2006, p. 167.

② Howard Glennerster, *British Social Policy since 1945*, Oxford: Wiley-Blackwell Publishers Ltd., 1995, p. 43.

③ Michael Kenny, *The First New Left: British Intellectuals After Stalin*, London: Lawerence & Wishart, 1995, pp. 17—18.

通过和他人协作来实现。"①这说明，社会主义理念在当时已经被作为一种必要的部分，真正被纳入战后的英国社会政治体系中，不再被当作一种"异端"了。那么，这也就呼唤着一场真正的马克思主义浪潮的到来。

第二节　马克思主义科学性的重新彰显

英国战后的经济逐渐恢复，带来一系列政治社会新变化，推动本土的理论者在从事了一个阶段的实证考察之后，又纷纷把考察重点返回到马克思主义理论本身，麦金太尔也是如此。"资本主义并未被自身的矛盾所压垮，而是相反，战后'丰裕'的资本主义看起来更加自信和富有适应性，社会主义者所声称的资本主义的内在不合理性理论显得没有那么富有吸引力了。"②帝国主义重获新生，使麦金太尔不得不怀疑，是不是马克思主义理论本身出现了什么问题？这些问题的理论根源在哪里？当时人们所认识的马克思主义究竟起着什么样的作用？我们发现，麦金太尔从战后英国社会发展的现实、理论的"历史阶段性"特征，以及精神作用层面探讨马克思主义，其实质就是用一种符合英国社会"需要"的教义来替代马克思主义原本的"科学性"，将其教义化，以推进其在社会形态与苏联迥异的英国的传播。这样，我们就可以发现麦金太尔对马克思理论的"英国化改造"也具有一条清晰的逻辑路线。人类对科学不断探索的过程也是包括基督教在内的教义逐渐退出政治权力中心的过程。麦金太尔之所以能够将马克思理论与宗教置于同一层面联系起来，进而实现前者作为"价值意向载体"的角色，原因就是发掘马克思主义中的信仰成分，再结合马克思主义的科学性特征，从这一对范畴中开拓出新的研究张力。

一、马克思主义发展的新契机

麦金太尔认为，要运用马克思的《资本论》及政治经济学理论解释当代资本主义新状况，就需要进行大量的本土化发展探究。马克思断言，私有制既是包括资本主义在内的所有剥削生产关系产生的前提，又是决定它们最终被历史丢弃的原因。正如马克思在《〈政治经济学批判〉序言》中所说："资产

---

① ［英］克里门特·艾德礼：《走向社会主义的意志和道路》，郑肃译，北京：商务印书馆，1961年版，第3页。

② ［英］玛德琳·戴维斯：《资本主义新变化与新左派的"丰裕社会"之争——论英国新左派在社会主义论战中的思想贡献》，《南京大学学报（哲学·人文科学·社会科学版）》2014年第1期。

阶级的生产方式可以看做是经济的社会形态演进的几个时代。资产阶级的生产关系是社会生产过程的最后一个对抗形式,这里所说的对抗,不是指个人的对抗,而是指从个人的社会生活条件中生长出来的对抗;但是,在资产阶级社会的胎胞里发展的生产力,同时又创造着解决这种对抗的物质条件。因此,人类社会的史前时期就以这种社会形态而告终。"①在历史的客观进程中,十月革命的胜利和苏联的迅速崛起,象征着无产阶级的革命力量足以改变人类历史进程,这使得共产主义者们更加乐观和自信。但是,这些激情因资本主义国家为应对危机而采取的一系列措施所取得的实质性效果而再次趋于平淡,原本马克思对资本主义市场竞争进行分析时所预设的那种"理想状态"已不复存在。首先,麦金太尔认为马克思的原始积累理论已不完全符合社会实际状况。"价值理论并不会在一个完全竞争的国家内起作用。它不再能够被当作完美无瑕的理论用来分析问题了,除非劳动只是生产的唯一和全部的来源。"②依照他的判断,一些个体工厂者在16世纪和17世纪通过节约和个人努力发展起来是既定事实,然而这些都被马克思否定了——后者认为,工厂主只有通过剥削才可以获得利润。在现实中,资本主义政权为维持经济发展所采取的政策和调整在一定程度上改变了原始的、单纯竞争的市场环境。同时,在那些改良过的经济制度里,各种补救性措施制造出了更具迷惑性的假象,使得马克思著作中揭示出的那种赤裸裸的追求金钱的动机被各种"人文关怀"和"社会补救"遮掩住了。这会使人觉得,在分析社会制度时,人的劳动已不再是首要问题,而是应当关注那些在此基础之上进行的政策制定和"福利"开展。这就引申出麦金太尔质疑现存资本主义批判理论的第二个方面:他认为"更为重要的是,如果马克思关于资本主义进程的预测是正确的,那么无产阶级遭受的痛苦会增加。可是资本主义历史后期的实际情况并不是这样"。③因为在发达国家,工人不仅生活水平提高了,购买水平也超过了之前。以此推论下去,麦金太尔自然会把对马克思理论中的资产阶级与工人阶级这一主要矛盾的注意力转移到对工人阶级的工作和待遇的需求上来,并归纳成为资本主义意识的三条路径来源。④这两点是麦金太尔质

---

① 《马克思恩格斯文集》第2卷,北京:人民出版社,2009年版,第592页。

② Alasdair MacIntyre, *Marxism: An Interpretation*, London: SCM Press Ltd., 1953, p. 95.

③ Alasdair MacIntyre, *Marxism: An Interpretation*, London: SCM Press Ltd., 1953, p. 96.

④ 麦金太尔将资本主义意识最终概括为三条路径,分别是国家干预意识、科学作为一种意识形态以及社会矛盾的转型。尽管这三条路径并不是麦金太尔用以反对共产主义阶级斗争思想的直接理由,但是就其对马克思理论的整体态度进行考虑,这些正是麦金太尔否定后者的重要现实依据。我们可以认为,他对马克思理论的批判正是建立在这三个依据之上的。参见 Alasdair MacIntyre, "Prediction in Politics", *International Socialism*, 13, Summer 1963, pp. 18—19。

疑马克思主义传统资本主义批判的主要理论依据。

持有这种想法的并非麦金太尔一人。克罗斯兰甚至对当时英国是否还是资本主义制度产生了疑惑。他认为，当时资本主义所产生的这一系列变化，让资本主义、社会主义、民主主义和共产主义等的区别在某种意义上缩小了。资本主义是用来形容工业革命之后的英国社会制度的，因而也是"在技术革命基础上成长起来的整个社会"的代名词。①在这一时期中，社会应当严格地遵循"自治化"的经济生活，经济政策应当服从自由主义。但是，当时的政府已经从消极的"守夜人"转变成具有裁判权的市场指导者，这意味着自由化的时代已经结束。随着自由化经济的消失，资本家和私有者在不断失去他们的市场地位，即市场的决策权，他们的职能在被新出现的职业管理者代替："在一些基础工业，国有化已彻底剥夺了资本家阶段的决策权。在很多私人企业，决策权也被类似地剥夺了。股份公司的增长，已使决策职能转向大多没有所有权的拿工资的管理阶层，而且他们在决策上很少受到名义上的所有者的干涉。但是，即使这一新的资产阶级，也发现自己的行动自由是有限的，而且所受的限制远非之前的资本家所能感受到的。"②这让原本根深蒂固的资本主义意识形态产生了巨大动摇，一切似乎都在与马克思的资本主义理论背道而驰。在《雇佣劳动与资本》中，马克思早就指出："工资的显著增加是以生产资本的迅速增长为前提的。生产资本的迅速增长，会引起财富、奢侈、社会需要和社会享受同样迅速的增长。所以，即使工人得到的享受增加了，但是，与资本家的那些为工人所得不到的大为增加的享受相比，与一般社会发展水平相比，工人所得到的社会满足的程度反而降低了。我们的需要和享受是由社会产生的；因此，我们在衡量需要和享受时是以社会为尺度，而不是以满足它们的物品为尺度的。"③因此，虽然马克思并未提及在社会剧烈动荡以及战后恢复期等前提背景下，资本主义国家提升无产阶级生活水平的本质是什么，我们依旧可以认为，尽管社会大众的福利待遇确实在短时期内得到了改善，然而，从长远来看，资本主义制度的本性依旧会表现出来，并且也是呈周期性的。

鲁道夫·施莱辛格(Rudolf Schlesinger)1901 年在维也纳出生，曾在维也纳大学学习，后逐渐成为一名马克思主义者，并在格拉斯哥大学任教。

---

① [英] 安东尼·克罗斯兰：《社会主义的未来》，轩传树等译，上海：上海人民出版社，2011 年版，第 27—28 页。

② [英] 安东尼·克罗斯兰：《社会主义的未来》，轩传树等译，上海：上海人民出版社，2011 年版，第 28 页。

③ 《马克思恩格斯文集》第 1 卷，北京：人民出版社，2009 年版，第 729 页。

他将自己形容为一位“激进的自由知识分子”，终身是一名坚定的马克思主义者。[①]他出版了重要著作《马克思的时代和我们的时代》。在这本书中，他十分详细地分析了马克思论证资本主义灭亡的经济推算，并指出了一个重要部分，那就是，马克思虽然在有生之年完成了对资本主义的经济批判，但是并没有能够叙述资本主义经济系统之下的劳动理论，因此他的工作只是抽象地从历史角度进行预测。这导致在现实中，社会主义运动与其理论目标相差甚远：“他第一个发现了政治制度的解释和转变道路，但一旦我们遵循他的思想而力图实现历史目标的时候，这条原本利用阶级观念进行阐释的道路却又蒸发了。”[②]麦金太尔则说：“马克思预测到了资本主义的衰落，但没有预测到这一衰落的过程。”[③]他在论证马克思主义科学性的时候，把马克思对资本主义未来发展的描述作为一个重要的理论问题。以20世纪初的“大萧条”为例，曾给资本主义世界造成重创，这成为马克思所预测的“资本主义必然灭亡”即将实现的信号之一。在马克思看来，“现有资本的周期贬值，这个为资本主义生产方式所固有的、阻碍利润下降并通过新资本的形成来加速资本价值的积累的手段，会扰乱资本流通过程和再生产过程借以进行的现有关系，从而引起生产过程的突然停滞和危机”。[④]但麦金太尔认为，这是马克思创造出的一种资本主义的客观规律，在现实中，资本家们不可能对危机视而不见。因此，所谓的资本主义危机虽然是一种现象，但是并不具有毁灭资本主义的能力——20世纪40年代后期在英国和美国实行的社会复兴计划就已经清楚说明了这点。

“丰裕社会”的到来，吸引其他一些重要的新左派理论者参与到社会主义未来的讨论之中。他们之间的共同点是，认为“丰裕社会”只是资本主义的一种新的运行模式。虽然福利国家政策给社会机制带来了巨大的变化，但是，由此所带来的理论上的空白也显露了出来。他们并不能确认“是否建立起了一个持久的、国家管理的福利和社会服务体制，使它能够反映出克罗斯兰所认为的对社会主义再认识能力的进步”；[⑤]同时，这一国家政策还影响了

---

① R. Beermann, “Rudolf Schlesinger — An Appreciation”, *Soviet Studies*, Volume 21, Issue 4, 1970, p. 409.

② Rudolf Schlesinger, *Marx: His Time and Ours*, London: Routledge & Kegan Paul Ltd., 1950, pp. 430—431.

③ Alasdair MacIntyre, *Marxism: An Interpretation*, London: SCM Press Ltd., 1953, p. 95.

④ 《马克思恩格斯文集》第7卷，北京：人民出版社，2009年版，第278页。

⑤ [英]玛德琳·戴维斯：《资本主义新变化与新左派的“丰裕社会”之争——论英国新左派在社会主义论战中的思想贡献》，《南京大学学报（哲学·人文科学·社会科学）》2014年第1期。

理论者们对社会主义构想内涵的看法。当斯大林主义在 1956 年被清算之后，新左派理论者开始围绕人的本质、民主及相关问题，探索社会主义的新范畴。但是在这一过程中，新左派否定了工党可能发挥的政治作用，又否定个人行为的作用，因而他们自身陷入了"两难的困境"。[①]尽管新左派对马克思主义自身进行了本土化探索，推动了英国马克思主义的发展，但是也不可避免地在面对社会现实时出现理论脱节的状况。

二、无法摆脱的历史阶段性理论特征

个人的经验必然受到社会环境的约束而体现出局限性，是马克思主义哲学经验论的一个基本立场。"实际上，我们的任何一次研究，任何一次认识，都不过是我们基于既有的一些学术立足点和学术记忆而激活起来和当下发生的认识活动过程"，[②]因此不可讳言的是，任一理论的创造都有其时代性和阶段性。麦金太尔认为，马克思的革命理论是建立在工人阶级发展和运动的基础上的，对革命和历史发展的进程充满了浓厚理想性色彩的实践构思，所以，马克思使用的理论方法"尽管抛弃了经验主义方法，却是一种模糊和乐观的哲学阐述"。[③]这其中包含了两层含义：其一，说马克思对经验主义的抛弃，是因为他的革命理论确实是建立在工人阶级发展和运动的基础上的，这种现实性有助于他摆脱对纯粹学术经验的继承与发挥；其二，这种现实性让马克思的理论过于向实践目的靠拢，使其对革命和历史发展的进程充满了一种浓厚理想性色彩的实践构思。麦金太尔认为，虽然马克思试图彻底抛弃掉对历史的主观寻求方法，使社会现实发展状况的集合成为总结历史发展规律的唯一可靠依据，可是马克思身处的时代就社会发展的整个进程来说是短暂的，他所收集到的历史题材尽管庞大但也只是部分的。所以，他担忧马克思主义理论会由于其唯物主义前提而在不断扩充的社会发展理论中逐渐被淡化和边缘化。

H. B. 阿克顿(H. B. Acton)是一位英国政治哲学家。他曾担任过英国皇家哲学院《哲学》杂志的编辑，出版了大量著作研究资本主义道德理论，也对马克思主义进行长期的反思。他在 1955 年出版的《时代的幻觉》中，对于马克思论证人的本质的方法提出了质疑，他认为，马克思是在用考古学的方

---

① ［英］玛德琳·戴维斯：《资本主义新变化与新左派的"丰裕社会"之争——论英国新左派在社会主义论战中的思想贡献》，《南京大学学报(哲学·人文科学·社会科学)》2014 年第 1 期。

② 张一兵：《"思想构境论"想说明什么——答王金福》，《学术月刊》2009 年第 7 期。

③ Alasdair MacIntyre, "On Not Misrepresenting Philosophy", *Universities and Left Review*, 4, 1958, p. 73.

法,论证"技术是人的本质",①这样会"使他自己和别人相信唯物史观显然是真实的"。②马克思认为从动物的化石残骸中,可以推断出其生活方式。与此同理,通过使用工具,就能知道当时人们的生活状态。比如,对早期旧石器时代和晚期旧石器时代的人来说,"这两种人的工具,不仅个别是、而且整批都是完全一致的;图画也是如此;这两种人的食物,取自几乎完全相同的动物;他们的生活方式(就我们对已经灭绝的种族所能下的判断来说)是完全一样的"。③在分析历史时,应当看到残留物背后曾经存在着的技术,后者才是人类文化的本质。但阿克顿认为这种方式是不准确的。原因有两点:第一,人是一种复杂的存在,是随着目的的完成和再产生而发展的,因而并不包含某一种本质的东西;第二,马克思将技术作为人的本质力量,事实上是他自己的一种假设。"当马克思说人有一种本质的时候,就意味着人类的进步比这种进步的实际情况更为简单和有限;当他说人在改变世界的过程中改变其本身的时候,他实际上就是根本否认人有本质。"④这一相对主义色彩十分浓厚的命题,令阿克顿对马克思关于历史的形成过程的阐述持怀疑态度。

阿克顿以此指出,马克思的唯物史观事实上并不能够作为一种历史观,而是建立在经验基础上的解释方法,或是"包含广泛的观点"。以马克思对资本主义的经济分析为例,他对于一些经济过程的描述,是建立在亚当·斯密(Adam Smith)等人的基础之上的,"经济科学的发展完全无关于马克思而自然而然地使历史学家以新的眼光来看待过去时代的商业和工业,十八世纪和十九世纪各种发明的增加也使人们注意过去的技术。但是所有这些主要是与历史叙述有关,即与发现和记载从前的历史学家已经注意到的政治、宗教和文学事实之外的经济和技术事实有关"。⑤唯物史观对于历史持一种承认态度,而这种承认要维持合理性,并以技术作为基础来考察历史的话,就要注意技术的可变性。而技术的可变性所带来的,是经济、政治、宗教等共同变化的结果。正如马克思和恩格斯所说:"历史不外是各个世代的依次交替。每一代都利用以前各代遗留下来的材料、资金和生产力;由于这个缘故,每一代一方面在完全改变了的环境下继续从事所继承的活

① 《哲学研究》编辑部编:《资产阶级哲学资料选辑(第十九辑)》,上海:上海人民出版社,1965年版,第129页。

②④ 《哲学研究》编辑部编:《资产阶级哲学资料选辑(第十九辑)》,上海:上海人民出版社,1965年版,第130页。

③ 《马克思恩格斯全集》第25卷,北京:人民出版社,2001年版,第194页。

⑤ 《哲学研究》编辑部编:《资产阶级哲学资料选辑(第十九辑)》,上海:上海人民出版社,1965年版,第131页。

动，另一方面又通过完全改变了的活动来变更旧的环境。"①马克思所处的时代，社会技术已经全面超过了以前的社会形态，因而已不再能够用当时的技术观点去观察以前的社会。当发生了技术革命时，"一种全新的论题代另一种论题而起，这就是说现在有了一种存在于旧社会中的新技术；新的意识形态和新的社会制度最终就会跟着发生。我们所必须研究的首先是这种技术的飞跃的性质，其次是由此而产生的社会变化的性质"。②其中，需要将意识形态和技术本身的发展结合起来，似乎这样才能更好地理解社会进化的内在逻辑。

麦金太尔由此讨论了"反映"（reflection）一词。他认为，"反映"是对现有社会的一系列经验性理论的创造与想象，或者说，是人对社会和经验之间关系的称谓。对于一本小说来说，它会对社会秩序进行描述，而卢卡奇等一些马克思主义者也在描述社会秩序的过程中进行批判工作。但是，这会带来一些问题。第一，麦金太尔认为，当小说被用于描述社会秩序的时候，会与其他的文体产生差异。如果要否认它，就等于否认小说本身与其他问题的不同之处："似乎哲学文章就应当是箴言小说。但它们不是的。应当注意到，感觉的反映是将意识清晰反映出来的必不可少的因素：它不是偶然的或潜在的。哲学的教义并不是来自这种意图，因此也称不上是这种'反映'。"第二，"反映"与"反映"是否客观是两个不同的概念，就目前的"反映"来说，基本上效果并不是乐观的，加上信仰等原因，"反映与反映正确是不能够相提并论的"。第三，马克思主义经常认为社会规则和知识理论之间会存在一些联系，但是，"反映"的概念恰好会造成对现实的误解。"马克思主义者们的失误在于他们将社会规则理论充斥在了哲学话语之中。因为他们看到阶级斗争的对立性，因而把历史也对立化，从而将现在的哲学也要归类为这样。"③麦金太尔认为，哲学的角度或者历史观的角度都不是完全准确的，同时也是具有历史阶段性的。把任何一种基于特定历史阶段下的认知作为分析历史整体的方式都是不合适的。

三、作为信仰的马克思主义④

当时在作为基督徒的麦金太尔那里，马克思主义的信仰作用得到了刻意

---

① 《马克思恩格斯文集》第1卷，北京：人民出版社，2009年版，第540页。

② 《哲学研究》编辑部编：《资产阶级哲学资料选辑（第十九辑）》，上海：上海人民出版社，1965年版，第135页。

③ Alasdair MacIntyre, "Marxist Tracts", *Philosophical Quarterly*, Vol. 6, No. 25, 1956, pp. 367—368.

④ 张晓：《德性与科学的交轨——麦金太尔早期的基督教化马克思主义观评析》，《山东社会科学》2013年第6期。

的放大。对于宗教和教义来说，它们在现代性进程中不断丢失掉真理和权力的阵地，但它们仍然凭借着文化的渗透性和传承性对每一代人都起着作用。并且，随着马克思主义在大生产时代表现出特有的理论角色——革命角色的作用，这就更让它披上了一种意识带动和引导作用的色彩。这种色彩是理论在人脑中引发的普遍性意向和标准，正是它决定了每一种理论的意识形态性。麦金太尔据此形成了马克思主义的社会定位：是一种科学，对无产阶级的革命来说也起着信仰的作用。他说："马克思主义作为一种世俗的教义保持了传统宗教的视野，这种视野能够使人自我定位，进而引导他们的行为，以摆脱暂时的环境束缚。"①这不仅可以成为麦金太尔质疑马克思理论科学性的依据，也可以成为他将其纳入教义范畴中的绝好理由——比起论证马克思主义理论的科学性，这样做要方便和可靠得多。他认为，个人自身的理性是有限的，只有依靠普遍化的共识和价值观，才能够摆脱既定环境的约束："存在着一种不可预测的东西，它不能被更多的人类智慧超越，除非通过一种更伟大的谦卑，以及对人类思想和活动更高层次的认知才可以参透。"②而这种"更伟大的谦卑"和"更高层次的认知"不是唯物的，应当是与之相反的形而上的。麦金太尔说，马克思主义"希望将形而上学与一定的自然科学相结合。因此它一方面出于宗教视野的无边无际和可靠性问题而拒绝宗教，另一方面过分单纯地解释所有技术问题，让他们遵守马克思当初运用的思维模式"。③因此，他真正注重的是马克思主义的意识形态功用："马克思主义并不仅仅是一种经济教义：它更是一种普遍化的教义。"④对于这一点，其实恩格斯曾在《社会主义从空想到科学的发展》中作了相关论述。在批判圣西门(Henri de Saint-Simon)时，恩格斯指出，在法国大革命之后，随着原始宗教在政治领域的退场，应当由科学和工业来领导和统治社会，"它们两者由一种新的宗教纽带结合起来，而这种纽带是一种必然神秘的和等级森严的'新基督教'，其使命就是恢复从宗教改革时起被破坏了的各种宗教观点的统一"。⑤可见，科学技术在近代改变了包括"原始基督教"、犹太教在内的传统意义上的宗教的存在形式和对社会的影响方式，⑥恩格斯也从中凝练出结合了近代科技与人类信仰传统的新的普遍信仰形式。

麦金太尔从教义的角度阐释马克思主义，不只是受英国文化环境的影

① Alasdair MacIntyre, *Marxism and Christianity*, London: Gerald Duckworth & Co. Ltd., 1968, p. 2.

②③ Alasdair MacIntyre, *Marxism: An Interpretation*, London: SCM Press Ltd., 1953, p. 71.

④ Alasdair MacIntyre, *Marxism: An Interpretation*, London: SCM Press Ltd., 1953, p. 101.

⑤ 《马克思恩格斯文集》第3卷，北京：人民出版社，2009年版，第529—530页。

⑥ 《马克思恩格斯文集》第4卷，北京：人民出版社，2009年版，第503页。

响,更重要的是源自自己的理论探索和理论旨趣。一方面,麦金太尔归纳出了一条从黑格尔、费尔巴哈到马克思的宗教批判顺承逻辑。对此,麦金太尔关注了黑格尔和费尔巴哈阐述的决定论与基督教决定论的差异,然后同马克思主义做一个总结性对比。他认为,“人是什么”和“他应当做什么”这对矛盾是黑格尔哲学的核心。但是,“他”在黑格尔那里具有一种广泛性意味,而在基督教那里专指个体。基督教的那种意指,会令修炼成为个人的事情,①“基督教世界反对个人与社会、教会与国家,而只是关注于私人个体”。②黑格尔指出,由于对个人的过度聚焦,基督教失去了对社会政治的掌控。不仅如此,即使就个人来说,它也无从分析和处理个人的异化问题。因为基督教是一种对人类社会歪曲了的、不正确的历史性显现,因此,从教义中引申出的关于人和人类社会的预测缺乏客观性,而只能看作一种社会预言。费尔巴哈则是从唯物立场否认基督教的主观建构色彩。尽管黑格尔从普遍人类社会的角度否定了基督教的社会分析和预测功能,但是,费尔巴哈的唯物斗争才是对客观唯心主义的最深刻发难。费尔巴哈的最大任务是“将对人的情景的描述由基督教式的重新转化为在历史领域之中的”。③因而他不能从完全的人出发,不能看到人的所有异化均来自他们的一切活动中。据此,麦金太尔将普遍性与唯物主义(实践性)一起寓于对马克思的叙述中。④至此,麦金太尔似乎完全成为一名历史唯物主义的支持者了。但是,他对基督教价值观一直都不离不弃,“马克思通过黑格尔,从基督教那里展现出了一种历史视野,并且把它当作经济分析的框架”。⑤直至最后,麦金太尔将基督教与共产主义并列为人类“救赎”和“和解”的“观念”。⑥这样看来,《马克思主义:一种阐释》背后实际上就包含了麦金太尔对价值观的研究旨趣。

另一方面,麦金太尔之所以把马克思主义和基督教的性质混淆起来,很大程度上是由于他根据两者在信仰问题上的部分相似之处,将两者纳入

---

① 在这里,麦金太尔着重将基督教与希腊宗教进行了比较,指出后者才能够真正阐释一种由个人连接而成的社会。参见 Alasdair MacIntyre, *Marxism: An Interpretation*, London: SCM Press Ltd., 1953, pp. 23—24。

② Alasdair MacIntyre, *Marxism: An Interpretation*, London: SCM Press Ltd., 1953, p. 23.

③ Alasdair MacIntyre, *Marxism: An Interpretation*, London: SCM Press Ltd., 1953, p. 33.

④ 麦金太尔认为,马克思主张存在一种由人的经历和痛苦而呈现出的普遍人性,这些集中体现在政党以及教义化的传统之中。参见 Alasdair MacIntyre, *Marxism: An Interpretation*, London: SCM Press Ltd., 1953, p. 77。关于马克思主义的实践性,麦金太尔在此书的第八章专门进行了叙述。

⑤ Alasdair MacIntyre, *Marxism: An Interpretation*, London: SCM Press Ltd., 1953, p. 101.

⑥ Alasdair MacIntyre, *Marxism: An Interpretation*, London: SCM Press Ltd., 1953, p. 102.

同一类型的比较分析之中，从而制造了将科学和教义混为一谈的假象。这里有一个重要事实是，基督教和马克思主义都具有一种能将个人连接起来的职能。麦金太尔把个人对社会科学的理解分成两种情况：一种情况是人可以理解社会发展规律，那么他们的个人行为是“个人独立化思想、感觉和理想的牺牲品，是社会进步中的零碎部分”；另一种情况，如果他们理解不到这一点，将“必然是无助的”，因为他们不知道如何改变这个社会。[①]但不论人们属于这两种情况中的哪一种，有一个必然条件是，处于这种状况中的“人”是被纳入群体的语境而出现的。因此，不论马克思主义是不是科学，它只有也必定具有与原初具有相对完整社会阐释功能的基督教一样的普遍性。通俗地说，它们都被广泛认可，而这种广泛认可能够将个人连接起来，成为一股在一些方面拥有固定方法和价值的群体。站在宗教的立场，基督教自然要发挥着“个人方法”和“整体方法”的作用。这种普遍性的证明是作为一种教义的必不可少的理论构建工作。可以说，现代的宗教在失去了直接的控制地位后，只有依靠人们对其普适性的不断维护才可以以一种相对完善的形态存在下去，不断形成新的共识群体。这是维持普遍性的一个最重要方面。在这里，马克思主义与宗教是相似的：它们都在为遵循它们的人群提供精神指导，被他们接受，进而成为最终共识。“马克思主义哲学谈的世界观追求作为整体的世界，追求现象的本质、客观世界的一般规律，这同过去的形而上学、本体论有共同之处，即对现实世界的整体研究或一般规律研究，但决不是去追求现象背后的什么东西或现实世界以外的什么东西，根本不存在这种东西。拒斥形而上学、拒斥本体论的观点实质是否定研究整体、研究本质、研究一般规律，这种观点不但是不能成立的，而且是不可能的。”[②]但是，马克思主义认为，宗教已经同起初产生于人类交往时引发的“纯粹人类感情”的本质发生明显不同，“同他人交往时表现纯粹人类感情的可能性，今天已经被我们不得不生活于其中的、以阶级对立和阶级统治为基础的社会破坏得差不多了。我们没有理由把这种感情尊崇为宗教，从而更多地破坏这种可能性”。[③]由此，马克思主义的信仰就摆脱了宗教的主观构建色彩，但就麦金太尔来说这是次要的东西。最关键的是，两者都拥有能够在信仰层面接受它们的大众。因为受众的存在即意味着普遍性的获得。

① E. P. Thompson, *Out of Apathy*, London: Stevens & Sons Limited, 1960, p. 226.

② 黄楠森：《论辩证唯物主义体系的不变性与可变性》，《中共中央党校学报》2001年第4期。

③ 《马克思恩格斯文集》第4卷，北京：人民出版社，2009年版，第289页。

综合来看,麦金太尔在讨论马克思主义的信仰问题时,是在宗教视域下,探讨了马克思主义本真的科学性和具体性。从麦金太尔的整个学术过程来看,马克思主义在恰巧的时间出现在了其学术研究过程中,为他综合性思考当时的理论道路、理论焦点和理论话语提供了主要的载体,从而成为他花了数十年予以集中探讨的对象。并且可以说,他对道德价值的追求决定了他对马克思主义的态度,令他在探讨任何问题时,都不可能回避马克思主义的相关范畴:"基督徒应当阅读的重要文本,除了《马可福音》外,就是马克思的《1844 年经济学哲学手稿》,因为,正是在这篇早期论著中,马克思在预言和道德方面都是最恰当的。"①

麦金太尔对于《1844 年经济学哲学手稿》的伦理学解读,正是以马克思在其中对于人的本质的论述为立足点的。在这本著作中,马克思全面地围绕异化范畴,阐述了其思想中的人道主义因素,包括对共产主义关于实现人的本质过程的内在规定。马克思指出:"正像无神论作为神的扬弃就是理论的人道主义的生成,而共产主义作为私有财产的扬弃就是要求归还真正人的生命即人的财产,就是实践的人道主义的生成一样;或者说,无神论是以扬弃宗教作为自己的中介的人道主义,共产主义则是以扬弃私有财产作为自己的中介的人道主义。只有通过对这种中介的扬弃——但这种中介是一个必要的前提——积极地从自身开始的即积极的人道主义才能产生。"②经济异化已经成为当时马克思探索人的本质问题的主要切入口,麦金太尔也就此试图为前者的人道主义关于人的本质的讨论做一个总结,并分析道:"他(马克思——引者注)正是按照费尔巴哈的人本主义异化论的内在逻辑向前推进的。马克思把经济异化作为一切异化的基础,并据此把历史理解为人的本质的异化和自我生成的历史,人类必须经历一个异化及其扬弃的过程才能达到消除一切异化的共产主义。"③马克思在探讨信仰问题时,与之后作品的话语差异恰恰在此,他还没有跳出"人本主义方法所固有的局限性"。④因此,麦金太尔对于马克思前期思想的肯定,恰恰证明了他对于马克思思想的误读。总的来说,麦金太尔对马克思主义的部分改造和吸取是建立在他作为一名基督徒的意识前提之上的,这决定了他在对待马克思主义的态度上具有十分强烈的目的性和主观化取舍。

---

① Alasdair MacIntyre, *Marxism: An Interpretation*, London: SCM Press Ltd., 1953, p. 109.

② 《马克思恩格斯文集》第 1 卷,北京:人民出版社,2009 年版,第 216 页。

③ 孙伯鍨、侯惠勤主编:《马克思主义哲学的历史和现状》上卷,南京:南京大学出版社,2004 年版,第 76 页。

④ 孙伯鍨、侯惠勤主编:《马克思主义哲学的历史和现状》上卷,南京:南京大学出版社,2004 年版,第 76—77 页。

第三节　马克思主义的理论形态再思考

麦金太尔在1952年说要“以一种基督教的方式来看待”这个世界，包括对马克思主义。不难理解的是，从小就生活在基督教氛围当中的麦金太尔在当时已经拥有了一种宗教价值观，特别是当马克思主义在英国社会中表现出一种强大的意识形态特征的时候，他从马克思主义里面发现一些类似于基督教的特性就很自然了。尽管这样，麦金太尔对马克思主义仍旧保持着十分谨慎的态度，因为他充分意识到，当时的这一工作“并不是要对马克思主义进行最终判断，只是希望能够在今后开展讨论”。[①]因此，他对于马克思主义进行的研究更多是建立在教义化解读基础上的，而非直接展开批判。再结合之后的社会主义人道主义探索，我们可以认为，麦金太尔的本土化马克思主义思想就从这一阶段开始形成了。在这一节中，我们将介绍麦金太尔是如何将马克思主义和基督教进行类比，以进行一种教义化的再诠释，并分析两者的相异之处。

一、马克思主义与基督教的本质考辨

在英国，将基督教与社会主义思想相结合并不是麦金太尔的独创。事实上，从19世纪开始，由于国内浓厚的宗教氛围，以及马克思主义造成的影响，一些学者就已经尝试把这两种文化形态混合在一起。例如，弗雷德里克·丹尼森·莫里斯(Frederick Denison Maurice)是英国19世纪著名的神学家，他的父亲是一位一神论牧师，而母亲和妹妹却放弃一神论，这使得莫里斯一直处在困惑当中。而当他接触了空想社会主义，了解了欧文(Robert Owen)的构想之后，似乎找到了理论着眼点。他起初认为，基督教社会主义应是用来取代一种“孤僻的基督教”，以及“粗俗社会主义”。面对由斯密、李嘉图(David Ricardo)以及实用主义者提倡的市场竞争和自由市场的政治经济学，他认为：“社会主义应当是一种合作和联合的状态，它应当是反对由放任主义而产生的个人主义的。”[②]而他的最大功绩应当是之后为基督教思想赋予了“更多的社会主义传统”。[③]值得注意的是，莫里斯与这一时期的其他理论

---

① Alasdair MacIntyre, *Marxism: An Interpretation*, London: SCM Press Ltd., 1953, p. 5.

② John Marsden, "Frederick Denison Maurice, Christian Socialism and the Future of Social Democracy", *The Heythrop Journal*, Volume 45, Issue 2, April 2004, p. 143.

③ John Marsden, "Frederick Denison Maurice, Christian Socialism and the Future of Social Democracy", *The Heythrop Journal*, Volume 45, Issue 2, April 2004, p. 146.

者,包括对麦金太尔产生重大影响的罗斯金,均对伦理学有着深入的研究,同时其研究也为之后的基督教社会主义提供了重要的伦理学支撑。但早期所谓的基督教社会主义并非基督教与马克思主义的结合,而是基督教与早期社会主义融合的产物。这些基督教社会主义者实际上都受到空想社会主义者的理论及实践影响,依靠其倡导的平等、自由等伦理概念,才得以将两种范畴结合起来,形成理论。①因此,早期人们对于公平、共有等理念的追求,让社会主义与基督教在一定程度上产生了价值共鸣,并在人们的思想中扎下了根。

与这些理论相比,麦金太尔还关心基督教与马克思主义在教义层面的共通点。马克思主义能够使人们脱离孤立意识,形成一种社会感。通俗地说,就是马克思主义能够被广泛认可,而这种广泛认可能够将社会中的个人连接起来,成为一股在一些方面拥有固定价值观的群体。基督教在过去代表了个人价值与社会价值;而在失去了对社会发展的直接控制地位后,它仍然保持着一定意义的普适性,以及一个共识群体,这表现为它仍然在社会思想和意识中具备影响力。麦金太尔认为,大众在精神层面接受马克思主义,充分证明了后者的主观意义。

麦金太尔通过讨论神圣性与世俗性问题,分析了马克思主义与基督教在科学性上的差异。在基督教产生之前,并不存在神圣性与世俗性的区分,国家、城市的命运是与神的命运联系在一起的。基督教创立后,神圣与世俗便区分开来,前者成为后者的统治力量:"世俗的力量是上帝在世俗化(saeculum——secularization 的拉丁语词根)中授予的一种神职,它居于现实以应对未来。这些力量受制于耶稣经历死亡和复活所具有的神圣性。"②在这一过程中,基督教也在不断探索运用一些理论性手段处理社会、文化问题。直至无神论出现,以及上帝学说自身的种种矛盾,使基督教失去了对社会的控制地位。而马克思主义的出现,能够使人们在"后基督教时代"拥有一种无神论的新世界观。在马克思和恩格斯看来,"意识形态"是一种具有迷惑性的观念体系:"存在着不是幻想,不是意识形态的关于人、他的宗教和他的社会的观念体系('描述实际发展过程')。这种观念体系是关于人和社会的实证科学,即一门以对日常所看到的真正的人的

---

① 基督教社会主义运动(Christian Socialist Movement, CSM)是产生于20世纪60年代的一个左派基督教政治组织。它以实现基督教中的公平为社会目标,并于1988年融入工党。它在当代英国政治中发挥着一定的影响,在英国上议院和下议院中有超过40名议员,包括前首相戈登·布朗(Gordon Brown)。2013年8月改名为基督教左派(Christians on the Left)。

② Alasdair MacIntyre, *Marxism: An Interpretation*, London: SCM Press Ltd., 1953, p. 11.

观察为基础的科学。"①在这一点上,马克思和恩格斯对于人类社会的具体化认知,确立了他们世界观的科学性。在批判费尔巴哈时,恩格斯指出:"费尔巴哈认真地研究过的唯一的宗教是基督教,即以一神教为基础的西方的世界宗教。他指出,基督教的神只是人的虚幻的反映、映象。但是,这个神本身是长期的抽象过程的产物,是以前的许多部落神和民族神集中起来的精华。与此相应,被反映为这个神的人也不是一个现实的人,而同样是许多现实的人的精华,是抽象的人,因而本身又是一个思想上的形象。费尔巴哈在每一页上都宣扬感性,宣扬专心研究具体的东西、研究现实,可是这同一个费尔巴哈,一谈到人们之间纯粹的性关系以外的某种关系,就变成完全抽象的了。"②恩格斯在这里直接点明,马克思主义所要批判的正是那种抽象和脱离于人的实际社会生产关系的宗教,认为应当回归具体化的、客观化的视角,这样才能确保理论的科学性,以及同宗教保持严格的边界。

麦金太尔认为,虽然马克思主义认定教义都是迷信,但是,马克思主义本身所拥有的科学性视角与宗教对社会的理解框架有一定的可比较之处。就基督教来看,它利用上帝的神圣力(power)控制着世俗,但由此进行的一系列形而上学的推理会被科学看作迷信;而建立在科学技术理论上的马克思主义在解释社会时同样引用了力(power)——比如当它试图解释工厂在社会生产中的运作导向时,将"技术""主观化"等同于这种动态化的驱使力。③总之,宗教和马克思主义在社会控制论上拥有着相似的逻辑,只是所运用的"话语"不一样。如果说宗教用神圣性权力控制世俗,那么,马克思主义则是力图用科学性解释世俗。正如马克思所说:"废除作为人民的虚幻幸福的宗教,就是要求人民的现实幸福。要求抛弃关于人民处境的幻觉,就是要求抛弃那需要幻觉的处境。因此,对宗教的批判就是对苦难尘世——宗教是它的神圣光环——的批判的胚芽。"④因而马克思能够使人们相信,社会主义原本可以为人们提供更为优越的生活环境,从对主观产物的宗教的批判转移到对现实的批判,才是真正的任务:"马克思往往被认为是主要关注宗教的社会功能,并且会以出世化的态度有力地批判现今消费社会中的不公正与痛苦,但这些都是不值一提的,因为他认为在另一种世界中这些都将不再存在。"⑤

① 《哲学研究》编辑部编:《资产阶级哲学资料选辑(第十九辑)》,上海:上海人民出版社,1965年版,第111页。
② 《马克思恩格斯文集》第4卷,北京:人民出版社,2009年版,第290页。
③ Alasdair MacIntyre, *Marxism: An Interpretation*, London: SCM Press Ltd., 1953, p. 16.
④ 《马克思恩格斯文集》第1卷,北京:人民出版社,2009年版,第4页。
⑤ Kenneth Muir, "Marx's Conversion to Communism", *The New Reasoner*, 3, 1957—58, p. 60.

麦金太尔认为，马克思主义之所以能够给予人们这样一种感觉，很重要的原因在于它是经验性阐释话语。维特根斯坦（Ludwig Josef Johann Wittgenstein）提出的关于知识、感知、理解的定义，成为围绕这种经验性阐释特征所展开的重要问题。而麦金太尔正是希望通过对维特根斯坦对于认知的个人化经验阐释，以达到对马克思主义作为一种经验存在和信仰的论证。具有普遍性的文化同时也可以具有私有化的特征。就语言来说，个人可以将语言当作一种私有化的知识，但是又离不开来自大众的塑造："假设一个人有一种私有化的语言。每一次有一定感觉的时候，他会写下，或者说'E'。'E'是这种感觉的称呼。但是'E'是一个个人所有的字母吗？他能够不通过将之翻译为我们的公共语言而单独理解它吗？"①因此，不论人具有多少所谓的自己的独立思想，它们一定都是来自大众。"马克思的哲学虽然从一定意义上说是非经验性的，但是他运用的哲学途径，比如乐观的历史观，都是通过这些模糊的范式实现的。而到了列宁，干脆就用这种模糊的范式去攻击经验主义了。"②通过维特根斯坦的分析方式，麦金太尔从经验性以及个人与公共意识的关系探讨了马克思主义对于个人经验可能产生的影响。他认为，当今的文化有两种弊端，一种是安逸地存在于象牙塔之中，另一种则是被党派利用却不顾事实地传播。而马克思主义同时面临着这两种情况。容易导致的结果是，马克思主义始终易于脱离于现实而成为人们的一种经验化意识。这与当时列宁的阐释相比似乎发生了重要的转变。列宁曾说："俄国在半个世纪里，经受了闻所未闻的痛苦和牺牲，表现了空前未有的革命英雄气概，以难以置信的毅力和舍身忘我的精神去探索、学习和实验，经受了失望，进行了验证，参照了欧洲的经验，真是饱经苦难才找到了马克思主义这个唯一正确的革命理论。"③马克思主义经典作家并没有杜绝提及经验，并且将马克思主义作为实践基础上形成的经验，而非停留在主观的固定不变的理论。这种状况同麦金太尔之后遇到的情况是截然不同的。

就苏联现实而言，斯大林主义已经成为一种唯一的形态："当我们时代的马克思主义者不再具有对人的信仰的时候，他们已经开始寻找别的方式加

---

① Alasdair MacIntyre, "On Not Misrepresenting Philosophy", *Universities and Left Review*, 4, 1958, p. 72.

② Alasdair MacIntyre, "On Not Misrepresenting Philosophy", *Universities and Left Review*, 4, 1958, p. 73.

③ ［苏联］列宁：《共产主义运动中的"左派"幼稚病》，北京：人民出版社，2016 年版，第 8—9 页。

以替代。斯大林主义就成为政党以及所有官僚体制的信仰。”①当马克思主义发展形成苏联模式之后,后者无限放大了社会和阶级的精神指导作用,充分体现在政治体制和意识形态上。那么,究竟马克思主义者应当如何具体讨论这种问题,甚至声讨,成为他国特别是西方国家社会主义知识分子寻求解决方法的一个问题。只是在 1956 年之前,马克思主义及其在现实中的体现——斯大林主义模式在政治和精神上的强制性尚未得到充分批判,因而只是在麦金太尔等少数理论者那里得到了探讨。但这也足以为新左派阵营对教义化理解马克思主义进行反思埋下了伏笔。

二、基督教批判：从黑格尔、费尔巴哈到马克思

麦金太尔写作《马克思主义：一种阐释》主要是为了讨论以下三个问题:“第一,我们应该更加精确地弄清历史性语境下马克思主义与基督教之间的关系,特别是现在在讨论马克思思想时需要澄清和明确预测(prediction)与预言(prophecy)之间的区别;第二,马克思与宗教的特殊联系过程需要通过马克思理论以及共产党历史来识别;第三,我们需要认清马克思主义可能对现实社会起到的宗教与世俗影响。”②为此,麦金太尔关注了黑格尔和费尔巴哈的决定论与基督教的差异,然后在马克思身上作一个总结性梳理。

对于基督教,黑格尔首先分析了其在启蒙运动之后的存在方式。他认为,当时的基督教不应当继续建立在非启蒙的基础上,而是应当进行启蒙化的哲学阐释。哲学与宗教应当是相通的,它们都源自绝对精神,只是哲学注重概念,宗教注重表象,而思辨的哲学又是思辨的神学。在这个意义上,与其说黑格尔找到了将哲学与宗教联系起来的方法,倒不如说他是在用其辩证法对基督教进行一次再加工。黑格尔说:“哲学的对象与宗教的对象诚然大体上是相同的。两者皆以真理为对象——就真理的最高意义而言,上帝即是真理,而且唯有上帝才是真理。”③基督教在启蒙运动之前包含一些神话和隐喻,需要在人类启蒙之后摆脱这些肤浅的表象,进一步进入概念层级之中。换句话说,哲学应当摆脱神学的神秘性,从一种纯粹的表象和迷信上升成为关注人本质的意识理念。

麦金太尔认为,黑格尔欲将人的活动塑造为一种理性活动,但是这种想

---

① Alasdair MacIntyre, “The Algebra of the Revolution”, *Universities and Left Review*, 5, 1958, p. 80.

② Alasdair MacIntyre, *Marxism: An Interpretation*, London: SCM Press Ltd., 1953, p. 78.

③ ［德］黑格尔:《小逻辑》,贺麟译,北京:商务印书馆,1980 年版,第 37 页。

法是模糊的。“黑格尔描绘的人类理性活动的图景始终在人的实际生活状况与理想的状况之间摇摆不定。的确，马克思一定意义上在这方面继承了黑格尔，但是在马克思哲学中的自由概念、理性和意识方面，马克思主义者却对黑格尔产生质疑。黑格尔如果脱离马克思，是非真实的，最终是反启蒙的。马克思离开了黑格尔则是僵硬的、机械的、野蛮的。”①可见，在提及马克思与黑格尔对人的理性的理解，以及涉及宗教产生的问题时，应当将两者置于同一语境下进行讨论。

费尔巴哈在《基督教的本质》中，将宗教的本质看作神和人本质的统一，“信仰有其独特的想法；它基于上帝的特殊的启示；它并不是沿着普通的、毫无区别地对一切人开放着的道路来到达自己的所有物的。对一切人开放着的东西，就显得平平常常，不会形成什么特殊的信仰对象”，而一种“特殊信仰”却可以让上帝存在于“人格之中”。②从中可以认为，宗教将人与神连接了起来。在马克思主义中，宗教往往被认为只是连接人的自由和现实的寄托。只不过，信仰往往会被“意识形态”替代。马克思说：“在完成了的民主制中，宗教意识和神学意识本身之所以自认为更富有宗教意义、神学意义，这是因为从表面上看来，它没有政治意识、没有世俗目的，而只是关系到厌世情绪，只是理智有局限性的表现，只是任意和幻想的产物”，③“对宗教的批判最后归结为人是人的最高本质这样一个学说，从而也归结为这样的绝对命令：必须推翻使人成为被侮辱、被奴役、被遗弃和被蔑视的东西的一切关系”。④因此，人的本质已成为费尔巴哈和马克思宗教批判的核心范畴，通过对人的本质的考察，可以从抽象性和抽象世界两个方面对宗教展开彻底批判。

对麦金太尔而言，虽然马克思与黑格尔关于人和人的活动概念的联系已经非常明确了，但是，当时的马克思主义在涉及自由问题时却要面对十分复杂的情况。这也是他在考察并比较了黑格尔与费尔巴哈的宗教批判之后得出的一个重要结论。麦金太尔以杜娜叶夫斯卡娅（Raya Dunayevskaya）的著作《马克思主义与自由》为例。她写这一本著作的动因，是“在马克思的原始基地上重建马克思主义，这就是马克思所谓的‘彻底的自然主义或人道主义’”。⑤在描述苏联劳动者的实际生活状况时，曾作为托洛茨基（Лев

① Alasdair MacIntyre, “The Algebra of the Revolution”, *Universities and Left Review*, 5, 1958, p. 79.
② ［德］费尔巴哈：《基督教的本质》，荣震华译，北京：商务印书馆，1984年版，第351页。
③ 《马克思恩格斯文集》第1卷，北京：人民出版社，2009年版，第37页。
④ 《马克思恩格斯文集》第1卷，北京：人民出版社，2009年版，第11页。
⑤ ［美］杜娜叶夫斯卡娅：《马克思主义与自由》，傅小平译，沈阳：辽宁教育出版社，1998年版，第一版导言。

Давидович Троцкий）秘书的杜娜叶夫斯卡娅否定了托洛茨基将苏联形容为“劳动者的国家”的观点，她意在勾勒出究竟什么才是列宁式的革命框架。麦金太尔认为，杜娜叶夫斯卡娅的这一本书具有重要意义，但是其中却没有分析，究竟社会主义的工业化会带来什么：“她重新回到了马克思和列宁的解读上来。但是她最后从中获得的是一个新的教条主义，一个新的纲领。尽管考察了黑格尔，但终归还是没有看到马克思主义中的人的范畴。”①由此，麦金太尔认为，马克思主义对于我们来说已经定格为一种科学，它给我们展现的，是对人类行为的内在性预测。

麦金太尔归纳黑格尔和费尔巴哈在宗教学批判中含有的伦理学逻辑，以突出对“人”的考察。启蒙运动之后的黑格尔提出“自我异化”“对象化”和“领有”三个范畴描述人参与社会的具体内容，对马克思主义的形成起到了直接推动作用。但黑格尔依靠德国传统的基督教思维方式来编织他的那些核心范畴，即“理解、说明宗教信仰与科学活动之间的关系”。②他用“自我异化”替代了基督教教义中的“思想的异化”，用异化过程中的“存在”迷失替代了其他的迷失，用对本质的“领有”替代了“赎罪”。麦金太尔就此问道：“在圣经中，个人和他人都是通过向上帝自赎而得以存在的。黑格尔为我们提供了一套新的罪恶和赎罪话语；但问题也出现了：为什么他要注重于这些话语而不是其他呢？”③原因只能是，黑格尔将哲学同宗教、伦理紧密结合在一起，通过辩证法及绝对精神范畴，用“抽象”的“否定”阐释了人获得自由的过程。他在《小逻辑》第二版序言中就直接提出：“只要宗教有一个信仰、一个教义、一个信条，那么它便具有哲学所从事寻求的东西——真理——在这里面，哲学和宗教便可结合起来”，“真正的宗教，精神的宗教，必须具有一种信仰，一种内容。因为精神本质上即是意识，而意识是为对象所形成的内容”，“哲学只是对于这种内容、精神和精神的真理的意识，不过是意识到精神在使人异于禽兽并使宗教可能的本质性的形态里”。④黑格尔在讨论宗教、哲学和伦理问题时，以逻辑的方式进行推演，从而得出结论，即“精神”才是形成这三者逻辑关系的内在内容。黑格尔还说道：“哲学仅作为一个内心的必然性而存在，这必然性强于主体自身。当人的精神被这必然性不安息地驱迫着时，它便努力克服，并且为理性的冲力寻找有价值的享受。”⑤而宗教自身的虚构本

---

① Alasdair MacIntyre, “The Algebra of the Revolution”, *Universities and Left Review*, 5, 1958, p. 80.

② Alasdiar MacIntyre, “Review of *Christian Faith and Natural Science* and *The Transformation of the Scientific World View*”, *Philosophy*, Vol. 29, 1954, p. 265.

③ Alasdair MacIntyre, *Marxism: An Interpretation*, London: SCM Press Ltd., 1953, p. 23.

④ ［德］黑格尔：《小逻辑》，贺麟译，北京：商务印书馆，1980 年版，第 13 页。

⑤ ［德］黑格尔：《小逻辑》，贺麟译，北京：商务印书馆，1980 年版，第 29 页。

质就是人被异化的一种表现。

麦金太尔继续指出，作为黑格尔左派的一员，费尔巴哈对基督教也有着很大的包容。与黑格尔相同，费尔巴哈也是将对世俗之人的思考作为考察宗教的新的出发点。他认为，基督教虽然内容是正确的，但形式是不合适的——上帝应当是一种人道，是"爱"。基督教教义包含人的本质因素，那就是自由。然而费尔巴哈没有能够看到"人的活动的整体性或是人在这些活动中所产生的一切异化"，①只是刻意偏重于基督教中包含的人的历史命运观，不能真正回到世俗之中进行考察，因而失去了批判的彻底性。②

三、马克思主义的辩证法与基督教的上帝决定论之对立

时至今日，基督教仍然是探讨西方理论文化时一个必不可少的部分，也是整个社会形态的一个重要塑形因素。尽管在现代化的环境中面临着种种理论困境，甚至工业化以来人类社会存在的时代也被称作"后基督教"时代了，但是基督教却仍在以上帝作为各种意志的主体，这一点丝毫没有变化。上帝决定论的困境也十分明显："一方面，有一些人会将上帝的王国带入历史。但是如果这样的话，那么上帝一定会被当作是万物的历史性成因。如果基督教希望能够在历史中被认知，它必须设想出一种政治希望，它必须使用道德中的模糊手段这一种唯一的政治实现方式。"③这也正是马克思批判宗教的地方。他说："反宗教的批判的根据是：人创造了宗教，而不是宗教创造人。就是说，宗教是还没有获得自身或已经再度丧失自身的人的自我意识和自我感觉。但是，人不是抽象的蛰居于世界之外的存在物。人就是人的世界，就是国家，社会。这个国家、这个社会产生了宗教，一种颠倒的世界意识，因为它们就是颠倒的世界。"④从黑格尔到费尔巴哈再到马克思都认为基督教教义本身具有颠倒性。因为基督教希望用末世论来解释政治过程，但是如果要将之放入历史之中，用基督教的理想王国来衡量的话，那么所有发生的事件从道义上来说都是不能完全站得住脚的。麦金太尔认为，由此只能确定的是，基督教现今对于人们的影响就是依靠这种道德联系而确定下来的。对于马克思主义来说，基督教、存在主义和语言学都是在一种"理想化"的标签之下，因而它们存在理论劣势："很明显，基督教和存在主义理论会和马克思主义

① Alasdair MacIntyre, *Marxism: An Interpretation*, London: SCM Press Ltd., 1953, p. 36.

② 张晓：《麦金太尔早期的本土化马克思主义探索：历程与归宿》，《马克思主义与现实》2014年第5期。

③ Alasdair MacIntyre, *Marxism: An Interpretation*, London: SCM Press Ltd., 1953, p. 120.

④ 《马克思恩格斯文集》第1卷，北京：人民出版社，2009年版，第3页。

发生冲突：一个是强调上帝的统治，另一个则是个人通过征求非马克思主义者的意见而作出决定。马克思主义者所称的'理想主义'部分指的是解释的非严谨化。"①这也是麦金太尔始终坚持沿用"实践"概念的一个重要依据。

为了进一步解决马克思主义与宗教在伦理学上的关系问题，麦金太尔将两者置于现实之中，对其本质进行考察。麦金太尔指出，黑格尔完成了对世界的主观化塑造，将所有事实归结为绝对精神控制的结果，但是仅仅停留在幻想领域中，真正需要完成的是对现实概念的认知。黑格尔在《小逻辑》中提出："正如宗教和宗教崇拜在于克服主观性与客观性的对立，同样科学，特别是哲学，除了通过思维以克服这种对立之外，没有别的任务。认识的目的一般就在于排除那与我们对立的客观世界的生疏性，如人们所常说的那样，使我们居于世界有如回到老家之感。这就无异于说，把客观的世界导回到概念，——概念就是我们最内在的自我。"②紧接着黑格尔指出，主观性和客观性是不可否认的两个方面，两者的辩证对立不断向理念进展下去。因此在这一部分论证中，麦金太尔十分强调"现实的存在"，因为"我们的所有分析都无法离开它"。③费尔巴哈和马克思认为，绝对精神是人思想歪曲人格化的产物，他们认可黑格尔肯定人的思维，但是反对将思维不可知化。就现实来说，普鲁士的专制制度就与黑格尔的构想完全相反。因此，马克思在《1844 年经济学哲学手稿》中继续讨论政治和人本思想，但在之后，马克思就掌握了"进行历史观探讨的所有素材"。麦金太尔分别解读了《神圣家族》《共产党宣言》等经典著作后指出，尽管马克思后来逐渐放弃了异化观念，但他提出的工人阶级斗争理论和实践理论事实上仍是人们实现"共同人道"（common humanity）的指导思想，它们使人进入社会现实。如果基督教要把"共同人道"理解为一种"政治愿望"，通过隐约的道德形式予以实现，那马克思主义则是利用现实条件以达到"共同人道"。

麦金太尔在这一时期希望将基督教框架与马克思主义实践观结合，以产生一种源自英国本土的含有宗教话语的实践伦理观。他说："只有英格兰阐释了资本主义的实质属性，而在其他国家进行的资本主义全都应当被理解为是这种属性的表达。如果马克思继续沿用已被丢弃了的哲学和宗教学背景，那么马克思主义在理论和实践上的发展仍然会使用这种模式。"④英国典型

① Alasdair MacIntyre, "Marxist Tracts", *Philosophical Quarterly*, Vol. 6, No. 25, 1956, p. 368.

② ［德］黑格尔：《小逻辑》，贺麟译，北京：商务印书馆，1980 年版，第 378 页。

③ Alasdair MacIntyre, "Review of M. Pontifex and I. Trethowen, the Meaning of Existence", *Philosophical Quarterly*, Vol. 4, No. 16, 1954, p. 287.

④ Alasdair MacIntyre, *Marxism: An Interpretation*, London: SCM Press Ltd., 1953, pp. 76—77.

的资本主义发展与本地浓厚的宗教、哲学文化相冲撞，导致基督教在面对世俗的时候不得不一次次重新解构和建构它关于世俗的定位。此时，一旦和马克思主义相遇，就不可避免使宗教、哲学和马克思主义三者结合在一起，甚至导致将马克思主义同样看作宗教性的理论存在。当然这些过程只是麦金太尔当时的个人探索。在遇到一系列来自其他社会主义国家发生的重大事件，以及英国本土产生的蔚为壮观的新型社会主义思潮之后，麦金太尔的理论寻得了进一步发展的契机。①

麦金太尔认为，当时存在着的马克思主义整体上是一种奇异的思想，它具有十分强大的凝聚力，并且成为一种时代化的沉淀。在他看来，苏联模式马克思主义的建构，出现了部分背离马克思主义的隐患，成为教条的理论根源。同时，他还认为当时不论是英语的还是法语的和马克思主义有关的成果往往都是"令人失望的"。②根源在于马克思主义已在理论中化身为一种意识形态，因而造成了理论的教条化。麦金太尔认为，知识分子当时的工作都是依靠经验化研究。因此，对于马克思主义的研究有三个问题：第一，意识形态并不是来自对社会的反映；第二，对社会的反映与意识形态或信仰往往是不能够兼容的；第三，马克思主义的意识形态通常认为社会秩序和一些特殊的知识工作与想象有一些联系，但实际上是不可能的。③

马克思主义主要涉及两个主要的哲学范畴：一是关注人类的最终信仰问题，这也是宗教哲学的一个重要问题；二是阐述哲学家们应当如何把哲学与哲学影响不到的世界联系起来。马克思主义的思维特点，就是在于对社会关系的一种社会意识化的解释，这种特点广泛体现在社会形态和社会进化的认知过程中。马克思主义者相信阶级矛盾是一种哲学矛盾，他们将斗争的阶级看作两方产生的一种哲学辩证关系，并且这一思想已经被意识形态化。列宁也曾对当时的俄国的革命者们讲过："革命政党应当补课。它们学习过进攻。现在必须懂得，除了进攻以外，还必须学会正确地退却。必须懂得——而革命阶级也正在从本身的痛苦经验中领会到——不学会正确的进攻和正确的退却，就不能取得胜利。"④革命的辩证法在马克思主义那里得到了成功实践的充分验证，实现了从理论到现实的极大推进。而这也是马克思主义与

---

① 张晓：《麦金太尔早期的本土化马克思主义探索：历程与归宿》，《马克思主义与现实》2014年第5期。

② Alasdair MacIntyre, "Marxist Tracts", *Philosophical Quarterly*, Vol. 6, No. 25, 1956, p. 366.

③ Alasdair MacIntyre, "Marxist Tracts", *Philosophical Quarterly*, Vol. 6, No. 25, 1956, pp. 367—368.

④ [苏联] 列宁：《共产主义运动中的"左派"幼稚病》，北京：人民出版社，2016年版，第10页。

基督教存在重大差异的地方。基督教不是像马克思主义这样将革命双方置于辩证的关系来看待,而是拥立上帝对于实在物质的决定地位。其一,宗教(基督教)与马克思主义哲学同样有诠释社会价值观的作用,且后者比前者更加完善。前者在辨别正义和邪恶的时候无法摆脱一种个人的主观制约,即“我对事物进行辨别的时候也是自我辨别的过程”,因为辨别的标准正是来自辨别者本身。马克思主义哲学完整地继承了黑格尔关于人与社会的辩证关系理论,能够对这个问题进行妥善的解决,进而超越了宗教的诠释功能。其二,基督教的神圣世界可以由马克思的实践哲学来实现。在英国,基督教宣称上帝能够为人类带来一个新纪元。尽管基督教中的“神圣”(sacred)已逐渐与“世俗”(secular)脱离,并且慢慢湮灭,但是,它所保留的“宗教意义”可以在马克思主义中得到映现和实现:一方面,宗教仍是马克思主义的世俗主义和无神论的理论源泉,哪怕是马克思主义的唯物主义也在相当大的程度上是基于对宗教的批判而建立的;另一方面,两者都起着解释人类错误和迷惑的任务,只不过,马克思主义采用的是技术性的方法。如此,基督教的道德力量可寄希望于转嫁到科学化的现实中去,以类似于“圣礼”和“爱”的方式实现公正,①亦算是宗教在现代性中寻求立足的一个重要契机。

此外,麦金太尔的马克思主义人道主义构建与其他英国马克思主义知识分子,特别是新左派理论者之间存在着某种意义上的契合。汤普森在率先提出关于构建“社会主义人道主义”的号召时,就充分考虑到在英国马克思主义的发展进程中,对人道主义的考察是不可或缺的,同时这也是针对当时斯大林主义的“反智主义、道德虚无主义和否认人民群众的历史主体作用”三重缺陷,开展保卫马克思主义理论工作的必需。②在新左派理论者的系列探讨中,麦金太尔认为,新左派运动自身并不是要创造出继斯大林主义之后的另一种教义,而是通过诸如公开讨论等形式将前共产党人和抛弃斯大林主义并重新思考社会主义本质的人聚集起来。③于是,马克思主义人道主义便在英国马克思主义知识分子和新左派理论者对斯大林主义的声讨中形成和发展起来,且成为马克思主义本土化的一项典型成果。但是,麦金太尔与其他新左派理论者的分歧也在此处:在构建马克思主义人道主义的过程中,他所采用的是在教义话语下讨论马克思主义的理论方法,这与新左派的初衷不合。因此,在英国新左派诞生后的那几年里,深受基督教影响的麦金太尔借

---

① Alasdair MacIntyre, *Marxism: An Interpretation*, London: SCM Press Ltd., 1953, pp. 16—17.

② 张亮:《追寻“英国马克思主义”道德之维的历史生成》,《国外理论动态》2022 年第 2 期。

③ Alasdair MacIntyre, “The ‘New Left’”, *Labour Review*, Vol. 4, No. 3, October-November 1959, p. 98.

助马克思主义这一载体，与汤普森、汉森（Harry Hanson）、泰勒（Charles Taylor）等第一代新左派理论者共同追求一种适合英国的道德实践价值，而且在之后一段时间里与其他英国左派理论者共同开创了属于英国的马克思主义理论传统，①但这并不能弥合麦金太尔同新左派阵营在理论上的分歧，以至于前者随后的左派理论焦点和话语还是发生了改变。

总之，麦金太尔已在学术生涯前期形成了自己的基本哲学旨趣，那就是十分重视道德的作用，并在青年马克思的人道主义思想中寻求共鸣，力图通过解读马克思来阐发自己。就主观层面来说，麦金太尔在学术研究之始就着力为英国寻找一种新的价值模式。在这一整个过程中，他"一直认为人之间的压迫会比贫穷更能给自由平等带来威胁"。②需要看到，麦金太尔当时的这类研究并不十分充分，但是可以确定的是，新左派的马克思主义研究给英国政治社会带来的生气能够为麦金太尔的价值建构寻找到一个良好的话语氛围。于是，在《马克思主义：一种阐释》里面，麦金太尔就对马克思主义的道德内涵进行了发掘，当然这种发掘引申出对整个马克思主义的性质定论："马克思主义作为一种由绝对教义构成的世俗主义，具有极其重要的神学意义，这种教义不仅探讨权力和正义问题，而且也因此探讨救赎和复活的主题。马克思主义史充其量只不过是对后者的说明而已。"③这可以说是他对马克思主义进行基督教化理解的根本动因。④

① 张亮：《阶级、文化与民族传统——爱德华·P. 汤普森的历史唯物主义思想研究》，南京：江苏人民出版社，2008 年版，第 2 页。

② Jeffrey Mark Friedman, *The Politics of Communitarianism and the Emptiness of Liberalism* (completed manuscript), p. 243.

③ 张亮编：《英国新左派思想家》，南京：江苏人民出版社，2010 年版，第 177 页。

④ 张晓：《德性与科学的交轨——麦金太尔早期的基督教化马克思主义观评析》，《山东社会科学》2013 年第 6 期。

第二章　人道主义的显性化构建：马克思主义的“第一形态”

1957年初，第一代新左派的代表人物爱德华·汤普森提出要“回想过去的重大事件，以考虑如何才能实现‘人们的欲求’”，①从而正式打出了“社会主义人道主义”的大旗，标志着英国马克思主义的本土化获得了一个突破性的理论向度。这一论题及其引发的争论激发了麦金太尔的极大热情，他积极参与其中，力图通过对马克思主义的时代重读，阐明自己对马克思主义英国化的构想，以“指明解决道德问题的新途径”。②就此，马克思主义在麦金太尔追寻美德过程中的显性形态，即“第一形态”正式形成。那么，麦金太尔要构建社会主义人道主义的具体原因有哪些？他所要寻找的这一种“新途径”或者要构建的马克思主义“第一形态”究竟是什么样的？他又是如何对新左派的社会主义人道主义，乃至整个新左派运动进行评价的？在本章中这些问题将分别得到阐明。

第一节　处于十字路口的英国马克思主义

1956年之后，麦金太尔及英国新左派成员纷纷开始对英国左派思想“破旧立新”。对于他们而言，建立社会主义人道主义这个“立新”是建立在批判斯大林主义这个“破旧”基础上的。新左派运动兴起后，批判斯大林主义成为新左派理论者的首要工作。他们都“试图取得斯大林主义的道德批判家地位，而思考社会主义的出发点之一就是对这一形象的不满”。③麦金太尔其

① ［英］爱德华·汤普森：《社会主义人道主义：致非利士人书》，张亮、熊婴编：《伦理、文化与社会主义——英国新左派早期思想读本》，南京：江苏人民出版社，2013年版，第3页。

②③ ［美］阿拉斯戴尔·麦金太尔：《道德荒原笔记》，张亮、熊婴编：《伦理、文化与社会主义——英国新左派早期思想读本》，南京：江苏人民出版社，2013年版，第73页。

实也是如此。那么，麦金太尔是如何看待斯大林主义的呢？这一基本立场是麦金太尔建立“第一形态”的马克思主义的理论认知前提。

一、不平凡的20世纪50年代

从第一章的介绍中我们可以看到，出生于基督教家庭、自幼受教义伦理洗礼的麦金太尔，在接受了伦理学的教育之后，对人的本质问题既产生了浓厚的兴趣，同时也具有了较为全面和成熟的理论立场。因此可以说，麦金太尔从开始进行学术研究时就已经产生将基督教伦理和马克思主义进行比较研究的旨趣，这是他后来批判斯大林主义以建立马克思主义人道主义的内在动力。到了20世纪50年代后期，麦金太尔对马克思主义的发展状况和弊病有了较为深刻的认识，这也为其写作《道德荒原笔记》等一系列著作奠定了现实理论依据。

第一，50年代中后期，英国福利国家政策得到进一步落实，“丰裕社会”得到进一步发展。通过第一章对麦金太尔理论形成过程中的社会背景分析，我们已经大致了解了英国战后初期社会的发展状况。《贝弗里奇报告》问世，以及工党的执政，使得福利国家政策在战后经济的恢复和发展过程中深深扎根。在政治上，这种政策在工党失去执政党地位之后仍然被保守党继承和执行，说明该政策能够执行彻底成为获得民众选票的重要原因。如果说，在战后初期众多左派知识分子们是出于社会主义立场对工党的这种福利政策进行特别关注的话，那么，将近10年之后，他们从中吸取的最大理论创意，就是对人自身的关注。那么到了1956年前后，以及1958年麦金太尔开始关注社会主义人道主义并创作《道德荒原笔记》的这一时期中，英国的福利国家政策又有了哪些具体的发展呢？

从保守党继艾德礼政府之后重新上台开始，福利国家政策就在“战后政治一致化”的理念之下得到延续：“1951年的保守党政府，以及一直到1975年[丹尼士·希利(Denis Healey)提出了货币主义]的其他政府，都认可广泛推行福利国家政策的必要性。社会的融合成为一种秩序：福利国家模式与凯恩斯主义模式加强了融合。这两种理念成为当时英国政策的主要驱动力；巴茨凯尔主义者的集体主义在不用构建资本主义联系前提的情况下就可以形成了。”①英国进入了一个政治制度与社会政策看似并不相互平行的时期，但两党似乎在民众福利的问题上少有地达成共识。因此在这一时期，英国政

---

① Keith Laybourn, *The Evolution of British Social Policy and the Welfare State*, Keele: Keele University Press, 1995, p. 240.

治社会中逐渐形成了一种主旋律——“一致性”。这种“一致性”的主要标志，是丘吉尔再次上台之后对国有化和福利政策的抨击逐渐减少。“在50年代后期，两种主要的政治见解的评论家动不动就说，英国在战争中表现得好极了，并且带着理智和克制，顺应了战后的困难，在50年代的现在，正在收获着由工党倡议并得到保守党同意的集体福利事业与保守党促进的自由企业经济成分和尊重消费者的精神之间的妥协的果实。”①这种政治进程的变化，客观反映了英国乃至整个西欧民众的主流关注和意愿，成为新自由主义上台之前整个社会的主要意识旋律。

因此，在保守党执政期间，提升国民生活待遇亦成为其执政的重要理念。战后，英国民众的消费欲望逐渐上升，而执政党的执政理念也纷纷随着这个趋势而改变，力图借此获得足够的民意资本。在整个20世纪50年代，经济状况以及由此带来的医疗、教育及相关民生问题成为英国社会的主要议题。而当初对福利国家会拖累经济发展的顾虑也不再存在了。就实际的经济状况而言，尽管福利国家政策造成了通货膨胀，但是为了政治地位，保守党仍然主张通过增加投资，保证福利水平与实际的经济形势相配套。当时，有报告指出，一些国民福利体制，特别是医疗，会在50年代后期到60年代成为“政治的趋势”，“这会导致在一段时期中让1948年协议中的利和弊都成为现实。同时其中的改革、预防性政策和实践并不会被忽略”，②确保政策得到广泛落实。

第二，英国国内阶级情况发生了新变化，无产阶级的社会阶层定位日渐模糊。随着战后经济的恢复以及福利国家政策的推行，英国国内的阶级存在状况发生了深刻的变化，其中，工人阶级生存状况的改变是一个重要的方面。事实上，英国国内对于阶级的关注始于20世纪，“阶级”成为当时的流行词汇。在这之前，人们对英国社会的划分方式标准不一，而“阶级”概念一直不能够成为主流。从20世纪三四十年代开始，“工人阶级”和“中产阶级”成为人们分析社会的热门词汇。但在当时，“阶级”到底如何划分还是引起了一些争议，特别是“上层阶级”的定义：“根据客观标准，有些人可能被认为已属于这个阶级，他们中许多人更欢喜‘上层阶级’是他们自己，而别人却常把他们说成是‘上层中产阶级’。这种用法是以还有

① ［英］阿瑟·马威克：《一九四五年以来的英国社会》，马传禧等译，北京：商务印书馆，1992年版，第106页。

② Derek Fraser (ed.), *The Evolution of the British Welfare State*, Basingstoke: Palgrave Macmillan, 2003, p. 270. 1948年，艾德礼政府在《贝弗里奇报告》基础之上制定了《健康与社会安抚法案》，成为今日英国医疗和社会救助体系的蓝本。

一个‘贵族阶层’继续存在为出发点的，这才是真正的上层阶级，虽然已有些衰落了。”①由于社会和政治环境的改变，它们具有了之前不具备的特点，这让“阶级”概念，特别是其中的“上层阶级”概念在英国包含了更多内涵。

而在英国诸多社会阶级中，工人阶级的划分标准看上去是最清晰的：“在全部受雇佣的人口中，百分之六十以上的人从事这种或那种体力劳动，从无需技术的筑路工人到火车司机和机器工人等的技工。体力劳动者及其家属形成工人阶级，通常也包括工人阶级地区的小店主和酒店、客栈老板。工头和百货商店楼层业务经理则处于模糊不清的边缘位置，许多新兴工业的技术人员也是如此。”②但是就社会发展的实际情况来看，社会工人阶级内部已经在经济状况上发生了变化，由此也带来了政治地位的变化。一方面，工人阶级的数量由于一部分“过渡性”中产阶级的没落而增加；另一方面，工人阶级的政治地位通过工会得到了一定程度的加强。到了 20 世纪 50 年代后期，可以说英国的阶级组成形成了一种足以挑战传统资本主义国家阶级组成的新形态。

这一状况引起了英国新左派学者们的强烈关注。在福利国家政策的推动下，资产阶级和工人阶级之间的生活水平和政治地位差距看似在逐渐缩小，剥削阶级与被剥削阶级的对立已不再如之前那么尖锐，并且两个阶级俨然有合并的趋势，即“无阶级”的形成。霍尔是较早发现这一问题的新左派理论者。他说：“显然，英国的社会生活模式发生了一个极大的转变。这种转变有多深，究竟会不会改变我们原来的‘阶级’概念现在还不能定论。由于这些变化正在以一种不均衡的速度发生（旧的变化与新的变化一起蜂拥而来，并模糊了转变点），使得对这些区别的总结更加困难。”③对于新出现的阶级形态，霍尔表现出了较为谨慎的态度。他通过介绍全社会一系列全新物质环境的建设、工人的新消费习惯以及劳动性质的改变，说明这种变化事实上反映的是一种十分深刻的社会式阶级变迁。他认为，“无阶级”的含义，不仅仅是阶级差异的缩小，同样也是无产阶级自身的意识形态正在消失。“新的资本主义以最精细和更加复杂的方式认识到并试图满足——至少在形式上——工业社会中人的问题，而这个问题实质上是社会主义最先认识到的。不过，这些问题只是得到虚假处理，结果导致工人阶级的虚假意识，使实际的

① ［英］阿瑟·马威克：《一九四五年以来的英国社会》，马传禧等译，北京：商务印书馆，1992 年版，第 31 页。

② ［英］阿瑟·马威克：《一九四五年以来的英国社会》，马传禧等译，北京：商务印书馆，1992 年版，第 34 页。

③ ［英］斯图亚特·霍尔：《无阶级的观念》，张亮、熊婴编：《伦理、文化与社会主义——英国新左派早期思想读本》，南京：江苏人民出版社，2013 年版，第 153 页。

问题不仅更加难以解决，而且更加难以鉴别。”①“无阶级”问题已经涉及意识形态和国民政治经济的方方面面。它不仅意味着一种新的无产阶级存在环境，同时也意味着新的阶级理论的出现。

继霍尔之后，塞缪尔在1959年发表了同样重要的文章《阶级与无阶级》。在他看来，社会上已经有相当多的人认为英国社会已经不再有阶级区分了。一种新的“身份模式”的产生，正慢慢让“阶级”概念退出社会视野：“在这种模式中，‘竞争着的生活方式’和‘与别人攀比’的描述大体上取代了对社会的结构性分析。英国阶级体系的轮廓在社会地位差异化这个细节前面已经分解掉了。而且它建立起了与19世纪社会的阶级模式相对立的身份模式，而那时的阶级模式极端简化地忽略了对身份的重要性和阶级意识形成的复杂过程的说明。”②以此为前提，塞缪尔在整篇文章中描述了维多利亚时期和战后的英国阶级状况，为“无阶级”概念的出场提供历史和现实性的佐证。他认为，维多利亚时期是资本主义“第二代资本家”得到了充分发展的阶段。所谓的“第二代资本家”，是以慈善作为支撑的雇主，正是他们的一系列社会性活动，以及当时较为富裕的社会状态，使得传统的工人阶级的“封闭性”（即自身具有的固有特征）开始褪去，并开始拥有类似于中产阶级的一些特征，比如消费观和消费能力。而到了“二战”后，特别是20世纪50年代之后，随着社会经济的恢复，社会的流动性加强，这更成为无阶级意识站稳脚跟的催化剂。因为已经不存在固定化的“地方统治精英”，大城市已经成为工人阶级“向上运动的梦想之地”。③不过，塞缪尔将这一系列的现象看作一种假象。他认为，无阶级的出现，看似是社会主义在英国发展遇到的新的问题，乃至于是危机，但从本质上来看，这种现象的出现是“因为社会主义者没有提供一幅我们生活于其中的有意义的社会图景，或者是人民能够创造出来的另外一种社会主义社会的前景”，因而需要基于现实，创造一个“人民会去创造的社会”。④

第三，《秘密报告》曝光、苏伊士运河事件和匈牙利事件对社会主义阵营造成巨大冲击，也对世界政治形势产生深远影响。1956年发生的这三项重

---

① ［英］斯图亚特·霍尔：《无阶级的观念》，张亮、熊婴编：《伦理、文化与社会主义——英国新左派早期思想读本》，南京：江苏人民出版社，2013年版，第164—165页。

② ［英］拉尔夫·塞缪尔：《阶级与无阶级》，张亮、熊婴编：《伦理、文化与社会主义——英国新左派早期思想读本》，南京：江苏人民出版社，2013年版，第172页。

③ ［英］拉尔夫·塞缪尔：《阶级与无阶级》，张亮、熊婴编：《伦理、文化与社会主义——英国新左派早期思想读本》，南京：江苏人民出版社，2013年版，第183页。

④ ［英］拉尔夫·塞缪尔：《阶级与无阶级》，张亮、熊婴编：《伦理、文化与社会主义——英国新左派早期思想读本》，南京：江苏人民出版社，2013年版，第188页。

大事件，给马克思主义和社会主义运动造成了极大冲击，由此直接促成了英国新左派的形成，并集中反思斯大林主义，这也促使本来就致力于德性理论和马克思主义研究的麦金太尔完全投入这场批判运动中。

1956年，苏共二十大召开，赫鲁晓夫作了后来令世界哗然的《秘密报告》。在这一报告中，赫鲁晓夫引用马克思、恩格斯和列宁等马克思主义经典作家对个人崇拜和教条主义的批判，列举了斯大林一系列专制作风，对其进行否定式的评判。这一报告不仅在苏联内部造成了混乱甚至冲突，同时还冲击了其他国家和地区的社会主义和左派阵营思想立场。

1956年7月，时任埃及总统纳赛尔（Jamāl Abd al-Nāsir）在领导埃及民族解放运动的过程中，将英国和法国侵略所得的苏伊士运河收归国有。这使英法在中东特别是在埃及的利益受到了严重的挑战，于是两国发起了对埃及的战争。但由于“二战”之后两国国力早已不复当年，最终以失败收场，交出了对苏伊士运河的控制权。事实上单就这一事件而言，尚不足以导致新左派运动的产生。可是，作为社会底层人群利益代表的工党，在面对埃及人民的解放运动时，态度显得十分暧昧，并没有在政治层面阻止侵略事件的发生。这使得左派知识分子对于工党的政治立场产生了极大的质疑。

霍尔在《大学与左派评论》第一期发表了《新的与旧的保守主义》。他谈到，不应当将苏伊士运河事件单独来看，而是要看到英国政府当时错误的政策，以及左派应当扮演的实质性角色，“苏伊士事件的失败也是左派道德的滑坡。一方面是‘和平革命’的缺陷，另一方面是东欧社会主义的丑陋，使得我们应当相信社会主义的社会重建需要民主控制的构想以及‘福利’哲学中尚未实现的责任”。①至于工党，霍尔直接认为，他们在一系列政治进程中无作为，甚至“和极端保守的右派和左派有相似之处”，“当我们考虑最近民主政治趋势的时候，明显工党应当不仅仅将自身作为真正意义上在国会系统中扮演对于民主实践和传统理性、责任心和政治耐心的消极角色”。②霍尔的态度代表了当时新左派理论者的想法。

对新左派运动的产生具有极大推动作用的另一项政治事件，就是1956年苏联武装干预匈牙利。这件事的根本原因是，斯大林逝世后，东欧国家开始调整原先对苏联的政策，纷纷选择自己的道路。当时的主要发起人是纳吉·伊姆雷（Nagy Imre）。但由于苏联的干预，该路线不得不停止，这引起了

①② Stuart M. Hall, “The New Conservatism and the Old”, *Universities and Left Review*, 1, 1957, p. 24.

匈牙利人民的不满,抗议逐步升级为暴力。苏联先后两次派兵进入匈牙利境内,对纳吉的态度也发生了转变,由起初的合作变为敌对,最终逮捕并处决了纳吉。这一事件引起英国左派理论者的强烈反应。匈牙利事件爆发后,《大学与左派评论》在第二期就发表了一篇刊首语,对匈牙利人民的起义进行了声援,认为苏联的干涉虽然冲散了这场运动,但是并不会阻挡匈牙利人民争取自由的愿望。事实上,在这一段时间还有一个重要背景,那就是美苏相继成功研制氢弹,令双方相互制约。这使得新左派理论者有理由认为,当时的国际环境会向缓和的方向发展:"匈牙利证明了只有国际的缓和,才可以让苏联红军——拉科西(Mátyás Rákosi)、卡达(János Kádár)、乌布里希(Walter Ulbricht)的保卫者——撤出东欧。"①对于新左派理论者来说,相对于"二战",美苏冷战给予他们思考的空间会更多。从作品的主题来看,他们也确实更加重视战后的议题讨论。一方面,他们进一步思考资本主义制度的当代发展,并更换批判话语;另一方面,他们进一步对社会主义阵营内部理论和现实进行思考。而匈牙利事件作为社会主义阵营内部不同国家之间发生的一次激烈冲突,必然会引起其他左派理论者的剧烈反应。

弗朗索瓦·费伊特(François Fejtö,英译为 Francois Fejto),1909 年 8 月出生于匈牙利的一个犹太家庭,在 20 世纪 30 年代曾因举办马克思主义学习小组被监禁一年,随后又由于批评当时匈牙利政府支持德国而再度入狱,之后离开匈牙利,前往法国参加反法西斯运动,并成为一名新闻工作者和政治理论家。他于 1958 年在《大学与左派评论》上发表了《匈牙利与社会主义》一文,认为应当通过匈牙利事件重新看待革命,因为革命已经随着当今社会形态的多样化而变得多样化。他认为,匈牙利革命揭露出存在于官僚社会主义制度中的最为尖锐的矛盾,并证明斯大林式的统治难免会激起民众的愤怒:"匈牙利的起义促使苏联领导人改变他们对东欧的政策。1956 年 11 月之后,他们采取一系列措施加强联盟的稳定性,以重塑政党组织的稳固,遏制'国家共产主义'和'修正主义'的想法。共产主义世界失去了信念而不得不处于守势。"②这种矛盾和冲突在社会主义阵营内部出现,令新左派理论者对斯大林主义的反思更加深刻和现实,也成为他们之后开展一系列争鸣的重要理论聚焦点。

当时,马克思主义在英国的发展可谓波折不断。继"二战"中得到一定的发展之后,众多党员却又因为各种原因退党,使得英国共产党的人数急剧

---

① Editorial, "Hungary, H-Bomb, Germany", *Universities and Left Review*, 2, 1957. 拉科西和卡达是当时匈牙利共产主义工人党的领导人,乌布里希是民主德国统一社会党总书记。

② Francois Fejto, "Hungary and Socialism", *Universities and Left Review*, 3, 1958, p. 18.

减少。而从理论层面来看，这也促使部分马克思主义者开始寻找其他的发展道路。然而，新左派的基本理论立场并没有在马克思主义基本原理基础上进行过多的修改，那些前党员也并没有进行太大的思想转折：“对于他们之中的很多人来说，党依然在提供着关键的文本证明，影响着他们对于后来的事件和新的政治环境的判断。这些旧有观念成为这些危机背后的重要特征，后来形成了新左派的内在政治观念。”①霍尔在晚年回顾和总结了第一代新左派的理论成果。他在《第一代新左派的历程与时代》一文的开头便提到了苏伊士运河事件，可见其对新左派运动的影响之深。他认为，苏联对匈牙利革命的压迫和英、法对苏伊士运河的侵略“这两个事件的巨大影响在于它们是连续发生的，揭示出了两种制度——斯大林主义和西方帝国主义——潜在的暴力与压迫，对世界政治造成了一次震动波”，苏伊士运河事件反映出了一个巨大的认知错误，那就是“英国国旗在殖民地的降落和福利国家以及物质条件的充裕标志了帝国主义的结束”。②因此，在霍尔看来，新左派成立的必要性，就是要努力揭穿当时资本主义的虚伪，呼唤社会主义的回归。

尽管1956年的一系列事件在不同国家的影响是不同的。在英国，由于特殊的渊源，形成了新左派运动。在1956年之前，这些新左派理论者并没有对斯大林主义进行全面的评价，只是随着斯大林的逝世才从某一些角度进行了讨论。直到赫鲁晓夫对斯大林主义进行彻底否定，以及苏联武装干涉匈牙利，他们才形成了一个相对集中的理论方向。第一代英国新左派包括汤普森、约翰·萨维勒(John Saville)、拉尔夫·密里本德(Ralph Miliband)、雷蒙·亨利·威廉斯(Raymond Henry Williams)等，其中，就针对斯大林主义的批判来看，扮演着核心作用的是汤普森和萨维勒。③他们与克里斯多夫·希尔(Christopher Hill)、埃瑞克·霍布斯鲍姆(Eric Hobsbawm)从历史的角度对斯大林主义进行了反思。这与麦金太尔在《道德荒原笔记》中对道德的历史化阐述高度地契合。

---

① Michael Kenny, *The First New Left: British Intellectuals After Stalin*, London: Lawerence & Wishart, 1995, p. 15.

② Stuart Hall, “Life and Times of the First New Left”, *New Left Review*, 61, January-February 2010, p. 177.

③ Michael Kenny, *The First New Left: British Intellectuals After Stalin*, London: Lawerence & Wishart, 1995, p. 15. 张亮教授按照出生年份对新左派理论者的代际关系作了划分。他以1930年为界，将新左派理论者分为两代：出生在之前的为第一代新左派理论者，他们几乎都出生在英国，并接受了英国的教育，形成了人道主义社会主义立场；而出生在之后的理论者来自殖民地、苏格兰等“边缘地区”，因而注重于通过“引进、移植‘西方马克思主义’”作为实现“更加科学的、理论化程度更高的马克思主义”。参见张亮：《“英国马克思主义”的历史、理论道路与理论成就》，《马克思主义研究》2012年第7期。

二、寻求英国马克思主义的“第三条路”

《新理性者》和《大学与左派评论》是英国新左派形成之后创办的两份主要的期刊。就麦金太尔在《新理性者》和《大学与左派评论》各自发表的作品数量和主题来看，他对于这两种刊物并没有刻意地区分开来。1958 年，他在《新理性者》发表了《道德荒原笔记》的第一部分，在《大学与左派评论》发表了《不会产生误解的哲学》《革命代数》两篇文章；1959 年，他分别在《新理性者》的春季刊和夏季刊发表了《道德荒原笔记》的第二部分和《马尔库塞、马克思主义与整体》。但自从两份刊物宣布合并成《新左派评论》以后，麦金太尔便再也没有在上面发表过任何文章。尽管如此，我们仍然可以看到，在新左派成立之初，麦金太尔便和理论者们走在了一起，包括参与到社会主义人道主义的讨论之中。可以说在当时，如果按照寻找马克思主义“第三条路”的理论初衷来说，他们可以称得上是一路人。

麦金太尔起初论及斯大林主义是在 1958 年《大学与左派评论》刊发的《不会产生误解的哲学》中，但他并没有给予其太多的关注。①直到在《道德荒原笔记》中，他才全面地分析斯大林主义。事实上，在麦金太尔写作这篇文章之前，汤普森、汉森、林德赛（Jack Lindsay）等新左派理论者已经针对斯大林的社会主义模式和斯大林主义展开了批判与讨论，形成的主要观点包括：首先，斯大林主义是一种意识形态。汤普森直接指出：“‘斯大林主义’是一种意识形态，也就是说，是一种源于对现实之片面的、宗教性的认识的虚假意识形式，在一定程度上，它用马克思主义意义上的唯心主义思维方式建立了一种虚假的或部分虚假的观念体系。”②同时，它拥有高度一致的价值观和逻辑性。斯大林主义推动共产党人出于对党的忠心，将个人与整个组织紧紧结合到了一起：斯大林主义“同反智主义一起，在各国共产党僵化的‘民主集中制’形式中得到了具体化。这就将道德权威的中心从个人意识转移到了党的领导那里。即使是在英国，共产党人也过分讲求忠诚，并把党与个人抱负、社会抱负混为一谈”。③这直接说明意识形态一个很重要的特性就在于，它是

---

① 在《不会产生误解的哲学》中，麦金太尔主要从经验论角度谈论维特根斯坦和马克思的哲学。他指出，语言哲学与马克思哲学都利用了经验哲学“揭露私人和个体神秘”，这对两者探寻人类内在与外界之间的关系有着重要帮助。他仅在文章的开头部分指出，斯大林主义“是冰冷的面具”。参见 Alasdair MacIntyre, “On Not Misrepresenting Philosophy”, *Universities and Left Review*, 4, 1958, pp. 72—73。

② ［英］爱德华·汤普森：《社会主义人道主义：致非利士人书》，张亮、熊婴编：《伦理、文化与社会主义——英国新左派早期思想读本》，南京：江苏人民出版社，2013 年版，第 5 页。

③ ［英］爱德华·汤普森：《社会主义人道主义：致非利士人书》，张亮、熊婴编：《伦理、文化与社会主义——英国新左派早期思想读本》，南京：江苏人民出版社，2013 年版，第 22 页。

一种带有主观性的观念，尽管如此，它却能够利用其既成的组织形式或者理念，将之固定成为整个社会都应当，至少是能够承认的理念。斯大林主义虽然具有十分广泛的影响，是一种主观的理论形态，但是，它却包含诸多路线，包括组织路线、逻辑路线、文化路线等。“斯大林主义根植于一种特殊的社会语境，并从工人阶级和农民阶级——经济上被剥削、文化上被剥削的阶级——中广泛流行的那些思想观念中吸取养分：俄国的落后以及资本主义列强对俄国的敌意和积极侵略强化了它的力量；力图使这种意识形态符合自己的意图、并有兴趣使这种意识形态永久化的官僚政治就是从这些条件中发展出来的；现在，大多数人都能够清楚地看到，世界社会主义运动的发展正受到这种官僚政治的阻碍，这种官僚政治掌握了一种方法，能够来阻止真实的意识——而非新的意识形态——的发生。”①因此，当我们把斯大林主义作为意识形态归因为马克思主义者的钢铁意志的时候，也要思考当时的政治氛围和世界环境也会推动造就出来这一种严格单一化的形态。由此，斯大林主义成为一种正统，这种正统既是一种历史正统，同时也是一种政治正统。这种正统具有强烈的扩散效应，不仅是对本国和他国的，同时也是历史的。汤普森在当时就认为，这些非理性的和非人道主义的虚伪的意识形态还将会存在下去，因而苏伊士运河事件仅仅是个兆头。②之后的众多事实也完全佐证了汤普森的这些预测。当然，新左派理论者对斯大林主义的关注度也正是在这时达到一个顶点。

其次，斯大林主义与西方道德规则完全是对立的。这种对立的表现在于，斯大林主义的道德话语确实并不意味着它从一开始就是无道和邪恶的，而是源于一种美德——共产党人的坚贞不屈和崇高的革命理想。可是，这恰恰成为“毁灭的工具”，因为这种美德转变成为对特定人的疯狂忠诚，使得人们的人格发生了分裂。赫鲁晓夫在《秘密报告》中，甚至引用列宁的话，对斯大林的党内专横和独权行为，以及党内的恐怖政策进行了直接的揭露。这造成的后果是，不论斯大林主义是否已成为一种意识形态，最起码，斯大林以及斯大林主义自身的道德基础已经受到了严重动摇。当时斯大林借助一系列审判，维持了一种符合其自身价值的“政治判断”，那就是是否对苏维埃绝对的忠诚。但是，这一种忠诚却在现实之中被强烈地扭曲了。“那些在法西斯主义折磨下无比坚强、但被政治局投入监狱的共产主义受害者的非道德化选

① ［英］爱德华·汤普森：《社会主义人道主义：致非利士人书》，张亮、熊婴编：《伦理、文化与社会主义——英国新左派早期思想读本》，南京：江苏人民出版社，2013 年版，第 7 页。

② ［英］爱德华·汤普森：《社会主义人道主义：致非利士人书》，张亮、熊婴编：《伦理、文化与社会主义——英国新左派早期思想读本》，南京：江苏人民出版社，2013 年版，第 46 页。

择使他们自身发生分裂。而所有这些人类压迫都是在共产主义的口号下发生的。这些受害者都被迫承认背叛了共产主义原则和‘共产主义的行为’。通过这种炼金术，人的品质被转换成了其反面，忠诚导致了叛国，自我牺牲导致了自我指控，为人民服务导致了抽象的行政暴力。”①汉森则在《新理性者》的第二期中，对汤普森的社会主义人道主义讨论给予了迅速回应。他在文中对斯大林主义进行了更为直接和现实的抨击。在他看来，虽然汤普森站在理论角度对斯大林主义进行了批判，但是，前者力图在批判后者基础上构建“社会主义人道主义”的逻辑是无法连贯起来的，因为这一术语与斯大林主义不可同日而语。斯大林主义所代表的是一种极端，而这种极端往往会让人认为现实中的斯大林主义是通往共产主义的道路之一：“与我有私交的那些党内官僚大多很和善。但他们仍然是坚定不移的斯大林主义者。何也？因为他们坚信，斯大林做的孽是通往共产主义社会之路上的不可避免的恶，因为与你我不同，他们的道德一向是马克思主义的因而也是未来主义的。”②这导致非道德的作风被刻意同共产主义的实现手段相结合，也就使前者与“目的—手段”范畴紧紧绑定在一起。如此，用西方道德话语，自然要对斯大林主义乃至共产主义进行质疑。部分学者认为，如果要从理论上批判和修正斯大林主义中的非人道主义，就应该以现实为出发点，否定其与马克思主义之间的关联。“重要的是，爱德华，你懂得这一可怕的真相。但你以如此富有诗意的方式强烈憎恨资本主义社会，以至于你不愿意作为‘文化虚无主义’受害者的工人能够如此满足于资本主义社会”，“因此你将你的忠诚用在对新的领导人、新的有教养的热诚的激进主义者的呼吁上”，“这不是马克思主义，而是浪漫主义”。③新左派理论者普遍认为，社会主义人道主义的建立之于批判斯大林主义的工作来说已经显得过于无力了，因为斯大林主义自身的理论特性，决定了那些身处斯大林主义意识形态中的理论和政治精英们会陷入越来越深的道德困境之中。

最后，早期新左派理论者彻底揭露了苏联社会主义官僚制度，而这与麦金太尔的态度同样不谋而合。他们认为，在苏维埃体制下，不论是斯大林主义还是托洛茨基主义都无法解决或逃避官僚制度：前者会坚定地将自己打扮成为永存的系统；而后者亦会以拜物教为依据，追求“工人委员会”和“苏

① ［英］爱德华·汤普森：《社会主义人道主义：致非利士人书》，张亮、熊婴编：《伦理、文化与社会主义——英国新左派早期思想读本》，南京：江苏人民出版社，2013年版，第22页。

② ［英］哈里·汉森：《致爱德华·汤普森的公开信》，张亮、熊婴编：《伦理、文化与社会主义——英国新左派早期思想读本》，南京：江苏人民出版社，2013年版，第55页。

③ ［英］哈里·汉森：《致爱德华·汤普森的公开信》，张亮、熊婴编：《伦理、文化与社会主义——英国新左派早期思想读本》，南京：江苏人民出版社，2013年版，第59页。

维埃”的“唯一正统地位”。自从英国新左派成立以来，理论者们就一直在思考斯大林主义体制和理论的深层次问题。泰勒以汤普森的《社会主义人道主义：致非利士人书》为蓝本分析了斯大林主义。与汉森相类似的是，泰勒同样关注了斯大林主义与共产主义之间的关系问题，指出“任何思想体系都不可能是完全自洽的”，[①]而是要考察马克思主义、共产主义的真正含义在斯大林主义那里被扭曲的问题。与汤普森和汉森不同，他认为不能简单地用“是”或“不是”来判断斯大林主义是否背离了共产主义。泰勒认为，斯大林主义作为一种意识形态的重要形式，是将社会主义斗争信念进行完全主观化改造的结果：“革命的政党必须意识到自己的历史责任。但是，莫斯科审判代表了对这种意识的彻底歪曲。因为除了刻意创造所谓被告的客观倾向之外，起诉的首要目的是将‘客观上的反革命’等同于犯罪意图。审判人员所运用的那种裁定历史责任的标准，很好地反映了这种将错误与恶意混为一谈的观念。事实上，斯大林主义者都坚信一种不可思议的观点：拥有观念、志向和意图，就是拥有者能够发挥的客观历史作用。”[②]斯大林主义并没有完全以客观的判断作为依据（暂且不论这种判断的正确性如何），而是更倾向于把判断等同于自身的主观意识。不过，在某些方面，斯大林主义仍然是对马克思主义的“辩证法继承”：“一方面，人的主体性、人对社会环境的创造性理论反映仅仅被限制在党的官僚机构，另一方面，在这种社会环境的客观限制中苦苦奋斗的其他人则是纯粹被决定的人。”[③]这使得专制既能够有制度保障，同时还拥有一套辩证法的外衣。在这种专制下，人们原先怀有的“自发道德感”被扼杀了，被体制的价值规定着。实际上是说，在当时的苏联，体制的力量和共同的组织价值与个人的特有理性之间的矛盾，造成道德问题的突出。

正如英国共产党员萨维勒认为，在当时展开一场针对斯大林主义属性的公开讨论是非常有必要的。萨维勒在《新理性者》的第一期上发表了《对教条主义的一个注解》。他认为，当时马克思主义在英国发展面临的最大困难和任务，就是知识分子因茫然甚至是愚昧而被斯大林主义束缚住，以至于让斯大林主义本身的存在也显得“半真半假”：“在这里存在着一个显著的问题，那就是真实与神话的区分——因为斯大林主义让纷杂的现实表现得更加

① ［英］查尔斯·泰勒：《马克思主义与人道主义》，张亮、熊婴编：《伦理、文化与社会主义——英国新左派早期思想读本》，南京：江苏人民出版社，2013 年版，第 67 页。

② ［英］查尔斯·泰勒：《马克思主义与人道主义》，张亮、熊婴编：《伦理、文化与社会主义——英国新左派早期思想读本》，南京：江苏人民出版社，2013 年版，第 65 页。

③ ［英］查尔斯·泰勒：《马克思主义与人道主义》，张亮、熊婴编：《伦理、文化与社会主义——英国新左派早期思想读本》，南京：江苏人民出版社，2013 年版，第 66 页。

公式化。斯大林主义在当今已经被认为是一种哲学上的理想主义,它开始于一种设想,就是一系列的现实都是为了要证明某种结论;然后最终结果就被描述为科学的社会主义。"①斯大林主义在当时的苏联获得了空前的政治影响力,一旦思维固化,非常容易造成整个苏联意识形态的固化。萨维勒指出,这种状态会令斯大林主义在社会政治方向和理论方向的决定过程中起主导作用,同时,也会令整个社会的立场单一化,不利于马克思主义的多元创新发展。

由此看来,英国新左派理论者在当时营造出的非常浓厚的马克思主义创新氛围和奠定的理论基础,为新左派成员们的探索提供了重要条件。再加上一系列事件的催化,推动麦金太尔立刻加入与其他新左派理论者的讨论。他着重观察当时以苏联为代表的社会主义模式,并深刻分析和归纳了其中出现的问题。与泰勒一样,他指出,在社会主义发展过程中,如果出现过于单一的理解模式,这会让马克思主义在发展过程中很容易发生偏离:"当今马克思主义的发展形成了一个古怪的思想岩层:其中的一些或多或少地保持着生命力,而绝大部分已经沉寂下去了。这从一部分意义上说是一种风格问题……从另一部分意义上说则是政治强制下的一致。"②这种模式也会直接导致单一强调社会主义与资本主义的斗争,而忽视了对马克思主义本质的探讨和继承。

三、如何理解当代的马克思主义道德?

作为一名基督徒,麦金太尔在学术生涯中始终秉持着一个主观意愿,就是通过社会批判为英国的现实社会寻找价值观。在早期创作研究作品的过程中,他将个人的伦理追求同马克思主义在英国乃至西方的重大影响相结合,开展了独特的理论探索。这种独特性的一个突出表现,就是在哲学基本问题探讨基础上的理论构建。在《马克思主义:一种阐释》出版后的一段时间中,麦金太尔着重对当时以苏联为主的社会主义模式进行整体性思考,并对其中出现的问题进行了归纳。他指出,当时的马克思主义研究无法摆脱一些传统的范畴束缚,由此导致了一系列问题。比如,苏联马克思主义继承了亚里士多德的物质、属性范畴,并运用到社会的发展规律上,从而把两者的关系延续到阶级斗争理论之中:"马克思主义者的问题在于将物质与属性的关系问题延伸到他们其他的哲学辩论中。因为他们认为哲学论战是阶级斗争

① John Saville, "A Note on Dogmatism", *The New Reasoner*, 1, 1957, p. 79.

② Alasdair MacIntyre, "Marxist Tracts", *Philosophical Quarterly*, Vol. 6, No. 25, 1956, p. 336.

的反映，同时也是由于他们将阶级斗争视作是两面的，因此他们不得不强行把如今的哲学仍旧看成是那一种原始形态。”①最后，麦金太尔发现，语言也成为当时马克思主义研究中一个易引发问题的因素。例如，列宁在运用一些术语的时候与真实情况有所出入，使得他在围绕客观与经验的关系表述上和普列汉诺夫（Георгий Валентинович Плеханов）产生差异。②因而麦金太尔认为，当时的马克思主义哲学家采用了过于僵硬的语言，从一定意义上来说，也就剥离了马克思主义的哲学意蕴，这促使“原本应当有所潜力”的思维被禁锢在“马克思主义的行话”中。③不论是单一的模式还是僵硬的话语都促使麦金太尔去寻求一种具有张力的分析话语体系。

在此基础上，麦金太尔从道德的角度着手，同时对斯大林主义与马克思主义进行了道德反思。他认为，当时的理论者在探讨马克思主义的问题时，往往陷入一种斯大林式的话语泥潭之中。“值得指出的是，这就是我想做的事情，因为随着这个问题而来的东西太曲折含混，以致我还没有它的答案。我无法确定地说出我是从什么立场提出这一问题的。我推断，这不仅事关我个人的困扰。浏览本文的各色人等——斯大林主义者、道德批判家、修正主义者，等等——往往掩盖了我们在不同时期正在或者已经相互厌倦这一事实，如果他们成功地搁置了各自的分歧，不仅因为他们存在于当下的现实问题，而且因为他们代表了我们所有人的意识中的环节。克服并超越他们的局限性、错误及其在道德问题上的‘虚假意识’需要，就是我们寻找走出自身荒原的道路的需要。”④当时关注斯大林主义道德批判及从事马克思主义道德省思的人们存在着一系列的局限和错误，从而形成了一种“虚假意识”，麦金太尔形象地将之称为“斯大林主义官僚制的传声筒”。他指出，马克思主义的研究者们正处于一种境遇之中，“他们仅仅是用一种无意识的依赖替代了有意识的依赖。他们诉诸道德原则的形式很大程度上是斯大林主义和西方道德自由主义双重压力的结果，这些压力产生的效果惊人的一致”。⑤西方传统道德批判家们仅仅作为旁观者参与到对马克思主义道德的评判中，他们依据的是一种固定不变的原则，那就是一切围绕现实进行论述，但是没有在论述中说明马克思主义究竟如何才可以摆脱斯大林主义的道德问题，形成自己的道德理论架构。因此，几乎整个左派理论阵营就要从马克思主义中寻求道

①② Alasdair MacIntyre, “Marxist Tracts”, *Philosophical Quarterly*, Vol. 6, No. 25, 1956, p. 368.
③ Alasdair MacIntyre, “Marxist Tracts”, *Philosophical Quarterly*, Vol. 6, No. 25, 1956, p. 370.
④ ［美］阿拉斯戴尔·麦金太尔：《道德荒原笔记》，张亮、熊婴编：《伦理、文化与社会主义——英国新左派早期思想读本》，南京：江苏人民出版社，2013 年版，第 73 页。
⑤ ［美］阿拉斯戴尔·麦金太尔：《道德荒原笔记》，张亮、熊婴编：《伦理、文化与社会主义——英国新左派早期思想读本》，南京：江苏人民出版社，2013 年版，第 74 页。

德的因素,构建一种原生型的马克思主义道德话语。这对英国新左派理论者们也提出了全新的要求。

前英国共产党党员,同时也是马克思主义人道主义坚定支持者的哈里·麦山(Harry McShane)在为杜娜叶夫斯卡娅的《马克思主义与自由》所写的序言中评价了当时英国马克思主义的发展,他写道:"英国工人与阶级敌人进行战斗的热忱,对马克思主义者是一种鼓舞。但是,尽管他们作出了可歌可泣的努力,却没能阻止机会主义的蔓延。现在,机会主义已经成了英国劳工政治的充分发展了的特征。马克思主义者之所以显得无能为力,原因很简单:马克思的著作从未像哈德曼、巴克斯和考茨基的著作那样受到充分的注意。在思想方面,英国工人运动落后于其他国家。"①麦山说,这一本书所反映的是对人的自由的一种追求。在当时,尽管英国的社会主义运动迎来新的转机,但是不论从政党的政治表现还是理论探索角度来说,都无法改变当时存在的人道主义问题现状。虽然"进行严肃思考的工人,抓住了列宁的著作,发现其中的马克思主义理论比各种社会主义组织出版物中多得多",②但是当时在苏联内部,由于官僚制度,工人阶级的实际社会地位并不像马克思主义理论中所描绘的那么高。尽管如此,"英国共产党,与其他国家的共产党一样,炮制了大量的文献,搬弄马克思主义词句,为这种奴役俄国工人阶级的行为辩护",③因此,杜娜叶夫斯卡娅认为,反思斯大林主义,弄清马克思主义的原理,应当成为追寻人的自由的一项十分必要的工作。

麦金太尔本人对于《马克思主义与自由》也是十分重视的,并专门在《大学与左派评论》上发表了对这一本书的书评,题为《革命代数》。之所以以此为名,是因为麦金太尔当时仍旧看重黑格尔哲学,认为其中包含着论述人类行为和理性的逻辑,就和代数中的逻辑一样。而这一逻辑的最终方向,就是人的自由。他认为,杜娜叶夫斯卡娅之所以讨论马克思主义与人的自由,是因为斯大林主义和官僚主义并没有反映出马克思主义中对人的自由的追求目标。她批判了官僚主义制度,但是并没有提出进一步的构想,仍然把希望寄托在工人阶级上。在杜娜叶夫斯卡娅看来,马克思主义在当时已经处于"成熟"状态了,因为它已经处于一个形态相对稳定的时期:"在这个时代,危机的总体性迫使人们接受哲学,接受一种总体观。完全机械化的趋势已在自动化中达到了顶点。在这种条件下,为人的精神的斗争只能诉诸于哲学总

①②③ [美]杜娜叶夫斯卡娅:《马克思主义与自由》,傅小平译,沈阳:辽宁教育出版社,1998年版,哈瑞·麦山写的序言。

体观才能赢得胜利。新的冲动来自工人，而且也只能来自工人。工人的清醒理智与科学的狂想恰成对照，后者提出'把人看作机器'，前者则提出'工作应该成为某种完全不同的东西'。"①但在麦金太尔看来，杜娜叶夫斯卡娅提出的这一系列设想仍旧无法在现实中冲破斯大林主义和托洛茨基主义的框架。

因此，避免成为一种新的教条，是麦金太尔分析了杜娜叶夫斯卡娅的这一本书后得出的一个非常重要的结论。杜娜叶夫斯卡娅仍旧希望从工人阶级自身求得实现自由，这一方法在麦金太尔看来成为一种新的教条，根源在于她并没有从马克思主义中真正看清楚人的本质的概念，转而想从黑格尔那里寻求理论层面的支撑。"我们一直认为马克思主义阐释的是一种体现社会规律的科学，并为我们提供一种图景，即是通过论述人的本质来表现出人的行为是可以预测的。但事实上，虽然马克思主义是要告诉我们人是如何在阶级分级的状况下实现他们的潜能的，但这一点并没有得到明确的表达。"②在此情况下，对马克思主义就表现出多元化的解释，包括杜娜叶夫斯卡娅式的"新教条"。在这些问题的背后，是当时理论界对马克思主义基本立场的模糊态度。这也导致学者们在面对斯大林主义时表现出多样化批判方向，而新左派运动内部出现的不同主题就集中体现了这一种多样化。

麦金太尔认为，以新左派为代表的左派理论者对斯大林主义的道德批判存在着两种意义上的空场。一方面是在批判斯大林主义的方式上缺乏共识，即批判方法领域的空场。以新左派为代表的道德批判团体内部并没有产生较为一致的结论，主要表现在他们在质疑由汤普森提出的以社会主义人道主义论证斯大林主义道德理论问题的同时，却无法提供更有说服力的方法。汤普森明确强调了新左派构建社会主义人道主义的基本立场，而将斯大林主义归结为一种意识形态。汤普森在捍卫马克思主义时作出的一个重要贡献，就是要消除人们把斯大林主义意识形态当作马克思主义"正统"的误解。他认为，反思斯大林主义实际上是反思精英主义，也是反思其非道德和教条主义形式，"在上述两个意义上，它代表了人的回归：从抽象的、经院的公式化表达到现实的人；从欺骗和神话到诚实的历史；因此，这种反抗的积极内容也许可以表达为'人道主义'。说这是人道主义的，是因为它再一次将现实的男

---

① ［美］杜娜叶夫斯卡娅：《马克思主义与自由》，傅小平译，沈阳：辽宁教育出版社，1998年版，第262页。

② Alasdair MacIntyre, "The Algebra of the Revolution", *Universities and Left Review*, 5, 1958, p. 80.

人和女人，而不是那些对斯大林主义来说弥足珍贵和广为传颂的抽象概念（党、马克思主义——列宁主义——斯大林主义、两大阵营、工人阶级先锋队）置于社会主义理论和抱负的中心位置。说它是社会主义的，是因为它重申了共产主义的革命前途和革命潜力中的信念——这不仅仅是人类或者无产阶级专政的信念，而且是现实的男人、女人的信念"。①这一理念被提出之后就立刻引发了其他新左派理论者的疑问。比如汉森指出，"将'社会主义人道主义'的标准运用于斯大林主义身上毫无意义"，②因为在他看来，汤普森在论述社会主义人道主义的过程中"将斯大林主义评价为一种历史力量"，或者"试图为一种优于斯大林主义——更人性化且不抽象——的伦理寻找'客观'基础时"会陷入矛盾中，汤普森并没有能够分清斯大林主义与马克思主义之间的关系。③汤普森在提出无产阶级能够自己孕育出一种道德和价值的时候，从另一方面也是确认了斯大林主义本身的存在。因为马克思主义本身并没有明确的道德体系，如果学者们将斯大林主义纳入道德视域中进行讨论，会导致在无形之中否认马克思主义的内在立场，而以斯大林主义存在的现实性取而代之。泰勒同样认为，汤普森对斯大林的批判无法摆脱道德领域手段和目的的困境："斯大林主义意识形态既体现马克思主义的不充分性，又体现了它对这种不充分性的歪曲。对斯大林主义的真正合理性的批判不能仅仅是对原有传统的回归，而且还必须包括对马克思主义的共产主义理论的批判。"④总之，尽管共同站在批判斯大林的阵地上，但这些道德批判家在基本立场上仍然存在着重要分歧，从长久来看，必然会出现阵营内部的理论矛盾。

麦金太尔此时便提出了更加本质化的路径，那就是需要重新回归到对马克思主义道德理论本身的考察，抛弃斯大林主义式的道德话语，即那种有强烈权力色彩的话语。麦金太尔指出，这里的道德批判并不是当时一些道德批判家所运用的那一套话语，因为他们在批判斯大林主义道德的同时引用的论据是来自斯大林主义道德体系中的，从而不自觉地进入到斯大林式的官僚话语中。麦金太尔在《道德荒原笔记》中就讲到，虽然当时的道德批判家执意

① ［英］爱德华·汤普森：《社会主义人道主义：致非利士人书》，张亮、熊婴编：《伦理、文化与社会主义——英国新左派早期思想读本》，南京：江苏人民出版社，2013 年版，第 7—8 页。

② ［英］哈里·汉森：《致爱德华·汤普森的公开信》，张亮、熊婴编：《伦理、文化与社会主义——英国新左派早期思想读本》，南京：江苏人民出版社，2013 年版，第 54—55 页。

③ ［英］哈里·汉森：《致爱德华·汤普森的公开信》，张亮、熊婴编：《伦理、文化与社会主义——英国新左派早期思想读本》，南京：江苏人民出版社，2013 年版，第 51 页。

④ ［英］查尔斯·泰勒：《马克思主义与人道主义》，张亮、熊婴编：《伦理、文化与社会主义——英国新左派早期思想读本》，南京：江苏人民出版社，2013 年版，第 72 页。

将道德与马克思主义对立起来，但是他们在反思斯大林主义的过程中，“很大程度上受到斯大林主义和西方自由主义的压力”。①基于苏联的现实发展，斯大林主义已经在话语和立场上对英国左派产生了巨大而内在的影响，形成了意识形态化的影响。麦金太尔的批判态度也非常明确，那就是要超越这些“虚假意识”，以一种非经验性的态度，从人道主义与斯大林主义的简单对立中另寻出路。②

麦金太尔认为，由于缺乏对马克思主义道德基本原理的掌握，左派学者在批判斯大林主义时会面临理论上的问题，而在面对现实中的一系列道德问题时，也会出现理论和实践上的双重无力。斯大林主义在道德上是无助的，因为它缺乏“一般道德理论”，这直接导致道德批判家们的批判毫无理论根基，他们所运用的语言属于斯大林的一般理论：“一些质疑声认为，对斯大林主义进行批判时仅仅依靠的是用一种支配性框架取代另一种，这是有根据的；但是这种新的框架却使得道德的独立变得模糊起来。”③不论道德批判家们如何更换这些框架，他们都无法摆脱斯大林主义的“权威性”。麦金太尔称他们为“道德领域中的堂吉诃德”。他认为这会导致两种结果：一是尽管批判框架可以更换，但始终无法摆脱来自斯大林主义政党的深层影响；二是会让道德批判个人化、英雄化，令这一思潮最终还是因个人的理论批判而逐渐退去。当斯大林主义运用“生产力—生产关系”和“经济基础—上层建筑”模型分析社会的时候，同样也将它的批判者一起拉回到经验主义中去了。“这些用于评判斯大林主义的标准从哪里来，谁需要它们，它们为何对我们具有权威性？在这些斯大林主义的道德批判家的字里行间里困扰我的，并非他们回答这些问题时的无能为力，而是——对我来说——源于其自身境遇的那种无能为力。这种境遇深刻影响了前共产党人，这也正是他们当前许多自我欺骗的根源。”④可见，斯大林主义在当时对西方左派的影响仍在。反而是斯大林逝世以后，理论者在重新思考斯大林主义，进而要寻求新的马克思主义话语体系时，却发现无从下手。

另一方面，麦金太尔指出，人们并不能够认清道德在历史进程中扮演的

---

① Alasdair MacIntyre, “Notes from the Moral Wilderness—I”, *The New Reasoner*, 7, 1958—59, p. 91.

② 张晓：《麦金太尔早期的本土化马克思主义探索：历程与归宿》，《马克思主义与现实》2014年第5期。

③ Alasdair MacIntyre, “Notes from the Moral Wilderness—I”, *The New Reasoner*, 7, 1958—59, p. 93.

④ ［美］阿拉斯戴尔·麦金太尔：《道德荒原笔记》，张亮、熊婴编：《伦理、文化与社会主义——英国新左派早期思想读本》，南京：江苏人民出版社，2013年版，第75页。

角色，从而无法把握道德与历史唯物主义的真正关系，无法拥有足够的道德批判视域，这应当被理解为是道德批判家的"意识空场"。一些西方道德批判家和左派理论者执意将道德与马克思主义对立起来，认为后者不存在道德视域和话语，这是一种错误的观念。这两类人群在反对斯大林主义的过程中，无意识地只把注意力放在道德本身，并没有考虑到底能不能把传统的道德概念作为将人道主义和斯大林主义进行二元对立的理由。换句话说，他们之所以只是将视野放在这两种"主义"上，而并没有能够另辟蹊径，全因他们坚持把"是"或"不是"视作衡量道德的唯一标准。这种现象之所以存在，是因为他们实际上产生了一个不自觉的观念，即"对斯大林主义者而言，马克思主义本质上是这样的命题：一定的技术水平和生产方式是一定社会生活形式和社会意识形式的基础。斯大林在俄国所做的事情就是为社会主义的上层建筑的出现提供必要的基础"。①马克思在《〈政治经济学批判〉序言》中提出："我们判断一个人不能以他对自己的看法为根据，同样，我们判断这样一个变革时代也不能以它的意识为根据；相反，这个意识必须从物质生活的矛盾中，从社会生产力和生产关系之间的现存冲突中去解释。"②并且他也提出："社会的物质生产力发展到一定阶段，便同它们一直在其中运动的现存生产关系或财产关系（这只是生产关系的法律用语）发生矛盾。于是这些关系便由生产力的发展形式变成生产力的桎梏。那时社会革命的时代就到来了。随着经济基础的变更，全部庞大的上层建筑也或慢或快地发生变革。"③这两句话，是马克思分析社会进化和人类发展的核心判断。但是这段话并不是马克思主义历史观的全部。因此，新左派理论者认为，斯大林对历史的公式化理解和套用是其丧失道德观的决定因素，从而就成为他们的批判依据。这导致的后果是，他们在认为斯大林主义是一种教条主义的同时自身也陷入了教条主义之中。"斯大林主义的道德批判家总的看来很本色，因为他看不到其他可能性。他只设想两种道德选择，一方面是斯大林主义的，另一方面是他自己的新立场。"④与其说这是新立场，倒不如说是单单强调斯大林主义的理论和统治都缺乏西方式道德考量。除此之外，他们并不能够寻找到解决之道。对于当时的麦金太尔来说，社会主义成为现实需要具备多种因素，它不必强加于那些有反抗意识的人身上，因为社会主义是意识克

---

① ［美］阿拉斯戴尔·麦金太尔：《道德荒原笔记》，张亮、熊婴编：《伦理、文化与社会主义——英国新左派早期思想读本》，南京：江苏人民出版社，2013 年版，第 81 页。

② 《马克思恩格斯文集》第 2 卷，北京：人民出版社，2009 年版，第 592 页。

③ 《马克思恩格斯文集》第 2 卷，北京：人民出版社，2009 年版，第 591—592 页。

④ ［美］阿拉斯戴尔·麦金太尔：《道德荒原笔记》，张亮、熊婴编：《伦理、文化与社会主义——英国新左派早期思想读本》，南京：江苏人民出版社，2013 年版，第 80 页。

服了来自过去政治经济的束缚后所产生的。①当拥有了现实的经济作为支撑之后，可以说，麦金太尔可以有充足的理由指出，单纯从道德上声讨斯大林主义是“脆弱”“无能”且“易导致自我欺骗”的，因为它缺乏“对一般理论的洞见”。②

四、英国新左派理论者的自我使命之反思

西方马克思主义知识分子向来不失高度的理论自觉和时代自觉。2020年，新冠肺炎疫情在全球肆虐，齐泽克（Slavoj Žižek）、阿甘本（Giorgio Agamben）、巴迪欧（Alain Badiou）、弗雷泽（Nancy Fraser）等一大批西方左派学者出于对现实的强烈关切，希望从这一“可怕的事件”中为人类寻求“积极后果”。③在20世纪中期的英国，也有一批极具理论和时代自觉的马克思主义知识分子。面对“二战”后国际形势深刻变化，以及马克思主义在本国发展陷入组织、理论、阶级三重困境，他们的使命感油然而发，毅然发起了寻求马克思主义本土化“第三条道路”的新左派运动。1957年春，作为运动旗手的汤普森在新左派刊物《大学与左派评论》的首刊上，发表了《社会主义与知识分子》一文，④引领默文·琼斯（Mervyn Jones）、哈罗德·西尔弗（Harold Silver）、泰勒、罗德尼·希尔顿（Rodney Hilton）等一批英国新左派知识分子开展一场自我大反思：马克思主义知识分子究竟应当何为。这场大反思形成了新左派理论者之后数十年的目标遵循，更成为半个多世纪以来西方马克思主义知识分子不断自我审视的范本。作为一名年轻的致力于探索英国马克思主义的青年左派学者，麦金太尔也随即加入这一场争鸣之中。

新左派运动的兴起，在很大程度上是同当时英国马克思主义整体发展相对迟缓和目标缺失紧密相关的。赫鲁晓夫《秘密报告》的曝光，在西方马克思主义阵营中引发巨大震动，也给马克思主义在英国的发展提供了难得的助

---

① ［美］阿拉斯戴尔·麦金太尔：《道德荒原笔记》，张亮、熊婴编：《伦理、文化与社会主义——英国新左派早期思想读本》，南京：江苏人民出版社，2013年版，第83页。

② ［美］阿拉斯戴尔·麦金太尔：《道德荒原笔记》，张亮、熊婴编：《伦理、文化与社会主义——英国新左派早期思想读本》，南京：江苏人民出版社，2013年版，第80页。

③ 张晓、金一帆：《追问马克思主义知识分子的时代责任——兼论英国新左派理论者的自我使命之争鸣》，《广西大学学报（哲学社会科学版）》2022年第5期。

④ 这篇文章同汤普森在《新理性者》首刊上发表的《社会主义人道主义：致非利士人书》一道，正式拉开了英国新左派运动的序幕。事实上，这两篇文章具有强烈的理论顺承关系。汤普森在《社会主义与知识分子》中指出，当时英国知识分子“最显著的特征立场之一”，是从人道主义立场的退却。为防止这一退却继续“消磨工人运动中至关重要的知识和文化能量”，汤普森呼吁新左派及其他左派知识分子一道构建社会主义人道主义。

推：它激化了包括英国在内的西方各国马克思主义阵营内部的原有矛盾，客观推动了一些早已对现状不满的左派分子痛陈马克思主义在本国的发展弊端。由此，英国的左派理论队伍内部开展了一次真正的自我清算，查找当时发展的问题及根源。

第一，英国无产阶级革命自觉的迷失。"二战"后，英国社会进入"丰裕社会"，国家福利制度日益健全，普通民众的生活水平较战时有了明显提升，社会生产方式不断调整，阶级心态和意识也发生了整体性改变。霍尔、塞缪尔认为，一方面，在社会现实层面，资本主义固有矛盾进一步得到掩盖，工人阶级的政治权益意识不再像以前那么高涨，革命斗争积极性明显下降。霍尔进一步指出："受到严苛的劳动纪律残酷对待的工人阶级再也意识不到他们的异化本质了，可以说，今天的异化劳动已经内嵌到了公司本身的结构之中了。"①同时，工会在社会中扮演的角色愈发重要，以及资产阶级政党政策的完善，也让无产阶级运动走向平静。工人运动的领导权逐渐被议会、政府和政策稀释，工人大众与中产阶级逐渐合并，运动的领导组织机构日益变为"资产阶级社会的机构"，成为"私人而不是公共的部门"。工人阶级的革命能动性反倒成为开展社会革命的主观障碍。②另一方面，在实践和理论层面，无产阶级对革命理论亦产生了疏离。"丰裕社会"带来的最深层次影响，是让工人阶级对革命理论日渐生疏。西尔弗指出，当时英国民众和工人阶级中出现了一股浓厚的反智主义浪潮，一些工人阶级的积极分子在思想上不断疏离知识分子，认为后者"试图设计的社会主义愿景的细节性因素，对当下反对特定的政府、雇主或政策的斗争，以及围绕着日常的社会主义改革的运动等真实的需要无任何助益"。③塞缪尔指出，"无阶级感"的出现，令马克思主义的阶级对立理论受到新的考验。英国社会已经建立了一种新的社会身份和社会阶层模式，即在市场经济制度下的社会竞争关系已经取代了原本的结构性的阶级冲突关系。工人阶级产生"无阶级感"的直接原因是生活水平的提高，但也和英国马克思主义理论无法及时跟进社会的最新发展有着密不可分的关系。

第二，英国左派政党的立场迷失。英国共产党在"二战"结束后的一系

---

① Stuart Hall, "A Sense of Classlessness", *Univerisities and Left Review*, Summer, Vol. 1, No. 5, 1958, p. 28.

② Alasdair MacIntyre, "Rejoinder to Left Reformism", *International Socialism*, 6, Autumn 1961, pp. 21—22.

③ Harold Silver, "Socialism and Intellectuals", *Univerisities and Left Review*, Summer, Vol. 1, No. 2, 1957, p. 17.

列政治斗争成效不尽如人意。1956 年开始，由于客观政治环境的影响，英国共产党愈发受到来自四面八方的政治责难和信任危机，左派纷纷怀疑其领导的是否还是无产阶级性质的斗争。新左派理论者认为，英国共产党领导的无产阶级斗争已经成为一种以“避免破坏”为前提的“文明”运动，这种运动甚至已经脱离了“紧张的气氛”，“很难再制造出令人焦虑的话题了”，英国共产党已经开始把在议会的争吵作为他们的政治资本，几乎彻底放弃了无产阶级革命的斗争模式：“马克思主义的一些词汇仍然在被使用着，但是它们所表达的意义却远非马克思主义的了。”①同时，英国共产党内部始终压抑知识分子的创造力，造成理论者“负担过重，经常被压制和被呼来唤去”，理论创新氛围并不宽松。②相较之下，虽然英国工党同样面临着大众路线的决策问题，但与英国共产党相比，工党显得更加重视与工人阶级的关系。③琼斯甚至认为工党比英国共产党更像一个社会主义性质的政党。1945 年，艾德礼的工党击败丘吉尔领导的保守党，让英国左派看到了基层民意的政治影响力。但是，1951 年开始，工党又被保守党击败，长期丧失了执政地位，这令以时任财政大臣休·盖茨克尔（Hugh Gaitskell）为代表的一些工党党员陷入深刻反省。他们将矛头直指当时的党内国有化政策。盖茨克尔等认为选举的结果说明人们已经不赞成国有化。于是，在 1957 年，工党针对该条款制定了新的公共政策纲领，建议通过获得大型资本主义实业股票等方式提升对国家工业的控制。以此为标志，修正主义得以在政策层面、理论层面和组织层面全面渗透进工党内部。还有一点值得注意，虽然工党的政治影响力已经大大超过英国共产党，但是两党对待左派理论还是有共同之处的，当时工党内部对知识分子的态度与英国共产党并没有什么区别：“不管知识分子做了什么，他们也都被投以同样多疑的目光。对工党领导层的应声虫谈论文化或科学就像是向约克夏郡的家庭主妇推荐烤肉串的诀窍一样。”④当时弥漫在整个社会的反智主义也同样渗透到了工党内部。当时，不论是英国共产党还是工党，都正在面对无产阶级革命斗志不断消沉所导致的政治立场改变这一事实。

第三，英国左派理论发展的前景迷失。如果说战后英国左派政党在政治上难有作为，那么，左派知识分子在理论创作中同样处于集体“失语”状态。

---

① Alasdair MacIntyre, “Communism and British Intellectuals”, *The Listener*, January 7, 1960, p. 21.

②④ Mervyn Jones, “Socialism and the Intellectuals”, *Universities and Left Review*, Summer, Vol. 1, No. 2, 1957, p. 16.

③ Charles Taylor, “Socialism and the Intellectuals”, *Universities and Left Review*, Summer, Vol. 1, No. 2, 1957, p. 18.

首先,他们失去了学术聚焦,普遍缺乏共产主义的理论信念。汤普森指出,当时的英国马克思主义沉醉于对“自由主义”“唯心主义”的纠结,反而失去了知识分子最应该秉持的东西,即共产主义、马克思主义或者进步信念。①用琼斯的话说,当时知识分子正在面临一个困难的问题,就是需要以“自己的方式”寻求建构一个自身“能够继续成为知识分子的社会”,②避免沦为政治牺牲品。他们始终默默专注于各自的学术领域,更加倾向于以个人身份参加各类政治活动,形式十分松散。这也是推动新左派运动形成气候的主观化因素。其次,马克思主义知识分子中间弥漫着浓厚的“改良主义”“修正主义”和“费边主义”等文化理论氛围。马克思主义在英国的长期发展过程中,始终同本土的文化相互交织,除了受基督教、传统伦理思想的影响外,也产生了改良主义、费边主义这种具有浓厚本土色彩的思想倾向,并在方法论层面上造成左派理论在当时反智而纷杂的社会文化泥潭中越陷越深,以至于英国的左派理论者已经将之视为一种习以为常的“社会生活”了。“改良主义并不是我们政治对手的措辞;它正是我们一直难以摆脱的意识形态空气。”③多重社会主义流派在英国共存,再加上苏联社会主义出现的问题,给英国的马克思主义知识分子造成了极大的困扰。最后,英国马克思主义知识分子在面对社会政治运动时往往显得手足无措。在基本态度上,他们对当时重大的政治事件都能够基于工人阶级立场表达支持和同情的态度,可是鲜有能够拿起理论武器在政治舞台上有所作为的。正如琼斯所说:“一旦政治家开始着手处理这项工作,知识分子就打起了哈欠。”④泰勒认为,当时的左派知识分子在面对政党和各种社会问题时保持沉默,并不意味着他们就认可英国政党和工人运动的发展,因为他们已经善于在“最该发言的地方保持沉默”。⑤马克思主义者的斗争意识还没有完全丧失,他们依旧称赞政治改革,但是这些只是一种表面的态度罢了,带有热情和科学指导的革命的实际行动已经再难出现。

关于知识分子在社会主义运动中的职责的讨论,实际上在新左派运动

---

① E. P. Thompson, "Socialism and the Intellectuals", *Universities and Left Review*, Spring, Vol. 1, No. 1, 1957, p. 31.

② Mervyn Jones, "Socialism and the Intellectuals", *Universities and Left Review*, Summer, Vol. 1, No. 2, 1957, p. 17.

③ Alasdair MacIntyre, "Rejoinder to Left Reformism", *International Socialism*, 6, Autumn 1961, p. 20.

④ Mervyn Jones, "Socialism and the Intellectuals", *Universities and Left Review*, Summer, Vol. 1, No. 2, 1957, p. 15.

⑤ Charles Taylor, "Socialism and the Intellectuals", *Universities and Left Review*, Summer, Vol. 1, No. 2, 1957, p. 19.

发起之前就是英国学术界一个长期关注的问题，也一直是左派阵营和右派阵营争论的焦点。①马克思主义的整体停滞，以及知识分子的茫然无措，不禁让一些左派有识之士开始反思，究竟是什么造成了理论者的平庸，造成这些的症结究竟在哪里。他们纷纷力求为马克思主义在英国乃至西方的理论发展重新寻求新的动力和动机，为马克思主义在战后的发展打开新局面。

第一，是对当时知识分子理论精神的反省。针对当时弥漫在英国左派阵营内部的修正主义、改良主义氛围，汤普森首先断定，人类正处在“人类的史前史和自觉的人类历史的继往开来的门槛上”，②在这种历史关节，知识分子应当重觅创造精神，在创造和传播知识的过程中扮演好各自的角色。正在踟蹰中的左派知识分子那种无产阶级的革命斗志和反抗精神已经越来越消沉，理论惰性不断淤积，理论精神被政治和现实消磨殆尽。新左派理论者认为，马克思主义知识分子应当同无产阶级一样，持有一种“反叛和批判”的态度，扮演一种“自由战士和革命者”的角色。但是现实却又引发了他们深深的忧虑：“知识分子的冷漠已经深深扎根，表现在对于工人阶级的态度上，以及因循守旧的理论态度上。”③左派知识分子们已经适应资本主义的生活和工作氛围，成为“办公室男孩”或“自由主义同志”了。即使是那些当初因为英国共产党政治立场的偏向愤而脱党的知识分子，由于缺乏政党的引导，也面临着“腐化”：“那些分析英国知识分子和马克思主义的关系，并将之仅仅作为是一段插曲的历史学家已经无法再重新回到马克思主义中来。”④左派知识分子的数量在不断减少，并且阵营内部的理论立场也不断松懈，由工人阶级和知识分子推动的社会主义运动离现实已经越来越远了。

从理论的发展机制来看，当时英国左派知识分子在实际研究过程中，往往囿于考究一些学术的概念，逐渐丢弃马克思主义革命性和对民众的现实关怀，政治立场难免会随着政治时局的变化而变化。在面对重大事件的时候，

---

① 例如，1949 年，尚在伦敦政治经济学院任教的弗里德里希·奥古斯特·冯·哈耶克（Friedrich August von Hayek），在即将调往芝加哥大学之前，专门在该校《芝加哥大学法律评论》期刊上发表论文《知识分子与社会主义》，重申自由主义立场，认为自由主义才是知识分子们未来大有可为的方向。参见 F. A. Hayek, “The Intellectuals and Socialism”, *The University of Chicago Law Review*, Vol. 16, No. 3, 1949, pp. 417—433。

② E. P. Thompson, “Socialism and the Intellectuals”, *Universities and Left Review*, Spring, Vol. 1, No. 1, 1957, p. 35.

③ E. P. Thompson, *Out of Apathy*, London: Stevens & Sons Limited, 1960, p. 198.

④ Alasdair MacIntyre, “Communism and British Intellectuals”, *The Listener*, January 7, 1960, p. 23.

知识分子原本固守的马克思主义理论的基本立场不得不发生松动,否则就会被当作一种"孤僻的声音"看待。"我们不禁要问这些知识分子,是什么样的社会压力让他们陷入到了并不快乐的世界之中;但是又是什么阉割了他们的思想,让我们的文化被知识的社会能量掠夺了。"①毫无疑问,当时英国社会的整体氛围导致知识分子产生复杂的动机变化。但从主观层面来说,重新唤醒理论者内在的理论使命感,重新鼓起理论创新动力,为沉闷的左派阵营注入新的活力,是当时部分左派学者的强烈心声。新左派理论者认真审视了知识分子的理论工作,认为他们所表现出的置身事外的态度,以及将马克思主义和其他理论进行庸俗化理解而从事的一些无力的争辩,不论是对社会主义运动还是对人的自由解放来说,都是徒劳无功的。

第二,是对当时左派知识分子理论立场的反省。英国左派知识分子缺乏理论精神,是同理论立场的动摇互为因果的。部分知识分子自身畏惧理论革命和创新,也畏惧他人的理论革命和创新。另需注意的是,由于英国本土文化的多样性,以及费尔巴哈宗教思想的深刻影响,一些知识分子在对马克思主义的宗教化理解过程中,扭曲了马克思主义的革命性和科学性,他们的立场不可避免会产生动摇,甚至参与到冲击马克思主义的活动中去。不过,这对新左派理论者来说,却成为开辟英国马克思主义发展的重要契机,那就是重新将注意力放到"人"上面来。"实际上,他们只是处在人道主义传统的大门之外。"②左派知识分子感到,当务之急不应当是仅凭主观直觉反抗,而应当是重新抓住实现人的解放的契机——建立社会主义人道主义。③就此,汤普森才郑重呼吁英国知识分子共同淬炼马克思主义中的人道主义思维,寻求理论突破的钥匙。琼斯则认为,应当正确区别社会上感性的人与理性的人,区分这两类人群的社会重要性。感性的人真正想要追求的是"自由",并且是"以自己的方式来创造自由"。④马克思在《1844 年经济学哲学手稿》中认为,共产主义是"人向自身、也就是向社会的即合乎人性的人的复归,这种复归是完全的复归","作为完成了的自然主义,等于人道主义","是存在和本质、对象化和自我确证、自由和必然、个体和类之间的斗争的真正解决"。⑤新

① E. P. Thompson, *Out of Apathy*, London: Stevens & Sons Limited, 1960, p. 199.

② E. P. Thompson, "Socialism and the Intellectuals", *Universities and Left Review*, Spring, Vol. 1, No. 1, 1957, p. 34.

③ 张晓:《社会主义人道主义的批判与重建——麦金太尔〈道德荒原笔记〉解读》,《江西社会科学》2018 年第 1 期。

④ Mervyn Jones, "Socialism and the Intellectuals", *Universities and Left Review*, Summer, Vol. 1, No. 2, 1957, p. 16.

⑤ 《马克思恩格斯文集》第 1 卷,北京:人民出版社,2009 年版,第 185 页。

左派理论者根据马克思的话语，将自由概念凸显出来，与人道主义相连接，应当说寻找到了讨论人道主义的一些重要切口。

但是由于阵营和个人思想的多元化，再加上当时英国政坛总的来说依旧是保守党占据优势，英国的左派知识分子根本无法形成理论合力。当时马克思主义在英国主要分成两个支流：一个是刚刚兴起的新左派运动，另一个是托洛茨基主义。与托洛茨基主义阵营相比，新左派在成立之初面临着十分困难的理论抉择和情势。新左派之“新”，一是要让马克思主义在政治上寻求新的表达方式，二是要形成新的左派组织方式，三是要寻求英国化的话语体系。正如汤普森所言：“让我们深感忧虑的不是社会主义工人联盟——在幻想中——与传统的社会主义理想保持一致的目标，而是它所采取的战术和组织形式……这类先锋队理论只是寄生式的山头主义的极端表述。”①新左派的成立，是对包括托洛茨基主义在内的一切英国“旧左派”的否定。他们对“旧左派”的敌视，加深了两个阵营之间的对立，无疑削弱了英国马克思主义的整体影响。

第三，是对当时知识分子战斗方法的反省。英国马克思主义发展陷入艰难时刻，固然和国际共产主义运动的整体形势有关，但是，更多是源自英国马克思主义者自身的原因。除却理论精神缺失、理论立场模糊之外，知识分子的战斗方法亦是理论者反思的一个重要方面。同英国左派政党一样，英国马克思主义者已不再注重与工人群众的关系，这让马克思“哲学与无产阶级不可分离”的论断失去了现实意义。几近脱离工人运动，导致无产阶级政党、理论者在政治和理论上均面临“退位”的危险——尽管他们并没有停止相关思考，但是由于各种主客观因素，其理论成果在政治和社会舞台上所起到的作用十分有限，根本无法缝合与工人阶级之间的间隙，令知识分子提出的共产主义价值观与现实发生了严重脱离，无法以马克思主义理论具体指导阶级运动，知识分子的理论观点显得过于武断，也无法从工人阶级那里获得现实的阶级认知。②汤普森、西尔弗、麦金太尔等人意识到了这种割裂。“如果想做更多的事情，他们就必须跨越把思想与社会能量分割开来的鸿沟。在归根结底的意义上，这意味着在‘知识分子’与‘人民’，尤其是与工人阶级之间打开新的回路。”③就英国马克思主义的理论发展前景来说，理论者们应当肩负

---

① ［英］爱德华·汤普森：《新左派》，张亮、熊婴编：《伦理、文化与社会主义——英国新左派早期思想读本》，南京：江苏人民出版社，2013 年版，第 220—221 页。

② Charles Taylor, “Socialism and the Intellectuals”, *Universities and Left Review*, Summer, Vol. 1, No. 2, 1957, p. 18.

③ Harold Silver, “Socialism and Intellectuals”, *Universities and Left Review*, Summer, Vol. 1, No. 2, 1957, p. 18.

起将马克思主义重新拉回现实大地的任务,实现知识分子与工人阶级的紧密联系:“如果知识分子不逃避他对局部性的常规事务的分担,政治上活跃的社会主义工人将能够领会到,知识分子能够给予工人运动的最好服务就在于他自己的理论领域之中。”①不过,由于工人阶级生存状况的改变,包括一些左派知识分子生存状况的改变,部分左派知识分子们的立场和取向都发生了内在变化。

因此,当时英国知识分子也始终未能充分实现对工人阶级的指导。部分英国马克思主义知识分子无法寻得自身的意义而退出了左派政党,但是他们并没有放弃马克思主义,也没有放弃对工人阶级的希望,哪怕在不断转变思路,转变理论阵营。“他们中的大多数人还保留着英国政治左派的立场,部分还留在英国托洛茨基前辈创建的马克思主义革命联盟‘社会主义工人联盟’之中。”②左派知识分子始终未能充分使用马克思主义的丰富话语搭建新的、符合英国社会文化传统和革命新形势的理论体系。他们在现实中遇到了与业已形成的“马克思主义”(斯大林主义)相悖的问题,并尝试运用既有的话语方式重新阐释,但问题在于,这些反思仅限于理论和方法层面,知识分子还应当把注意力放到如何将理论变成工人阶级的理论武器上面。他们所做的,也仅仅局限在政治和理论层面的选择与探索,未能探索理论指导工人运动的现实路径。

1957 年夏,汤普森在第二期《大学与左派评论》中,以《关于〈社会主义与知识分子〉讨论的一个答复》为标题总结和回应了其他理论者关于知识分子问题的讨论,意味着关于知识分子的讨论在新左派内部形成了初步的共识。在他看来,知识分子可以是多样化的社会角色,并不是单纯的理论工作者。因此,马克思主义知识分子应当是创造性的、多元化的、广义上的“公共角色专家”。③当时英国左派面临的最大和最深层危机,恰恰是他们主观地认为马克思主义理论已经达到“最终”的形式了。于是,他们认为,应当将理论探究的重点放在现实探讨上,并且提出了学术研究者应承担的义务:自觉思考针对现有社会制度的关于人类活动的知识“增长点”。马克思主义知识分子要基于并超越“人类行为特性”,考虑如何冲破社会上的各种规则范畴,培育新的理论思路。

---

① Rodney Hilton, “Socialism and the Intellectuals”, *Universities and Left Review*, Summer, Vol. 1, No. 2, 1957, p. 20.

② Alasdair MacIntyre, “Communism and British Intellectuals”, *The Listener*, January 7, 1960, p. 23.

③ E. P. Thompson, “Socialism and the Intellectuals—A Reply”, *Univerisities and Left Review*, Summer, Vol. 1, No. 2, 1957, p. 20.

第一，重塑马克思主义知识分子的战斗精神。①当时的英国知识分子如果要重新成为无产阶级革命者，需要克服诸多主观困难，比如要注重对现实的基础性和系统性把握，避免被经验性和机械性牵制。一方面，知识分子要穿透现实的迷雾，揭露对马克思主义的种种歪曲，刺破僵化的官僚主义外壳。从政治经济学批判话语出发，当代资本主义在现实层面发生了三个方面的新变化：首先，资本主义经济得到了持续性发展；其次，资本主义的扩张更为迅速；最后，由贸易联盟带来的剥削现象更为严重。②而在英国，左派知识分子要么表现出狭隘的独断性和自满，要么就会深陷“英语帝国的序列之中”，③意识中充斥“功利主义”政治思维。社会主义和马克思主义在英国处于“内忧外患”之中，唯一的出路，是摆脱资本主义的权力话语、官僚制度和各类意识形态的阻碍。

另一方面，知识分子要继续在多元的意识形态中坚持和运用马克思主义的科学内核。尽管在欧洲大学中存在多样化的左派理论形式，并且这些理论形式已经固定下来，但是英国知识分子仍然致力于维持他们独有的特征：“欧洲的知识分子拥有克罗齐精神哲学的，马克思主义的，存在主义的或其他类型的意识形态。但英国的知识分子由于冷静因而避免了理论狂热，对这些广义化的理论并不具有太多热情。这种状态不仅表现为我们多元化的专业规则和理论，还有普遍理论和统一化的思想。特别是我想再次强调我们的消极态度对于人类潜力缺乏一些独特的观念。”④麦金太尔对于当时知识分子的理论工作状态总体是持批判态度的，甚至称之为是失败的，原因就在于英国马克思主义理论没有触及马克思主义的实质内核。麦金太尔认为，左派理论者们要从现实的理论迷局中，回归马克思主义的本质立场，筑牢英国马克思主义的理论根基。

第二，重新找回知识分子的价值和目标。新左派理论者们的共同目标有三方面：一是重新发现左派知识分子的社会职业价值；二是重新树立知识分子的目标；三是重新找到知识分子的理论归宿。这三个方面，既是当时英国马克思主义知识分子的迷茫之所在，恰恰又是寻求突破的关键之所在。对于新左派理论者来说，突破英国无产阶级运动既有的思路局限，就是他们存在的真正价值。他们始终强调，马克思主义知识分子不能“仅仅

---

① 张晓：《工人和知识分子的再发现：阿拉斯戴尔·麦金太尔早期的社会主义革命观》，《理论探讨》2017 年第 3 期。

② Alasdair MacIntyre, “Prediction in Politics”, *International Socialism*, No. 13, Summer 1963, p. 18.

③ Alasdair MacIntyre, “Going into Europe”, *Encounter*, Vol. 22, No. 2, February 1963, p. 65.

④ E. P. Thompson, *Out of Apathy*, London: Stevens & Sons Limited, 1960, p. 209.

做自然的反应或者预先决定了的历史变迁的牺牲品”，而是要“试图理解自身和时代并作出合理的和正确的选择”，这赋予了他们“所有的想象性工作以了不起的和充满希望的意义”。①英国马克思主义理论发展，亟待一群知识分子重建价值、目标和实现方法，真正实现马克思主义的英国本土化。在《大学与左派评论》第二期中，汤普森再次强调：“英国的社会主义知识分子应该对陷入反共产主义的老套、情绪化的旧惯例保持警惕，应该努力在当代的共产主义运动之内去理解冲突的种类和本质，应该对他们的区别和定义更加敏锐。”②实际上，汤普森再一次指明了新左派运动应当具备的创新精神，以及应当承担的理论使命，这是他作为一名左派旗手对广大英国左派理论者的号召。

具体来看，英国左派知识分子在无产阶级运动中，一是应当为英国的无产阶级运动整体提供理论支持。比如琼斯认为：“定义一个知识分子的东西是他的公开立场，是认识到他对作为整体的社会——而不是社会的任何部分——作出了一些贡献，尽管对后者作出贡献也很重要。”③马克思主义知识分子应当形成宏观的社会学视野，这样才能用好马克思主义历史观，回应来自各方针对马克思主义的理论责问。二是应当不断发挥知识分子角色的新作用。“也许他会在一个政党内部发现交流、批判的途径，他需要的集体思想工作的机会；但是他的责任必须最终是关于作为一个整体的人民的，以及他自己的经历的真实。”④马克思主义知识分子应当避免沦为既有社会秩序的无知觉的服从者，而是要成为“提问者”，极力避免“成为行政管理者，不得不接受来自工业和政府化的框架，以及过去的人文科学框架”，不论“为什么”，只论“应不应该”。⑤三是要保持高度的理论敏感性和警觉性，维护马克思主义的基本观点。“社会主义知识分子（不论他们为了生计而做了什么事情）必须是社会科学家，而且正如马克思教导我们的那样，玄思冥想的态度就是对科学的否定。我们的本质是人，我们必须关涉社会的问题。”⑥理论体

---

① E. P. Thompson, “Socialism and the Intellectuals”, *Universities and Left Review*, Spring, Vol. 1, No. 1, 1957, p. 33.

② E. P. Thompson, “Socialism and the Intellectuals—A Reply”, *Univerisities and Left Review*, Summer, Vol. 1, No. 2, 1957, p. 22.

③ Mervyn Jones, “Socialism and the Intellectuals”, *Universities and Left Review*, Summer, Vol. 1, No. 2, 1957, p. 15.

④ E. P. Thompson, “Socialism and the Intellectuals”, *Universities and Left Review*, Spring, Vol. 1, No. 1, 1957, p. 3.

⑤ E. P. Thompson, *Out of Apathy*, London: Stevens & Sons Limited, 1960, p. 207.

⑥ Rodney Hilton, “Socialism and the Intellectuals”, *Universities and Left Review*, Summer, Vol. 1, No. 2, 1957, p. 20.

系的困境造成了知识分子视野的局限，他们创作出来的理论成果也面临着现实中的问题。因为相当一部分成果不但选定一些与现实无关紧要的课题，还会被权力利用，极易在社会中造成一些不适当的影响，对马克思主义本身的发展造成混乱。

第三，打破传统革命和理论的方法枷锁。政治的枷锁和权力的枷锁，是抑制马克思主义活力的阻力，更是应当革命的对象。从革命需求而言，要构建新型体制，首先就要打破现有的组织枷锁。1957 年，英国小说家金斯利·艾米斯（Kingsley William Amis）出版了名为《社会主义与知识分子》的小册子，质疑当时共产主义者支援西班牙内战。汤普森重申共产主义知识分子的革命使命和职责，同时也强调了知识分子应当遵守的革命立场。他说：“一方面，知识分子必须在傲慢或者抽象的教条主义之间走一条狭窄的脊道；另一方面是，知识分子在工人阶级经验面前的屈尊，它不仅包含了知识分子的正直，也包含了我们自己的思想。”①在英国的政治条件下，知识分子的责任“就是对一个组织化了的政党保持政治上的忠诚。这是知识分子的贡献将会被接受并且有效的唯一方式”。② 但是，这种政治上的忠诚并不是以牺牲马克思主义自身的理论活力和革命动力为代价的。马克思和恩格斯在《共产党宣言》中，就针对当时看似约定俗成的革命运动形式进行批判。他们说：“阶级斗争越发展和越具有确定的形式，这种超乎阶级斗争的幻想，这种反对阶级斗争的幻想，就越失去任何实践意义和任何理论根据。”③他们强调基于社会革命现有形式开展可行革命的重要性，认识到应当正确处理好革命理想与革命形势、革命条件之间的关系。所以西尔弗认为：“最重要的是，出现一种新的、刚健的、团结的和可接纳的左翼运动来瓦解所谓的真理的垄断权，这将为社会主义思想和文化实践整体的复兴之路提供基础。”④可见，新左派理论者主张沿用当时英国的文化和社会形态探索斗争的理念，这是对马克思的革命方法论的继承，也恰恰是英国新左派运动第一阶段相较于第二阶段更加具备革命性的重要表现。

从理论需求而言，不断探索能够阐释马克思主义理论新形态，是维持马克思主义活力的内生因素。1957 年和 1959 年，卡尔·波普（Karl Raimund

① E. P. Thompson, “Socialism and the Intellectuals”, *Universities and Left Review*, Spring, Vol. 1, No. 1, 1957, p. 35.

② Rodney Hilton, “Socialism and the Intellectuals”, *Universities and Left Review*, Summer, Vol. 1, No. 2, 1957, p. 20.

③ 《马克思恩格斯文集》第 2 卷，北京：人民出版社，2009 年版，第 64 页。

④ Harold Silver, “Socialism and Intellectuals”, *Universities and Left Review*, Summer, Vol. 1, No. 2, 1957, p. 18.

Popper)先后出版了《历史决定论的贫困》和《科学发现的逻辑》,围绕历史观和科学方法等问题提出了一系列激进的立论,亦记录了一个曾经的共产主义者理论立场的深刻转化。麦金太尔认为,波普精确描绘出了人类社会中一些既有的社会科学认知,为当时的社会科学者提供了部分合理的理念,在一定程度上代表了一个时代的知识分子的历史观转变。但是波普持有的一个最大的错误立场,就是认为历史过程可以仅凭一种或几种规律就能够表述出来,从而难以避免逻辑上的缺陷。不过,波普对历史观和科学观点的大胆创新,在那个时候确实为沉闷的英国社会学界带来了生机,也为新左派理论者带来了新的理论兴奋点。1958 年和 1959 年,麦金太尔参与新左派理论者关于社会主义人道主义之争时,就在《道德荒原笔记》一文中尝试将人道主义与马克思主义历史观相结合,①这成为新左派早期构建社会主义人道主义的重要理论成果。

第二节 寻找人的本质:麦金太尔构建“第三条道路”的起点

我们已经得知,麦金太尔在当时受到马克思主义的深刻影响,希望将马克思主义的科学性移嫁到“世俗”的发展理论中去,就此,他较道德批判家们多具备了一种有关社会进化的视野,这有助于他将道德与进化理论进行结合,从而既可以避免单纯执迷于西方传统自由道德或斯大林主义,又能意识到教条导致的负面影响。这些使他在方法与意识的荒原中寻找到了一条道路。这完全契合当时马克思主义理论者和知识分子的目的:“在东方的共产主义与西方的资本主义、左翼政治联盟中的斯大林主义和社会民主主义范畴之外,勾勒出第三条路。”②这一句话对于麦金太尔来说也完全适用。因为他认为,当时之所以走向马克思主义,是因为后者可以让他相信,德性可以囊括英美的所有现代自由主义,而真正需要做的,就是要通过“社会化实践”去历史性地理解德性。③麦金太尔既要超越机械化的斯大林主义,重新获得历史性内涵,同时又要摆脱英美的传统自由主义,突出实践化的道德,那么,他究

① 张晓:《英国新左派运动的社会主义人道主义之争及其反思》,《天津社会科学》2016 年第 4 期。

② Paul Blackledge and Neil Davidson (eds.), *Alasdair MacIntyre's Engagement with Marxism*, Chicago: Haymarket Books, 2009, p. xxi.

③ Giovanna Borradori (ed.), Rosanna Crocitto (trans.), *The American Philosopher*, Chicago: University of Chicago Press, 1994, p. 143.

竟如何才能实现这“第三条路”呢？就当时麦金太尔的理论发展来看，首先，他仍旧把实现人的本质这一伦理目标作为前提；其次，他承接了科林伍德的历史观，以及马克思主义的实践观，形成了历史化的道德理论；最后，他将道德规则和人的欲望相结合，构成历史化的德性过程。

一、新左派理论者的社会主义人道主义之争

在运动伊始，新左派理论者就通过对斯大林主义的批判，集中阐述了社会主义人道主义的内在诉求。在《社会主义人道主义：致非利士人书》中，汤普森将社会主义人道主义作为反抗传统社会主义的模式。①这一做法催发其他新左派学者将原先按捺在各自心中的理论和道德表达诉求彻底宣泄出来。不论是对社会主义人道主义本身的探讨，还是在人道主义理论的具体建构上，他们既共同反思斯大林主义、描绘社会主义未来的道德图景，又彼此批判、各为一家，呈现出一场深邃而全方位的学术碰撞。

第一，关于社会主义人道主义内涵的争论。可以说，汤普森的这一作品为社会主义人道主义奠定了理论基调。他围绕“什么是社会主义人道主义”“为什么要建立社会主义人道主义”“社会主义在英国遇到了什么问题”等展开了全面论述。他指出，马克思主义是包含人道主义思想的，只是现实中所呈现的并不是原本的概念：真正的社会主义人道主义应当“代表了人的回归：从抽象的、经院的公式化表达到现实的人；从欺骗和神话到诚实的历史”，它应当是一种“反抗的积极内容”。②社会主义人道主义的来源应当是工人阶级对现实的革命性：“如果在一个社会中占支配地位的道德观挑战了统治阶级的利益，那么不言自明的是，这些道德观要么对行为没有任何影响（以神秘主义的形式表达出来，并且规避行动），要么它们的含义必须是革命性的。”③

在《马克思主义与人道主义》一文中，泰勒指出，社会主义人道主义是一种带有同情心的理想化设想。“马克思已经无数次强调过无产阶级只有解放全人类才能解放自身，只有打碎所有形式的剥削，才能砸碎自己的锁链。但这些并没有明确告诉我们，对于那些不会被解放的个人，我们应当采取何

① ［英］迈克尔·肯尼：《第一代英国新左派》，李永新、陈剑译，南京：江苏人民出版社，2010年版，第81页。

② ［英］爱德华·汤普森：《社会主义人道主义：致非利士人书》，张亮、熊婴编：《伦理、文化与社会主义——英国新左派早期思想读本》，南京：江苏人民出版社，2013年版，第7页。

③ ［英］爱德华·汤普森：《社会主义人道主义：致非利士人书》，张亮、熊婴编：《伦理、文化与社会主义——英国新左派早期思想读本》，南京：江苏人民出版社，2013年版，第25页。

种态度……就像站在无产阶级一边是无条件的义务一样。”①在他看来,马克思主义和共产主义虽然是一种“未完成的人道主义”,但这也从侧面表明马克思主义对人道主义的重要论证作用:它将人道主义从抽象理论中解放出来,转化为一种现实任务。正如青年马克思指出,人性的复归,本质上是对物的异化的全面解脱。他将男女关系作为人与人之间最自然的关系,也是考察人性复归的标准。②马克思说:“只有在社会中,人的自然的存在对他来说才是人的合乎人性的存在,并且自然界对他来说才成为人。因此,社会是人同自然界的完成了的本质的统一,是自然界的真正复活,是人的实现了的自然主义和自然界的实现了的人道主义。”③马克思论证人道主义问题,是从人与自然的关系这一人类社会存在的最基础关系出发,超脱了单纯的对人类社会的意识探索。泰勒指出,汤普森只是就斯大林问题进行了发问,却无法挣脱斯大林式的话语枷锁。面对质疑,汤普森作出了正面回应,他指出,“马克思主义并不应当是一种封闭的、独立的系统”,④而是一种开放的体系,只有在这一前提下,才能真正反思斯大林主义的内在缺陷,这正是他将斯大林主义定性为封闭的、官僚化的意识形态的重要依据。这应当成为新左派构建社会主义人道主义的基本理论态度。

第二,反思斯大林主义在何种意义上背离了人道主义。在争鸣过程中,新左派理论者都不否认是斯大林主义造成了危机,但对斯大林主义危机形成的具体根源的解释却有差异。在汤普森看来,斯大林主义的伦理危机主要根源于三个方面:反智主义、道德虚无主义和否认人的主体性。⑤首先,所谓反智主义,是指在理论上轻视主体意识作用,忽视人性概念的理论地位。他认为,斯大林主义完全将“经济基础—上层建筑”模型机械化了,使之成为一种半自动化的社会运行机器。其次,斯大林主义是一种“自我异化”的形式,它自身催生出马克思主义并不存在的德性。因此,斯大林主义是一种“无中生有”的、由失去自主意识的人所遵守的一种虚幻的道德体。最后,汤普森指出,斯大林主义完全否认人的主体作用,这是列宁主义过于强调物质第一性、淡化意识特征的历史延续。

林德赛认为,对斯大林主义进行正确判断,必须依据马克思主义原有的

---

① ［英］查尔斯·泰勒:《马克思主义与人道主义》,张亮、熊婴编:《伦理、文化与社会主义——英国新左派早期思想读本》,南京:江苏人民出版社,2013 年版,第 70 页。

② 《马克思恩格斯文集》第 1 卷,北京:人民出版社,2009 年版,第 185 页。

③ 《马克思恩格斯文集》第 1 卷,北京:人民出版社,2009 年版,第 187 页。

④ E. P. Thompson, “Agency and Choice—I”, *The New Reason*, 5, 1958, p. 92.

⑤ ［英］爱德华·汤普森:《社会主义人道主义:致非利士人书》,张亮、熊婴编:《伦理、文化与社会主义——英国新左派早期思想读本》,南京:江苏人民出版社,2013 年版,第 35 页。

方法。斯大林主义错误的根源在于歪曲和背离了马克思主义的历史观和辩证法，这是当时苏联社会主义存在的一个痼疾。“现在，当我们同意汉森所认为的科学社会主义与社会主义人道主义是不兼容的观点，或者是同意泰勒所认为的必须将马克思主义共产主义定义为一种未完成的人道主义时，我认为我们已经到达一个新阶段，全面革命也就具有了一种新的可能……但是我们必须意识到，它们仍然在社会主义国家和共产党中大肆蔓延，不断重复着历史。”①社会主义仍然具有生命力，但应当重新回到马克思的异化概念和商品拜物教批判中。马克思主义既不应当演变成为教条的斯大林主义，也不应当成为资本主义制度下类似于工党政策那样的存在。

面对林德赛等人的评论，汤普森指出，斯大林主义的痼疾和危害不仅仅在于斯大林主义本身的教条主义，还在于它所带来的一系列负面影响：“斯大林主义之所以不会得到发展，不仅仅是因为一定经济和社会条件的制约，还因为这些条件为类似错误思想的扎根提供了肥沃的土壤，而且这些思想本身已经成为温床。”②但他又强调，并不能因此就否定马克思主义本身，因为遏制斯大林主义的方法，恰恰只有从马克思主义内部才能找到，其中最关键的因素还是无产阶级自身。正如马克思和恩格斯在《共产党宣言》中指出的：“无产阶级将利用自己的政治统治，一步一步地夺取资产阶级的全部资本，把一切生产工具集中在国家即组织成为统治阶级的无产阶级手里，并且尽可能快地增加生产力的总量。”③社会发展客观规律与历史主体主观能动性的辩证关系，是破解经济决定论的关键因素。圣·约翰（St. John）同样注意到了这个问题。在他看来，不论是斯大林主义还是托洛茨基主义，都只不过是马克思主义“并不好笑的笑话”的代表。它们都或多或少具备着一些信仰功能，④而这种信仰也是导致忽略人道主义的重要因素。但在马克思的著作中，最不可或缺的人文关怀恰恰就是对无产阶级的。

第三，探讨如何构建社会主义人道主义。在为社会主义人道主义寻找出路时，汉森认为汤普森被“目的—手段”问题束缚住了。马克思主义伦理学的本质应当是“未来主义”的，⑤它应当存在于无产阶级革命斗争的实际过程中，而不是通过其他具体的手段或方法所能实现的：“显然，我们应当选择战斗……只要我们的所作所为有利于革命的胜利，我们就能满足正

---

① Jack Lindsay, “Socialism and Humanism”, *The New Reasoner*, 3, 1957—58, p. 100.
② E. P. Thompson, “Agency and Choice—I”, *The New Reasoner*, 5, 1958, p. 95.
③ 《马克思恩格斯文集》第 2 卷，北京：人民出版社，2009 年版，第 52 页。
④ St. John, “Response to Harry Hanson”, *The New Reasoner*, 3, 1957—58, p. 104.
⑤ ［英］哈里·汉森：《致爱德华·汤普森的公开信》，张亮、熊婴编《伦理、文化与社会主义——英国新左派早期思想读本》，南京：江苏人民出版社，2013 年版，第 52 页。

确的原则。"①汉森认为,只有无产阶级革命这一手段,才能实现所谓的道德社会,因此,他反复告诫马克思主义理论者们,必须从道德的纠葛中解脱出来,防止他们最终成为马克思、列宁都不屑一顾的"道学家"。马克思和恩格斯说:"共产主义要废除永恒真理,它要废除宗教、道德,而不是加以革新,所以共产主义是同至今的全部历史发展相矛盾的。"②而汤普森面临的正是作为马克思主义者却要使用非马克思主义的道德观来解释问题的矛盾。

麦金太尔则反对汉森的关于马克思主义是"未来主义"的观点。在《道德荒原笔记》中,他指出,汉森作出这一论断的前提是认为斯大林主义是一种停滞的学说,实际上,这是不准确的。后者绝不是停滞的,而是一种"继发性"的学说,它自身也具有对马克思主义的持续阐释功能。从历史角度上来看,斯大林主义看似公式化的"经济基础—上层建筑"的分析模式也具有"可预见性"。与汉森一样,麦金太尔也认为,"目的—手段"的道德观是不可取的;但不同于汉森的地方在于,他认为经济基础和上层建筑之间的关系绝不是汉森所理解的那样,即前者线性地决定后者的关系,相反,两者是一种同时发生的、相互关联的双向关系。

针对这种批评,汉森紧接着在《新理性者》第九期发表了《我的荒原有多荒蛮?》,对麦金太尔的指责进行反驳。他指出,麦金太尔在《道德荒原笔记》中的道德观完全是一种"黑格尔主义"的残余;③麦金太尔将黑格尔和马克思的历史观联合在一起,认为"人的历史是发现和形成共同人性的人类历史",④而唯物主义或唯物阶级观点恰恰被阉割掉了。由此,汉森得出结论说,麦金太尔虽然表面上宣称是一个马克思主义者,但是实际上却表现出一种"清晰可辨的 20 世纪中期知识分子忧心忡忡的样子"。⑤可以说,构建社会主义人道主义的方法是整个争论中最为关键的一个环节。

作为英国新左派运动早期的焦点话题,社会主义人道主义的争鸣取得了重要的理论成果。第一,它极大丰富了马克思主义中的人道主义内涵。在新

---

① [英]哈里·汉森:《致爱德华·汤普森的公开信》,张亮、熊婴编《伦理、文化与社会主义——英国新左派早期思想读本》,南京:江苏人民出版社,2013 年版,第 52 页。

② 《马克思恩格斯文集》第 2 卷,北京:人民出版社,2009 年版,第 51 页。

③ [英]哈里·汉森:《我的荒原有多荒蛮?》,张亮、熊婴编:《伦理、文化与社会主义——英国新左派早期思想读本》,南京:江苏人民出版社,2013 年版,第 103 页

④ [美]阿拉斯戴尔·麦金太尔:《道德荒原笔记》,张亮、熊婴编:《伦理、文化与社会主义——英国新左派早期思想读本》,南京:江苏人民出版社,2013 年版,第 91 页。

⑤ [英]哈里·汉森:《我的荒原有多荒蛮?》,张亮、熊婴编:《伦理、文化与社会主义——英国新左派早期思想读本》,南京:江苏人民出版社,2013 年版,第 105 页。

左派运动之前，全世界的马克思主义学者尚未把目光投向人道主义。而这场争论使社会主义人道主义扩散为一个广泛的社会化主题：“他们基于马克思主义的基本理论和英国自身的经验主义传统，不仅批判资本主义，构造社会主义理想社会，同样也以实际行动来践行他们的理想……向大众宣讲马克思主义和革命道理，揭露资本主义的腐朽和堕落。”①在整个争论过程中，这种趋势表现得更加明显。当汉森质疑汤普森的社会主义人道主义这一“虔诚而遥远的号角”“能否承受得住我们这个革命年代希望它承载的重负”时，②包括他自己在内的新左派理论者都在着手从方法和内涵方面去修正、拓展这一主题。虽然汤普森的理论努力遭到了诸多批判和指责，但也激发了新左派理论者共同探讨具有英国本土特征的马克思主义社会理论。这场人道主义争论不仅是基于英国社会提出的，也是要向英国社会展示一个基于马克思主义的人道主义实施方案。

事实上，新左派运动的社会主义人道主义理论内容远不止这场争鸣所涉及的内容。除了本书所提及的几位参与者，尚有其他英国新左派理论者在同期也或多或少表达出对于英国社会的人文关怀和对马克思主义的总体性反思，或者重新提出“善”的理念：“英国新左派作为一个整体，对社会主义政治的本质与特点进行了密切关联现实世界与马克思思想的探求，并尝试从哲学层面阐明社会主义政治的善的本质。”③虽然在社会主义人道主义的具体阐述上，新左派内部存在较大分歧，但是，我们依旧能够从各自的立场中寻找到一个共同起点，即在反思和批判斯大林主义的基础上，构建一种以社会主义为最终归宿的本土化的伦理体系。但也有一些英国学者认为，社会主义人道主义的伦理体系根本无法在当代资本主义社会中建立起来，因为前者是以人的全面解放为理论前提的，而当代资本主义社会根本不具备这一条件。④

第二，这场争论为后来新左派的理论反思奠定了重要基础。此次由汤普森发起的社会主义人道主义的理论争鸣，是当时部分新左派理论者集中开展的一场学术论辩。但关于社会主义人道主义的讨论并没有因为第一代新左派理论者的暂时停歇而停止，在之后的岁月中，新左派理论者陆续在各自的理论创作中保持着对这一场学术思潮的反思。随着以汤普森、霍尔等人为代

---

① 乔瑞金等著：《英国的新马克思主义》，北京：人民出版社，2013 年版，第 43 页。

② ［英］哈里·汉森：《致爱德华·汤普森的公开信》，张亮、熊婴编：《伦理、文化与社会主义——英国新左派早期思想读本》，南京：江苏人民出版社，2013 年版，第 51—62 页。

③ 乔瑞金：《英国新左派的社会主义政治至善思想》，《中国社会科学》2014 年第 9 期。

④ Madeleine Davis, “Reappraising British Socialist Humanism”, *Journal of Political Ideologies*, February 2013, p. 21.

表的第一代英国新左派与以安德森为代表的第二代英国新左派发生代际更替，两代学者的总体立场差异不断暴露出来，其中，关于社会主义人道主义的讨论也成为他们关注的焦点话题。在1980年出版的《英国马克思主义的内部争论》中，安德森对汤普森的社会主义人道主义思想进行了严厉批判。他指出，虽然汤普森批判了斯大林主义，认为后者脱离了社会历史实践，但实际上，汤普森提出的这一批判同样也适用于其自身，他在反对阿尔都塞主义和结构主义的过程中恰恰忽略了当时法国社会的具体情况。汤普森貌似在强调现实，但实际上他的理论研究恰恰脱离了现实。①除此以外，安德森还分析了汤普森和麦金太尔之间的内在差异，表面上，两人对待社会主义人道主义的立场颇为相似，但实质上却存在根本区别：如果说前者是一种左派立场，那么，后者则是一种右派道路。安德森指出，麦金太尔完全是从教会和学生基督教运动入手的，"这难道不算是右派倾向吗？汤普森甚至在《理论的贫困》中频繁和热情地引用了麦金太尔与弗罗姆的论点"。②换言之，在讨论社会主义人道主义时，汤普森大量引用了麦金太尔的观点，实际上，这是一种误导，这也表明，汤普森根本没有弄清彼此之间是有根本分歧的。③

除了安德森，还有许多新左派学者从这场争论中获得了启发，进一步延伸了这一话题。例如，《新左派评论》的编辑凯特·索珀（Kate Soper）在《人道主义与反人道主义》一书中指出，汤普森等人普遍缺乏对当时的政治关注。④马克思在《德意志意识形态》中论证了实践经验和意识形态之间的关系，但是他并没有清楚指出如何将经验具体落实到现实之中，甚至"偏重于经济的神秘力量"，导致汤普森等人即使屡屡提到了现实，也无法针对现实实践形成明确的道德判断标准。索珀希望构建的是一种自由化的人道主义机制。他反对莱谢克·科拉科夫斯基（Leszek Kolakowski）否定逻辑与道德有内在联系的观点，认为应当从卢卡奇或者萨特（Jean-Paul Sartre）那里继承历史阶级观点，承认历史是由具体的人，准确地说是由工人阶级创造的观点。⑤但他也

---

① Perry Anderson, *Arguments within English Marxism*, London: NLB and Verso, 1980, pp. 104—105.

② Perry Anderson, *Arguments within English Marxism*, London: NLB and Verso, 1980, p. 108. 安德森所提到的麦金太尔的这部著作，是后者于1968年出版的《马克思主义与基督教》。这本书是1953年版《马克思主义：一种阐释》的改版，更加关注马克思主义与基督教的内在联系。

③ ［英］迈克尔·肯尼：《第一代英国新左派》，李永新、陈剑译，南京：江苏人民出版社，2010年版，第93页。

④ Kate Soper, *Humanism and Anti-Humanism*, London: Hutchinson and Co. Ltd., 1986, p. 109.

⑤ Kate Soper, *Humanism and Anti-Humanism*, London: Hutchinson and Co. Ltd., 1986, pp. 147—148.

赞同安德森的部分立场，指出在审视无产阶级时，要避免卢卡奇等人的“总体性”概念带来的混乱。①此外，埃伦·梅克辛斯·伍德（Ellen Meiksins Wood）对汤普森进行了全面批判。她认为，就社会主义人道主义而言，汤普森完全是基于一种“粗俗的”决定论来进行讨论的。他仍期望运用“经济基础—上层建筑”模型来证明人道主义的可行性，但这一做法本身和斯大林主义的机械决定论同出一辙。汤普森只是指出了斯大林主义对经济基础和上层建筑的理解偏差，却没有跳出这一种分析模式。②基于此，伍德提出了一种以资本主义生产、民主和政治权力等为视角的历史批判方法。

第三，这场争论为西方人道主义和伦理学的发展提供了重要视角。新左派理论者对于“人的欲求”的强调，为之后一大批学者进行理学研究提供了重要支点。汤普森指出，英国社会主义者们始终坚持一个重要信念，即社会主义“不仅在经济上是可行的，而且也非常符合人的欲求”。③而在斯大林主义模式中，由于党员的过度忠诚，个人概念被淹没在集体主义当中，个人的权益无法得到应有的重视。道德的权威全部集中到国家和集体层面，使得个人抱负与社会抱负捆绑起来，埋没了个人的主体欲求。与此同时，麦金太尔也指出，在马克思看来，历史是由人自己创造出来的，因此，人的道德史应当被理解为人的欲望的实现史，“道德表达了更为长久、长期的人类欲望”，④进而主张将道德与欲望融合。那么，如何处理个人与社会之间的关系呢？麦金太尔同样从欲望的角度进行解释。他提出，当社会形成了共同欲望之后，一种新的社会道德立场，即“道德规则”也就随之形成了。⑤这是麦金太尔对斯大林主义关于社会发展规律的主观向度补充。

以此为基础，麦金太尔将“实现人的欲望即为善”作为此后重要的理论支点。众所周知，在他的德性理论建构中，“共同体”或者“社群”是一个重要范畴，而一种共同的德性是离不开来自个人的善的。“共同善不过是个人的善的总和。在这样的社团中，每个人作为社团成员都追求自己的善，而社团

---

① Kate Soper, *Humanism and Anti-Humanism*, London: Hutchinson and Co. Ltd., 1986, p. 150.

② Ellen Meiksins Wood, *Democracy Against Capitalism: Review Historical Materialism*, Cambridge: Cambridge University Press, 1995, p. 60; E. P. Thompson, “Socialist Humanism: An Epistle to the Philistines”, *The New Reasoner*, 1, 1957, pp. 130—134. 张亮：《英国马克思主义的“经济基础和上层建筑”学说》，《哲学动态》2014年第9期。

③ ［英］爱德华·汤普森：《社会主义人道主义：致非利士人书》，张亮、熊婴编：《伦理、文化与社会主义——英国新左派早期思想读本》，南京：江苏人民出版社，2013年版，第4页。

④ ［美］阿拉斯戴尔·麦金太尔：《道德荒原笔记》，张亮、熊婴编：《伦理、文化与社会主义——英国新左派早期思想读本》，南京：江苏人民出版社，2013年版，第86页。

⑤ 张晓：《麦金太尔早期的本土化马克思主义探索：历程与归宿》，《马克思主义与现实》2014年第5期。

本身不过是个人能够更好达到自己目的所利用的工具。”[①]在《追寻美德》中，麦金太尔极力解释了个人道德如何能够同他人和集体相统一，这一点在他的《道德荒原笔记》中也早有论述：“人类不再将道德规则看成欲望表达以及人自身创造并加以接受的物，相反逐渐把它们或者看成一种异在的、永恒的、非实体但客观的——有约束力和限制力的——法则，或者看成一种完全任意的主观选择。”[②]社会的欲望形态是个人欲望的集合。因此，正是依靠道德规则，可以推动个人的欲望上升为社会欲望，从而实现麦金太尔所设想的，能够兼顾个人权利的“共同体”道德。

另外，泰勒后来也走上了一条相似的伦理之路。在《本真性伦理》中，他有针对性地指出，所谓自由就是人的欲望的满足，当旧的欲望满足之后，就会催发新的欲望，而道德也将随之发生变化。但不论如何，道德都应当保持它的规范性，以区别于那些“零散的、盲目的”文化现象，用于指导我们的社会实践。[③]也是基于此，泰勒提出并建构了一种“本真性伦理”体系。本质上，泰勒寻求的是对道德本质的进一步探索，不过同一些新左派理论者相似，他所采用的话语也偏离了马克思主义的传统话语。

英国新左派的社会主义人道主义之争是英国乃至西方马克思主义发展过程中的一次重大事件。其重要性不仅体现在参与争论的理论者之多、作品之丰富、议题之集中，而且也体现在它的影响之深远。应当注意，要深入理解这一理论事件，必须注意以下几点。

第一，此次争论并不是一次偶然的学术事件，它是以英国复杂的理论传统和时代背景为重要推动因素的。一方面，英国马克思主义自身的发展面临停滞，呼唤新的发展。当时，英国共产党在社会政治斗争中几无建树，逐渐沦为资本主义议会制度的附庸。而与社会主义有着紧密联系的工党在处理阶级问题时也含含糊糊、摇摆不定，促使社会主义者对本国的阶级运动和理论状况产生深深忧虑，并寻求突破。另一方面，国际社会主义运动在当时也出现了重大问题。《秘密报告》揭露了斯大林时期的非人道状况，再加上苏联武装干涉匈牙利、波兰造成的严重政治风波和人道主义后果，使社会主义面临空前的人道主义危机，受到来自阵营内外的严重质疑。在国内外环境的多重影响下，这些曾经深受西方伦理学影响的激进左派理论者肩负起了探索马

---

① 姚大志：《“小社群主义”——麦金太尔社群主义研究》，《求是学刊》2013 年第 1 期。

② ［美］阿拉斯戴尔·麦金太尔：《道德荒原笔记》，张亮、熊婴编：《伦理、文化与社会主义——英国新左派早期思想读本》，南京：江苏人民出版社，2013 年版，第 86 页。

③ Charles Taylor, *The Ethics of Authenticity*, Massachusetts: Harvard University Press, 1991, pp. 21—23.

克思主义人道主义的历史重任。

第二，此次论战是新左派理论者将马克思主义英国化的一个重要组成部分。面对斯大林主义的“道德荒原”以及引发的马克思主义的道德话语危机，他们投入了巨大热情，使英国社会主义摆脱了“正统之病”的捆绑，开启了新的发展方向。综观这次论战，可以发现，他们对斯大林主义的批判是多维的，但有一点却是共同的，即通过对斯大林主义的全面反思，来论证社会主义人道主义的合法性，从而为马克思主义在本土化过程中寻求与英国“19世纪的伦理社会主义”的结合提供有益探索，[①]寻找一条基于英国本土的科学社会主义的理论道路。从他们的作品来看，无一不涉及一些重要问题，即如何反思斯大林主义、如何正确对待马克思主义。虽然他们的观点和话语存在种种分歧，但从本质动机来说，这毕竟是在探索马克思主义本土化过程中的一次阵营内部的对话。

第三，此次争论没有充分认识到马克思主义的“经济基础—上层建筑”学说的重要性。尽管理论者们在争论中取得了一些突破，践行了将马克思主义本土化的职责，但是，他们在争论中要么一味排斥“经济基础—上层建筑”的历史分析方法，要么将其作为构建自身德性理论的依据，始终没有正确定位这一理论的历史地位。[②]马克思和恩格斯从早期到晚期都在阐释人类历史发展的内在逻辑，他们始终是将社会发展的规律、道德的根本决定基础和社会形态的更替紧密联系在一起的，因而马克思主义的道德远远超出了经济学的范畴。正如恩格斯所说：“只有在不仅消灭了阶级对立，而且在实际生活中也忘却了这种对立的社会发展阶段上，超越阶级对立和超越对这种对立的回忆的、真正人的道德才成为可能。”[③]但是新左派理论者鲜有能够系统体会到这一点的，导致给其带来的负面影响也十分明显：虽然他们力图构建一种马克思主义的“道德史观”，但由于忽视了这一理论的重要性，他们没有真正将马克思主义的社会历史观与人道主义有机结合起来，从而使本土化沦为一种空谈。[④]

第四，这场争论能够为当前中国道德建设提供重要的理论素材。社会主义核心价值观的巩固和社会主义道德建设始终是我国社会主义事业中的一个重大现实问题，如何从马克思主义和国内外社会主义思潮中发掘道德理论

---

① 张亮：《追寻“英国马克思主义”道德之维的历史生成》，《国外理论动态》2022年第2期。
② 张亮：《英国马克思主义的“经济基础和上层建筑”学说》，《哲学动态》2014年第9期。
③ 《马克思恩格斯文集》第9卷，北京：人民出版社，2009年版，第100页。
④ 张晓：《德性与科学的交轨——麦金太尔早期的基督教化马克思主义观评析》，《山东社会科学》2013年第6期。

资源，全面服务于社会主义道德建设，具有极其重要的理论意义和实践价值。一方面，我们要充分吸收和借鉴英国新左派理论者的一些合理方法，将其运用到中国本土化的马克思主义伦理体系构建之中，完善马克思主义道德话语；另一方面，要意识到新左派理论者对马克思主义历史观的理解偏差以避免他们的理论缺陷，应当完整掌握马克思主义的相关理论以避免片面化理解，实现马克思主义与中国本土的有机融合，真正探索一条马克思主义本土化的科学道路。

二、人的本质是道德批判的出发点

麦金太尔认为，当时社会主义道德批判的一个最重要的问题是缺乏一种一般性理论，这导致其他学者虽然能指出一些细节性的道德问题，却无关马克思主义本身——他们要么只能运用机械化的方法，要么运用传统的英国道德话语进行理论探究。于是，他在道德个人主义与背离道德的斯大林主义之间寻求一种"替代之物"。他认为，不论处于何种立场，斯大林主义的道德批判家们都无法摆脱单纯的经验主义方法，要走出这一困境，就需要对两种立场进行萃取和结合。这些使他在方法与意识的荒原中寻找到了一条道路。

在《社会主义人道主义：致非利士人书》中，汤普森虽然没有明确地提出"人的本质"概念，但实际上已经在其中阐释了他的理解："人之所以为人，是因为他的文化，即代代相传的经历；马克思和恩格斯通过他们的发现，希望为把人类由虚假、片面的阶级意识中解放出来提供帮助，从而将人类从盲目的经济因果性中解放出来，无限扩展其选择和意识主体性的边界。因此，人类主宰自己的历史、社会主义终结'史前'时期观念——通过使人类能比此前任何时期都更接近于真实的自我意识——首次使人类理性和意识的旗帜高高飘扬。"①之所以说汤普森的这一论述对整个新左派运动的人道主义讨论具有开创性，不仅仅是因为他解释了斯大林主义人道问题产生的根源，更为重要的是，他从人类生活现状中提炼出了道德问题，点明了这一问题在战后仍然是一个重要的社会性问题。在研究过程中，之所以要将人的理性也纳入道德讨论之中，就是要重新赋予后者以活力，开辟德性发展的新道路。"造谣，诽谤，伪证，残害同志，将千百万人投进监牢，让国家几为空城？党员质询党的领袖，人民则质问共产党：如果你在台上，会不会也这么做？我们已经

---

① ［英］爱德华·汤普森：《社会主义人道主义：致非利士人书》，张亮、熊婴编：《伦理、文化与社会主义——英国新左派早期思想读本》，南京，江苏人民出版社，2013 年版，第 15 页。

看到的少数‘错误’——暗杀、传播‘错误信息’、不忠——是否意味着你也会重蹈覆辙？正如风暴中的李尔王想起了人性，世界共产主义的领导人们想到了人性，并且大声疾呼：‘究竟是什么滋生了冷漠？’对这些问题，斯大林主义无法解答。”[①]那么，又应当如何从马克思主义当中寻找答案呢？

汤普森认为，社会主义人道主义应当在马克思主义的实践概念中得到完善，并且应当基于现实构建人道主义，而批判斯大林主义则是其中一个重要过程。汤普森提出，社会主义人道主义应当是批判和取代斯大林主义的武器和目的，批判斯大林主义是“对其精英主义意识形态的反抗，也是对一种真实的、反对官僚主义和滋养后者的反智主义的反抗”，[②]是对于一种虚伪却具有控制性的意识形态的反抗。麦金太尔认为，斯大林主义依赖现实的机械化理解和套用是其丧失道德观的决定因素，这也成为新左派理论者们的批判依据。然而，他们在认为斯大林主义是一种教条主义的同时，也无法走出这样一种反思的固定模式，从而失去了话语的创新。麦金太尔认为，要解决这一问题，就需要“追求人类本质这一社会主义的中心目标”。[③]马克思在《路易·波拿巴的雾月十八日》中说：“人们自己创造自己的历史，但是他们并不是随心所欲地创造，并不是在他们自己选定的条件下创造，而是在直接碰到的、既定的、从过去承继下来的条件下创造。”[④]以此为基础，麦金太尔提倡基于社会现实的历史道德观：“人的本质的概念因此是将马克思主义历史观与共产主义道德联系起来的东西。它在某种程度上告诉我们，自由主义道德批判家是无权批判斯大林主义的。把道德从历史中分离出来，以及把道德从因为这样的发现——历史把共同的人的本质展现为一种形成中的东西——而发现的欲望中分离出来，会使道德成为无本之木。但这并不像自由主义者所认为的那样，是道德的逻辑必然。因为我们能够描述出一种并非无本之木的道德选项。”[⑤]共产主义和历史经验道德主义都是基于历史和现实的结论和实践方向，而当下的行为恰恰也决定着未来西方社会道德的发

① ［英］爱德华·汤普森：《社会主义人道主义：致非利士人书》，张亮、熊婴编：《伦理、文化与社会主义——英国新左派早期思想读本》，南京，江苏人民出版社，2013 年版，第 16 页。

② E. P. Thompson, “Socialist Humanism: An Epistle to the Philistines”, *The New Reasoner*, 1, 1957, pp. 108—109.

③ Alasdair MacIntyre, “The Algebra of the Revolution”, *Universities and Left Review*, 5, 1958, p. 80.

④ 《马克思恩格斯文集》第 2 卷，北京：人民出版社，2009 年版，第 470—471 页。当时，包括汤普森、麦金太尔在内的早期新左派理论者主要是以《反杜林论》《路易·波拿巴的雾月十八日》《德意志意识形态》等作为探讨马克思主义人道主义现实性问题的基础文本。

⑤ ［美］阿拉斯戴尔·麦金太尔：《道德荒原笔记》，张亮、熊婴编：《伦理、文化与社会主义——英国新左派早期思想读本》，南京：江苏人民出版社，2013 年版，第 94 页。

展方向。“我想起了狱中的杜热津斯基[即捷尔任斯基(Феликс Эдмундович Дзержинский)——引者注],他自愿承担最为卑贱的任务,以表明劳动不会让任何人蒙羞,无论其文化程度如何。我想起了所有已经亡故的共产党人,其行为的道德要素并不在于对未来社会状态有所贡献。他们可能并没有做出贡献。其所作所为的核心意义在于体现了这样的观念,即共产主义将极大解放人的本质。”①共产主义并不是“未来主义”,正如马克思和恩格斯提出的:“共产党一分钟也不忽略教育工人尽可能明确地意识到资产阶级和无产阶级的敌对的对立,以便德国工人能够立刻利用资产阶级统治所必然带来的社会的和政治的条件作为反对资产阶级的武器,以便在推翻德国的反动阶级之后立即开始反对资产阶级本身的斗争。”②马克思和恩格斯构建的科学社会主义,展示了实现共产主义的科学实践路径;马克思主义的道德也不是停留在意识中的信条,而是能切实带动人类向社会主义发展、实现人的本质的手段。

麦金太尔将实现人的本质与历史之间的辩证关系重新作为斯大林主义道德批判的出发点。马克思提出,历史虽然是由人创造的,但后者在这一过程中并不是随心所欲的。因为他们不能对环境进行主观选择,而是在历史产生的直接的、既定的条件下进行生产。以此为基础,麦金太尔力图构建基于社会现实的历史道德观。我们可将之理解为他将马克思社会发展历史观和科学社会主义道德理论相结合的一次尝试。他认为,考察人的本质内涵时应该将马克思主义历史观与共产主义道德联系起来,所以纯粹道德批判家是不能够以道德观批判斯大林主义的,更不用说批判马克思主义,因为他们没有历史的视角。③一些自由主义者认为道德是不能够与历史联系的,至少说脱离历史也可以形成道德理论。但是麦金太尔认为,共产主义及其道德的形成是应当由历史中的人来实现的,共产党员的牺牲与贡献能够体现出共产主义对人的本质的解放作用。在批判费尔巴哈时,恩格斯就提出,他的道德论“是为一切时代、一切民族、一切情况而设计出来的;正因为如此,它在任何时候和任何地方都是不适用的,而在现实世界面前,是和康德(Immanuel Kant)的绝对命令一样软弱无力的。实际上,每一个阶级,甚至每一个行业,都各有各的道德,并且,只要它能破坏这种道德而不受惩罚,它就加以破坏”,“要从费尔巴哈的抽象的人转到现实的、活生生的人,就必须把这些人作为在历史中行动的人去考察”。④在这些表述中,恩格斯强调了马克思主义道德理论的

①③　[美]阿拉斯戴尔·麦金太尔:《道德荒原笔记》,张亮、熊婴编:《伦理、文化与社会主义——英国新左派早期思想读本》,南京:江苏人民出版社,2013年版,第94页。
②　《马克思恩格斯文集》第2卷,北京:人民出版社,2009年版,第66页。
④　《马克思恩格斯文集》第4卷,北京:人民出版社,2009年版,第294页。

重要特质，包括历史性、实践性和主体性，以此作为终结费尔巴哈和德国古典哲学的论据。麦金太尔则强调，共产主义并不是“未来主义”，道德也不是停留在意识中的信条，而是能切实带动人类向社会主义发展、实现人的本质的手段。可以看出，麦金太尔在思考人的本质问题时，就十分注意对历史观的吸收，这与他构建人道主义的整体思路是相一致的。

麦金太尔对人的本质的重新思考并不意味他对马克思主义本身产生了质疑，因为在当时，他仍然认为社会主义是实现人的自由的正确道路，人的自由、民主以及大众的思考依旧是互相不可分割的。“马克思的确说过那些麦金太尔认为是他说过的话。但马克思也非常确信，资本主义会在长期内将这种无法忍受的经济状况强加在无产阶级身上——包括绝对贫困和相对贫困——无产阶级将被迫反抗。正是这一点使得无产阶级革命能够被预见到。只有在无产阶级的人的本质对这种状况做出反应，变得更愤怒、更坚定、更愿意为整体的反资本主义事业牺牲个人利益、更易受社会主义宣传和革命鼓动影响的意义上，‘人的本质’才走进了这幅画面。”①在汉森看来，麦金太尔在论述“人的本质”的时候，既想借助马克思主义话语，又想摆脱“修正主义者”的帽子，这源自麦金太尔结合唯物史观和道德哲学的尝试。麦金太尔对此的回应是，之所以要成为一名社会主义者，是因为只有身为其中一员才“有权力支持对个人自由的讨论”，②即要讨论马克思主义，就必须参与其中，这样才有机会掌握充分的话语权力。从麦金太尔1959年发表的其他文献中，我们亦可以看出，他在研究自由时尤其注重从经验与实践的区分出发。在批判克尔恺郭尔（Søren Aabye Kierkegaard）的“平等”观念时，他指出，人类的平等不能仅仅依靠宗教性的方式实现，同时也不能单纯依赖无产阶级运动。事实上，他在赞同克尔恺郭尔将人的本质和平等问题归结到个人身上的同时，又反对凭空依赖经验、脱离实践而发展成为一种“症状”。③至此，麦金太尔就实现了从实践角度、历史角度、主体角度、阶级角度等方面，多层次、多元化解析人的本质。

三、对历史观的再阐释及其实质

麦金太尔在《道德荒原笔记》中重新定义马克思主义历史观，进一步澄清道德与历史的辩证关系。他实际是通过对人类社会的发展历史的总结归

① ［英］哈里·汉森：《我的荒原有多荒蛮？》，张亮、熊婴编：《伦理、文化与社会主义——英国新左派早期思想读本》，南京：江苏人民出版社，2013年版，第105页。
② Alasdair MacIntyre, “Labour Purge”, *New Statesman*, 11, July 1959, p. 50.
③ Alasdair MacIntyre, “Symptoms of Disease”, *New Statesman*, 7, February 1959, p. 197.

纳出了一个公式,即人的欲求是可变的,道德规则是不变的,两者相结合便可以形成一种新的上层建筑。虽然从表面上来看,他确实为我们提供了对人类未来道德发展形式的理解方法,以及唯物史观的现实路径,可是从本质上来说,他只是在用一种不可知论去取代斯大林主义的历史观:“我们把个人行为和社会实践经验作为人类活动,以说明他们与人类愿望、需求和喜好之间的联系。但我们一旦做不到的时候,我们就把不能认知的行为当作现象、存在物和超能力”,但这些“并没有立论基础”。①所以,如果说斯大林主义代表的是对“经济基础—上层建筑”模型的教条化坚持,那么,“欲望—道德”规则就是麦金太尔一种纯意志的寄托。这造成麦金太尔在随后的研究中沿用这个公式逐渐构建出了一套自由主义伦理观。而这也恰恰成为其易被指责的一个地方。马克思和恩格斯在《德意志意识形态》中说:“我们的出发点是从事实际活动的人,而且从他们的现实生活过程中还可以描绘出这一生活过程在意识形态上的反射和反响的发展。甚至人们头脑中的模糊幻象也是他们的可以通过经验来确认的、与物质前提相联系的物质生活过程的必然升华物。因此,道德、宗教、形而上学和其他意识形态,以及与它们相适应的意识形式便不再保留独立性的外观了。”②马克思和恩格斯不论是在早期的唯物史观构建时期,还是在之后开展政治经济学批判时期,都将辩证法的哲学方法同社会形态更替学说紧密结合,而坚决杜绝任何形而上的社会历史和社会形态建构。因此,麦金太尔在文中提出道德规则概念,显然容易招致其他学者的质疑。

麦金太尔在《追寻美德》的序言中曾回忆,在写作《道德荒原笔记》的那一段时间,他从很大程度上是能够接受马克思对自由主义的批判的,因此,接受自由主义对于他来说是“不适用”的,直到他后来逐渐发现马克思主义确实没有“道德论述”。③实际上,自由与道德的牢固联系已淋漓尽致地表现在他的“欲望—道德”规则公式中,因为人的欲望是自由的,当它与固定的道德原则相作用后,随之所形成的上层建筑必然也是自由的。如果说汤普森的“社会主义人道主义”是“高尚的创造性事业”,那么,麦金太尔的自由和道德规则是他力图走出伦理的认知荒原,直至转换马克思主义形态的主要理论路径。

---

① Kelvin Knight (ed.), *The MacIntyre Reader*, Notre Dame: University of Notre Dame Press, 1998, p. 41.

② 《马克思恩格斯文集》第1卷,北京:人民出版社,2009年版,第525页。

③ Alasdair MacIntyre, *After Virture: A Study in Moral Theory*, Notre Dame: University of Notre Dame Press, 2007, pp. xvii—xviii.

麦金太尔着重强调，马克思主义哲学并不具有预测未来的功能。马克思说过：“一切以往的道德论归根到底都是当时的社会经济状况的产物。而社会直到现在是在阶级对立中运动的，所以道德始终是阶级的道德；它或者为统治阶级的统治和利益辩护，或者当被压迫阶级变得足够强大时，代表被压迫者对这个统治的反抗和他们的未来利益。”①由此来看，只有用历史化的眼光来看待道德，才能够使道德批判摆脱现实中的理论束缚。但当时的道德批判家并没有因为要批判斯大林主义就找到了另外的话语。马克思主义的唯物史观并没有在英国的左派分子中间起到应有的理论指引作用。这也使得麦金太尔的道德史观在新左派阵营中独树一帜。

对马克思历史观起到重大作用的进化论，在遗传学机制建立之前就已经被认作“一般真理”了，也会赋予“特定时代基础与上层建筑”成为一种公式化的存在合法性。②如果要赋予历史唯物主义以预测未来的功能，就不得不依赖于这个固定的推演模型，这恰恰是包括麦金太尔在内的新左派理论者重点反思斯大林主义的方面。最终，麦金太尔运用“道德规则”来指出历史发展的未来走向。他在《道德荒原笔记》的最后一部分指出，共产主义道德之所以不是未来主义，是因为共产主义应当实现的正是当前的人类欲望，即人们的“我要”，而不是“要”和“我应该”。道德的实现应该是人在历史中不断满足自身的欲望，而个人欲望得到满足的历史便是道德的历史。当然，除了单纯的历史时间概念，马克思同样还强调人与人之间的社会关系。马克思认为，在承认男性对妇女的关系是社会最直接的、最自然的、必然的关系的前提下，人的需要应当被纳入整个社会关系的范围中进行思考：“这种关系表明人的自然的行为在何种程度上是合乎人性的，或者，人的本质在何种程度上对人来说成为自然的本质，他的人的本性在何种程度上对他来说成为自然。这种关系还表明，人的需要在何种程度上成为合乎人性的需要，就是说，别人作为人在何种程度上对他来说成为需要，他作为最具有个体性的存在在何种程度上同时又是社会存在物。”③道德既然反映的是人的本质的实现，那么，在整个社会发展的过程中，不断形成的社会关系所反映的就是人与人之间的需要关系，这完全是一种具备历史继承性的关系形态。

从历史的角度分析道德，可以说，在任何时期，人的物质存在和生产都是

---

① 《马克思恩格斯文集》第9卷，北京：人民出版社，2009年版，第99—100页。

② ［美］阿拉斯戴尔·麦金太尔：《道德荒原笔记》，张亮、熊婴编：《伦理、文化与社会主义——英国新左派早期思想读本》，南京：江苏人民出版社，2013年版，第81页。

③ 《马克思恩格斯文集》第1卷，北京：人民出版社，2009年版，第185页。

道德状况的基本决定因素。麦金太尔认为,“基础和上层建筑之间的关系不仅根本不是机械的,甚至也不是因果的”。[①]于是,历史的发展就谈不上是一个经济基础改变上层建筑的过程。所以,社会的未来是无法用“经济基础—上层建筑”模型来预测的,这只能作为分析和解释社会发展历史的“一般真理”。麦金太尔进而借助道德规则来指出历史发展的未来走向,这条路径能够通向下一种上层建筑,尽管欲望的不可捉摸会令我们并不知道这种上层建筑究竟会是何种样式。

马克思当然提出过类似道德规则的范畴,但是,这种道德规则并不是以单纯的方式存在,而是与政治经济学、唯物史观、实践论等紧密结合的。他提出,历史虽然是由人创造的,但后者在这一过程中并不是随心所欲的。因为他们不能主观选择环境,而是在历史产生的直接的、既定的条件下进行生产。以此为基础,麦金太尔提出了基于社会现实的历史道德观。他认为,要阐述人的本质,就应把马克思主义历史观与共产主义道德联系起来。纯粹的道德批判家是不能够以西方的道德观和道德话语批判斯大林主义的,更不用说批判马克思主义,因为他们没有掌握正确的立场和话语,更不用说正确地批判和重建了。[②]一些自由主义者认为道德在特定的社会有特定的形态,因此并不能够按照历史顺承的方式考察道德。如果脱离了历史和传统,在每一个社会也可以形成道德理论。但是麦金太尔认为,共产主义及其道德的形成是应当由历史中的人来实现的,但当时的状况恰恰是人已经被历史遗弃了,哪怕共产主义者们还能够对道德展开一些批判:“斯大林主义者将道德上正确的东西等同于真正成为历史发展结果的东西。对他而言,历史是客观规律起作用的领域,在这种规律中,个人的作用是由他的历史境遇预先决定的。个人可以接受其角色,情愿或不情愿地扮演,但他不能重写剧本。个人在历史中什么都不是,只是个演员,甚至连他对历史事件的道德判断也是演出的一部分。”[③]可见,麦金太尔在强调道德问题时,并不像一些理论者指出的,只注重形而上的规则问题,而是能够涉及具体的、实践的个人。因此,麦金太尔考察的也是一种具体化的、实践化的历史。

道德批判家们此时走向了一个极端,他们将道德与历史脱离开来,置身于独立空间以审视道德:“他以完全由历史中分离出的道德价值观来取

---

① [美]阿拉斯戴尔·麦金太尔:《道德荒原笔记》,张亮、熊婴编:《伦理、文化与社会主义——英国新左派早期思想读本》,南京:江苏人民出版社,2013年版,第82页。

② [美]阿拉斯戴尔·麦金太尔:《道德荒原笔记》,张亮、熊婴编:《伦理、文化与社会主义——英国新左派早期思想读本》,南京:江苏人民出版社,2013年版,第92页。

③ [美]阿拉斯戴尔·麦金太尔:《道德荒原笔记》,张亮、熊婴编:《伦理、文化与社会主义——英国新左派早期思想读本》,南京:江苏人民出版社,2013年版,第74—75页。

代完全被局限于历史中的道德价值观。”①其中有两层含义：第一，道德是对社会历史的一种归纳，它是人们对历史的一种抽离产物；第二，道德价值观并不只是一个范畴，它的内涵会随着考察视域的不同而不同。这就导致了道德学者们的另一个极端化概括：道德本身就是“至上”的，并且可以“自动进化”，或者说像黑格尔说的是“自在地而且是自为地无限的”。②那么，麦金太尔又是如何对待这一种对于道德的极端化理解的呢？他当然还是从马克思的历史理论中继续寻求答案。他认为，马克思主义理论的历史向度是按照达尔文(Charles Robert Darwin)进化论设定的，其中包含两个重要设定：一方面是历史唯物主义应当“对所有类型的关于特定时代基础与上层建筑实际上如何关联的问题暂时搁而不论”；③另一方面是同进化论一样，马克思主义的历史不是未来史，因而不需要推断出具体未来，而是需要阐释历史发展的动向。他将斯大林主义设定成具有固定的话语结构和立场，指出应当将马克思主义重新定位成超脱特定时代的理论系统。在进化论中，达尔文证明了进化图谱的重要性，当面对着繁重的案例的时候，“信念”就显得重要起来。④那么，麦金太尔的“信念”，则是对“目的—手段”模式的抛弃，⑤因为在研究人类社会活动时，不能够主观地将社会划分成经济基础与上层建筑两个部分，“因为以创造经济基础为手段来形成社会主义上层建筑绝无可能”，“创造经济基础的过程就是在创造上层建筑”。⑥实质上，在论述社会形态的同时，麦金太尔也将社会发展的机理设定为经济基础和上层建筑的有机体。这样，他就已经通过这一步骤成功将视野转移到了社会的“未来”发展上去。

与其说麦金太尔是站在德性的角度批判斯大林主义，倒不如说，麦金太尔是要借此将道德延伸成为一种与斯大林的未来可预见立场不同的发展观。斯大林对社会经济基础和上层建筑的辩证分离是对马克思的一种误读，因为他忽略了一个前提，那就是阶级社会。而道德批判家也忽略了这一点，进而盲目地用“目的—手段”模式套用到对斯大林主义的批判上。“不同社会形式之间的差异性并不仅仅是基础同与上层建筑对应的基础的差异，而且是基础与上层建筑相互关联方式的差异。向社会主义过渡的重要特征并不在于

---

① ［美］阿拉斯戴尔·麦金太尔：《道德荒原笔记》，张亮、熊婴编：《伦理、文化与社会主义——英国新左派早期思想读本》，南京：江苏人民出版社，2013年版，第84页。

② ［德］黑格尔：《法哲学原理》，范扬、张企泰译，北京：商务印书馆，1961年版，第110页。

③ ［美］阿拉斯戴尔·麦金太尔：《道德荒原笔记》，张亮、熊婴编：《伦理、文化与社会主义——英国新左派早期思想读本》，南京：江苏人民出版社，2013年版，第81页。

④⑤⑥ ［美］阿拉斯戴尔·麦金太尔：《道德荒原笔记》，张亮、熊婴编：《伦理、文化与社会主义——英国新左派早期思想读本》，南京：江苏人民出版社，2013年版，第82页。

它是经济基础的变革,而是基础与上层建筑关系的革命性变革”,由此,麦金太尔认为,马克思的政治经济学批判实际上是对“资本主义制度下人的本质变化的看法”,只有将人的本质作为考察历史性的依据,“马克思的经济学才是可以理解的”。①

因此,真正的历史性应当是摆脱当时特定社会话语的对未来的洞见,而这种洞见,即人的本质,又是类似于公式的那样一种特定性话语。在社会主义到来之前,人类社会经过各种奴役社会,人的本质经历了长时间的扭曲和掩埋。当马克思主义提出科学社会主义,人类解放的曙光终于显露出来。而这也会使人类的历史观进入一个全新的阶段:“在这个阶段上,人的意志和抱负将控制局面,而不再从属于经济必然性和过去的不可或缺的法律约束。不过,的确有马克思主义者说过,这些不是不可能发生,因此,它们会必然发生吗?如果他们这么说了,那么他们就将不再预言。他们是在重申马克思的如下信念:人类潜力即是如此,因此他们将走到这个新阶段。这一主张与预言的顺序是不同的。因为马克思主义历史观最终可以被写成人类理想历经变迁之后变成人类现实的叙事。在这一点上,我们也许能将所有这一切与此前关于共产主义的道德批判的观点联系起来。”②那么,联系的方法就是继承人的主体作用,以共产主义实现人的本质和人的解放为前提,将之纳入道德的考察视域之中,使道德成为具有共产主义特征的发展概念。

另外,我们也不能忽视黑格尔在这一方面对麦金太尔的影响。黑格尔对麦金太尔的影响不仅仅是在宗教批判上,还有更为重要的一方面,那就是前者通过辩证法影响后者的历史观。麦金太尔接受了黑格尔哲学的核心范畴,并且以此为线索分析马克思主义。他认为,马克思成功运用历史和唯物主义的角度分析了人的异化,科学预示了人的解放。这些在黑格尔哲学中也有体现。同时,将历史观念带到道德中,也是麦金太尔一个重要的开拓:“对于麦金太尔来说马克思对工人阶级的定位构成了历史性判断中的道德部分,最终成为他克服异化的前提”,“他竭尽全力用历史和社会的内容来推动社会学的维度”。③这种方式也为麦金太尔评价“目的—手段”在历史中的地位提供了重要方法,因为他已经知道如何与“目的—手

① ［美］阿拉斯戴尔·麦金太尔:《道德荒原笔记》,张亮、熊婴编:《伦理、文化与社会主义——英国新左派早期思想读本》,南京:江苏人民出版社,2013年版,第82—83页。

② ［美］阿拉斯戴尔·麦金太尔:《道德荒原笔记》,张亮、熊婴编:《伦理、文化与社会主义——英国新左派早期思想读本》,南京:江苏人民出版社,2013年版,第84页。

③ Peter McMylor, *Alasdair MacIntyre: Critic of Modernity*, London: Routledge, 1994, pp. 13—17.

段”的机械理论划清界限。在经验主义的干扰之下，如何既摆脱机械思维，又能不失历史性，是摆在麦金太尔面前的一个方法论问题：如果要避免自由主义道德的任意性，又要避免斯大林主义的“僵化陷阱”，就要寻找到第三种道德立场。①这第三种道德立场不是汉森的“未来主义”，也不是道德至上，而是最终将关于历史观的讨论还原到人的欲望，或者说，是将道德论述还原到历史主体的视角上去。

四、道德规则与人的欲望的结合机理

在《道德荒原笔记》中，在如何建立道德历史观的问题上，麦金太尔把欲望作为核心因素，甚至置于“人的本质”出发点之前进行论述。麦金太尔为什么如此强调欲望呢？最直接和最主要的原因是，人是创造历史的主体，而人的需求是引导人的行为的重要因素，当然，另一个重要因素就是道德规则。所以，人的欲望影响了历史的发展，而道德的存在是与人类的欲望结合在一起的：“道德表达更为长久、长期的人类欲望。但对于人类史的大部分时期来说，这样的欲望很少能实现。同样，这种欲望的对象也从意识中消失了。规则留了下来，正如原始禁忌保留下来了一样。只有规则还有意义，但人已经忘了规则的意义所在。然后，当消灭了阶级的社会和新的人类共同体的可能性出现时，欲望的对象又回到了道德观中。”②在这里，麦金太尔只是围绕道德与欲望之间的关系展开论述，这并不能等同于共产主义道德的全部概念。在他看来，道德是相对的，而规则是绝对的。不过，对于必然出现的人的欲望来说，道德也是欲望的一种产物，只是欲望是建立在永恒规则的基础之上的。就现实而言，资本主义与社会主义对人的欲望的刺激机制是不同的。资本主义在为人们提供较高物质水平的同时，会激发人们摆脱生活现实、迎接新生产方式的欲望。实际上，这也是马克思指出的关于新旧制度关系的一部分：“无论哪一个社会形态，在它所能容纳的全部生产力发挥出来以前，是决不会灭亡的；而新的更高的生产关系，在它的物质存在条件在旧社会的胎胞里成熟以前，是决不会出现的。所以人类始终只提出自己能够解决的任务，因为只要仔细考察就可以发现，任务本身，只有在解决它的物质条件已经存在或者至少是在生成过程中的时候，才会产生。”③唯物史观具有强烈的历

① ［美］阿拉斯戴尔·麦金太尔：《道德荒原笔记》，张亮、熊婴编：《伦理、文化与社会主义——英国新左派早期思想读本》，南京：江苏人民出版社，2013 年版，第 80 页。

② ［美］阿拉斯戴尔·麦金太尔：《道德荒原笔记》，张亮、熊婴编：《伦理、文化与社会主义——英国新左派早期思想读本》，南京：江苏人民出版社，2013 年版，第 86 页。

③ 《马克思恩格斯文集》第 2 卷，北京：人民出版社，2009 年版，第 592 页。

史性,将人类社会历史的规律进行总体性梳理,同时,又能够分别针对不同社会制度和人类发展时期开展分析。社会主义首先给予人们的是生产方式的事实,继而使人们产生对社会的"需要"。面对这两类欲望,永恒的规则体现出了价值:"人们通过重新发现分享人性共通点的深层欲望,满足竞争性社会在我们之中滋生出的无序、个人主义的欲望,从而既不背离人性,也不背离自我。在这一发现中,道德原则重新体现出了重要性。因为它们的满足现在可以被看成有利于纠正我们的短期自私行为,从而有助于解放欲望。道德规则和我们的基本需要不再截然对立。"①因此,道德原则是麦金太尔道德史观中的核心词汇,他在其中糅入大量马克思主义唯物史观和科学社会主义的重要构思,同时也力图在决定论和相对主义之间谋得一个平衡。如何理解道德规则,关系到如何准确理解麦金太尔的道德史观。按照麦金太尔的阐述,道德规则是指一种与人性相一致的准则。道德规则兼顾了个体和群体、当前和未来,是麦金太尔在充分吸取唯物史观基础上提出的一种历史性的人性论概念。道德是欲望的一种产物,只是后者是建立在永恒规则的基础之上的。

麦金太尔赋予基督徒以"道德剧中的角色"。个人是上帝与人类的一个中间环节,而决定这一环节存在的缘由,是人的原罪。原罪导致人失去了彼此统一的资格,只有上帝才能将作为个体的人团结起来,令人类具有一定意义上的完整性。但是要实现这一种完整性,对人类来说是遥遥无期的,因为"'上帝面前,人人平等,上帝希望他们团结如一人'既可以解释成不平等和不团结是基督教徒应当努力消除的耻辱,也可以解释成只有在上帝面前,人才是平等的,只有上帝才能让他们团结如一人,纯粹的人类团结与平等既不可能拥有也不可能实现"。②但是到了马克思这里,已经充分确认人的类本质实质上存在于人的劳动之中,因而人真正具有了现实化的历史作用。马克思在《1844年经济学哲学手稿》中提出,"通过实践创造对象世界,改造无机界,人证明自己是有意识的类存在物,就是说是这样一种存在物,它把类看做自己的本质,或者说把自身看做类存在物……而人却懂得按照任何一个种的尺度来进行生产,并且懂得处处都把固有的尺度运用于对象"。③马克思对人的类本质的解释完全基于具体生活世界,因此,麦金太尔肩负的使命,就是要实

---

① [美]阿拉斯戴尔·麦金太尔:《道德荒原笔记》,张亮、熊婴编:《伦理、文化与社会主义——英国新左派早期思想读本》,南京:江苏人民出版社,2013年版,第92页。

② [美]阿拉斯戴尔·麦金太尔:《道德荒原笔记》,张亮、熊婴编:《伦理、文化与社会主义——英国新左派早期思想读本》,南京:江苏人民出版社,2013年版,第90页。

③ 《马克思恩格斯文集》第1卷,北京:人民出版社,2009年版,第162—163页。

现道德话语与生产生活话语、历史视域和当前视域的有机统一。他说：“对于马克思而言，只有在阶级斗争史的意义上才能理解人的本质的形成。人的潜能在每个时代都有进步，这种进步是那种社会生活形式所特有的，受社会的阶级结构约束。在资本主义条件下，这种可能性的发展出现了危机。跟上时代的人以允许人们把自己的本质看成比自己的生活更丰富的方式，尽最大努力生活下去。在资本主义条件下，生产的增长使人有可能重新占有自己的本质、现实的人实现人的丰富性。但必要条件还不仅仅是生产的增长。由产业工人阶级生活培育出的人的平等和团结的经验同样是战胜人类对人的本质和人本身的异化的前提。只有从这种生活及其可能性出发，我们才能把历史的每一个之前的阶段，看做接近目前可能直接达到的顶点的特殊形式。”① 但是就当时的资本主义实际来看，人类所能达到的顶点由这种特殊形式决定，人类也因此而受到压抑或误导。这些就是源自人自身的欲望。因为资本主义的消费方式，使得人们想要实现的东西或者希望得到的东西被限定在了资本主义的框架之下。

麦金太尔找到了能够突破这一框架，对人的欲望进行更为深远的历史化解释的方法。需要注意的是，这里的道德还不能等同于共产主义中的道德。马克思冲破资本主义制度对人的自由的束缚的彻底论述，与麦金太尔对人的欲望的不断深化的论证是有着相似的方向的。比起共产主义对人的发展的阐释，麦金太尔更乐于将之与人的欲望等同起来：“当共产主义工人相遇时，他们首先拥有的是目的、信条、宣传方法等。但他们同时给自己带来了新的需要，对社会的需要，这看上去好像手段变成了目的。马克思也是如此。”② 尽管麦金太尔在不到一年的时间里就对马克思的历史观作了和斯大林主义一样的评价，在1959年发表的《马克思主义理论为何存在?》中，他不再将马克思主义看作超越了特定历史阶段的理论，认为马克思主义“所做的仅仅是展现出一种对处在特定时段特定社会进程中的生活的看法”，③但实际上他已经借此为道德理论赋予了历史化的内涵。如果我们将麦金太尔的社会主义人道主义批判作为一个阶段的话，其中他得到的最重要的结论便是，真正的德性理论应当是像共产主义那样排除了可预言性的，它要求我们超出生活着的既定社会事实，抓住从黑格尔到费尔巴哈再到马克思的对人的本质追求

① ［美］阿拉斯戴尔·麦金太尔：《道德荒原笔记》，张亮、熊婴编：《伦理、文化与社会主义——英国新左派早期思想读本》，南京：江苏人民出版社，2013年版，第91页。

② ［美］阿拉斯戴尔·麦金太尔：《道德荒原笔记》，张亮、熊婴编：《伦理、文化与社会主义——英国新左派早期思想读本》，南京：江苏人民出版社，2013年版，第92页。

③ Alasdair MacIntyre, “What is Marxist Theory For?”, *Newsletter*, Vol. 3, No. 122, October 17, 1959, p. 293.

的不同解释。共产主义道德也不是基于现实实在而进行推测的未来主义,它应当是人的现实欲望与人性特点相结合,最终实现人的本质的形态。恩格斯在批判资本主义的欲望学说时也直接指出:"追求幸福的欲望只有极微小的一部分可以靠观念上的权利来满足,绝大部分却要靠物质的手段来实现,而由于资本主义生产所关心的,是使绝大多数权利平等的人仅有最必需的东西来勉强维持生活,所以资本主义对多数人追求幸福的平等权利所给予的尊重,即使有,也未必比奴隶制或农奴制所给予的多一些。"①在资本主义社会中,大众要实现自身的欲望,必然会受到物质条件的制约,这是与共产主义的最大不同。

而在麦金太尔同期的其他作品中,道德规则与人的欲望相结合的这种决定方式也随着话语的不同而呈现出不同的叙述结果。比如在《基督教信仰的困境》中,麦金太尔就用"自由动力"的概念,把这一对矛盾范畴同时体现出来,成为判断道德与非道德的标准。在论述宗教学时,他说道:"人能够为人类做出善的事情,是因为他们具有为善的动力。但是人们也因为这种善的动力而选择作恶。因此恶的事物来到了世上,而上帝对于这些事是不负什么责任的。"②麦金太尔在《基督教信仰的困境》中,既表达了对基督教的尊重,也重新阐述了信仰与理性的关系。麦金太尔之所以称基督教信仰出现了困境,是因为基督教在当今面临理性和哲学的挑战,使得人对基督教的信仰与传统的信仰相比发生了实质上的变化。麦金太尔虽然在分析马克思主义和基督教时的方法不同,但是,对于这两种说法的"手段"和"目的"的描述路径是相同的:道德规则和人的欲望相结合,就是"自由动力";而道德规则和人的欲望结合之后的结果,就是"善"与"恶"的分别。相较于费尔巴哈,麦金太尔提出了道德发展应当具备的客观遵循。恩格斯认为,"关于道德,费尔巴哈所告诉我们的东西只能是极其贫乏的。追求幸福的欲望是人生来就有的,因而应当是一切道德的基础","第一,受到我们的行为的自然后果的矫正","第二,受到我们的行为的社会后果的矫正",并指认,这种社会的矫正只能是由统治阶级自身欲望而"依法"进行矫正的。③麦金太尔则更加偏向道德话语,强调了对欲望进行规制的社会化准则。不过,他未能深入到阶级层面,强调道德规则在社会的存在形式也因阶级的存在而呈现多元化。

---

① 《马克思恩格斯文集》第4卷,北京:人民出版社,2009年版,第293页。
② Alasdair MacIntyre, *Difficulties in Christian Belief*, London: SCM Press Ltd., 1959, p. 24.
③ 《马克思恩格斯文集》第4卷,北京:人民出版社,2009年版,第291—293页。

第三节　走出道德荒原

对于麦金太尔来说，投身新左派运动、参与社会主义人道主义论战，为其既有的思想探索提供了一条实现的道路。在加入新左派运动和其他左派运动期间，麦金太尔不断接受马克思主义方法论指引，吸收马克思主义的理论成果，形成了具有浓厚唯物史观色彩的道德史观。不过，麦金太尔与其他新左派学者终究是基于不同出发点、想到达不同终点的“同路人”，其间，潜在的理论差异乃至对立已经悄然存在了。那么，究竟麦金太尔是如何分析当时新左派构建社会主义人道主义工作的？他又是看到了新左派的哪些问题，促使他之后与后者分道扬镳的呢？

一、道德因何荒芜？如何荒芜？

1953 年斯大林逝世后，如何评价斯大林和斯大林主义，成为西方马克思主义理论者议论的热点话题。时隔 3 年，《秘密报告》的曝光，成为他们进一步反思斯大林主义的契机，也直接催生在西方马克思主义发展史中占据重要地位的新左派运动的兴起，①立刻引起了当时致力于“挽救处于危机之中的马克思主义和英国文化”的麦金太尔的兴趣。②经过 1 年多的酝酿，他随后在《新理性者》上发表了《道德荒原笔记》。③

麦金太尔声称的“道德荒原”，是指斯大林时期出现的一系列人道问题和对马克思主义的错误解读，给整个马克思主义带来的人道主义问题。《道德荒原笔记》的第一句话便是：“我们都试图取得斯大林主义的道德批判家

① 张亮：《〈新理性者〉、〈大学与左派评论〉和英国新左派的早期发展》，《晋阳学刊》2013 年第 1 期。1957 年夏天，汤普森在新左派重要阵地《新理性者》杂志的创刊号上发表了一篇意义重大的长文：《社会主义人道主义：致非利士人书》，率先举起了社会主义人道主义的大旗，也宣告新左派运动第一个重大议题的正式确立。汤普森在文中对社会主义人道主义的理论来源、理论内涵、理论使命进行了原则性阐述，指出社会主义人道主义的旨趣是要实现人的回归，需对原先的斯大林主义进行彻底反省，纠正人们因斯大林主义而产生的对马克思主义的偏见。参见 E. P. Thompson, “Socialist Humanism: An Epistle to the Philistines”, *The New Reasoner*, 1, 1957, pp. 105—143。中文版见张亮、熊婴编：《伦理、文化与社会主义——英国新左派早期思想读本》，南京：江苏人民出版社，2013 年版，第 3—49 页。

② Alasdair MacIntyre, “On Not Misrepresenting Philosophy”, *Universities and Left Review*, 4, 1958, p. 72.

③ 麦金太尔正式加入新左派运动，是以其在新左派的另一份重要期刊——《大学与左派评论》发表《不会产生误解的哲学》一文为标志的。但麦金太尔在整篇文章中极少谈及斯大林主义，只是将之比作马克思主义的“冰冷的面具”。参见 Alasdair MacIntyre, “On Not Misrepresenting Philosophy”, *Universities and Left Review*, 4, 1958, pp. 72—73。

地位,而思考社会主义的出发点之一就是对这一形象的不满。这种不满可能迫使我们带着一种吹毛求疵的拒斥态度重读马克思主义。"[①]20 世纪中叶,西方马克思主义在大部分资本主义的主要国家都掀起了发展的热潮,呈现出多元的立场和方法,斯大林主义也成为众矢之的。

麦金太尔指出,斯大林主义的非人道主义主要通过两种方式表现出来。第一,是斯大林主义对人性的忽视。马克思说:"一个种的整体特性、种的类特性就在于生命活动的性质,而自由的有意识的活动恰恰就是人的类特性。"[②]马克思主义将主观能动性作为人的实践活动的最主要特征之一,即按照历史发展的总体规律,不断创造历史,人的价值就在这种发展过程中体现出来。麦金太尔指出,斯大林主义忽略了人在历史中的能动性作用,使其成为简单的和被动的历史完成者和接受者。个人的作用、存在和欲望都被斯大林主义的"支配性的思维模式"主导了。

1957 年,苏联小说家鲍利斯·列奥尼多维奇·帕斯捷尔纳克(Борис Леонидович Пастернак)出版了著名长篇小说《日瓦戈医生》,在西方引起了重大反响。[③]麦金太尔于 1959 年 1 月发表了《马克思博士与日瓦戈医生》一文,对《日瓦戈医生》的出版给予高度评价,进一步反思了俄国十月革命之后的道德状况。他指出,沙皇时期俄国人民的艰苦生活赋予十月革命实现人的本质的历史使命,之后开创的社会主义制度为实现人的本质提供了重要基础。但是,斯大林主义导致在现实中出现的一些与帕斯捷尔纳克笔下的人物经历类似的情况,使麦金太尔质疑十月革命的解放作用究竟有没有得到延续,以及它究竟能不能成为人类解放的起点。麦金太尔在小说中感受到了日瓦戈医生对人性的渴望,这种渴望促使其致力于医救他人,并且向往一个新的社会。"帕斯捷尔纳克这部著作的力量体现在它引起了东西方对异化的揭露",社会主义者的真正任务,是要打破"共产主义与反共产主义之间的迷雾"。[④]麦金太尔认为,虽然西方和东方对这部作品的关注点不尽相同,西

---

① [美]阿拉斯戴尔·麦金太尔:《道德荒原笔记》,张亮、熊婴编:《伦理、文化与社会主义——英国新左派早期思想读本》,南京:江苏人民出版社,2013 年版,第 73 页。

② 《马克思恩格斯文集》第 1 卷,北京:人民出版社,2009 年版,第 162 页。

③ 1958 年,该小说的英文版出版,在当年获得了诺贝尔文学奖。作者在这篇小说中以 1905 年至社会主义建设时期为时代背景,描述了小说人物日瓦戈医生从对十月革命和苏维埃政权有所期望,到经历一系列政治、家庭变故直至最终猝死的经历。为诠释革命者的牺牲精神,帕斯捷尔纳克写道:"由革命所造成的间接性后果,即成果的成果,后果的后果,开始自己显现出来。不幸与折磨开始驱使他们迎接一种伟大、盲目和英雄般的壮举。这些难以置信的、杰出的品质,铸就了这一代的道德精华。"参见 Boris Pasternak, *Doctor Zhivago*, New York: Pantheon Books, 1958, p. 420。

④ Alasdair MacIntyre, "Doctor Marx and Doctor Zhivago", *The listener*, January 8, 1959, p. 62.

方理论者指控社会主义革命的“恐怖”和对人性的泯灭，东方理论者抨击其中包含的西方政治立场与英雄主义。但是他坚持认为，从人道主义角度来说，苏联人确实应该认真读读《日瓦戈医生》，①因为在斯大林主义影响下已经很少有人思考人的本质究竟是什么了，而这确实关系到最根本的社会问题。

第二，是机械、教条的政治和理论形态。麦金太尔认为，斯大林主义的机械性表现在两个方面：一是使用“经济基础—上层建筑”模型解释并预测未来的发展，二是在现实当中建立起一套严密庞大的官僚体制。②就两者的关系而言，前者为后者提供了合法性，后者又在现实当中证实了前者的结论。麦金太尔认为，这两个方面是“目的—手段”道德观的一种对应物。塑造标准、强迫人们去遵守是目的，而体制本身是手段。当斯大林主义的理论不断成为现实，象征人的自由的“是”取代了“应是”，理论的多元性发展在那样一种体制之下难以实现。“对斯大林主义者来说，历史的实际过程是道德的边界，属于未来的就是进步的，这成了必然真理。”③因此，斯大林主义本身就是一种将机械的历史认知理论强行推进成为现实形态的官僚体制，并且将机械的历史认知理论确立为客观化存在的认知规范。在评论马尔库塞时，麦金太尔同样指出，尽管马尔库塞批判苏联采用的是一种“残暴的生产关系”，但是他并没有完全跳出这种模式，依旧依靠教义学说抨击斯大林主义，用同样僵硬的“理性磐石”取代“现实磐石”。④总的来看，当时的麦金太尔就是希望借助社会主义人道主义的建构，跳出固有的英国传统文化理论模式，创建马克思主义在英国的新形态。

麦金太尔对批判斯大林主义的前共产主义者充满了同情，但他认为当时人们对斯大林主义的道德反思往往只是针对道德现象本身，并没有体现理论原则。他们只是本能地站到斯大林主义的对立面进行批判。但更重要的，是要走出这一“道德荒原”。麦金太尔在《道德荒原笔记》中就提出“对道德批判家的不满和对马克思主义的当代重读是否能够共同指明解决

---

① Alasdair MacIntyre, “Doctor Marx and Doctor Zhivago”, *The listener*, January 8, 1959, p. 62.

② 以汤普森为代表的英国新左派曾经对斯大林主义和“教科书体系”中的经济基础与上层建筑理论进行了深入批判，指出两者被强行赋予实在论意义，造成社会历史有机体的分裂。参见张亮：《英国马克思主义的“经济基础和上层建筑”学说》，《哲学动态》2014 年第 9 期。

③ ［美］阿拉斯戴尔·麦金太尔：《道德荒原笔记》，张亮、熊婴编：《伦理、文化与社会主义——英国新左派早期思想读本》，南京：江苏人民出版社，2013 年版，第 75 页。

④ Alasdair MacIntyre, “Marcuse, Marxism and the Monolith”, *The New Reasoner*, 9, 1959, p. 140.

道德问题的新路径”这个问题。①带着这一问题，麦金太尔开始了属于他的社会主义人道主义建构，并将新左派的社会主义人道主义讨论提升到了一个新的层面。

那么，应当如何构建社会主义人道主义，走出道德荒原呢？

第一，要明确道德是什么。麦金太尔认为道德是一种长期性的人类欲望，他还凸显了道德包含的两个重要范畴：一个是代表历史性质的长期性，还有一个是主体性。在论述这一问题时，还是应当从麦金太尔所提到的那对重要的道德范畴“是”和“应是”之间的关系开始。一方面，他认为斯大林主义倡导“历史发展的规则”，让人们都去遵守一定的约束，而不再去思考人类或者历史“应是”什么样子的。在斯大林主义者看来，只有合乎意料之内的未来，才是道德的。正是因为这样，斯大林主义否定人的自由欲望是违背一般意义上的道德的。另一方面，麦金太尔所认为的道德含义，部分就来自“自由和欲望得到实现”。但是，麦金太尔并没有就此满足，他对构成道德含义的自由和欲望进一步进行阐释。他认为，自由和欲望代表的是一种“为人的可能性”，但是如果对道德的定义仅限于此，那么，又会很容易滑向自由主义者的立场，因为这样会使得实现道德与放纵本性等同起来，反而会步入道德的对立面。

如何让革命者掌握道德呢？如何让革命者掌握的道德是真正意义上的道德呢？麦金太尔通过列举捷尔任斯基的例子，②说明革命者只有真正具备革命信仰才会践行社会主义人道主义的实际内涵，哪怕他们的贡献显得并不是十分突出，他们只需要通过言行证明“共产主义将极大解放人的本质”，这也是麦金太尔贯穿《道德荒原笔记》的核心观点。③麦金太尔还认为，每一个真正的共产主义者需要借助自身的劳动来实现他们的信仰，这是一种真正的革命品格。在历史中，不可能每一个人都可以成为具有突出贡献的英雄，但是马克思主义的群众观点却反复证明一点：历史是由大众创造的，而英雄也是不可或缺的。个人的欲望选择，加上共产主义的信仰，构成了有节制的欲望，这就是人类社会应当具有的道德，也体现了麦金太尔主张的道德规则的现实

---

① ［美］阿拉斯戴尔·麦金太尔：《道德荒原笔记》，张亮、熊婴编：《伦理、文化与社会主义——英国新左派早期思想读本》，南京：江苏人民出版社，2013 年版，第 73 页。

② 捷尔任斯基是苏联时期无产阶级革命家。他在十月革命之前曾因为领导工人运动而被沙皇政府监禁。在狱中，他表现出了革命者的气节和奉献精神。但更为重要的一点，麦金太尔并没有在文中提到的是，捷尔任斯基在苏联诞生之后，一直致力于反对历史的自我决定论。这其实也与麦金太尔的立场高度吻合。参见 Leon Trotsky, *The History of the Russian Revolution* (Vol. 1), Chris Russell: Marxists Internet Archive, 2000, pp. 100—105。

③ ［美］阿拉斯戴尔·麦金太尔：《道德荒原笔记》，张亮、熊婴编：《伦理、文化与社会主义——英国新左派早期思想读本》，南京：江苏人民出版社，2013 年版，第 94 页。

作用。

第二，要正确处理道德与历史的关系。麦金太尔构建道德史观的核心前提是：“发现我们与他人共享的东西，重新发现共同欲望，就是在欲求新的道德立场。”①麦金太尔在这段表述中实际上借用了马克思主义的阶级观点：一方面，马克思、恩格斯和列宁都从物质和所有制角度，指出阶级的划分依据；另一方面，他们也指出，阶级斗争是革命运动、阶级发展和社会进化的动力。②在此基础上，麦金太尔论述了从“我要”到“我们要”之间的理论联系，成功将马克思主义的阶级史观、道德和欲望糅合在一起，构成了他的道德史观。

需要注意，虽然道德具有历史性特征，但是不能因此就认为道德能够脱离人本身，客观、自发地形成某种道德规则。否则只是“用一种无意识的依赖替代了有意识的依赖”。③麦金太尔认为，自由并不应当是一种无限制的欲望得到满足，因为自由本身还具有一种自我的固有特性。麦金太尔说：“在我们不能为自己的特定选择给出理由这个意义上，我们的选择必然是任意的，因为要这样做，我们就必须拥有一个比我们的终极原则更终极的道德标准。而这又是荒谬的。”④麦金太尔重视道德规则的人类意义，凸显道德规则对人类发展所具有的规范作用。麦金太尔反对的，是那些借口运用道德批判构建康德式的脱离实践本身的、人们不得不接受的、一成不变的机械化理解。⑤因此，规则应当是由道德在历史演变过程中不断堆砌而成的一种社会遵循，以及当下人的判断标准，并且也应当随着社会的发展而有所变化，不应是永恒不变的。

第三，革命仍然是实现共产主义道德的最直接途径。麦金太尔认为，要实现人的自由，就需要不断改变当前的人类生存状况。对于苏联来说，就需要借助革命的方式彻底摆脱机械性理论的制约。因而麦金太尔认为，“自由本身就是一种革命”。⑥斯大林将“经济基础—上层建筑”这一辩证矛盾机械

---

① ［美］阿拉斯戴尔·麦金太尔：《道德荒原笔记》，张亮、熊婴编：《伦理、文化与社会主义——英国新左派早期思想读本》，南京：江苏人民出版社，2013年版，第92页。

② 《马克思恩格斯文集》第2卷，北京：人民出版社，2009年版，第31页。

③ ［美］阿拉斯戴尔·麦金太尔：《道德荒原笔记》，张亮、熊婴编：《伦理、文化与社会主义——英国新左派早期思想读本》，南京：江苏人民出版社，2013年版，第74页。

④ ［美］阿拉斯戴尔·麦金太尔：《道德荒原笔记》，张亮、熊婴编：《伦理、文化与社会主义——英国新左派早期思想读本》，南京：江苏人民出版社，2013年版，第75页。

⑤ 康德在论述自由与道德关系时，指出上帝或者不朽理念只是我们纯粹理性在实践过程中所体现出来的一种道德律的客体，而自由通过实践成为考察纯粹理性的现实起点，即“关于思辨理性体系大厦的拱顶石”。参见［德］康德：《实践理性批判》，邓晓芒译，北京：人民出版社，2003年版，序言，第2—3页。

⑥ Alasdair MacIntyre, “Freedom and Revolution”, *Labour Review*, Vol. 5, No. 1, February-March 1960, pp. 22—23.

化地当作一般等式去理解和预测历史，违背了马克思的革命观点，也是社会主义道德变质的理论根源。不应当单纯地将经济基础看作改变上层建筑的工具，而是要将之理解为一种能够适应人之间的相互关系、与社会整体意识结合在一起的社会基础，进而将社会描述成为一个有机的整体。不同社会形式在本质上的差异，实际上是源自经济基础与上层建筑"相互关联方式的差异"："向社会主义过渡的重要特征并不在于它是经济基础的变革，而是基础与上层建筑关系的革命性变革。"①作为上层建筑的道德必然要伴随经济基础的变化而经历变革。麦金太尔反复强调，我们不应将马克思的人类史范畴作为我们预判甚至是规定未来发展的一种僵化的模型，而是应当把它当作一种开放性的、革命性的理论方式来对待。同样，在考察道德的时候，也要依照这种分析模式。

麦金太尔将道德与马克思主义唯物史观相结合，作为追求人的自由的途径，这成为新左派理论者寻求"第三条道路"，实现马克思主义英国化的典型成果。他基于马克思的革命观，认为只有重新回到马克思的阶级斗争理论中，才能真正理解实现人的解放的现实途径，这也是道德建立的动力之源："我们的道德观和我们的欲望观之间的裂痕，只有在行动中的道德与欲望之间的裂痕已经被克服的条件下才能弥合……在这一点上，马克思主义者的关键概念是他们关于人的本质的概念，这一概念必须成为任何道德理论讨论的中心。"②要让工人阶级在现实生活中依旧意识到用"我要"（I want）来取代"我应该"（I ought），③从而发展成阶级性的政治需求，进而孕育无产阶级革命。杜娜叶夫斯卡娅着力构建"美国式自由工人"这种新人道主义，她指出，不论是马克思主义还是道德都应当是一种开放性的理论，人追求自由的过程理应延续到未来——甚至列宁也遵照这一原则。④因此，工人阶级的道德理论也应当是历史的、开放的和面向未来的。

麦金太尔所构建的社会主义人道主义在当时就产生了广泛影响，不仅成为英国新左派最为重要的理论成果之一，⑤也被公认为是他德性伦理学的起

---

① ［美］阿拉斯戴尔·麦金太尔：《道德荒原笔记》，张亮、熊婴编：《伦理、文化与社会主义——英国新左派早期思想读本》，南京：江苏人民出版社，2013年版，第82—83页。

② ［美］阿拉斯戴尔·麦金太尔：《道德荒原笔记》，张亮、熊婴编：《伦理、文化与社会主义——英国新左派早期思想读本》，南京：江苏人民出版社，2013年版，第90页。

③ ［美］阿拉斯戴尔·麦金太尔：《道德荒原笔记》，张亮、熊婴编：《伦理、文化与社会主义——英国新左派早期思想读本》，南京：江苏人民出版社，2013年版，第93页。此处体现了前文提到的罗斯金对麦金太尔的理论影响。

④ Alasdair MacIntyre, "The Algebra of the Revolution", *Universities and Left Review*, 5, 1958, p. 80.

⑤ Kelvin Knight (ed.), *The MacIntyre Reader*, Notre Dame: University of Notre Dame Press, 1998, p. 2.

点。在参与新左派理论者的社会主义人道主义讨论之后，他在构建德性伦理学的过程中又继续沿用了马克思主义的一些重要范畴。他走出斯大林主义道德荒原的尝试，也成为一些重要的英国马克思主义者讨论的热点问题，留给了我们进一步反思其理论创新过程的空间。具体来说，麦金太尔社会主义人道主义思想的理论价值主要体现在以下几个方面。

第一，为自身德性立场和话语的再凝练提供了坚实的理论基础。麦金太尔成熟伦理理论中一些核心范畴均可以从他的社会主义人道主义讨论中找到源头。首先，是道德的革命性特质。麦金太尔曾充分肯定东方的革命形式对道德的重要性，并认为东方的工人阶级一旦对社会主义革命有了“正确的认识”，①再经过革命，就会迎来一个可以满足他们需求的，绝非由道德律(moral law)等“客观规律”所决定的未来。②之后，他寄希望于工人的革命目标能够切实得到实现，由此重新唤起无产阶级的更大规模的社会主义运动和理论思潮。③尽管之后麦金太尔发生了理论话语和理论形态转向，但是，他仍然利用“资本”“异化”“商品”等概念，论证“为什么亚里士多德主义能够具有革命性”的问题，并将实践革命运用到了伦理学之中，为正确和深刻评价人类社会的进化作出了重要贡献。④

其次，是道德的历史性特质。在学术生涯早期的代表性作品《道德荒原笔记》中，麦金太尔的哲学就被认为含有浓厚的黑格尔哲学意蕴。正如汉森指出的，在对待历史问题时，麦金太尔和黑格尔均试图利用逻辑学的方法来解释历史本身的演变过程。麦金太尔和黑格尔由于基本的哲学立场不同，在分析的过程中形成了不同的分析逻辑，进而导致在道德框架之下出现了主观唯心和客观唯心的对立。1971 年，麦金太尔出版了一部知名度并不高的自选集《反对当下的自我形象》，希望对之前的学术历程进行一次阶段性总结，其中汇集了他大量的马克思主义和伦理学作品。2006年，他说当时出版这本书的一个重要目的，是要站在马克思主义立场上，对人的本质和社会发展的历史进行科学鉴别，并且急需要从中发掘出道德和

---

① Alasdair MacIntyre, “Doctor Marx and Doctor Zhivago”, *The Listener*, January 8, 1959, p. 62. 张晓：《麦金太尔早期的本土化马克思主义探索：历程与归宿》，《马克思主义与现实》2014年第 5 期。

② ［美］阿拉斯戴尔·麦金太尔：《道德荒原笔记》，张亮、熊婴编：《伦理、文化与社会主义——英国新左派早期思想读本》，南京：江苏人民出版社，2013 年版，第 94 页。

③ 张晓：《“未知的麦金太尔”及其再发现》，《国外理论动态》2014 年第 12 期。

④ Alasdair MacIntyre, “How Aristotelianism Can Become Revolutionary: Ethics, Resistance, and Utopia”, *Philosophy of Management*, 2008, Vol. 7, No. 1, pp. 3—7; Alasdair MacIntyre, *After Virtue: A Study in Moral Theory*, Notre Dame: University of Notre Dame Press, p. xvi.

政治形态的“历史性维度”。[①]但是,麦金太尔的这种历史观也往往被当作“相对主义”而被一些研究者诟病。

最后,是道德的社群主义特征。相较于前两点,麦金太尔的社会主义人道主义作品对同时期的英国新左派和后来的集群主义产生了一定的影响。譬如,麦金太尔曾经专门讨论过个人与集体之间的关系,并且在一次采访中说,马克思主义使他认识到道德应当随着社会的分类而呈现出群体性特征,[②]并且应当在一些社会组织中具体得到实现。[③]在《追寻美德》中,他同意马克思在《资本论》中提到的每一个组成共同体的个体都应当自由选择集体所有制和分配方式的观点。[④]虽然“社会道德”和“集体道德”的概念被反复强调,但是其中关于个人的欲望的主题更加不能忘记。

第二,丰富了英国马克思主义的理论视野。在《道德荒原笔记》发表之后,另一位重要的英国新左派成员汉森就在同年的《新理性者》上发表了《我的荒原有多荒蛮?》,对麦金太尔的社会主义人道主义进行了一系列反馈。一方面,他指出,麦金太尔所提出的“目的—手段”模式并没有从真正意义上解决对道德本身的认知。麦金太尔没有讲清楚,人类要实现的目标道德究竟是什么样的形态:“对未来的责任诚然是文明生活的基础之一,但人只能活一辈子,因此,人们有权知道今天贩夫走卒的子孙以后是否真的能够成为庙堂上的先锋。”[⑤]可见,汉森更加倾向于目标实现。不过,他也指出,这种目标的构建不可能完全按照现实客观存在,还是应当遵循道德自身的发展规律。另一方面,汉森指出麦金太尔在分析过程中的态度和用语是模棱两可的。麦金太尔承认上层建筑受制于经济基础,但又否认两者与历史演变的关系,造成逻辑学与社会学的混乱。[⑥]不过,汉森仍然肯定了麦金太尔的马克思主义话语,认为他塑造的马克思主义形象“依然强悍”。

汤普森对麦金太尔早期的马克思主义探索也予以高度评价。他认为,麦金太尔在以下几个方面,对马克思主义及其人道主义进行了有益的探讨:一

---

① Alasdair MacIntyre, *The Tasks of Philosophy* (*Selected Essays*, *Volume 1*), Cambridge: Cambridge University Press, 2006, p. vii.

② Giovanna Borradori (ed.), Rosanna Crocitto (trans.), *The American Philosopher*, Chicago: University of Chicago Press, 1994, p. 143.

③ Alasdair MacIntyre, “Freedom and Revolution”, *Labour Review*, Vol. 5, No. 1, February-March 1960, p. 22.

④ Alasdair MacIntyre, *After Virture: A Study in Moral Theory*, Notre Dame: University of Notre Dame Press, 2007, p. 261.

⑤ [英]哈里·汉森:《我的荒原有多荒蛮?》,张亮、熊婴编:《伦理、文化与社会主义——英国新左派早期思想读本》,南京:江苏人民出版社,2013年版,第100页。

⑥ [英]哈里·汉森:《我的荒原有多荒蛮?》,张亮、熊婴编:《伦理、文化与社会主义——英国新左派早期思想读本》,南京:江苏人民出版社,2013年版,第104页。

是他能够将人的欲望和自身的价值理念同大众的共同需求相结合，成功解决了个人与集体之间的连接；二是他在人的经验与道德之间建起了一座桥梁，深刻阐释了对“人的本质”的理解，以及人基于其本质而进行历史选择的内在主观机制；三是他论证了社会主义思潮能够在资本主义内部继续存在的可能性，这对社会主义的发展尤为重要。汤普森总结道，麦金太尔描绘出一种历史的、动态的德性理论蓝图，希望后者能够沿着这一道路继续前行。①麦金太尔的社会主义人道主义建构还给新左派第二代核心成员安德森留下了深刻印象。在讨论斯大林主义时，安德森提到了麦金太尔的理论方法，指出麦金太尔与汤普森的分析不谋而合。②除此以外，当代的耐特、戴维斯、布莱克里奇等也对麦金太尔的社会主义人道主义进行了大量研究。

第三，为建设社会主义道德体系提供了有益参考。首先，要坚持以人为本的基本前提。马克思在《1844 年经济学哲学手稿》中将人的本质定义为“自由的、自觉的劳动或实践”，在《德意志意识形态》中将之定义为“人的需要”，这些是用马克思主义话语建立人道主义的基础定义，是与共产主义内涵紧密联系的。新左派理论者对社会主义人道主义的共同关注，源于社会主义人道主义的危机造成马克思主义在西方面临现实的困境，即道德危机，从而需要为其寻求人道主义的理论补充，继续维护其在资本主义世界中的理论地位。经济社会的发展，本质上都是人民的创造，实现共产主义的最基本标志也是人的解放。因此，马克思主义关于人的本质的概念始终是考察人类发展的最根本落脚点，人的自由与需求的满足依旧是有待进一步完善的问题，要“坚持中国特色社会主义理论体系中贯穿的马克思主义立场，始终站在人民大众立场上，立党为公、执政为民，把服务群众、造福百姓作为最大责任”，③体现社会主义的优越性。

其次，要坚持马克思主义在道德建设中的理论和意识形态指导地位。麦金太尔的社会主义人道主义，是将马克思主义原理与历史观相结合的尝试，而与历史观的结合也是马克思主义本身发展的普遍原则。从 20 世纪 60 年代开始，麦金太尔从马克思主义转向德性理论的动机就已经开始形成。从客观环境来说，一方面，当时西方无产阶级运动的消沉，使一大批西方马克思主义者在思想和意志上产生了动摇；另一方面，战后西方社会的发展并没有推

---

① E. P. Thompson, *The Poverty of Theory & Other Essays*, London: Merlin Press Ltd., 1978, pp. 359—360.

② Perry Anderson, *Arguments within English Marxism*, London: NLB and Verso, 1980, pp. 108—109.

③ 习近平：《深入学习中国特色社会主义理论体系 努力掌握马克思主义立场观点方法》，《求是》2010 年第 7 期。

动无产阶级革命性的增加，相反，资本主义世界中的阶级矛盾相对缓和，也令麦金太尔需要转换理论话语，寻求其他的马克思主义形态。因此，探索马克思主义，需要基于社会发展的实际情况，不断探索本土化、时代化的理论形式。

最后，要根据实际情况，防止教条。学习马克思主义需要有科学的态度，发展马克思主义也要用科学的方法，“如果不顾历史条件和现实情况变化，拘泥于马克思主义经典作家在特定历史条件下、针对具体情况作出的某些个别论断和具体行动纲领，我们就会因为思想脱离实际而不能顺利前进，甚至发生失误”。[①]麦金太尔反思到，斯大林主义由于僵化的理论和官僚体系而造成道德问题，这是当时主客观因素推动的结果，这种运用历史主义方法阐述社会主义人道主义亦有重要意义，然而，麦金太尔因为英国阶级斗争暂时的沉寂而放弃阶级立场，本身就是对马克思主义僵化理解的一种表现。在秉持以人为本原则的前提下，坚定马克思主义的真理作用，依据本国社会主义发展实际，结合大众的实际需求，正确选择分析立场和分析话语，才是真正理解、实践马克思主义道德哲学的科学方法。

二、马克思主义探索的话语抉择

麦金太尔认为，英国新左派“不仅是要反对斯大林政党机器的官僚化，还要反对其假借马克思主义的人的本质理论实行的机械化的意识形态决定论”。[②]曾经做过矿工青年，后来成为著名托洛茨基主义者的克里夫·斯洛特(Cliff Slaughter)在1959年就直接将新左派形容为“小资产阶级”，并且在观察了萨维勒与桃乐茜·汤普森(Dorothy Thompson)、塞缪尔与爱德华·汤普森的争论后，认为新左派并不能够作出真正的理论阐释。[③]新左派理论是无法反对教条化的，因为它本身就是一种固定思维模式。确实，新左派在事实上是掀起了一场运动，吸引了社会广泛讨论社会主义，但是无形之中也产生了一种新的教条，即：当他们在批判斯大林主义的机械决定论和官僚主义的时候，却将人道主义和马克思主义等同了起来，忽视了后者的方法论、世界观等重要意义。

麦金太尔在完成《道德荒原笔记》后不久，便停止在新左派杂志上继续发表文章，而转向具有托洛茨基主义背景的阵营之中。他在其中的一个代表性著作，是在《工人评论》(*Labour Review*)上发表的一篇题为《新左派》的文

① 习近平：《在哲学社会科学工作座谈会上的讲话》，《人民日报》2016年5月19日。

②③ Alasdair MacIntyre, “The ‘New Left’”, *Labour Review*, Vol. 4, No. 3, October-November 1959, p. 98.

章。这篇文章是麦金太尔与新左派产生裂痕的一个重要表征。他在文章一开始就提到了斯洛特的立场。他认为，斯洛特在1959年的《工人评论》上发表的《新左派与工人阶级》一文中对于新左派运动的批判态度是中肯的。因为新左派理论者们虽然批判斯大林主义，但是并没有真正从马克思主义的人的本质角度出发来考虑问题。

斯洛特认为，当时新左派运动的期刊《大学与左派评论》和《新理性者》并不能算作理论者们为了工人阶级进行战斗的阵地，更不用说为工人阶级斗争提供策略了；相反，托洛茨基主义杂志《工人评论》和《通讯》正在担当这种职责。而杂志所反映的问题，正是新左派和托洛茨基主义者之间对于革命的态度差别。斯洛特分别分析泰勒、霍加特（Richard Hoggart）和霍尔的立场，认为新左派运动虽然提及了一些革命斗争方式，但是涉及的都是一些革命的“前提性”的内容，并没有能够真正涉及工人阶级斗争的实质性内容。比如，泰勒忽视理论在工人阶级中的重要性，进而认为社会主义运动不需要什么“思考”；霍尔与霍加特虽然重视工人阶级的斗争力量，但是他们的考察并不是基于政治斗争，只是停留在理论上，在“论述他们是怎么误解马克思的而已”。①

与以上三者不同，从本质上来看，汤普森通过强调伦理对于社会主义者的重要性，仍然希望在保留部分传统的前提下，对社会主义运动的道德向度予以完善，因为他当时致力于在确定马克思主义的理论前提下，丰富后者的道德理论阐释。“他要通过日常存在着的界定行为为道德进行定位。由此，他界定了自由主义中普遍道德原则的抽象构成，以及对马克思主义否定道德问题重要性进行了科学化解释。”②不过，也有学者指出，汤普森的道德构建在关注人的本质的同时，忽视了对革命共同体的关注，他是在强调构建道德的重要性，但实际上却是一种“脱离了阶级利益”的构想。这一特征与斯大林主义十分相似。这与工人阶级的革命道德立场存在着错位，“工人阶级充分认识到自己的历史使命，满怀完成这种使命的英勇决心，所以他们能够笑对那些摇笔杆子的文明人中之文明人的粗野谩骂，笑对好心肠的资产阶级空论家的训诫”。③工人阶级开展的革命运动，是以改变整个社会形态为目标的，道德革命是其中的一个重要组成部分。他们要迎接的是一个彻底的、全面的革命。

---

① Cliff Slaughter, “The ‘New Left’ and the Working Class”, *Labour Review*, Vol. 4, No. 2, July-August 1959, pp. 49—53.

② Michael Kenny, *The First New Left: British Intellectuals After Stalin*, London: Lawerence & Wishart, 1995, p. 71.

③ 《马克思恩格斯文集》第3卷，北京：人民出版社，2009年版，第159页。

在汤普森看来，在道德批判的过程中最重要的就是不能将斯大林主义简单排列在马克思主义和列宁主义之后。他说："之所以我们认为这些行为是错误的，是因为我们的道德判断并不依赖于抽象概念或者遥远的历史偶然，而是来自对特殊的行为、关系和对人的态度的具体回应。对目的或结果的怀疑无论如何都不能减轻事件本身的可怕程度。"①可以看出，汤普森实际希望设定一种规则，将人性附加到马克思主义之中，以完成他期望的科学解释马克思主义"否定道德"的问题。从这个意义上说，麦金太尔与汤普森的目的是一致的，他们都要为道德寻求一种客观化的评价依据。

泰勒和汤普森最大的共同点，是一起指出了斯大林主义将马克思主义简单理解为机械化的历史观，而否定了人自身的作用。但是这并没有违背马克思主义的原本道路："在马克思看来应该对自然做的事情，到了斯大林主义官僚那里，则成为应当对不幸的主体做的事情。他们要伪造一个没有甚至不考虑群众的自发性的新的人的本质。"②我们可以将泰勒的观点理解为，马克思主义对于人的本质的阐述已经被后来的部分马克思主义者所扭曲了，应当重新回到真正的人的本质内涵上来。因为那部分马克思主义者将马克思主义当作一种为了集体而忽视个体的教义，这种机械性，以及将这种机械性再意识形态化，成为新左派理论者极力抨击的对象。

新左派理论者认为，忠于党和共产主义的过程是不应当将道德权威的中心移出的，也只有这样，马克思主义才能在当今继续保持是关于人的理论的特性。因此，一定不能把马克思主义当成是非人道主义的理论，而是要将之作为批判非人道主义的一种价值观。对此，汉森批判了那些"道德自由主义者"的立场。在他看来，根本就不应仅仅在人道主义的视域内讨论马克思主义。因此，他将汤普森和麦金太尔的社会主义人道主义划分到了一起："同样难以确定的是，我的批评者们是否可以通过展示'马克思主义'标签而证明自己的学说。我认为，重要的是，这些自封的马克思主义者——如汤普森和麦金太尔，他们是真正关心我在这里讨论的问题的——已经背离过去70年或80年的社会主义者所熟悉的马克思主义学说如此之远，以至于他们的马克思主义变得很难被认同为马克思主义了。"③汉森认为汤普森和麦金太

① ［英］爱德华·汤普森：《社会主义人道主义：致非利士人书》，张亮、熊婴编：《伦理、文化与社会主义——英国新左派早期思想读本》，南京：江苏人民出版社，2013年版，第19页。

② ［英］查尔斯·泰勒：《马克思主义与人道主义》，张亮、熊婴编：《伦理、文化与社会主义——英国新左派早期思想读本》，南京：江苏人民出版社，2013年版，第67页。

③ ［英］哈里·汉森：《我的荒原有多荒蛮？》，张亮、熊婴编：《伦理、文化与社会主义——英国新左派早期思想读本》，南京：江苏人民出版社，2013年版，第102—103页。

尔所做的，正是像麦金太尔认为汤普森所做的那样，是基于正统进行的一种“激进的修改”。他们对马克思主义进行深入的理论探索，体现了强烈的理论担当，是新左派运动的典型代表。

泰勒赞同汤普森将道德范畴纳入革命斗争之中进行考察。因为汤普森将脱离了道德理论的马克思主义看作粗俗的马克思主义，它与真正的马克思主义“是不相容的”：“道德是‘受阶级约束的’这样的命题不仅是历史的评论，而且是对所有此前的道德体系的含蓄的、不完全的谴责。它也是对更高、更自觉的道德的吁求。”①同时他赞同汤普森将阶级斗争与德性当作一对辩证对立的矛盾，主张从道义的角度力求暴力“减少发生”。泰勒以此解释了阶级革命在马克思主义道德理论中的真正作用和地位：“实际上，马克思主义主张通过拒绝手段和目的的二分法来摆脱这一困境。不能把手段看成永远与目的相关，实际上它是目的的一部分。如果目的是建设一个真正的人的社会，那么只有在它所指的价值观已经存在于那些以实现这一社会为历史使命的人当中时，这一目的才能实现。因此无产阶级的政治活动就不仅仅是共产主义社会的手段，它还与那个社会的开端不可分割。”②可见，泰勒仍然想把“目的—手段”模式重新运用到德性分析中来。这也体现了新左派理论者之间的理论方法差别。

马克思主义在当时的英国面临的问题是，在新的形势下如何能够实现一种新的自我定位，这关系英国马克思主义的发展方向：“实践中的马克思主义者，尤其是十月革命以来的马克思主义者，还有其他更为紧急而迫切的事需要加以关注：面对似乎不仅使社会主义的未来，而且使自由主义的传承陷于危险之中的重要世界历史性事件，他们面临着战略与策略、忠诚与信念的问题。马克思主义理论对这些问题的解决有何影响？尤其是，对于哪些手段适宜于实现所设想的目的，它有没有制定什么方针或限制？应该做什么，又不应该做什么？”③所以，从汉森等人对麦金太尔的“批判”中我们似乎可以看到，在批判斯大林主义的同时，发掘出另外一条通向人道主义“目的”的路径，是新左派理论者在汤普森提出“社会主义人道主义”命题之后的又一重要突破。

可是事实却并非这样。因为麦金太尔所反对的，恰恰就是新左派理论者

---

① ［英］查尔斯·泰勒：《马克思主义与人道主义》，张亮、熊婴编：《伦理、文化与社会主义——英国新左派早期思想读本》，南京：江苏人民出版社，2013 年版，第 69 页。

② ［英］查尔斯·泰勒：《马克思主义与人道主义》，张亮、熊婴编：《伦理、文化与社会主义——英国新左派早期思想读本》，南京：江苏人民出版社，2013 年版，第 68—69 页。

③ ［英］史蒂文·卢克斯：《马克思主义与道德》，袁聚录译，田世锭校，北京：高等教育出版社，2009 年版，第 102 页。

机械地陷于马克思主义的传统语境中而不能另寻出路。在评论汤普森的时候，麦金太尔已经明确地表达了自己对马克思主义的看法，那就是要排除斯大林主义式的机械化历史观，真正抓住马克思对共产主义含义的实质规定。但是麦金太尔并没有像汤普森那样，只是在道德领域中对马克思主义进行修葺，而是审视“目的—手段”的思维模式：“不需要再次强调这种指向因循守旧、道德和其他事物的压力。当然，也应该为斯大林主义的道德批判家说句话，即他通常是苏伊士、塞浦路斯和氢弹的道德批判家。并且，他的谴责至少是不带偏见的。然而即便如此，我还是要为他的观点打上问号。”①麦金太尔不仅要排除斯大林主义的非道德因素，同时还要排除西方学者在批判斯大林主义时采用的“主流道德观”。这两种情况往往都是建立在经验主义之上的，因而麦金太尔才提出历史道德理论，既要基于人的道德行为，又要依据道德规则，对人类社会的发展进程予以有理有据的阐释，类似于马克思发现史前史的发展规律一样。②

我们需要注意的一个问题是，麦金太尔在此指出的新左派的教条仅仅是针对部分新左派理论者对斯大林主义的道德批判而言的，而不是认为整个新左派理论都表现出了这样一种共同立场。就新左派运动整体来说，麦金太尔认为理论者们并没有形成统一的理论共识。虽然在批判斯大林主义的时候，他们都站在了斯大林主义的对立面上，但是这不意味他们在共同的态度之下形成了同一种理论模式。当麦金太尔看清了这一点之后，他也开始重新认识这一次运动，并认真考虑自己应当如何看待与它之间的理论关联了。

三、转向的端倪：新左派运动的危机分析

从1956年新左派运动形成，到1958年麦金太尔创作《道德荒原笔记》以及其他论文，他已经对新左派和英国马克思主义的具体发展有了准确的认识，找到了在理论、群众基础和自身的群众观上面出现的一系列问题，这些也成为他之后脱离新左派而加入托洛茨基主义组织的铺垫。比如，1959年，麦金太尔在《工人评论》上发表了一篇十分重要的文章《新左派》，集中和清晰地评价了英国新左派。麦金太尔认为，参与新左派运动的人群，有一部分是1956年之前脱离共产党的前党员，另一部分则是反对斯大林主义官僚制度和机械决定论的人。这两部分人的一个共同之处，是认为当时的马克思主义

① ［美］阿拉斯戴尔·麦金太尔：《道德荒原笔记》，张亮、熊婴编：《伦理、文化与社会主义——英国新左派早期思想读本》，南京：江苏人民出版社，2013年版，第77页。

② 《马克思恩格斯文集》第2卷，北京：人民出版社，2009年版，第592页。

并不是真正的马克思主义，只有追求人的本质，才能称得上是真正的马克思主义。他们是一群中产阶级、学生或曾经的学生、教师、办公室职员等。他们能够直接地表达出他们的不满与需求，从而成为最引人关注的社会群体。他们并不特意关注与工人阶级的联系，而只关注与他们自身的社会经验有关的事例，包括大众媒体、社会价值观危机、反氢弹等。他们声音的出现反映了“官方欲将他们的‘正统观念’进行强制施加的不可能”。①他们对于马克思主义的看法只是来自一些历史事件的碎片，而且也不是由工党或共产党灌输的。他们一是关心资本主义的发展与马克思主义研究的关系，二是关注社会主义组织本身。由此引申而来的是对资本主义腐化的揭露，以及对传统的改良主义的批判。“但是他们的思想被两种阻碍他们继续发展的对立面限制着。第一个是他们的理论关注往往是和资本主义经济与在它之下的社会组织相联系的，第二个则是对社会主义组织问题的关注。到现在为止，新左派从第一点中希望能够强调资本主义广泛存在的腐化，以及在资本主义体制下进行转变的可能。”②他们对于媒体及其他文化形式进行的讨论，是批判当时整个资本主义的一个缩影。

尽管麦金太尔肯定了新左派运动的意义，但是这并不能改变他对运动的质疑。在《新左派》一文的开始，麦金太尔就直接表明，虽然新左派是一种思潮，但是，这一思潮真正的理念核心却是模糊不清的，因为这一思潮之中的理论者之间充满了相互对立的立场：“新左派的特点不是形成了获得普遍认可的教义，而是更加难以识别的一种理论框架。在之前不止一次地围绕新左派的特征进行讨论，认为其是一种开放性运动，因为它随着新观念的出现而不会将自己陷入困境。”③新左派在努力创造对立于资本主义价值的文化和社会形态设想的同时，会成为讨论社会矛盾的重要力量。“危险就在于，一个人将会在文化斗争的队伍中丧失掉社会主义能量和目标。他希望的是将这些问题开放化，让人们看到社会中关于生产问题的基本对立”，而新左派的现实社会功能，就是促使将这一种对立转化成为人类为了摆脱制度的禁锢而释放出的社会能量。④这让当时众多在研究人的本质时手足无措的人们得到了启发。麦金太尔认为，在这一过程中发挥主要作用的是霍加特。“霍加特的分析开放地批判了众多方面。而最为关键的事实是他勾画出了不参加任何工作以及完全休闲下来的工人的样子。这就同时否定了工人们两种最有

①②④　Alasdair MacIntyre, “The ‘New Left’”, *Labour Review*, Vol. 4, No. 3, October-November 1959, p. 99.

③　Alasdair MacIntyre, “The ‘New Left’”, *Labour Review*, Vol. 4, No. 3, October-November 1959, p. 98.

效的社会活动,而这恰恰也是唯一能让我们理解生活在资本主义系统之下的人与人关系的一点。"①霍加特的本意,是要将工人反对资本主义的运动融合到整个社会对资本主义的反抗之中,即工人阶级的反抗是整体性斗争的"基础"。这些斗争的要义,在于宣布资本主义的文化与社会生活会整体化地走向腐败。而马克思主义的出路也会由此产生。但是新左派也要面临一个重大问题,那就是具体的策略问题:"我们目前的政治社会正在给一种既定下来的激进主义留下空间。假使这一系统不是被它自身威胁的话,其对立面将可以被视作为安全阀,这些批判也会被夸赞和奉为圭臬。那么,谁会被当作是既定下来的60年代的激进主义者呢?传统的改革主义已不再那么激进了,因而不会成为被既定的。在当下建立社会主义的理念也像改革主义那样不能对资本主义产生威胁。它对于左派来说可以找到替代词汇,尽管改革主义已经被弃用了。而它也能被用来将新左派的年轻激进者从工人阶级斗争中分离出来。"②尽管新左派有了鲜明的运动口号,但可以看到,正如无法找到实现社会主义人道主义的现实路径那样,他们在整个运动过程中并没有能够提出重新唤醒工人的革命纲领,而往往局限于理论层面的呼号。

新左派还面临着来源于群众基础的现实危机。一方面,尽管新左派运动对英国马克思主义和英国的社会理论都产生了重要的理论影响,但是,它的受众过于狭窄,未能够对全社会产生广泛和实质性的作用。麦金太尔说,新左派运动的听众"主要来自奥尔德马斯顿村"。奥尔德马斯顿村(Aldermaston)是位于英格兰东南部的一个乡村,虽然它规模不大,但它是英国原子武器研究中心(Atomic Weapons Establishment, AWE)总部的所在地。当新左派理论者围绕氢弹问题进行探讨的时候,自然就吸引了当地人们的关注。新左派运动起初引起人们注意并不是因为对马克思主义的反思,而是以英国当时一场著名的反核武器运动——核裁军运动(Campaign for Nuclear Disarmament, CND)为背景的,这场运动的中心,一个是伦敦,还有一个就是奥尔德马斯顿。③在这场运动中,英国工党和英国共产党扮演了发动和推动的角色,但是他们的热情在运动开始之后并没有能够持续太久:"其中有一

①② Alasdair MacIntyre, "The 'New Left'", *Labour Review*, Vol. 4, No. 3, October-November 1959, p. 99.

③ 1957年,英国小说家约翰·博因顿·普里斯特利(John Boynton Priestley)给《新政治家》杂志写了一封题为《英国与核武器》的信,倡议英国单方面解除核武器。之后收到了众多的支持。同年11月,《新政治家》的编辑金斯利·马丁(Kingsley Martin)组织了一个会议,直接促成了运动的成型。到1958年初,运动已经吸引了5000多人加入,并通过游行等方式产生重要的政治影响。

种感觉来自知识分子，他们在50年代后期令人诧异地失去了斗争的方向——这是奥斯本先生在他的《愤怒的回望》中所涉及的一个场景。吉米·波特，剧中的英雄，会对他周围的空虚感到出奇的愤怒，并且在核裁军运动中一定会有很多吉米·波特。不可避免的是，当那个场景广泛传播开来并得到注意的时候，那些知识分子却看上去又远离这一点了。”[①]福利国家对人们的心理产生了一种潜在的影响，那就是造成人们对于政治失去关注和耐心。此时，知识分子的作用反而能够在一定意义凸显出来——在理论上发出与资本主义意识形态不一致的声音。但是核裁军运动仍然遭遇了“政治塌方”，因为这仅仅是一个政治事件，还不足以摆脱福利国家的主流影响。因为新左派理论者并没有能够长期地赢得英国民众的支持，而只能为类似于游行集会这一些示威活动提供理论呐喊。

另一方面，除了关心新左派运动的公民数量少，更为重要的是，新左派所依赖的工人阶级在资本主义的环境中逐渐失去了反抗的斗志，而不得不回归到传统英国社会的文化道路上去：“证据表明，在战后最初艰苦的时期，君主政体是最不坚固的；但是，由于五十年代社会和经济状况有所改善，才又加强的。在理论上，可以看到人们对君主政体的感情是冷淡和敌视的；但是，由于葬礼和加冕典礼之类的君主的大典吸引了人们的注意，保皇主义的感情加强了。”[②]这是新左派不能得到广泛民众响应的又一深层次社会文化原因。当然，有一些新左派理论者也注意到了这一问题。不过他们始终认为，工人阶级不再具有斗争性的说法是不准确的：“假使有一种正确的价值、趋势能够将工人阶级的缺陷归纳为一些左派口中的‘工人阶级丰裕’，如果要说这些修正主义分析有什么共同点的话，那就是把生活水平的提高看作是腐蚀、将物质环境的发展看作是突出社会主义伦理与文化的良机，但这回避了霍尔对无阶级的实质性评论，而汤普森的猛烈批判则会结束而不是开启新左派关于阶级问题的讨论。”[③]因为不论包括新左派理论者在内的左派学者的讨论得到何种结果，有一个客观事实就是，工人大众对于阶级革命的意识已经十分淡化了，这也阻碍了他们对新左派运动的长期支持。“在工人阶级的丰裕问题上，新左派没有完全打消掉人们的质疑，即使质疑工人阶级历史和文化复杂性的声音不绝于耳，汤普森仍不能对他所说的‘麻木的政治意识’做出有

---

① “New Left and CND”, *The Spectator*, May 3, 1962, p. 13.

② [英] 阿瑟·马威克：《一九四五年以来的英国社会》，马传禧等译，北京：商务印书馆，1992年版，第104页。

③ [英] 玛德琳·戴维斯：《资本主义新变化与新左派的“丰裕社会”之争——论英国新左派在社会主义论战中的思想贡献》，《南京大学学报（哲学·人文科学·社会科学）》2014年第1期。

效的解释。在某种程度上,新左派理论者普遍对工人阶级的自组织不抱以信心,甚至有些人对共产主义也不再产生兴趣,但他们还是在与之相关的工人阶级问题上做了不少的探索工作。"①在如何对待当时无产阶级的问题上,新左派自身是十分矛盾的。随着"丰裕社会"的到来,他们"从全局的角度否定了'物质条件提升会腐蚀或腐化工人阶级的阶级性,或导致去无产阶级化和偏离工党'的观点",虽仍然相信劳动者们能够发挥出重大的作用,但也不认为他们对于工党的支持就能够对当时"丰裕社会"的政治进程有所影响。②可见,第一代英国新左派理论者由于怀揣一定的浪漫主义和理想主义,依旧对劳动者抱有很高的期望,这是与第二代理论者的重要差异。

最后,左派政党都开始脱离工人阶级,而专注于资本主义制度内部的政治权力斗争。作为工人阶级的政党,英国共产党的领导者们实行的是"人民阵线主义"(Popular Frontism)理念,或者是"没有贝文的贝文主义"③——将政策的实现置于议会和国家机器之中,而缺乏根本的阶级意识。在英国左派的组织中充满了"党派主义"和散漫的作风,而这些却被当作司空见惯了。麦金太尔认为:"如果这样如何才能实现社会主义呢?答案就是通过教育以及其他方法塑造出一种社会主义感,并渗透到资本主义的体制之中,使其瓦解。"④但他也指出,实际上这里有一个缺陷,那就是人们往往不能够区别工人运动之中官僚组织扮演的角色究竟是什么,以及它们在多大程度上影响着这个社会。由此看来,新左派理论者对官僚主义的批判,实际上就是站在组织性的角度进行的。他们仍然希望在一种组织架构的引导下有效地开展斗争。诚然,失去组织引导是英国左派运动的一个重要缺失,"这样的根源在于对社会民主和共产主义中官僚存在的否定和批判。但是这会留下一个缺口,那就是是否还能够提供一种革命化的领导型政治关系"。⑤这导致新左派

①② [英]玛德琳·戴维斯:《资本主义新变化与新左派的"丰裕社会"之争——论英国新左派在社会主义论战中的思想贡献》,《南京大学学报(哲学·人文科学·社会科学)》2014年第1期。

③ "人民阵线主义"由"人民战线"(Popular Front)引申而来。广义的"人民战线"是指20世纪30年代在欧洲和美国形成的组织,尽管使用统一称谓,但是在各国的组成和使命往往不尽相同。在英国,"人民战线"主要由自由党、工党、共产党以及丘吉尔领导下的保守党中的部分党员所组成,是旨在反对纳粹的联合战线。埃纳英·贝文(Aneurin Bevan)是威尔士工党的一名政治家,在艾德礼政府期间担任过卫生大臣。他致力于工人的公平待遇诉求,并长期在议会中坚持这一理念,成为国民医疗保健制度建立过程中的关键人物。贝文主义则泛指英国工党内部在一定程度上支持公有制的社会民主派,即所谓"温和派"普遍持有的立场。

④ Alasdair MacIntyre, "The 'New Left'", *Labour Review*, Vol. 4, No. 3, October-November 1959, p. 100.

⑤ Alasdair MacIntyre, "The 'New Left'", *Labour Review*, Vol. 4, No. 3, October-November 1959, pp. 99—100.

运动组织的松散化。

从客观上来说，英国共产党之所以选择资本主义议会民主而非阶级运动，是同工人阶级对这一政党支持的脱钩紧紧联系在一起的。英国共产党较意大利和法国的共产党在本国的影响要弱得多，尽管这样，后两者实际上也因为诸多因素而无法在国家政治中扮演应有的角色。与之相伴的一个事实便是，西方国家的选民对于共产党获得政权并没有太多的信心：“要不是主要因为共产主义处于脆弱和困境之中，不管它们的缺点是多么的突出，也没有理由相信它们身上的这些缺点会充分地排斥更多的选民和支持者。一个不争的事实是，在任何一个西欧社会里，大多数人都不会朴素地支持共产党领导的社会革命，无论共产党人们说或做些什么。”①麦金太尔分析了马克思主义在英国与苏联两种不同的政治存在状况，认为马克思主义在英国的发展显然不能够真正反映马克思的政治构想。在英国，马克思主义左派缺乏理论支撑，因而在革命目标和方式上不能具备成熟的观点。对于部分工党党员，麦金太尔亦进行了批判，指出他们倾向资本主义的内在。

从 1959 年末开始，麦金太尔已不再系统地关注社会主义人道主义，也与新左派阵营渐行渐远，但这几年中的研究已经为他后来构建具有亚里士多德德性论特征的马克思主义“第二形态”奠定了坚实的基础。在第一个阶段，麦金太尔试图发掘马克思主义中的德性元素，但现实中的斯大林主义使他质疑社会主义究竟能不能让人得到自由，会不会令社会走向极权化道路。正是在这种质疑下，麦金太尔第一次把注意力集中到人的欲望上来。在第一个阶段中，随着社会和社会主义运动形势的不断变化，他愈发对资本主义民主运动和社会主义运动失去信心，慢慢放弃了对社会进行整体政治改革的期望，而越来越偏重对德性的个人化考量。关于麦金太尔此项工作的定位，总的可以将之看作其一生为之奋斗的“亚里士多德化”工程的序曲，也是马克思主义研究的重要初探。对马克思主义作一种类教义化理解是他接受马克思主义的一个条件，而对道德的追求是他转变马克思主义形态的原因。一方面，将马克思主义理论去科学化并纳入宗教分析视野中，是麦金太尔后来直接向道德研究转化的铺垫。“如果早期的成果是提出了重要的问题，那么之后他则不停在寻求完善的答案。”②另一方面，在现实中，马克思主义在西方国家的发展环境充满挑战，而苏联模式又被西方道德卫道士不断猛烈批判，使得

① ［英］拉尔夫·密里本德：《当代资本主义政治》，张亮、熊婴编：《伦理、文化与社会主义——英国新左派早期思想读本》，南京：江苏人民出版社，2013 年版，第 196 页。

② Kelvin Knight (ed.), *The MacIntyre Reader*, Notre Dame: University of Notre Dame Press, 1998, p. 1.

英国马克思主义一直处于反省和自我怀疑之中。麦金太尔“只批判了斯大林主义的辩护者们,因为在他们那里社会主义的道德核心消失在一种机械的历史进步理论中。虽然麦金太尔承认,他们的历史理论被斯大林和波普理解为真正的马克思主义理论,但他无法接受把这种理论真正解读为青年马克思的历史理论或马克思更加成熟著作的思想”。①在探索的过程中,麦金太尔在理论上坚持以人道主义为中心的探索,在看到马克思主义在英国的现实困境后,他转向德性话语,以至于说:“转而成为共产主义的道德批判家的前共产党人常常是异常感伤的人。”②这种立场的转变值得我们推敲,因为从中反映的不仅仅是以麦金太尔为代表的西方马克思主义者对马克思主义形态的探索尝试,还有马克思主义与西方社会的特殊面遇。③

① 张亮编:《英国新左派思想家》,南京:江苏人民出版社,2010年版,第181页。
② [美]阿拉斯戴尔·麦金太尔:《道德荒原笔记》,张亮、熊婴编:《伦理、文化与社会主义——英国新左派早期思想读本》,南京:江苏人民出版社,2013年版,第74页。
③ 张晓:《德性与科学的交轨——麦金太尔早期的基督教化马克思主义观评析》,《山东社会科学》2013年第6期。

第三章　在反思中探索：从马克思主义向德性伦理的始发性转向

20 世纪 50 年代末，建构社会主义人道主义的尝试，以及对新左派运动的理论反思，标志着麦金太尔已经对于马克思主义形成了自己的认知。我们看到，麦金太尔在道德历史观的建构过程中，就已经开始运用马克思主义的话语来构筑自己的伦理体系了。进入 60 年代之后，对英国社会主义和无产阶级运动的现实考察，为他对马克思主义的思考提供了丰富的现实和理论来源，并且他开始对其自身的理论价值、理论话语和理论形态进行重新审视。可以说在将近 5 年的时间中，麦金太尔已经开始审视原先的马克思主义话语和形态，并表现出对后者的反思与困惑。用学者们的话来说，麦金太尔"是在对工人阶级的未来下赌注"。①那么这种"赌注"究竟是指什么，依据又是什么，是我们需要认真思考的。

第一节　对英国马克思主义运动现实的再审视

从之前的分析中，我们可以知道，麦金太尔于 20 世纪 50 年代末并不是临时起意要加入英国的托洛茨基主义阵营的。当时英国马克思主义的发展已经分化为两个主要方向：一个是刚刚兴起的新左派运动，另一个便是托洛茨基主义思潮。事实上，托洛茨基主义在英国诞生以来，其生命力十分旺盛，以至于到新左派运动"熄灭"之后它仍旧会发出一些响亮的声音。②更加重要的是，相较于新左派，托洛茨基主义者更为重视工人的自由状况：一方面是对当时个体自由丧失的呼喊，另一方面是对大众文化取向

---

① Paul Blackledge and Neil Davidson (eds.), *Alasdair MacIntyre's Engagement with Marxism*, Chicago: Haymarket Books, 2009, p. xxxvi.

② 张晓：《21 世纪以来西方生态马克思主义的发展格局、理论形态与当代反思》，《马克思主义与现实》2018 年第 4 期。

的关注。①并且在他们眼中,新左派运动也不能够承担起工人阶级的领导者重任了。②这些立场与麦金太尔当时的思想十分吻合。因此,麦金太尔从新左派理论者到托洛茨基主义者的转变更加显得理所应当。那么,在这种角色转变的过程中,他究竟受到了哪些具体的外部影响?他又是如何看待的呢?

一、社会主义运动与政党的革命性危机

1951年,被丘吉尔领导的保守党再次在大选中击败之后,工党内部开展了深刻的政策反思。党内多数成员认为,为了改变这一状况,就需要对党的路线进行全面反思,而最关键的地方,就是工党党章的第四条"关于如何处理公有制关系与分配方式"的内容。当时党章规定:"需尽可能在公有制基础之上进行生产、分配和交换,并对每一个生产和服务部门进行广泛的监管和控制,以保障体力工人和脑力工人的成果以及最为公平的分配方式。"这一条原则决定了工党在当时对国有化和公有制生产方式的基本政策。因此,当工党内部开始对国有化政策进行反思的时候,这一条就成为党员们重点审视的对象。

麦金太尔对英国共产党和其他左派团体的革命性的质疑在20世纪60年代之后日益加深,以至于他怀疑当时它们是否还在领导属于工人阶级的"斗争"。他在《共产主义与英国知识分子》一文中,考察了当时一些党员从事的一种"利用形式主义化的"斗争,认为这些是一些"伪斗争"。在他看来,当时的无产阶级斗争已经成为一种以"避免破坏"为前提的斗争,它已经脱离了"紧张的气氛",甚至已经淡化"现实斗争"的立场:"这也只有在非洲的群落社会看到了,而这正是英国议会的基础。但是斗争的模仿物只有在这种模仿物存在,并且由那些演员们保护起来的时候才可以实现效果。尽管议会显然不能达到这种标准,但是一旦大的政党停止并收敛这种稚嫩的激进活动,他们就很难再制造出焦虑的话题了。共产党正是在做着这种事。"③麦金太尔把当时英国共产党正在从事的政治斗争的本质归纳为把在议会的争吵作为他们的政治资本和存在证明。

当时,许多人对英国共产党的这种转向持质疑或否定态度,"不仅是共

---

① Brian Behan, "Socialists and the Trade Unions", *Labour Review*, Vol. 3, No. 4, August-September 1958, pp. 121—123.

② Cliff Slaughter, "The 'New Left' and the Working Class", *Labour Review*, Vol. 4, No. 2, July-August 1959, p. 49.

③ Alasdair MacIntyre, "Communism and British Intellectuals", *The Listener*, 7, January 1960, p. 21.

产党的支持者们，还包括以维护西方文明作为主要目标的共产党人，更不用提所有还私下怀念红色革命岁月的回忆录作者们”。[①]英国共产党的大多数党员来自工人阶级，可是政治参与的环境局限令他们不得不放弃激进的革命道路，把政治任务与政治工作等同起来。当时的英国无产阶级运动面临着十分严峻而又无奈的现实：一个是苏联模式出现的种种现实弊端，另一个则是英国工人阶级罢工运动的困境。由这两个现实引发了两种关于马克思主义理论形式的存在：一种是基于托洛茨基主义立场的对斯大林主义的彻底拒绝，另一种则是与苏联马克思主义完全的理论决裂。

麦金太尔专门考察了 20 世纪 30 年代共产主义运动在英国大学中的开展状况。当时，牛津大学和剑桥大学是共产主义知识分子的聚集地。这些人具有强烈的革命激情，但是并不具备充足的理论储备：“他们并不能够重新发掘马克思主义——除了鲜明的反法西斯主义的个人英雄主义——这一突出的理论贡献。他们也不能找到一种能够制定政策，或者进行转型的理论。因此知识分子们就不能够创建政策和理论；它们也不能得以传接。”[②]不具有从理论层面创新马克思主义的意识和准备，是造成英国共产党从战后便无法实现理论和政策突破的一个重要内在原因。特别是当他们面临如何处理与斯大林主义的关系这个理论拦路石的时候，理论创新既是当务之急，又是最难实现的一个方面。“诚然，斯大林将革命置入了冰窖之中。在斯大林主义者的眼里，托洛茨基主义者们本质上是要以西班牙内战为模版，建立一种程序化的革命。共产主义者们将自己表现成为官僚民主的捍卫者。共产主义知识分子一方面想接受温和的修正社会主义，另一方面又对苏联的党内清洗表现出虚伪的遗憾。”[③]当时英国左派面临的困境是来自主客观全方位的。在战争时期，这些困境尚不会显露，但处于和平年代的时候，它们会随着共产主义的不断发展而越来越凸显出来。

可见，处于这种境遇之下的英国共产党能坚守成立之初的革命目标就显得十分不易了。处于福利资本主义国家制度之中，加上自身已无法找到合适的革命纲领，这让共产党很难在现实的社会中发挥出斗争领导作用，以至于麦金太尔称当时英国共产党几乎就差彻底放弃革命了：“英共内部与托洛茨基主义对立的人们已经在这一关节向领导地位发出了挑战，重新吁求马克思主义。为什么这种吁求没有得到响应呢？部分原因是党内的官僚化控制，以及不断受到攻击，特别是来自托洛茨基主义的批评；并且还有一部分原因是

①②③　Alasdair MacIntyre, “Communism and British Intellectuals”, *The Listener*, January 7, 1960, p. 21.

英共已不再是马克思主义的了。马克思主义的一些词汇仍然在被运用,但是它们所表达的意义却远非马克思主义的了。”①英国在北约组织中的地位是十分重要的,那么,在资本主义意识形态下如何处理与苏联和马克思主义的关系,成为英国共产党不得不面对的一个政治问题。“共产党希望在其中扮演一个消极的,至少是非对抗性的苏联的对立者。其他的社会主义者认为他们坚持销毁氢弹就是反抗资本主义的一个方面,以帮助他们避免一些外交困境和问题。”②其中出现的最大问题是英国的左派始终在现实当中不断从政治和理论立场上退却,哪怕这种退却是一种无奈之选。“二战”后,资本主义议会制度再一次居于强势地位,也令左派政党不得不一直改变策略,放弃传统的革命性立场。

以C. 德斯蒙德·格雷斯(C. Desmond Greaves)的作品《詹姆斯·康诺利的一生与时期》为例。康诺利是19世纪后期到20世纪初期爱尔兰的一位共和主义者和社会主义运动领袖。他先后加入苏格兰社会主义同盟(Scottish Socialist Federation)、爱尔兰社会主义共和党(Irish Socialist Republican Party)、爱尔兰运输和大众工人联盟(Irish Transport and General Workers Union)等组织。事实上,这个人物在相当长一段时间中并没有引起人们足够的重视,不过,随着苏格兰和爱尔兰政治与社会主义运动的逐渐兴起,康诺利的影响不断增大。当格雷斯在1961年出版了介绍康诺利的著作之后,立刻引起了麦金太尔的兴趣,麦金太尔在当年的《国际社会主义》杂志上发表了对于这本书的评价。他认为,包括格雷斯在内的作者错误地力图淡化康诺利的社会主义者身份,甚至不再将康诺利作为共和制的开创者,其中反映了当时列宁主义的绝对影响,因为列宁主义坚决反对康诺利的“工团主义”和“民主主义”。但是,格雷斯等人在用列宁主义的标准评论康诺利时,往往会失去历史视野,所以无法用康诺利来反省列宁主义自身,这也是列宁主义遇到的问题。③

对此,麦金太尔尖锐地指出,马克思主义者在当时已经失去了明确的政治目标,而政治目标的失去,实质上根源于对马克思主义方法论的淡忘。“当马克思主义者们批判基督教乌托邦主义与其他的乌托邦主义并无两样的时候,他们同样是空想的,并缺乏改变历史的方法。乌托邦主义是逃避现

① Alasdair MacIntyre, “Communism and British Intellectuals”, *The Listener*, January 7, 1960, p. 21.

② Alasdair MacIntyre, “Is a Neutralist Foreign Policy Possible?”, *International Socialism*, 3, Winter 1960/1, p. 26.

③ Alasdair MacIntyre, “The Man Who Answered the Irish Question”, *New Left Review*, 8, March-April 1961, p. 66.

实的，因为在社会中出现大规模的转变，事实上是不可能的，这应当由一些小的方面开始，并且看起来没有可能。”①而马克思主义者们往往又会寄希望于发起大规模的社会运动。在他们看来，基督教对上帝的信奉是在利用一种神秘化的话语来阐述社会现实，但是他们却不知道，其实英国马克思主义与基督教一样，在力图避免经验化的同时却经历着无原则的煎熬。只不过两者在现实中面临完全不同的处境：“实际上在20世纪60年代的英国是很难将基督教与马克思主义放在一起进行讨论的。一个较之前更加受到偏爱，而另一个却更加被轻视。在我们这个社会中马克思主义者已经是一小群被孤立起来的人了，而成为一名基督徒则是中产阶级兴起的虔诚浪潮的一部分。在20世纪30到40年代，英国大学中的学生基督徒受到的最大环境影响来自马克思主义，到了今天却是虔信主义和教会主义了。”②马克思主义的社会影响在20世纪60年代的英国急剧下滑，对于左派理论者来说，他们要面对的是民众源自生活水平提升和精神世界转向所导致的对马克思主义的疏远，这也是导致他们“悲观主义”的重要因素。

英国马克思主义发展的无目的性在现实中也表现得非常直白。马克思主义者们对当时称得上是“运动”的无产阶级政治事件都能够表达同情，且特别热衷于回望曾经发生的运动，革命情怀看上去依旧十分浓烈。尽管部分马克思主义者们的斗争意识还没有完全丧失，他们对政治改革仍然持有“激进的宣言”，但是在麦金太尔看来，这些只是马克思主义者们表现出的一种表面的态度，他们的真正态度往往会产生巨大分歧，这与基督教有一定的共同性：“基督徒们发现他们与马克思主义者和其他不信仰基督教的人们在一个深厚的基础之上肩并肩相处着。在同一个问题下他们都会分成不同的由基督徒组成的意见群体。这就解释了为什么在遇到问题的时候他们内部都会有不同态度。”③但是这显然不是麦金太尔的全部目的。麦金太尔甚至认为，基督教和马克思主义在一定层面上可以产生密切的相互作用：“我想说明的是，在参与一些政治和社会运动的时候基督教可以推动它的一些激进教众离开教堂，选择马克思主义。”④这正与麦金太尔之前对马克思主义者们的政治态度的总结相吻合：基督徒和马克思主义者们事实上都是在一种乌托邦理想的前提之下推动各种社会活动，并制造着他们的观点。

① Alasdair MacIntyre, “Marxists and Christians”, *The Twentieth Century*, Autumn 1961, p. 30.
② Alasdair MacIntyre, “Marxists and Christians”, *The Twentieth Century*, Autumn 1961, pp. 28—29.
③ Alasdair MacIntyre, “Marxists and Christians”, *The Twentieth Century*, Autumn 1961, pp. 35—36.
④ Alasdair MacIntyre, “Marxists and Christians”, *The Twentieth Century*, Autumn 1961, p. 36.

他们之间并不是相互隔绝的,在遇到一定的政治问题的时候,是完全可以走到一起的。

那么,与英国社会上流传的理论和文化相比,马克思主义和马克思主义者们还有什么特别的社会与政治立场吗?答案似乎是:越来越少。这就是麦金太尔越来越对英国马克思主义产生疑惑的原因,以至于他将马克思和恩格斯曾经与宗教的关系考虑了进来。费尔巴哈的宗教制度思想深刻影响了马克思主义者,麦金太尔甚至认为后者对于经济活动的一些描述也可以用教义化的话语予以解释。“马克思主义中的宗教维度对其产生了不利的影响,并且为它的腐败埋下了祸根”,这尤其是就斯大林主义来说的,“并且那些与斯大林主义决裂的马克思主义者们也留有一些宗教因素,尽管这些影响并不显著,而那些新的宗教批判者也一直认为他们自身是自由的”。①麦金太尔认为,当马克思主义者们怀有这些宗教意向的时候,会不可避免地损伤整个马克思主义。因此,从根本上说,尽管麦金太尔早期非常热衷于运用宗教话语,而就理论体系的构建过程来看,他实际上并没有接受这一话语用于构建其理论。

除了基督教给马克思主义者带来的影响之外,当时马克思主义者内部也产生了改良主义这种思想倾向。“改良主义并不是我们政治对手的措辞,它正是我们一直难以摆脱的意识形态空气。我们将改良主义纳入日常生活的交流之中。反对它就像我们的反对者那样反对我们自身。”②改良主义在当时影响十分广泛,以至于麦金太尔将之不仅仅是作为一种理论来予以对待了。它已经成为一种悄然改变人们思想和整个社会生活的潮流。“他们(改良主义者——引者注)成长于资本主义内部,了解了一些合理化和控制的层级,并依据社会现实描绘出了对社会进行再调整的理论。认为在改良主义之前应当是资本主义的扩张,而无产阶级运动只是在表面上还维持着其目的和理论,但在事实上只是为了在资本主义内部尽可能获得最大利益。”③对修正主义的分析实际上是麦金太尔从另一个角度对当时英国社会主义现状的考量。正如之前他提到了功利主义,目的都是相同的,即英国本土的多元化思潮给英国马克思主义的发展带来了太多的不稳定性。

麦金太尔认为,功利主义和修正主义的出现和扩张既是无产阶级革命失

---

① Alasdair MacIntyre, “Marxists and Christians”, *The Twentieth Century*, Autumn 1961, p. 37.

② Alasdair MacIntyre, “Rejoinder to Left Reformism”, *International Socialism*, 6, Autumn 1961, p. 20.

③ Alasdair MacIntyre, “Rejoinder to Left Reformism”, *International Socialism*, 6, Autumn 1961, p. 21.

去目标的标志，同时也是原因。工会在社会政治进程中作用的加强，表面上是工人阶级的利益得到进一步保障，但是从另一方面来说，也是在不断维护资本主义制度的合法性。随着工人阶级对资产阶级政党政策的接受，英国社会主义运动在不断分化中走向平静。一个方向是运动的领导权逐渐转到议会和政府之中，而另一个方向，则是工人大众与中产阶级逐渐合并，革命主体的边界不断模糊。原本的运动机构也成为"资产阶级社会的机构"，以及"私人而不是公共的部门"了。这一过程是持续的，麦金太尔称之为"渐进主义"。"对于这些部门的接受就是对一种支持而不是战胜的改革——这是最好的方式——的接受。改良主义的模式是那些工人阶级自身能动性的最小化形态。工人阶级的能动性来自他们看到自身被迫接受被异化了的角色，从而要打破资本主义经济和政治系统的革命性。社会主义就是人的能动性的集合。"①可是在现实之中，工人阶级完全接受了修正主义理论，以至于他们的活动也"离开了工人阶级本身"。这种源于物质、体现在精神层面上的主观变化，成为无产阶级革命的"最大敌人"。

二、无产阶级知识分子的现状

那么，既然无产阶级运动已经失去了继续发展的客观条件，又是什么使其还能够在社会中继续保留发生的可能性呢？麦金太尔认为，对这一过程产生实际作用的当属那些知识分子们了。在当时的英国，斯大林主义作为一种绝对化的教义产生了巨大的影响，但是如果没有知识分子们的审视与批判，它在英国的影响是不可能如此巨大和深刻的。在麦金太尔之前的一些马克思主义的研究者们先后注意到斯大林主义和英国现实之间的巨大鸿沟，加上他们吸收了一些反斯大林主义的马克思主义观点，这些为之后对斯大林主义的彻底性清算做了重要的铺垫。由于知识分子们的这些努力，马克思主义的理论工作在当时能够不断获得新的发展动力和视野。但是，左派知识分子也面临着一些立场问题，会影响他们的理论成果："这些成功知识型社会的美妙氛围反衬出人们在激进变迁之中产生的焦虑。人们并不会从一些册子中寻求希望；当然，这些册子对于他们来说也都是夸夸其谈和庸俗的。这些伟大马克思主义知识分子们写出来的册子被当作旧论加以评判和否定；'左派知识分子'就是自诩像克罗斯兰那样的'可以运用庄严语句'的当代知识分子。"②虽然知识分子们表现出对马克思主

① Alasdair MacIntyre, "Rejoinder to Left Reformism", *International Socialism*, 6, Autumn 1961, pp. 21—22.

② E. P. Thompson, *Out of Apathy*, London: Stevens & Sons Limited, 1960, p. 196.

义的坚持,但是,从理论形成的基本立场和方法来说,其思想同马克思主义的原理是很难称得上一脉相承的。再加上客观因素的不断改变,英国社会主义运动的方向亟待修正。可见,麦金太尔对当时左派知识分子们的理论状态和立场倾向产生了深深的质疑。

麦金太尔将英国共产党党员按理论工作状态分为三种类型。第一种类型的党员是从理想主义转为庸俗主义。当时大多数的知识分子已经不再坚持原有的理论理想,而是随着政治时局的变化而随波逐流。特别是在“二战”后资本主义与社会主义的对决异常紧张,再到接下来社会主义阵营内部出现了包括“布拉格之春”等严重政治动荡的时候,不仅资本主义理论界弹冠相庆,一些立场并不坚定的社会主义知识分子也轻易转变了思想观点。通过这些现象,麦金太尔看到了当时知识分子们对于马克思主义的摇摆态度,他们仿佛表现出了与左派政党相似的立场变化。即使他们的立场不需要像政党那样得到广泛宣扬,但是这种转变也会在理论层面阻碍马克思主义在英国的本土化发展。像帕·达特(R. Palme Dutt)和詹姆斯·克鲁格曼(James Klugmann)这样的知识分子在左派中的地位和影响已经显得愈加另类了。麦金太尔认为,克鲁格曼对铁托(Josip Broz Tito)的支持和声援在当时已经被认为是一种“孤僻的”声音,因为他们所具有的坚定的理论立场在当时已经不再多见。

第二种类型的党员力图将原本“神秘”的马克思主义转化为一种普通的理论。事实上,对于英国新左派理论者来说,马克思主义始终都不是一种玄奥的学科,他们正是试图从英国化的角度来重新诠释马克思主义。“这专门是指那些已经在马克思主义道路上行走了一段路程的,然后又返回自由主义中的人。但是我没错的话,他们在党内发生的这种转移并不是看起来的那种自由主义的。他们也不是在从事一种危险革命;共产党借助革命词汇提供了充足的安全域。当一个人听到一位前共产主义者重新回到议会民主之中提起他们在党内的日子的时候,就会想到约翰·班扬(John Bunyan)对在周末玩草坪游戏的极端自责。”①麦金太尔这段话的意思是,就英国马克思主义的理论前景来说,理论者们应当肩负起将马克思主义重新拉回现实英国社会的任务。可是在这一过程中,自由主义严重扰乱了一些人的思路,让他们在理

① Alasdair MacIntyre, “Communism and British Intellectuals”, *The Listener*, January 7, 1960, p. 23. 约翰·班扬是17世纪英国的一位传教士,著有《天路历程》(*The Pilgrim's Progress*)。一天,他在户外玩着一种“棒击木片”的游戏。忽然仿佛听到有人在问他:“你是要丢掉你的罪去天堂,还是带着它去地狱?”由于礼拜天是清教中的安息日,体育活动是被禁止的,因而班扬认为这是上帝在斥责他的放纵。从那以后,班扬就带着忏悔,专心从教,创作出大量的宗教作品。

解马克思主义的时候不免会出现价值观的偏离。一些人即使仍然在坚持以一种看似马克思主义的方式进行理论工作，但是实际上已经转向了自由主义的话语体系和思维之中。

第三种类型的党员与前两种大有不同。他们看到自身的革命激情和信念在党内已经没有意义，因而退出了共产党。但是他们并没有放弃马克思主义。英国共产党知识分子们的这些状态是由党的实际状态直接决定的。当时，英国共产党已经不再使用革命方式进行斗争了，对现实和政治的妥协让党员们认为这一组织已经无法满足和匹配他们的革命激情。尽管当时的英国共产党表面上还在维持着左派的革命态度，可是其非左派政治路线造成了党内的极大分裂。“不仅有很多人在宣传离开右派，还有同样重要的——或者更重要的——是宣传离开左派。那一些因为苏维埃压迫而离开匈牙利共产党的人都是站在这一道路上。当时在党内爆发了起义，一些与党内主流立场对立的书刊得以出版，并且开始诉求一种道德原则——这被一名党的管理者形容为‘良心的傲慢表达’——之后，他们就离开了左派。”①那些理论者，甚至是那些已经脱离共产党的人都应当或者原本应当坚持参与这一工作。马克思主义自身是拥有充足的话语和方法论来搭建理论体系的，即便在现实中出现了同马克思主义形成之时完全不同的情况，但是也应当运用其他的话语方式坚持创造新型理论话语。

到了“二战”结束，冷战开始，苏联社会主义模式出现的问题让英国共产党的发展环境变得更为严峻，其政治表现和理论贡献的停滞不前，甚至是倒退，成为当时的主要表现。由于被选举制度牵绊，英国共产党已不再注重与工人群众的关系，这让马克思“哲学与无产阶级不可分离”的论断失去了现实意义。麦金太尔认为，费边主义和斯大林主义之间的关系是十分紧密的，认识到这一点，就可以理解苏联向斯大林主义的转变并不是由于本质的自由滑坡，而是综合因素使然。只不过，英国马克思主义所面临的是另一种完全不同的境遇罢了。“这些语句是30年代左派知识分子对意识形态的一种彻底的表达。如果我是正确的话，这种意识决定了共产主义知识分子们脱去马克思主义的外衣，而不是保持现状。这就是我所指称的，他们不会再成为同路人而成为H. G. 威尔斯视野中的左翼，或者保护苏联。”②英国知识分子一方面要反思既有的社会主义模式；另一方面，也是更重要的，即思考马克思在英国的未来发展道路问题。“那些分析英国知识分子和马克思主义的关系，

①② Alasdair MacIntyre, “Communism and British Intellectuals”, *The Listener*, January 7, 1960, p. 23.

并将之仅仅作为是一段插曲的历史学家已经无法再重新回到马克思主义中来。但是如果我是正确的，我会认为那些对30年代英国共产主义知识分子的控诉是在控诉斯大林的马克思主义，而不是马克思的马克思主义。英国知识分子与真正的马克思主义的遭遇关乎的不是过去，而是未来。”①不论是在新左派阵营，还是在托洛茨基主义阵营中，麦金太尔都十分关注英国马克思主义的创新精神，也可以说，正是因为这种关注，推动他更换阵营、改变话语。

麦金太尔指出，知识分子除了要实现马克思主义的理论创新之外，在未来的革命实践中也不应当墨守成规。作家、科学家、教师和记者在创造和传播知识的过程中各自扮演着相应的角色，但是这些工作本身的性质是需要认真定位的：“如果我们在未来墨守成规的话，那么他们非但不能够创造可能性，相反会消灭它们。一些相对较早的，比如将我们从汽灯时代带到毒气时代的科技已经被能够在广岛和长崎将我们毁灭的科技所替代。知识的成功在想象和现实的毁灭之间盘旋。”②麦金太尔在这里实际上是要指出，当代的知识分子在面对社会问题的时候，需要承担的是一种自由战士和革命者的角色，但是在现实中他们的表现却不尽如人意：“18世纪和19世纪前后，出于种种原因，知识分子都成为官僚制思想的牺牲品”，“当代知识分子的因循守旧不仅体现在他们无法进行中立的思考，还在于他们不能作为倾听和反映的听众。知识分子的冷漠已经深深扎根，表现在对于工人阶级的态度上，并且他们也同样表现出了因循守旧的态度”。③知识分子们要在那种状况下有所作为，还需要具备很多条件，比如改变环境的意志、对无产阶级革命的聚焦、科学的英国化方法等。

而在当时，英国左派知识分子特别关心的，往往只囿于一些学术概念。“在我们的知识先辈中，18世纪的启蒙者，以及他们后来的继任者，都参与到了理性概念、自由和使这两者实现的政治思考之中。我们不禁要问这些知识分子，是什么样的社会压力让他们陷入并不快乐的世界之中；但是又是什么阉割了他们的思想，让我们的文化被知识带有的社会能量掠夺了。当然，这一问题的答案并不只是涉及知识分子本身；而是需要问是什么导致了知识分子的漠然。”④麦金太尔在离开新左派之后的一系列作品中，认真审视了知识

① Alasdair MacIntyre, “Communism and British Intellectuals”, *The Listener*, January 7, 1960, p. 23.

② E. P. Thompson, *Out of Apathy*, London: Stevens & Sons Limited, 1960, p. 197.

③ E. P. Thompson, *Out of Apathy*, London: Stevens & Sons Limited, 1960, p. 198.

④ E. P. Thompson, *Out of Apathy*, London: Stevens & Sons Limited, 1960, p. 199.

分子的理论工作，提出一些人表现出的置身事外的态度，或者将马克思主义和其他理论进行庸俗化理解，进而进行一些无力的争辩，这些不论是对社会主义运动，还是对未来实现人的自由解放来说都是徒劳无功的。在此，麦金太尔就以启蒙精神的继承者黑格尔和马克思为例，阐述了知识分子应有的担当。

我们在解读麦金太尔的《马克思主义：一种阐释》时提到，马克思从黑格尔那里继承了宗教批判旨趣（尽管立场相距甚远），并获得了一种重要的历史性分析方法。更重要的是，麦金太尔将黑格尔、马克思和英国左派的知识分子们进行对比，说明后者已经完全丧失了前两者所具有的批判性和创新性学术精神。黑格尔、马克思的作品往往是由于理性、自由、人性或者历史观念的“发酵”而产生的，“来自思想的内在”，而非一些随意的幻想。就黑格尔而言，“他的思想的力量并不是无缘无故来自某个人笔下的美国和法国革命，而是他在图宾根学习期间所梳理的自由理念。不同于从华兹华斯到马尔罗这些继任者对革命政策的模糊认识，黑格尔从来没有改变他年轻时候对自由的信仰”。①要意识到，自由概念才是黑格尔分析人类行为的前提，这样才会真正理解人的意图和目的。

三、英国马克思主义的“理性枷锁”

麦金太尔认为左派知识分子斗争意识的消失，是因为他们认为马克思主义理论在英国的发展已经到了“最终”的形式了。他提出了一个学术研究者应承担的义务：应当提出针对现有社会制度的关于人类活动的新知识领域。他认为，知识分子应当考虑如何冲破社会各种规则命名，形成新的理论体系，并将之称为“打破理性枷锁”。②知识分子们可以阐述自己的立场，将自身置于社会发展的机械化规律之外，发掘新的行为和意识范畴，把人的意识和行为纳入社会的整体发展之中考虑。

麦金太尔分析了马克思主义在英国与苏联两种不同的政治存在状况，这两种模式都不能够真正反映马克思主义的政治理念。在英国，左派理论的创新缺乏基础理论支撑，因而在革命目标和方式上也不能形成成熟的观点。麦金太尔在 1963 年撰写了一篇时政性很强的文章《走向欧洲》。在这篇文章中，他直接表达了对英国左派的负面情绪，指出在理论方面，左派表现出了独断性和自满，而在政治方面，左派政党已完全迈入了“英语帝国的序列之

① E. P. Thompson, *Out of Apathy*, London: Stevens & Sons Limited, 1960, p. 200.
② E. P. Thompson, *Out of Apathy*, London: Stevens & Sons Limited, 1960, pp. 212—213.

中”。①对于部分工党党员，麦金太尔亦进行了批判，指出他们开始倾向于资本主义，各种资本主义意识形态掺杂于他们的政治思维之中。这种情况背后有着重要的现实原因。在同年发表的文章《预言与政治》中，麦金太尔指出，与恩格斯依据马克思主义所作出的资本主义的灭亡预测相比较，现今的资本主义展现了新的变化，导致部分新左派理论者难以坚持原有的马克思主义基本立场。首先，资本主义经济得到了持续性发展，资本主义的资本利润上升了，而不是下降了。马克思在《资本论》中提到，在资本主义社会中，资本利润率的下降是一个必然现象："在资本主义生产方式的发展中，一般的平均的剩余价值率必然表现为不断下降的一般利润率。因为所使用的活劳动的量，同它所推动的对象化劳动的量相比，同生产中消费掉的生产资料的量相比，不断减少，所以，这种活劳动中对象化为剩余价值的无酬部分同所使用的总资本的价值量相比，也必然不断减少。而剩余价值量和所使用的总资本价值的比率就是利润率，因而利润率必然不断下降。"②只不过，在资本主义国家发生的由社会生产力恢复而出现的社会财富增加的现象，让新左派理论者忽视了包括马歇尔计划、政府大规模投入及其他非市场经济措施的前提，以至于他们产生了误解。其次，资本主义的扩张更为迅速。马克思在《资本论》中阐述了资本的积累过程，在提及"所谓原始积累"部分时，他说道，随着资本主义的发展，资本家之间的竞争会愈加激烈和残酷，"各国人民日益被卷入世界市场网，从而资本主义制度日益具有国际的性质"，"生产资料的集中和劳动的社会化，达到了同它们的资本主义外壳不能相容的地步。这个外壳就要炸毁了"。③资本主义的海外扩张，在短期内没有遇到被殖民地人民的剧烈反抗，反而在扩张的速度上依旧十分快速。最后，从马克思的上述表述也可以看到，由贸易联盟带来的剥削现象更为严重。④当然，马克思在世时，资本主义向帝国主义的转变并没有像之后那么显著，但是他也看到，贸易的扩大化和资本之间的竞争造成剥削的加深也是必然的："随着那些掠夺和垄断这一转化过程的全部利益的资本巨头不断减少，贫困、压迫、奴役、退化和剥削的程度不断加深，而日益壮大的、由资本主义生产过程本身的机制所训练、联合和组织起来的工人阶级的反抗也不断增长。"⑤不过，英国社会的现实也不利于这一论述的证实。因此，社会主义和马克思主义在英国处于"内忧外患"之中，这让麦金太尔越来越质疑，究竟左派们的那一种马克思主义

---

① Alasdair MacIntyre: Going into Europe, *Encounter*, Vol. 22, No. 2, February 1963, p. 65.

② 《马克思恩格斯文集》第7卷，北京：人民出版社，2009年版，第237页。

③⑤ 《马克思恩格斯文集》第5卷，北京：人民出版社，2009年版，第874页。

④ Alasdair MacIntyre, "Prediction in Politics", *International Socialism*, 13, Summer 1963, p. 18.

的发展思路还能不能推动马克思主义在英国继续发展下去。至于苏联，麦金太尔在《马尔库塞、马克思主义与整体》中，通过批判马尔库塞，凸显苏联马克思主义模式的意识形态化，对当时联盟内部的政治状况进行了再审视。他指出，虽然赫鲁晓夫也曾说东方与西方的经济竞赛是阶级斗争的现实表现，但却不能就此认为苏联的马克思主义是完全建立在现实之上的针对资本主义的教义。马尔库塞认为苏联的生产关系和上层建筑存在着一系列问题，不能只把这些归结为是意识形态作祟，忽略了“俄国社会主义也是人类社会，而不只是理论和权力体”这个问题。①因此，真正的马克思主义政治形态应当是一种超越了人的物质行为的“客观活动”，②一种摆脱了斯大林主义官僚制虚伪意识形态的自由化革命。

马克思认为，人的实践是在客观环境中进行的，人自身也会随着环境的改变而改变，但是人应当摆脱种种限制，实现全面发展。“正如马克思所看到的，这种规律会把生活在社会中的人分成两个截然不同的群体，一种是知道它的人；另一种是不知道它的，进而为之所指使和操纵的人。传统的马克思主义就是要避免这一不同：它希望将广大的牺牲者和傀儡转化成为自身命运的控制者。可是斯大林主义将马克思主义理论当作目的和固定不变的历史理论，期望政党官僚们可以运用他们的知识，解放那些尚待解放的人。”③对于当时的知识分子来说，要运用他们自身的理论主张抵抗这一种机制显然是不切实际的。因为当时社会的整个理论和教育体系都在走入一种象牙塔式的封闭模式之中。“语言文学、历史和哲学成为现代公民化大学碎片化体制的标志。当现代大学成立英语系的时候，盎格鲁-撒克逊世界尝试按照课堂对语言学的实际需求进行教授。并且在古老和现代大学中，这些碎片化体制往往会被当作人类文化进行考察，彼此之间存在着的联系也往往被忽略掉，它们作为人类文化和社会组成部分的事实并不会得到认可。”④这就是战后西方高等教育，特别是人文社会科学教育的一个真实写照。

高等教育带来的影响是不可忽视的。“从事这些学科中的某个研究都像是在逛博物馆；每一个展品被有秩序地展出，我们像参观者一样同它们保

---

① Alasdair MacIntyre, “Marcuse, Marxism and the Monolith”, *The New Reasoner*, 9, 1959, p. 140.

② Alasdair MacIntyre, “Review of *Religious Belief* by C. B. Martin”, *Philosophical Quarterly*, Vol. 12, No. 48, 1962, p. 182.

③ Alasdair MacIntyre, “Communism and British Intellectuals”, *The Listener*, January 7, 1960, p. 23.

④ E. P. Thompson, *Out of Apathy*, London: Stevens & Sons Limited, 1960, p. 205.

持一定的距离。但是只要想象自己已经死了,并且对它们进行凝想,就会发现它们之间的关系。只要选择将它们看成是活着的,像你一样,只不过和你的关系没有被描述出来而已。"①理论体系的分割造成了知识分子们视野的局限性。他们真正创作出来的理论成果也面临着现实的考验。因为这些成果不但来自一些与现实无关紧要的课题,同时它们在社会中也被权力利用,由于并没有一个真正的标准去测试,因而也就极易在社会中形成一些不适当的影响。"因此,所有的讨论都是关于方法的;大学的教师都成为行政管理者,他们不得不接受来自工业和政府化的框架,以及过去的人文科学框架。行政人员们极度保守,他们的批判理论都是基于一些既有的结果。这里没有为什么,只有应该。"②因此,麦金太尔并不是要突出理论与实践之间的断裂,而是整个英国的理论成果在现实的条件之下已经不再具有张力,成为符合社会生产关系的大众化产品。

麦金太尔对于当时知识分子们的理论活动是持批判态度的,他甚至称之为是"失败的",并将矛头直接对准了英国的社会化理论系统:"现在我们应该脱离跨过行政压力的框架。当然,人类科学同样也被框定着,一方面成为抽象的学科规则,一方面又运用在培养私人经理和助手。但是我们的困境不是他们会做什么,而是不得不做什么。"③失去创造性,是整个英国理论界的共同特征。当然,这也同"二战"后资本主义和社会主义双方阵营意识形态的强化有密切关系。

对于社会主义运动来说,究竟如何不断提高无产阶级运动的社会影响力,是马克思主义者一向致力于探索的。当然,这一问题对左派知识分子来说也是十分巨大的挑战。首先,他们对现实的把握缺乏基础性原则。在考察社会现实的时候,他们往往无法把握马克思主义唯物史观这个基本前提,因此创造出来的理论并不能够拥有科学化的阐释路径。其次,他们对现实的把握往往是基于过于琐屑的案例,并且他们从中得出的结论也往往过于简单,只看到一些事物与事物的简单联系,把单纯的物与物的关系作为社会关系的整体。"这让我们忽视了一点,就是除非你把眼界放远一点,否则不可能理解人为什么要在初级社会之中进行反抗;并且除非你真正知道你希望运用自己的神经系统来解释什么,否则就一定不能够用它来解释任何东西。"④麦金太尔引用了马克思排除机械论的典型例子。他认为,马克思能够对达尔文的

---

① E. P. Thompson, *Out of Apathy*, London: Stevens & Sons Limited, 1960, p. 206.
② E. P. Thompson, *Out of Apathy*, London: Stevens & Sons Limited, 1960, p. 207.
③ E. P. Thompson, *Out of Apathy*, London: Stevens & Sons Limited, 1960, p. 209.
④ E. P. Thompson, *Out of Apathy*, London: Stevens & Sons Limited, 1960, pp. 214—215.

一些思想进行挑战，因为马克思虽然同样承认不能够单一地从现实社会形态向之前推进，但是他拒绝了一种错误假设，即后一社会（复杂社会）现实无法为前一社会（简单社会）提供分析依据，因为这无助于左派知识分子们将机械论从历史观中分离出来。于是，马克思就能够对历史规律形成一个统一的阐述。但是，由于英国知识分子们过度倚重经验主义，忽略了对历史和社会的整体性思考，故不可避免地被经验性和机械性牵引了。“在经验主义名下会形成一种为众人接受的思维方式，那就是人类科学究竟应当成为什么样子的。识别客观化和中立化的学术标准就是要让我们意识到缺乏标准的重要性。但是就算人们具有这一态度，也会在一些观点上发生分歧。”①当然，这也是与英国的传统文化紧密相关的。对于类似麦金太尔的新左派成员来说，在浓厚的经验主义思维惯性当中坚持马克思的革命意识，是一次主观上的长期斗争经历。

英国知识分子由于难以打破理性枷锁，只能不断地搜集社会现实，无法了解真正的“社会一般理论”，并且还认为这些理论是无关紧要的。麦金太尔以波普作为分析对象，特别是针对其历史观点。②他认为，波普显露出了一个错误的立场，那就是认为历史经历可以仅凭一种或多种规律被解释出来，而不需要考虑其他的基本条件。波普精确描绘出了人类社会中的一些既有的社会科学，为当时的社会科学者们提供了合理的历史理念。“波普在他的社会哲学辩解中最有趣的环节，是提出那些教徒们要系统化地劝诫他人（以及遵守一种信奉，即众多的信徒在神殿中殉教就是为了证明这些教义是多么的平凡），这是同时在向我们展示理论的专业与全面。”③麦金太尔则认为，这些选项不论是哪一种都会具有逻辑上的缺陷，而波普的思想则在专业的历史观和整体性上都有问题。

波普以历史相对论作为考察不同历史阶段特征的基本方法，为不同历史阶段赋予各自固定的特征，同时认为历史中存在着一种或某些定理的说法是错误的。波普仅仅认为历史决定论对于打破“把政治历史仅仅说成是伟大的帝王将相的历史”的理论有帮助，而他的本质化的理论缺陷导致其无法形成对历史的全面理解：“如果我们把历史科学同理论科学加以比较，并且根据这个比较来考察历史科学，那么，我们就可以看到，历史科学对普遍规律不

---

① E. P. Thompson, *Out of Apathy*, London: Stevens & Sons Limited, 1960, p. 215.

② 麦金太尔于1960年发表了文章《打破理性枷锁》，在文中他将波普作为知识分子中的代表进行了分析。波普在1957年和1959年分别出版了《历史决定论的贫困》和《科学发现的逻辑》这两本重要著作。可以说，麦金太尔将波普作为当时处于理性困境的知识分子的一个代表，很大程度上正是源于后者在这两本书中对于历史和科学理论原则的阐述。

③ E. P. Thompson, *Out of Apathy*, London: Stevens & Sons Limited, 1960, p. 216.

感兴趣从而使他们陷入困境。因为在理论科学里，规律和别的东西一样是作为有关观察的注意中心而起作用的，或者作为进行观察的观点。在历史学中，普遍规律多半是很平常的和不自觉地被运用的，因此未能起到这个作用。”①人们不能够因为他们自身所认识的历史结论而编造出种种历史的决定理论，也不能够单纯凭借理性就凝练出历史的种种发展方向。因此，波普构建起了一套“纯粹的逻辑理由”，其中包括：第一，人的脑力创造，即知识，在历史中扮演着重要角色；第二，科学知识的增长是无法预测的，因而我们无法预测未来；第三，关于历史的梳理只是与特定历史阶段和社会发展程度相匹配，因而无法对未来的发展进行某种支撑。②

以此为依据，波普足以对马克思的历史决定论发起冲击。“显然，如果谁提到历史的决定论，马克思都会当作‘绝对趋势’来理解，从而标记为谬论。对于马克思来说，这种关于掌握历史的知识正是为了要改变所谓的‘绝对趋势’。因此他认为他所洞穿的‘资本主义社会运动的经济规律’并不是一种绝对趋势，而是包括我们活动在内的多种因素持续存在的趋势。而有趣的是波普错误地认为马克思是犯了严重错误的，应当将历史的进程一律看作物质实践，但是马克思却也指出过这一点。”③马克思在社会存在物质性的基础上，提出了人的实践意识。他还指出，每一历史时期的经济关系都是建立在众多的经济现实和生产关系之上的，人在这其中依靠自身的意图、需求、思考进行着能动的活动。正如他所说：“物质生活的生产方式制约着整个社会生活、政治生活和精神生活的过程。不是人们的意识决定人们的存在，相反，是人们的社会存在决定人们的意识。社会的物质生产力发展到一定阶段，便同它们一直在其中运动的现存生产关系或财产关系（这只是生产关系的法律用语）发生矛盾。于是这些关系便由生产力的发展形式变成生产力的桎梏。”④并且，正是人在活动时不断生成的与他人的关系，让人自身的经验得到增长。可见，波普虽然看到社会的客观性，但是也将发展性忽视了，因此，他还称不上是真正的历史主义者。

那么麦金太尔在这里是想表达什么呢？他认为，实际上，波普在反对历史决定论的同时确立了人的理性的特殊地位，人的理性的作用不是表现在对某种结论的支撑上，相反，正是其导致了某种结论的不成立。人的理性的存

① ［英］卡尔·波普：《历史决定论的贫困》，杜汝楫、邱仁宗译，北京：华夏出版社，1987年版，第119页。

② ［英］卡尔·波普：《历史决定论的贫困》，杜汝楫、邱仁宗译，北京：华夏出版社，1987年版，序，第1页。

③ E. P. Thompson, *Out of Apathy*, London: Stevens & Sons Limited, 1960, p. 217.

④ 《马克思恩格斯文集》第2卷，北京：人民出版社，2009年版，第591页。

在已经成为人对自身理论进行否定的前提。“科学的进展并不是由于越来越多的知觉经验随时间而积累这一事实。它也不是由于我们正在越来越好地利用我们的感觉这个事实。科学不可能从未被解释的感觉经验中提炼出来，不管我们多么勤奋地收集和挑选它们。”①波普的《历史决定论的贫困》和《科学发现的逻辑》创作时间十分接近，并且它们之间的思想也有内在的逻辑联系，从中反映出当时知识分子对人类理性的怀疑，这也阻碍了他们运用理性发掘新的理论道路。

四、重塑革命与团结的英国马克思主义

虽然当时麦金太尔对工人阶级的革命意志产生了怀疑，但是他始终坚信，完全将工人阶级排除在政治进程之外是不正确的。作为历史的主体，工人仍然具有革命潜能，社会的发展无法离开他们的实践。他们仍然存在一些在“资本主义可以容纳的范围内”请愿的举动：“准确地说，这些请愿是在工厂或特殊工业内部，因而会被分裂和冲散了；而到现在，他们超越了这些限制，并且建立起了可以将他们的生活和斗争快速组织到一起的机构，使他们避免了狭隘和鼓励，而与雇主互有得失。”②由此，麦金太尔认为工人阶级的革命性尚未消失，他也仍然基于左派知识分子的使命感，期望工人阶级及其运动组织以焕然一新的姿态重新站在政治运动的前沿。

首先，就当时英国社会和无产阶级运动的实际情况看来，置身托洛茨基主义阵营的麦金太尔仍然能够从理论、精神和现实组织角度，对工人阶级提出继续革命的构想，体现出了鲜明的革命性情怀，这一情怀直至他构建道德理论的时候都未有改变。麦金太尔认为，革命组织建设应当是工人运动中的一个焦点，因为只有组织才能够有效地重新唤起大众。因此，对于组织构建的探讨成为其革命理论中的核心议题。他依旧认为，英国工党或者英国共产党已经不能够继续担任革命的领导者，应当重新组织起一种新型革命组织。而这种新型组织，必然要重新看待英国的政治体制。“我们拥有从议会到内阁到首相决策的完整程序，政治学家可以成功地以此对英国政府进行分析……另一方面，我们已经去除了传统的政治实质，这对于影响工人阶级的经验，以及定义阶级斗争是十分重要的。在这种情形下，工人们对政治的冷漠也不会让我们感到惊奇和惊慌了。”③如果说一些学者后来将麦金太尔的

---

① ［英］K. R. 波珀：《科学发现的逻辑》，查汝强、邱仁宗译，北京：科学出版社，1986 年版，第 244 页。

②③ Alasdair MacIntyre, “Labour Policy and Capitalist Planning”, *International Socialism*, 15, Winter 1963/4, p. 8.

德性理论定性为是“集群主义”的，那么，似乎从这里就可以看到端倪。麦金太尔始终强调集体性的作用，不论是在构建德性理论时，还是在阐释革命理论时，集体始终是麦金太尔考察人的主体性作用的基本单位。

其次，麦金太尔认为，马克思主义应当在工人阶级组织中发挥更大的精神指导作用。在向托洛茨基主义立场转变的过程中，麦金太尔更加强调马克思主义的革命性品质，并且从这种品质出发，构建更加具有现实斗争性的理论。同时，组织能够让个人在政治参与过程中获得参与动力。①同时，理论可以让人们感受到成功的可能性。虽然人们在革命斗争中的每一种针对资本家们的抗争都不能简单地理解为革命的全部，但马克思主义就是在强调这些抗争的重要性和紧迫性，向人们明确斗争的科学性和必要性，同时结合人类未来的解放目标，形成有科学指导和共同价值的集体。

麦金太尔指出，社会主义运动的成员们要保持一种长久性的意识，就是要积极改变他们的生存世界。如何为社会寻找一个共同的价值观，事关社会主义运动的动力和价值观。如果寻找不到，很容易再一次让革命迷失在资本主义的美好幻觉之中。要解决这一问题，还是要从马克思主义自身找到答案。马克思主义追求的自由、解放是人类永恒的追求，也是革命的最终价值。麦金太尔认为，当时的英国工人身处的是一种不公平的社会环境，也是属于一种“特殊的”环境，这让工人阶级无法理解什么叫自由，更不用说找到通往自由的道路。“因此，通向自由的道路一定会是由一些组织所完成。他们往往不是去构建自由，而是发动工人阶级去构建。先锋政党往往就扮演了这些角色。同时，这些政党需要寻求一些方式来让它们的成员们承受住来自其他阶级的压力，来有效改变这个社会。”②自我解放是人类的共同事业，它需要人们形成一个共同目标，这也是集体形成的一个重要条件。

最后，麦金太尔认为，工人阶级应当进一步处理好个人与集体之间的关系。其中首先是要处理好个人的自由与集体的规范这对矛盾。无产阶级组织的形式并不会全部在党章或其他规章中明确用文字反映出来。对于社会主义政党来说，来自剥削阶级的自由枷锁是他们一向要致力于打破的。当个人要为自己的自由斗争的时候，却在无形中忍受着整个社会和各类组织的种种约束。因此，个人与集体的矛盾似乎始终无法在自由的层面上得到解决。

---

① Alasdair MacIntyre, “What is Marxist Theory For?”, *Newsletter*, Vol. 3, No. 124, October 31, 1959, p. 309.

② Alasdair MacIntyer, “Freedom and Revolution”, *Labour Review*, Vol. 5, No. 1, February-March 1960, p. 23.

那么，事实果真如此吗？麦金太尔认为，集体和个人并不是简单的包含和被包含关系，更不应因为矛盾而导致各自受到冲击。无产阶级本身是没有属于自己的生产资料的，因为共产党人“强调和坚持整个无产阶级共同的不分民族的利益”，“始终代表整个运动的利益”。[①]因此，无产阶级政党内部矛盾并不涉及财产矛盾，而只能是革命斗争过程中可能会产生的理论和思想差异。无产阶级政党应当是一种充分自由和民主的集体。他说：“对于这个问题的答案不仅仅是说一种特定的知识信仰必须在马克思主义政党中进行分配。事实上，组织规则应当允许小众观点在党内得以恰当的表达。如果这成立的话，那么尽管有不同的观点，也可以在理论上得到保留，而不会让‘个人’与‘集体’的斗争影响到组织的行动，进而导致在现实中的退化。”[②]知识和意识不应当成为一种私有财产，而应当被组织共同享有。不仅如此，它们还可以成为连接人与人之间关系的纽带。[③]因此，个人与集体并不存在着本质性对立，只是需要处理好彼此的关系问题而已。

麦金太尔认为，一个成熟的组织，应当具有成熟的纲领，明确成员和组织的目标、责任和权利。组织需要纲领唤醒成员的革命意识，帮助他们摆脱资本主义民主政体的迷惑，重拾对社会主义集权的决心。因此，集权、纲领两者不可分割：“在这之后，我希望那些幽灵们不再出现了……一些最为关注自由的社会主义者往往会拒绝民主中央集权。但是，如果我的论点是正确的话，这种拒绝一定会损害我们对自由自身的理解。”[④]从新左派阵营转到托洛茨基主义阵营之后，麦金太尔见识到一个新的理论和组织氛围，对左派运动的体制又有了新认识。在这一段时期，他对集权的无产阶级运动权力模式也有了新的创见。

除了重新强调作为无产阶级革命主体的工人阶级的作用和可能性，麦金太尔对于知识分子仍然报以非常大的希望。特别是在托洛茨基主义的感召之下，麦金太尔更加期望所有左派知识分子都能够真正阐释马克思主义的理论和实践指引。他指出，知识分子不应当对未来采取故步自封的态度，而要打破种种“理论枷锁”。[⑤]早在写作《共产党宣言》的时候，马克思与恩格斯就专门对当时社会主义阵营内部的不同流派进行了理论清算，同时也明确提出了对待这些流派的基本立场。他们说：“共产党人到处都支持一切反对现存的社会制度和政治制度的革命运动”，“到处都努力争取全世界民主政党之

---

① 《马克思恩格斯文集》第 2 卷，北京：人民出版社，2009 年版，第 44 页。

②③④ Alasdair MacIntyer, “Freedom and Revolution”, *Labour Review*, Vol. 5, No. 1, February-March 1960, p. 24.

⑤ E. P. Thompson, *Out of Apathy*, London: Stevens & Sons Limited, 1960, pp. 212—213.

间的团结和协调”,直至在推翻反动阶级之后“立即开始反对资产阶级本身的斗争”。①尽管马克思生前目睹了1848年欧洲革命、巴黎公社运动及其他无产阶级运动的失败,但是,他依旧对解放运动充满了激情和期待。麦金太尔在当时对马克思主义知识分子的期望,是英国社会阶层发生新变化的结果,是对马克思革命精神的另一种继承。

受到托洛茨基主义的基本立场激励,麦金太尔提出应当搜寻针对现有社会制度的关于人类活动的知识“突破点”。他认为,知识分子应考虑的一个重要方面,是如何冲破社会各种命名规则,形成新的马克思主义话语。他们需要在社会发展的固定规律之外,发掘新的行为和意识范畴,把人的意识和行为纳入社会的整体发展之中考虑。对于知识分子来说,他们在现实中面临着的是一种被迫的理论工作,新的社会和时代形势,要么让他们无暇应对,要么就让他们不得不放弃中立的工作模式,使用那些社会中流行的已经被扭曲了的思想。同时,麦金太尔还试着肯定理性自身的作用,论证知识分子在革命中可以实现的价值。

最后,麦金太尔提出全社会都应当防止日益浓厚的功利主义的侵蚀的重要性和必要性。战后资本主义的福利政策不仅给人们带来物质层面的变化,同样也有精神和理论上的影响。防止功利主义的侵蚀,从而积极地扬弃私有财产和一切异化,是争取人的真正解放的必要条件。正如马克思所说:“整个革命运动必然在私有财产的运动中,即在经济的运动中,为自己既找到经验的基础,也找到理论的基础。”②考察宗教、家庭、国家、法律、道德、科学、艺术等,实际上也应当从物质生产角度开展。可见,麦金太尔是根据马克思关于人的解放的概念,看到了解决这一问题的实质要求。在整个人类历史中,社会的更替机制应当涉及社会各方面,实际也就是对人的全方位的变革。人们在斗争中不仅需要目标,同样也需要一种长久的手段,这样的革命才能够延续:“不要屈从于诸如取得工作、获得成功、养育家庭、买房这些感觉,问题在于我们必须要找到一个理论以及一种方式能够让这些青春化的理想转化成持续的终生事业。”③对此,麦金太尔提出,知识分子要么选择像凯恩斯(John Maynard Keynes)那样,成为社会制度的维护者;要么选择像托洛茨基那样,成为勇敢的反抗者和对人的本质的守护者。革命者和知识分子所面对的无非就是这两种选择。而从实践层面来说,真正的社会主义知识分子,就应当像托洛茨基那样,有坚定的信念投身到长期、艰苦的革命斗争中去。

---

① 《马克思恩格斯文集》第2卷,北京:人民出版社,2009年版,第66页。
② 《马克思恩格斯文集》第1卷,北京:人民出版社,2009年版,第186页。
③ E. P. Thompson, *Out of Apathy*, London: Stevens & Sons Limited, 1960, p. 240.

第二节　马克思主义是什么样的理论？

在麦金太尔完成了新左派时期的社会主义人道主义建构后，随着当时英国马克思主义理论和左派运动的继续发展，他越发感觉到，马克思主义之所以在面对当时的社会经济情况时处于困窘的状态，不能够只归因于资本主义的外部影响，同样也应该归因于马克思主义理论本身。英国的马克思主义在“二战”后经历了一段时间发展后，面临着各种新问题，而资本主义则在科技革命的推动之下展现出了“新的活力”。这让麦金太尔认为已经到了对马克思主义自身进行思考的时机了。因此在之后的时间中，麦金太尔已经从“基于马克思主义”的分析，转向对马克思主义自身进行理论的话语反思，事实上他的主要意图是要在马克思的革命和实践概念的基础之上，强调人的理性作用，而将任何的历史决定论排除出去。

一、“好的”还是“坏的”理论？

马克思主义为工人阶级带来的是共产主义的奋斗目标和奋斗路径。马克思主义比其他政治理论更加能够清楚地表明，人能够理解社会变迁，但是其中也传达出了一种内在含义，就是“人必须成为条件和环境的牺牲品，并且不能本质上掌控他们自身”。①在“二战”后的资本主义社会，普通个人在社会发展中的作用被逐渐埋没。如果将社会比作大树的话，个人就像细枝和嫩叶，无法影响到社会本身的成长。这一观念不论是在当时的资产阶级那里，抑或是在一些左派分子那里，已经成为一种主要认识。在他们看来，社会的既成事实说明了社会成员在某种意义上对现实和规则的接受，社会环境是不可改变的，或者说改变的效果是非常微弱的。这一理论同样也出现在斯大林主义中。社会主义革命仍然处于不成熟的环境之中，因而出现了诸如阶级感消退的状况——这并不应当是社会成熟的标志。因此，现实的人们只能等待着某种新社会形态的来临。“他们站在英国资本主义未来结局的角度来描述社会民主主义和斯大林主义的内在差异。斯大林主义者们认为资本主义的结局就是它的迟早灭亡。社会民主主义者们认为现代资本主义者运用的体制能够保证资本主义的持续运作。”②在议论这些话题的时候，马克思主义者往往不是站在制度之外的，而是认为自身就是制度的一个组成部分。从这

①② Alasdair MacIntyre, “What is Marxist Theory For?”, *Newsletter*, Vol. 3, No. 124, October 31, 1959, p. 309.

一问题出发,可以进一步延伸到对资本主义作为理论者们所生存的制度环境的考察,“我们不需要坐下来等待革命行动的时机。除非当今的情况不会产生这些时机。当代资本主义的一个任务是将危机分段成为彼此不联系的环节,以避免总体性的崩塌”,①这种处理无疑会破坏工人阶级的斗争意志和效果,而对资本主义来说当然是有益的。麦金太尔提出将马克思主义看作“坏的”理论,包括三个理由：首先,这一理论不能够帮助我们什么,或者说并不是必要的;其次,马克思主义强调了工人在社会中可以扮演的角色,但在面对现实的时候,却又导致了他们对自身角色和作用的否定,而寄希望于组织及其权威,进而为斯大林主义的机械历史理论获得承认创造了条件;最后,马克思主义虽然教会了人们如何认识自身,以及实现共产主义的可能性,但也仅限于此了,并不能提供共产主义革命的方式指导。

这三个方面的问题在当时随着众多哲学家或流派对人类社会的进一步分解化分析而逐渐显现出来。马克思主义在面对一系列现实时被不同的理论者朝着不同的方向进行延伸,这本身说明了其理论形态含有巨大的可塑性和指导价值。麦金太尔认为,社会理论虽然不能够用来预测社会未来的具体发展情况,但是它们却能够反映当时社会的具体特点。如果单纯聚焦国家的人类科学和历史科学的话,就会很轻易地认为社会历史是由人的理论思维来决定的。人的主观在历史中会以一种解释历史的角色出现。“不能指望理性在历史事件发生之前就对历史进行描述。因为这样只会带来一些模糊的结果,而政治理性主义者们则会犯政治和道德上的错误了。因为政治活动不能够被理性地引导,那么它又如何发生呢?唯一可能的答案就是它应当被合理地定位,以保证我们从不断变化的环境中传接下来的一些看法尽可能不被扰乱,抑或为之而产生困扰。”③唯物主义是麦金太尔的基本世界观。他虽未专门就马克思主义的唯物观进行系统的论述,但是思维与存在之间的辩证关系是他始终持有的基本认知。这一点也帮助他在对待宗教信仰问题、构建道德史观及相关问题时,能够坚定地站在马克思主义的基本立场上。

在马克思与恩格斯的作品中往往会出现一些肯定性的命题和词语,这些容易给社会主义者们造成理论上的混淆,认为马克思主义似乎充满了对未来的预测。麦金太尔致力于探究这些命题或者词语在马克思主义之中起到何种理论作用,或者说,这些词是否应当作为一些马克思主义者将历史宿命化的理由。马克思像达尔文那样赋予历史以进化论色彩,斯大林将这种色彩发

① Alasdair MacIntyre, “What is Marxist Theory For?”, *Newsletter*, Vol. 3, No. 124, October 31, 1959, p. 309.

③ E. P. Thompson, *Out of Apathy*, London: Stevens & Sons Limited, 1960, p. 229.

挥到了极致。当进化论上升为决定论的时候，人的意识或者理性就被忽视了。麦金太尔认为，这不仅仅是斯大林主义者的问题，事实上在恩格斯那里，这种意向就已经存在了。“一旦人们理解了社会规则，并且不再被它们所控制，社会主义将会与现在不一样。有客观规律控制的社会主义也将到来。这会让人们掌控向社会主义转变。”①这对于力图寻找社会发展规律的人来说是一个十分棘手的问题。

麦金太尔列出了马克思主义中三个无法避免的历史规律：第一，是前资本主义、资本主义和社会主义的社会形态；第二，是资本的原始积累、投资、扩张、周期性萧条、最终解体的过程；第三，是工人阶级不断产生的革命意识。这三个规律是彼此联系的，它们交叉在一起，成为社会主义必将到来的证明。但是，由于对人的意识的忽略，这三者在当时的社会中均面临着困境。马克思和恩格斯生前对于资本主义的分析是同资本主义的实际发展紧密结合的。可是，后来资本主义看似并没有像人类已经掌握的历史规律那样发展了，这些规律在一些人眼中成为条条框框，又成为“必须发生”的趋势。恩格斯关于唯物史观的表述具有明确的导向性，他为通向共产主义道路提供了一条明晰的理论论证路径。在《反杜林论》中，他就提出：“唯物主义历史观从下述原理出发：生产以及随生产而来的产品交换是一切社会制度的基础；在每个历史地出现的社会中，产品分配以及和它相伴随的社会之划分为阶级或等级，是由生产什么、怎样生产以及怎样交换产品来决定的……而应当到有关时代的经济中去寻找。”②恩格斯的表述同马克思在一系列哲学和政治经济学批判作品中的表述是一脉相承的，不过由于后来的一系列误读，以及机械化理解马克思主义，恩格斯的立场也招致质疑。“对于恩格斯和他之后的马克思主义者们来说，资本主义观念的发展潜能应该被删除，而无产阶级的观念则应确保得到发展。同一种机械化的构想制造出了两种必然的趋势。但事实是什么呢？这个问题是关键的，因为左派们说，资本主义的覆灭是不可避免的，而社会主义的兴起是不会消失的。但是这个思想的根源是恩格斯版的马克思主义。这一版本的马克思主义对规则的解释，即它对必然性的预测和我对社会系统和意识的看法显然是无法相容的。”③新左派理论者在梳理从马克思到恩格斯，从马克思逝世前到马克思逝世后的理论发展脉络时出现了梗阻。

出现这一问题的关键点在麦金太尔看来已经显而易见了。当资本主义

---

① Alasdair MacIntyre, “Prediction in Politics”, *International Socialism*, 13, Summer 1963, p. 17.
② 《马克思恩格斯文集》第 9 卷，北京：人民出版社，2009 年版，第 283—284 页。
③ Alasdair MacIntyre, “Prediction in Politics”, *International Socialism*, 13, Summer 1963, p. 18.

发生转型，对工人阶级的意识产生新的影响的时候，工人阶级的意识却面临一个又一个的困难。他认为，资本主义意识的发展也可以从马克思主义那里找到答案。马克思和恩格斯在预测资本主义经济时并没有正面提到作为资本主义国家统治者的资本家们的意识。麦金太尔认为，马克思和恩格斯在创立无产阶级理论的时候将社会描绘成以无产阶级为斗争主体的社会，资本家和资本主义会在未来沉没于社会危机之中。“但实际上，资本主义系统的扩张是通过政府支出、国有制和经济调控这些并不协调但又息息相关的措施以调整经济，从而寻求利润。它并不是说资本家退居到了系统之后，看到它的不足然后请经济专家来修复。而是为了要发展他们个人的公司，并为此营造一个适宜的发展环境。”①马克思续写的社会主义发展史是站在工人阶级立场上的，而在麦金太尔看来，马克思笔下缺乏对资本家的描述，毕竟他们也是社会发展的一部分，也是拥有能动性的主体。因此，当前的马克思主义理论尚难以称得上是全面的人类社会史分析理论。

自从凯恩斯的一系列经济学理论问世以来，西方资本家们已经较为充分地掌握了资本的扩张与收缩规律，而他们对于科技革命的认识程度确实是马克思当时未完全考虑到的。因为科技与经济竞争捆绑在一起后，让资本发觉到新的巨大增长点，那就是科技革命对于经济的推动作用是全方位的。20世纪中期，尽管世界政治和经济形势极为复杂，但是这并不能掩盖科技对人类社会的推动作用，并且从另一个角度上来说，正是科技大大推动了世界发展的进程。“这些并不是靠1945年之后资本主义的战争得以实现的。比如，在朝鲜战争之前美国经济就出现了滑坡的信号；但是并没有像苏联人所想象的那样，要靠在战时生产才能避免这种滑坡。因为在战争打响之前美国就需要明确和坚定地恢复经济。只不过这是在战争期间发生的，而美国最终还是建立起了持久的战争经济。在这里并不是要缩小所谓的防卫支出的作用。在西方和东方，技术革命往往都来自军队的需求。但是经济扩张和防卫支出长期都保持这么紧密的联系也会带来问题。”②毕竟，依靠某一外部因素让科技畸形发展不仅会影响科技本身，还会影响国家经济的正常运作。但就资本主义本身的发展来看，科技的作用会得到一个中立的评价，也会导致那些新兴资本主义经济体都构建各自的科技意识形态。

从工人阶级角度来看，依照马克思主义的理解，资本主义制度中的工会是工人向资本主义制度和资本家宣战的联盟，是斗争的团体。工会应当是工

①② Alasdair MacIntyre, “Prediction in Politics”, *International Socialism*, 13, Summer 1963, p. 18.

人阶级接受斗争意志熏陶的集体，在工作过程中，应当广泛宣扬资本家对于工人的剥削，激发起工人阶级改造世界的斗志。可是，在资本主义社会的实际形势下，工人组织也往往会力不从心。如果只是试图在主观上向工人阶级灌输社会主义理想的话，就会造成像当时的工会所面临的困境：它们反倒成为资本家们控制工人阶级的工具。当工人阶级在工会之中力量得到凝聚的时候，资本家不得不和工会进行协商以缓解矛盾。可是这种缓解事实上也是工人阶级的退让，因为原本的阶级冲突已经消解为利益冲突，这使得工人们的政治申诉弱化，工会在阶级之间不自觉地成为沟通的媒介。高失业率、低工资和贫困完全可以被容忍，而社会主义者们在面对这种时局的时候则非常容易困惑。①马克思塑造了工人阶级革命的意志，可是在面对当代的资本主义的时候，工人阶级尚不知道如何获得持续性的革命热情。在19世纪后期，无产阶级运动遭受的最大威胁是来自资产阶级的严酷镇压。到了20世纪，前者遭受的威胁则更加隐蔽——来自物质生产力提升导致的意识形态阻力。正如马克思早在批判拉萨尔派时就已经提出："工人运动的国际主义究竟还剩下什么东西呢？只剩下渺茫的希望——甚至不是对欧洲工人在今后争取解放的斗争中进行合作的希望，不是的，而是对未来的'各民族的国际的兄弟联合'的希望，是对和平同盟中的资产者的'欧洲合众国'的希望！"②工人阶级始终都会面临阻力，按照社会发展的时代特征，资本主义意识形态对无产阶级的影响更加深刻，更加隐蔽，成为无产阶级运动的重要障碍。

所以麦金太尔认为，社会的意识应当被纳入系统分析中。像马克思所分析的那样，资本主义经济分别在20世纪20年代和40年代发生了周期性的危机，但是，资本主义非但没有毁灭，反而从危机中再一次幸免，这造成社会主义运动的彷徨。"萧条并没有发生，和价格规律不再存在的原因是一样的：那就是社会参与者自我意识的变化。但是更多的，是资产阶级所面对的工人阶级并不具有马克思和恩格斯当年预想的革命意识。"③马克思并没有预料到，当贫困的工人阶级数量减少，而其他工人的生活水平上升后，工人阶级内部意识的一致性会受到影响。此外，无产阶级政党的斗争理论缺失，导致了资本主义环境下无产阶级政党的斗争目标与无产阶级的愿景相左。"那些在工人阶级政党中要求社会民主的人往往会感到自疚，因为他们只是为了要'更换组织领导地位'，而不是为了斗争。这是他们所称之为的'政治

① Alasdair MacIntyre, "Prediction in Politics", *International Socialism*, 13, Summer 1963, pp. 18—19.

② 《马克思恩格斯文集》第3卷，北京：人民出版社，2009年版，第412页。

③ Alasdair MacIntyre, "Prediction in Politics", *International Socialism*, 13, Summer 1963, p. 18.

渗透’的巨大错误。”①无产阶级革命运动的组织形式、革命目标、运动原则面临全面的混乱。

麦金太尔指出，当前无产阶级在“传统的后恩格斯时代”，从马克思和恩格斯那里得到的帮助无法消除他们面临的阻碍。“从后恩格斯时代传统角度来说，马克思并不是真正的马克思主义者，尽管其他人或许可能成为。并且在马克思自己的作品，特别是涉及历史观的作品中，我们并不能够找到机械化的预测。我们找到的是两种解释，以及之后的两种形式的预测。”②一个是，资本的积累来自工业革命，而这又是起源于农民的劳作，我们就应当以此建立起一种阶级结构。可事实是实际的阶级结构应当比这要复杂得多。另一个是，人的活动的多样性，使人的意识应当具有无限多的可能性，因此不能够对历史进行机械的预测，因为历史会有无限多的选项。包括资本家和工人在内的历史发展主体的演出共同创造着历史的诸多选项，但是这些选项却被局限在了资本主义的环境之中。左派知识分子们阐释的马克思主义不能帮助工人阶级回答这些问题。因此，“资本主义灭亡的条件是大众意识上的改变，而没有什么条件可以让这种改变成为一定的或不可能的。它会随我们而发生，但是不会取决于我们，因为我们是历史之轮或浪潮的承担者；还因为我们不属于社会劳动体系的领导者”。③马克思主义既创造了实践的历史，又给无产阶级留下了实践和革命的真空。当然，这种真空的出现，是源自后继者们自身的理论创新的停滞。

二、将理论运用于革命实践的困扰

对于麦金太尔来说，对理论与实践问题的全面审视标志着他在建立社会主义人道主义之后理论兴趣发生了一系列转变。在完成了对社会主义人道主义的建构之后，麦金太尔终于将实践作为反思马克思主义本身的最重要的范畴。理论与实践的联系始终是革命阶级和麦金太尔等理论者们关心的话题。马克思主义认为，理论是主观性话语，不能等同于行为。行为如果不是由正确的理论引导就会招致失败。但是马克思主义是如何指导马克思主义活动的呢？这一论题成为麦金太尔反思马克思主义理论和实践关系的中心问题。在他看来，工人在社会主义运动中容易面对的问题，是他们在运动中的“理论无助”。“他们感到自身的生命被权威和支配力量所控制着，却对此无能为力。社会的运行呈现出一种超脱个人化的状态，人

---

①②③　Alasdair MacIntyre, “Prediction in Politics”, *International Socialism*, 13, Summer 1963, p. 19.

们也受之影响。实际上在这个社会中发生的事情就是同人类的意图、决定和行为息息相关的。”①麦金太尔认为，青年马克思从黑格尔那里继承了人的社会活动观点。黑格尔认为，每个人将各自的意图通过自己的理性表达出来，使人类与其他事物不同。“人能超出他的自然存在，即由于作为一个有自我意识的存在，区别于外部的自然界。”②可是人们的期望往往会与实际得到的大不一样。因此，对人类实践本身的考察就显得很有必要了。就工人阶级来说，资本主义环境便是考察这一疑惑的现实对象——正是它让工人阶级不能够过属于他们自己的生活。

革命对于个人的意义不仅仅是一种事业，同时还是个人争取解放的现实途径。“个人不可能通过自身反抗社会来获得自由；并且他也不可能在资本主义社会中获得。只有激进地去打破资本主义的众多压迫，一种新的社会形式到来的时候才会实现。自由的话题同时也是革命的话题。但是我们还是需要比现在更为清楚地知道我们到底需要反抗什么。”③革命给人们带来的不仅是行动，同时还有思考。就像麦金太尔提出的，革命不仅可以让人们找到实现自由的方法，同时还可以发动人们进行思考，他们眼前面对的是什么，他们究竟需要的又是什么：“知道人们在做什么是要知道他们在追求什么，会实现什么可能的结果。人类的历史包含一系列不断发生的目的——它们来自理性而不是斗争——往往伴随着自由。要理解一段特殊的片段就要把他们放到整段历史之中进行考察。人并不是通过做了什么，而是结合他们已经做了什么和他们希望做什么来被理解的。”④历史不应当仅仅是既成的历史，更应当是一种复合的历史：人作为历史的主体，如果仅仅看到存在的事物，那么，人的思想的作用就被忽略了。历史的可能性是在人不断产生的欲望和由之产生的斗争的辩证关系中出现的，现实归根到底也属于可能之中。恩格斯在《自然辩证法》中就说：“事实上，一切真实的、寻根究底的认识都只在于：我们在思想中把个别的东西从个别性提高到特殊性，然后再从特殊性提高到普遍性……然而普遍性的形式是自我完成的形式，因而是无限性的形式；它把许多有限的东西综合为一个无限的东西。”⑤在现实中，人的革命道路是单一的、唯一的，但是，在不断实践的过程之中，为实现自由就需要主观

① Alasdair MacIntyre, “What is Marxist Theory For?”, *Newsletter*, Vol. 3, No. 121, October 10, 1959, p. 289.

② ［德］黑格尔：《小逻辑》，贺麟译，北京：商务印书馆，1980 年版，第 92 页。

③ Alasdair MacIntyre, “Freedom and Revolution”, *Labour Review*, Vol. 5, No. 1, February-March 1960, p. 22.

④ E. P. Thompson, *Out of Apathy*, London: Stevens & Sons Limited, 1960, p. 200.

⑤ 《马克思恩格斯文集》第 9 卷，北京：人民出版社，2009 年版，第 498 页。

构想不同的革命道路，这是无产阶级革命道路的抉择问题。对于无产阶级来说，能否科学理性地认识现实性和可能性，事关革命的未来。

麦金太尔认为，在人类历史之中，理性与自由的实现是不可分开的。理性可以引导人们不断寻求自由的新阐述："只有理性才能引导人们看清他们的选项，并且构建他们的意图。只有自由能够激励人们和非理性抗争。如果没有自由，理性会受到限制，而后者在推动人们发展的时候，尽管表现得十分烦冗，却并没有因此而受到质疑，以至于到现在它还是这样，并且人们仍然称不上是理性的。如果没有理性的话，自由便会不受束缚，导致个体为所欲为，茫然无知。"①当人们要通过革命达到自由的时候，实际上也是将自由的内涵融入革命的探索过程中去。自由既是革命的目标，同时也是革命的元素。自由激起了人们的革命愿望，同时也会不断地拓宽理性的视界，进而拓宽革命的领域。

在黑格尔的理性实践观中，自由和理性是人的本性的一种"内在化的潜力"，马克思指出，这种潜力实际上是不能够单纯用理性本身来进行指认的，而必须将考察的方式从概念与概念的关系转移到"人类生活"中去。但麦金太尔指出，黑格尔本人实际上对这一话题进行过反复探讨，并且真正触及理性与人类现实之间的关系，"他重新研究了对真实人类生活研究的不合理之处，而转向有关绝对精神和普鲁士官僚制的诡辩之中。并且黑格尔的继承者们同样热衷于抽象的文字，这让他们找到了我们思想中的一些误导性文字，却不能认识到，一些被误导了的概念如果脱离了我们的生活就无法得到改正"；麦金太尔在此基础上进一步点出，"我们会错误地以为我们能够改变我们的基本概念，而不是我们的生活。因为我们是理性动物（尽管我们并不是一直都理性），我们概念的外形就是我们生活的外形"。②在这里，麦金太尔深刻提出物质和人的概念之间的内在联系，是要进一步突出实践的人与实践对象的本质统一性。马克思在《1844 年经济学哲学手稿》中也指出："我们知道，只有当对象对人来说成为人的对象或者说成为对象性的人的时候，人才不致在自己的对象中丧失自身。只有当对象对人来说成为社会的对象，人本身对自己来说成为社会的存在物，而社会在这个对象中对人来说成为本质的时候，这种情况才是可能的。"③马克思在这里规定了人在从事包括革命在内的实践过程中，如何确立自身的主体地位和实现本质的复归，进而通向人的本质的真正实现。麦金太尔的这些论述充满了哲学话语，也反映了他始终将

① E. P. Thompson, *Out of Apathy*, London: Stevens & Sons Limited, 1960, p. 201.
② E. P. Thompson, *Out of Apathy*, London: Stevens & Sons Limited, 1960, pp. 203—204.
③ 《马克思恩格斯文集》第 1 卷，北京：人民出版社，2009 年版，第 190 页。

马克思主义哲学与社会主义实践相结合的坚定立场。

那么，如何在理论上得出马克思主义理论在实际中能够得到应用的具体方式呢？首先我们要考察在当时的资本主义世界中，理论与实践之间的辩证关系处在一种什么样的环境之中。麦金太尔认为，在福利国家之中尚存在着一种驱动力，它促使理论在现实中被接受："一方面，存在着一种驱动力，要求社会培养出更多的科学家和技术者，并且让他们创造更多的成果。另一方面，存在着对大学规模小型化的讨论，这是人文科学的任务。大学将它们的课程设计成是为了培养工业和政府所需的科学家，或者是培养哪里都不需要的人文学家（在这里是指大量普通的，并不是特别突出的那些）。"①理论工作已经沦为社会的程序，而不是理性的洞察角色。与之相关的教学工作，也成为对过去教学模式的继承，尽管看上去没有什么问题，但实质上，这些过时的教学已经把理论和实践完全脱离开了。

麦金太尔将这一问题的答案归结在"物质"的内涵上。对对象的机械化理解方式是人类最擅长运用的，尽管黑格尔的辩证法能够帮助人们对之在认识论上予以克服，但是之后依旧出现了机械思维，人们希望借助诸如牛顿力学那样，找出一种定律来解释、预测和控制人类的行为习惯。麦金太尔借用马克思在《关于费尔巴哈的提纲》中的观点，直接指出："如果我们认为社会是一个机器，认为我们是社会的一部分，那么发现这一机器的变迁就是发现这些让我们成为与他人一样的牺牲品的规则。如果一方面我们认为社会机器的知识能够帮助我们改变社会，我们立刻就会将自己设想为是社会之外的，并且在操纵它，是'社会的操作员'。也就是说，我们自身对社会变迁的感觉会立刻让我们感觉到这种社会模式对于我们来说并不适用；机械模式将会有助于我们解释我们是如何被纳入其中，并成为其中的一部分，但在解释我们是缘何如此时却毫无用处。"②就社会整体而言，对历史的机械化理解在现实中不仅没有被质疑，反而越来越难以去除。一方面，这种理解方式已经成为过去相当长一段时间马克思主义的主要理解方式；另一方面，西方左派知识分子也未能围绕历史决定论作更多建设性阐释。

这已经成为一个重要的社会矛盾。虽然那些依据模型或公式推导出来的结果往往会随着实践的进行而被证伪，但是整个模型化和公式化发展的社会却往往能长期统治人类。"人只有打破现状才能获得自由"的说法面临着困难。人类的社会活动绝不会被当作单单是物理或生物层面的。纯粹的物

① E. P. Thompson, *Out of Apathy*, London: Stevens & Sons Limited, 1960, pp. 206—207.
② E. P. Thompson, *Out of Apathy*, London: Stevens & Sons Limited, 1960, pp. 211—212.

理活动和人对自身活动的机械化解释是紧紧联系在一起的,因而它们都无法成为理解人类活动的途径,从某种意义上来说也似乎符合马克思物质与意识的辩证关系。“但是理解物质运动是无法理解人类活动的。同样的物质运动,比如呼喊我的名字会引起不同的活动。同样的物质运动可能会涉及签一张支票、签一份和平协议或者将我的名字放在婚姻契约上。其间的不同之处在于社会惯例、技术、德性问题等。因此除非用已经建立起来的规则和方法,否则我无法去解释这些活动。”①而这种建立起来的规则和方法,麦金太尔承认只有在失去了历史视域后才会使用。那就是说,只有历史分析才能够真正克服机械:“我们需要的是积累特殊的研究主题和案例。从它们之中我们应该能够得到低层次的概论及其关联;这些研究还含有偶然、机械和做作的成分,但是不得不承认,我们不能够跨过这些简单的素材而寻找一个整体性结论。这意味着我们的研究本质上是统计性质的,并且是居于社会和历史语境之外的。”②英国左派知识分子们长期缺乏历史分析的意识,导致其不能形成真正符合马克思主义原理的社会发展理论,无法从根本上解释社会发展的深层原因和动力,也无法处理好人和集体在社会发展中发挥的主体能动性作用。

创造性人类活动同样出现在人类的知识创作中,而这也应当对人自身产生着巨大的影响。既然人生活在这些社会层级中,就意味着人们的一些创造性思维在不可避免地受着压抑,但又不会因此而消失。这就是为什么人的实践活动仍然会具有一定的创造性。“那么这种实践活动在哪里呢?它就在这样一种工业化和殖民地化的地方,并且可以推动工人们反对他们生活的现状。如果排除这些反抗,以及社会主义探索者在一些报告中对无产阶级的过度回忆的话,这些知识分子就会把无产阶级看成是最无助的、懒惰的人群。”③因为这些工人处于被工业化固定了的模式之下,他们的一切似乎都是被机械决定的。他们没有属于自己的意识,也看不出会有什么潜能。就工人阶级而言,他们的实践方式更多地表现为生产活动,并且是一种机械的生产活动。

对于知识分子来说,他们在现实中面临的是一种被迫的理论工作,那就是他们不得不放弃中立的工作模式,而使用那些社会中流行的已经被扭曲了的思想。麦金太尔以弗洛伊德和维特根斯坦为例说明了这一问题。在经历了奥匈帝国的覆灭之后,他们都成为当时与主流学术气氛截然不同的理论家。弗洛伊德的理论精神在于对当时“机械化时代氛围的反抗”,但这在那

---

① E. P. Thompson, *Out of Apathy*, London: Stevens & Sons Limited, 1960, pp. 212—213.
② E. P. Thompson, *Out of Apathy*, London: Stevens & Sons Limited, 1960, p. 213.
③ E. P. Thompson, *Out of Apathy*, London: Stevens & Sons Limited, 1960, p. 230.

个时代还没有被人熟知。他放弃了对人的神经生理的研究，而转向于对影响神经的人的动机和需求进行探索，认为人能够让自我得到解放，只要让自己摆脱无尽的需求。“在美国的新弗洛伊德主义者们那里，精神治疗成为一种‘调整’，就是让个人能够适应他们的社会角色。这一理论对无意识动机的解释不仅成为自由的序曲，同时还是将社会不满也解释为精神病的序曲。”① 由于弗洛伊德的思想异于当时社会主流的理论实践，因而被纳粹势力当作是反法西斯的而遭到压制。作家阿瑟·库斯勒（Arthur Koestler）和金斯利·艾米斯受此影响巨大，他们同样在反法西斯的理论活动中留下了足迹。②

对于维特根斯坦来说，他和弗洛伊德一样从事的是“歪曲”的理论活动。他的理论是十分复杂的，看上去并不善于用简单的语句进行表达。麦金太尔论述道，我们平时对于各种事物名称的应用都是来自我们各自的经验，只要有了这些经验的基础，我们就能够在相互交流中唤起这些经验。维特根斯坦进一步认为，当人们在进行基于经验之上的活动时，需要不断地将它们置于人类活动的内涵之中。因此，语言等文化形式本质上是社会性的，人类活动决定其本质，否则我们就只能对人的经验理性进行一些机械化理解了。但是理论者们在评论维特根斯坦的时候也纷纷指出，维特根斯坦的语言学只是“试图论证”语言本身在社会中的作用和形态，他关心的是人们去使用语言，而不是“用法”：“哲学家们的任务不应当是理解成功使用语言的标准：这是记录和区分我们说话方式的最为基本的方式。语言不仅仅是人们的言行，它应当成为既有和已经创造出来的环境的一部分。这种对于维特根斯坦思想的再理解才能够帮助我们克服现今的主流误解。”③换句话说，就是应当把“实践”范畴纳入人的经验和理性中来，才能够摆脱机械化，真正形成历史化的人类学场景。

三、革命的目标是自由

马克思对人的本质的探讨与麦金太尔的理论初衷是契合的，但是对后者来说，仅仅是目标相近不足以支撑其未来的理论建构。不仅是麦金太尔，包括同时代的许多理论者都认为需要在旧的讨论之中找到新的探讨方法。马克思主义是一种革命理论，麦金太尔对此并没有太多异议。他真正质疑的，

---

① E. P. Thompson, *Out of Apathy*, London: Stevens & Sons Limited, 1960, p. 232.

② 阿瑟·库斯勒出生于匈牙利布达佩斯，1931 年加入德国共产党，1938 年退党，在“二战”期间出版了一系列反法西斯的作品。他一生留下了诸多作品，形式包括小说、戏剧、研究性论文等。金斯利·艾米斯是英国著名的小说家，在年轻的时候加入过共产党，并且在 20 世纪 50 年代还一直支持工党，但之后就逐渐转向右派。

③ E. P. Thompson, *Out of Apathy*, London: Stevens & Sons Limited, 1960, p. 234.

是马克思主义作为革命理论,在马克思和恩格斯逝世之后却容易被照本宣科,成为规制人们思想的“替代范本”。对此,麦金太尔再一次讨论了自由,只不过方法上有所改变:“再没有其他词汇比这更加被误用而受到贬低了。再没有词汇经受如此政治的扭曲化而被再定义了。”①麦金太尔在此已不是站在马克思主义的立场上为马克思主义进行辩解了,换句话说,他并不是要更正什么,而是要将话语从马克思主义转到德性上去,开辟出新的自由话语体系。

黑格尔将自由作为人的内在本质是要说明:人可以主动去改变世界,而不只是被动地去适应环境。其他物种的生存只能够依存于环境,而人却将这种环境转化成为社会环境。这只能够用马克思的“实践意识”来形容,正如人的需求、目的和选择。这一过程如果仅仅用“自由的人就是他得到他所需要的”来表述的话是不够的。一个人可以让自己自由,并且出于对现状的不满足而产生欲望;但是人又可以生活在一种与之相反的状态之下,即他们明明不自由,可是又能感到满足。这两种状态在麦金太尔看来是不冲突的,因为不论人究竟是感到满足还是自由,这些感觉都是“短期”的。因此,分析这种人的状态本身就不应当成为研究的对象了。“药瘾会让人产生需求,但是这只是他短期的欲望。因此我们需要区分地理解‘人的需要得到满足’的感觉。这种感觉不仅仅是忽然产生的,或者在短期内出现的需求和冲动得到满足;同时还应当是一个人的长期感觉,以及得到满意的程度”,因为人的满足和需求是一个不断发生的过程,因而“弄清楚了第一次就可以同样来理解第二次了”。②这说明,麦金太尔的德性考量对象重点,已经从人类的整体转为具体个人。实际上在马克思那里,人的概念是包括了社会的人和个体的人两种层次的。他说:“人是特殊的个体,并且正是人的特殊性使人成为个体,成为现实的、单个的社会存在物,同样,人也是总体,是观念的总体,是被思考和被感知的社会的自为的主体存在,正如人在现实中既作为对社会存在的直观和现实享受而存在,又作为人的生命表现的总体而存在一样。”③可见,麦金太尔比较正确地理解了马克思关于人的所指,这成为他考察个人欲望话语和集体主义德性理论的重要前提。

将自由的实现和无阶级社会的实现看作是不可分割的,以及将某个人从

---

① Alasdair MacIntyre, “Freedom and Revolution”, *Labour Review*, Vol. 5, No. 1, February-March 1960, p. 19.

② Alasdair MacIntyre, “Freedom and Revolution”, *Labour Review*, Vol. 5, No. 1, February-March 1960, pp. 20—21.

③ 《马克思恩格斯文集》第1卷,北京:人民出版社,2009年版,第188页。

压力和限制中解脱出来直接定义成生活在另一种自我创造的社会中，这在麦金太尔看来是过于抽象的。因为这些话题无法解释人的需要和满足究竟是何种关系，也无法解释它们是如何在社会和历史中发生作用的。麦金太尔补充道："如果要理解究竟是什么可以让人真正得到满足，那么他就需要去考察其他人所做过的选择。并且对得到满足的生活方式的考察，同样也是基于最为真实的基本需求、意图和选择而开展的，人在这个过程中最多是执行者，或者就是牺牲者。"①与客观事件的主被动关系是人是否获取自由的重要标志。是主动选择，还是面对选项被动选择，对于人的自由来说才是真正关键的："对'自由'的使用反映出阶级社会中产生的许多不同的观念。它们同样都是黑格尔所突出的概念。你并不拥有真正的人的本质，并不是一个真正的人，除非你获得了自由。这在奴隶社会中表现得十分明显：在荷马所描写的早期希腊社会中，奴隶是完全属于其他人的，并不由自己所控制。因而他们并不是真实的人，而是一种物品，一种动产。"②麦金太尔在考察自由问题时，同样依照的是生产关系和私有制关系。在马克思那里，要追求自由，或是实现人的本质，就必须扬弃私有财产，以一种"全面的方式"占有人自身的"全面的本质"。③这种分析方式，在针对资本主义制度的批判中始终有效，麦金太尔能够继承马克思的这种方式，进而探讨自由问题，也赋予其德性理论对资本主义制度的批判性话语。

在资本主义之中，有不同形态的自由。生活在这一制度当中的人们，在一定程度上被赋予了自由，但是更多的是自由被否定。生活在资本主义之中的人们拥有了较高的征服自然的水平，人们可以一定程度上摆脱自然的灾难。人们不再认为这些灾害是不可避免的，而是认为社会自身的发展是难以控制的。因此，较之前生活在资本主义之中的人，其自由被限制的方面已经主要从人类社会以外转移到社会之中了。因此，按照麦金太尔所说的，在资本主义之中对人的自由的考察应该放在制度本身了："所有的阶级社会都存在着一些阶级压迫其他一些阶级的现象；就是说，一小部分人的欲望、意图和选择的形成会损害大多数人的利益。可是这些模式在不同的社会之间是不尽相同的。"④事实上，这和马克思对自由、自然和社会三者关系的阐释是高度同质的。马克思说："自然界的人的本质只有对社会的人来说才是存在

---

① Alasdair MacIntyre, "Freedom and Revolution", *Labour Review*, Vol. 5, No. 1, February-March 1960, p. 20.

②④ Alasdair MacIntyre, "Freedom and Revolution", *Labour Review*, Vol. 5, No. 1, February-March 1960, p. 21.

③ 《马克思恩格斯文集》第1卷，北京：人民出版社，2009年版，第189页。

的;因为只有在社会中,自然界对人来说才是人与人联系的纽带,才是他为别人的存在和别人为他的存在,只有在社会中,自然界才是人自己的合乎人性的存在的基础,才是人的现实的生活要素。"①因此,麦金太尔的自由观是基于个人与人类生产生活、自然与社会关系论述基础上开展的政治观讨论,这是符合马克思关于资本主义上层建筑批判的理论逻辑的。以之为出发点,麦金太尔进而认为,资本主义对人的自由的抑制包含了三个方面:首先是通过工作时间和薪酬对殖民地工人进行压榨,但这种状况在现今已经很难见到。其次是工作本身对工人自由的剥夺。资本家的生活与工人的生活是不同的,资本家在剩余价值的积累过程之中掌控了资本的控制力,因而关注的是投资与回报,而非工人。最后,从更为广阔的意义上来说,资本家和工人在资本主义制度下其实都是不自由的。因为资本家虽然免于贫穷和危险的工作,但是他们也会陷入欲望之中,并且对自身的生活产生迷惑。

在黑格尔和马克思之后,自由、革命与理性的关系就不再被西方理论界重视了。自由对于革命本身的意义被忽视,成为麦金太尔所称的"消极的自由"。这一种自由是被动的,因为它只是停留在人们口中的目标,不能作为革命的推动元素。虽然消极的自由已经成为自由的代名词,但麦金太尔只是将之作为"避免外界指责的"论述方式,他认为只有积极的自由才是自由的真正内涵所在。"在消极自由的名义之下,人们会因为茫然和自我隔绝而被当作是自由的,只要没有人强迫他们做什么。当然,赞同消极自由会比赞同积极自由更加容易让人家理解,但是只要在这两个之中进行选择,一个人就能理解,为什么在我们大多数人的社会生活中向往自由不是一种积极的态度,也会理解为什么知识分子们并不感觉到他们的职业能够让他们立志于自由的著述。"②黑格尔本人并没有进行如此细致的区分,但是,麦金太尔站在资本主义政治现实角度,对自由问题进行分类剖析,要比黑格尔单纯的哲学辩证分析更加具体。

自由概念在黑格尔的历史观之中的地位十分突出。黑格尔把自由的状态描述成为:"自我在它的限制中即在他物中,守在自己本身那里;自我在规定自己的同时仍然守在自己身边,而且它并不停止坚持其为普遍物。"③这是就自由的原则与自由的存在形式而言的。同时,黑格尔并不是将自由作为一种已有的状态,而是为之赋予一种关乎未来的"成功"或者"任务":"自由的含义随着时代的变化而变化:在人类自然辩证化发展的时候,过去的自由状

① 《马克思恩格斯文集》第1卷,北京:人民出版社,2009年版,第187页。
② E. P. Thompson, *Out of Apathy*, London: Stevens & Sons Limited, 1960, pp. 201—202.
③ [德]黑格尔:《法哲学原理》,范扬、张企泰译,北京:商务印书馆,1961年版,第19页。

态在今天来说就是一种奴役状态。此外，自由的任务在各个时代中会被部分定义成需要达到的目标，以及需要克服的障碍。克服障碍的必要让'消极自由'成为黑格尔那里的一个重要概念。"①"消极自由"反映的是，人在时代中，在受到限制的情况之下已经得到的一部分自由，而这些自由给人们带来的就是"上帝""国家""道德律"等这些更加能够加强人们自我束缚的概念。因此，黑格尔就把这些"面具"作为攻击的对象，祛除它们对人类的控制。麦金太尔注意到，在黑格尔关于人的自由的叙述中，有一些概念是当时的人们没有体会到的，这让黑格尔的思想看起来较为破碎。比如，"将人类的行为简化成为面对周围环境所作出的一种反映模式的观点已经逐渐被忽略。还有一些人认为，所谓特殊的人类就是将他们的一些属性从我们对人的整体观念中删除掉，虽然这种观点在今天看来不是偶然的，但是这与黑格尔的论述也相差甚远"。②黑格尔对自由概念的定义和思考本身就是以一种抽象化的形态进行的。他将自由和意志等同起来，探讨了自由的具体存在形态："意志而没有自由，只是一句空话；同时，自由只有作为意志，作为主体，才是现实的。"③麦金太尔突破了黑格尔关于自由的抽象论述，将自由概念同现实西方政治体制相结合，将自由概念批判真正作为资本主义制度现实批判的重要组成部分。

面对已经趋于稳定的社会形态和社会秩序，麦金太尔认为，知识分子们面临的最大困难就是要打破这些旧有的制度性存在。黑格尔与马克思的理论给知识分子和无产阶级留下了巨大的探索空间，而麦金太尔寻求的却是同时跳出这两个理论"选项"："我们不是要控制人们按照我们希望的方向前进，而是要帮助他们依照自己的意愿移动。我们的目的不是快乐或满足，而是自由。自由既应当是手段，同样也应当是结果。将两者机械地分开对于想控制人们来说已经足够了，但是就让人获得自由来说是不够的。"④麦金太尔认为，这一思想对于剔除人们在实践过程中的功利主义具有重要的作用。以卢卡奇为例，麦金太尔指出，他在 1923 年曾反对过苏维埃内部主张机械决定的右派，认识到自己"低估了历史决定论的客观重要性，并过高估计了人的潜能"，可是他在 1956 年纳吉领导的"破除斯大林主义烟雾"的运动之中又重新担任了教育部长。⑤功利主义本身已经形成固定的模式，麦金太尔称之为"边沁功利主义"。

---

① E. P. Thompson, *Out of Apathy*, London: Stevens & Sons Limited, 1960, p. 202.
② E. P. Thompson, *Out of Apathy*, London: Stevens & Sons Limited, 1960, p. 203.
③ ［德］黑格尔：《法哲学原理》，范扬、张企泰译，北京：商务印书馆，1961 年版，第 12 页。
④ E. P. Thompson, *Out of Apathy*, London: Stevens & Sons Limited, 1960, p. 235.
⑤ E. P. Thompson, *Out of Apathy*, London: Stevens & Sons Limited, 1960, p. 236.

麦金太尔提出批判功利主义的另外一个原因，是要专门审视资本主义之中的社会民主。在他看来，这也是对功利主义进行批判的一个重要方面。以约翰·密尔(John Stuart Mill)为例，他认为，自由主义同功利主义一样都缺乏对“满足”的全面定义。[①]“最终的批判结果落到了‘幸福’上面，并且‘幸福’只是人们在一个国家中取得他们实际想要的东西。在功利主义之中没有什么能够被用来批判这一思想。这使得一个人会居于功利主义，认为人如果得到了他们想要的就会感到满意。并且如果一个人希望居于这些立场，并且说，一个人知道他需要什么(假设长期以来他们仅仅依照他们的固有经验)，而不知道怎么样做自己，就会接受强迫与控制人们的政治思维。”[②]这是传统功利主义的一个基本的立足点，传统主义者会让功利主义变为从外部激发人们行为的工具，而不是让人们出于对真正自由和解放的渴望而自我激励。密尔式的自由观是功利主义的一个重要环节，并且正符合资本主义的价值观念。

资本主义的福利国家政策力图掩盖的是在这个制度中存在的许多不平等的现象，而以“共同利益”加以弥补。福利国家政策所包括的各项保障在一定程度上避免了人们的“不满意”，以此让人们获得幸福感。但是这种外部的政治措施即使让人们获得了暂时的满意，也只能是表面的功利化的一种途径：“突破点应当在马克思所称为的‘自我能动性’上。对业已建立起来的秩序的不满，会在社会许多方面瞬间出现。可是对于这些也无能为力；除非——如果工人阶级中的一些积极分子——受到直接的挑衅的话。”[③]所谓人的深层次的需求应当是为人类的能动性提供更多的、可以反对当前社会秩序的支撑点，革命的开展正是要以这些支撑点作为参照，并让工人阶级树立起一种“深刻的责任感”。这样，才能够克服斗争主体经常出现的目标模糊、缺乏意志力等问题。

第三节　如何实现个人与集体的欲望？

麦金太尔在构建社会主义人道主义的过程中，将人的欲望作为社会历史

① 约翰·密尔的自由理论在英国真正流行起来是在20世纪初期。当时，功利主义仍然是一种“正在发展的理论”，视域还亟待拓宽。边沁(Jeremy Bentham)与密尔在推广自由主义的过程中起到了重要作用。20世纪中期之后，功利主义已经被一些学者视为“缩小了人的欲望与行为的范围”。参见 William L. Davidson, *Political Thought in England*, London: Williams and Norgate, 1915, pp. 7—13。

② E. P. Thompson, *Out of Apathy*, London: Stevens & Sons Limited, 1960, pp. 236—237.

③ E. P. Thompson, *Out of Apathy*, London: Stevens & Sons Limited, 1960, p. 238.

发展的牵引性因素，还对这个话题进行专门描述。从麦金太尔后来的德性论著作中也可以看到，实际上，如何将个人生活与社会整体进行理论连接，是他追求德性的一个重要话题。他说："任何想把每一个人的生活视为一个整体、一个统一体——其品格为诸美德提供一个充分的 telos（目的）——的当代尝试都会遭遇两种不同的障碍，一种是社会的，一种是哲学的。"①我们可以发现，他这一"思想成熟时期"的设想其实在其研究马克思主义的时候就已经开始形成了。他对社会首先进行了层级划分，然后又以个人作为出发点，分析了如何能够实现个人与社会及其层级的有机联系，最后认为实践概念能够达到这种理论效果。但是，如果要真正实现人的自由，不能仅仅将希望寄予在资本主义制度或社会主义制度上，而是要开拓一种新的形态，将实现人的本质作为一个历史化的道德任务去完成。当然，麦金太尔此时的马克思主义形态尚未完全转换，只是希望将视野扩展到资本主义生产方式之外。②但随着英国政治体制的日渐定型，以及英国社会主义运动的沉寂，麦金太尔更坚定了发展历史道德理论的想法，那么推动马克思主义话语和形态的转向也就在情理之中了。

一、社会的存在形态

"二战"后的 20 年，资本主义民主制度更加成熟。麦金太尔提出，社会主义应当脱离资本主义民主，赋予人真正的自由方式。麦金太尔认为，在现行制度下，除非通过激烈的社会制度整体性更新，否则是不可能实现真正的自由革命的。那么当面对现实状况时又应当从何处入手呢？他认为，在进行革命的时候，社会主义者有必要分清楚究竟当前革命的对象是什么，或者说这些革命对象在以何种形态存在着。麦金太尔认为，对 20 世纪 60 年代的英国进行一种"广泛性的特征描述"是非常关键的，认清社会状况是树立革命目标的前提。

在明确这一点后，麦金太尔开始对社会进行了层级性的划分。他认为社会中存在着三种形态。第一种是惯例形态。意为在社会中被规定了一切事物，人的选择往往被认为是应该做的事，社会活动似乎成为约定俗成的，因而人们的活动就不存在选择的问题了。例如，人的成长起初会受到家庭的影响，之后的发展又会随着学校和工作的经历而发生变化。人的选择的范围已经因为这些经历而大大减小了，并且在一定意义上说，人因为不得不参加这

---

① ［美］阿拉斯戴尔·麦金太尔：《追寻美德：道德理论研究》，宋继杰译，南京：译林出版社，2011 年版，第 258 页。

② Alasdair MacIntyre, "Marx and Morals", *International Socialism*, 14, Autumn 1963, p. 35.

些社会的必要阶段而失去了主要的选择可能。当他们遇到需要选择的时候，他们所考虑到的往往会受到其他社会因素的影响。“在竞争中获胜不只是对物质的需求，同样也是追求摆脱拘束、追求自由的一种不合理的方式。但是钱、高薪和好运的来源又只能是另外的惯例。资本主义的生产推动着你去参与惯例之下的劳动；资本主义的消费又让你停留在广告的俗套之下。工作的指挥棒、电视中的胡萝卜，这些刻画出了我们称之为的资本主义消费，它具有能够限制工人，并使之归顺的额外能力。老龄又会让你重回领取抚恤金的队伍之中。”①资本主义社会的发展和一切制度的完善，让身处其中的人们在物质上享受到一定的富足，在意识上被资本主义意识形态逐渐影响，产生一种对狭隘自由的满足和对自由实质的忽略。

第二种是阶梯形态。这一形态建立在惯例形态之上。人们在惯例形态之中受到种种隐秘的束缚，为了摆脱它们，就只有进入到社会阶梯之中。由于追求的“回报”是以经济报酬为主要方式的，因而当他们从惯例形态开始往上攀爬的时候，为了追求这种稀缺的机会，形成了一种竞争性的社会关系，这一形态直接将人与人之间的关系对立起来，并且造成一个又一个层级：“在那一个阶梯之中，你要为了更高的报酬而竞争。在商业化的世界之中你凭借你的技巧和储蓄在资本化的公司里竞争。最少在惯例形态之中你和你的同事在一起共事，可是到了阶梯形态之中你们就成为竞争对手。因此要从工人阶级的惯例走向中产阶级的阶梯，从中产阶级的阶梯走向其他的阶梯，诸如此类。”②而之所以是阶梯形态，就是因为在竞争中形成了阶层差别。从个人发展的意义上来看，阶梯形态并不是惯例形态的平行状态，而是下一个阶段和结果。

第三种是“咖啡吧”形态。在这一形态中，人只注重接受周围的环境，而不重视自己的内心。更进一步说，人已经完全背离了人的本质，而陷于虚伪之中，认为这一切是正确的，而自己才是虚伪的。③到这一阶段，麦金太尔所要真正批判的东西终于呈现了出来。从之前的研究来看，他对人的自由的追求与马克思主义的目标重叠了起来，因而中间的过程看似也达到了一定的契合。可是在这里我们才看到，麦金太尔的理论话语已经与马克思主义产生了明显的差异，它更像是麦金太尔后来社群主义的开端。麦金太尔的社群主义就是建立在这种集体的基础上的：“我们可以从三个层面

---

①② Alasdair MacIntyre, “Freedom and Revolution”, *Labour Review*, Vol. 5, No. 1, February-March 1960, p. 23.

③ Alasdair MacIntyer, “Freedom and Revolution”, *Labour Review*, Vol. 5, No. 1, February-March 1960, pp. 22—23.

的区分来理解麦金太尔的共同体：第一个层面是关于政治共同体的主张，关于一个政治社会应该具备什么样的条件，这是自由主义者和社群主义者都有可能同意的，尽管实际上这个问题无论在两方之间还是每一方内部都是有争议的；在第二个层面，政治共同体同时也是一种道德共同体，这是社群主义者的主张，并区别于自由主义者；在第三个层面，这种政治共同体不仅是一种道德共同体，而且它遵守德性伦理学并拥有共同的善，这是麦金太尔的'小社群主义'的独特主张。"①由此，麦金太尔就初步完成了由马克思主义向德性论的话语转变：在这一环节，麦金太尔继承了马克思的实践理论，但是又将道德话语同时与个人和集体相结合，探索新颖的阐释话语，形成马克思主义的隐性形态。这成为他之前将基督教和马克思主义进行类比，在建构社会主义人道主义时将历史概念和实践概念纳入道德之中，以及其他系列创新路径的延续。

资本主义制度已经在当时的西方世界广泛固定，形成了大众准则，使得利益集团和政客这些真正的权力掌控者利用政治和社会传统改变、控制第一层形态，进而影响后面两层。因此，麦金太尔认为，要与这一种社会决裂，就必须结束资本主义的现有民主制。在政治自由的具体实现方法上，麦金太尔认为，当前资本主义在一些方面让人们不自由，社会主义和工人阶级也不能在短时间内找到通往自由的道路。但自由社会不是个人性的目标，而应当以组织和集体作为主体进行构建，继而要求其成员与其他阶级一道，共同聚集改变社会的动力。在这里要注意两点：一是要让成员有一种持续性的改造社会的意识；二是要维持住一个组织或政党的纲领。因为一个纲领能够保证成员们拥有独特的任务、职责和权利。如果脱离了集体，那么个体由于无法通过纲领宣扬主张，可能对社会产生消极印象，持有特殊意见的少数派也是如此。当前，马克思主义者"尤其应该将马克思的作品传播到有人性化需求和聚焦自由化工作的工人之中"，②避免劳动者对自身工作状态的无意识。

有关对个人状态的无意识问题，其他新左派理论者也曾经重视过。比如霍加特和威廉斯于1960年在《新左派评论》上围绕有关形态进行了讨论。在霍加特看来，家庭、阶级等因素会影响人的发展，让个人不断获得社会的属性："我认为，来自村镇的人会很容易与大型工业城市中的个人形成间隔。或者说，我希望描述的是社会对于个人会有不同的影响"，"对我来说，我记得这一过程是长而烦琐的。一个人难以逃脱出周边的影响，尽管他会认为，

① 姚大志：《"小社群主义"——麦金太尔社群主义研究》，《求是学刊》2013年第1期。

② Alasdair MacIntyre, "The Factory", *International Socialism*, 9, Summer 1962, p. 29.

工人阶级的德性的形成看起来会长期来自个人自身的因素，特别是自己的怀疑态度”。[1]威廉斯则看到了家庭对于个体的影响：“我们都来自工人阶级的家庭，但是这也是一种非常不同的生活”，“对于大多数人来说，人们对于教育的尊重往往是伴随着对艺术和知识的兴趣的，它们是广泛的、绝对的，尽管在一些方面会受到限制，但是还是很明显的，这些是他们生活中的一部分”。[2]可以说，对于集体和阶级的考察已成为当时新左派理论者一个重要的理论方法，尤其是当那些出身工人阶级的理论者们从自身的经历出发，对新左派运动和马克思主义运动进行反思。

麦金太尔将当时的资本主义制度称作“新资本主义”，在这一制度当中，各阶层的存在状态已经完全稳定下来，同时工人阶级自身的存在状态看起来也更加固定了下来，让工人阶级的个体认知愈加淡化。“统一化的工人阶级拥有自己的机构，并且拥有广泛的意识，那就是实现目标的话不应只是通过像20世纪后二十年代那样的政治方式。他们的生活已经由低薪和失业决定了。贫穷已经决定了他们的生活。只有极少数的人或者家庭希望从工人阶级中脱离出去；维多利亚时代的奋斗、节俭和勤奋精神被经验性地歪曲了。”[3]歪曲的结果就是，工人阶级失去了对自身利益的诉求，他们与他们之外的社会逐渐远离。他们的目标不是资本家的那一种对利益的永无止境的追求，而恰恰与之相反，工人阶级已经成为安于现状的群体。他们所追求的，只是维持一定的生活水平而已。实际上，马克思和恩格斯生前就已经预料到这种现象可能会在工人阶级内部出现。例如，1890年5月1日，巴黎工人代表大会召开，会议通过了法律上规定八小时工作日的重要决议。恩格斯在为《共产党宣言》撰写的德文版序言中就提出：“反资本斗争中的种种事件和变迁——失败更甚于胜利——不能不使进行斗争的人们明白自己一向所崇奉的那些万应灵丹都不灵，并使他们的头脑更容易透彻地了解工人解放的真正的条件。”[4]他还说：“欧美无产阶级正在检阅自己第一次动员起来的战斗力量……今天的情景将会使全世界的资本家和地主看到：全世界的无产者现在真正联合起来了。”[5]这一事件，是欧美无产阶级在巴黎公社运动失败、哥达合并会议召开之后，国际共产主义运动取得的一次重要胜利。马克思和恩格斯在世时，就始终善于根据工人运动形势的变化不断调整理论思路，即使

---

①② Richard Hoggart and Raymond Williams, “Working Class Attitudes”, *New Left Review*, 1, January-February 1960, p. 26.

③ Alasdair MacIntyre, “Labour Policy and Capitalist Planning”, *International Socialism*, 15, Winter 1963/4, p. 6.

④ 《马克思恩格斯文集》第2卷，北京：人民出版社，2009年版，第20页。

⑤ 《马克思恩格斯文集》第2卷，北京：人民出版社，2009年版，第22页。

是在巴黎公社运动失败后工人阶级长期沉寂的背景下，恩格斯依旧保持充足的革命动力和热情，不断从工人阶级革命当中寻找新的闪光点，进一步巩固了无产阶级革命的社会推动意义。

在传统资本主义国家中，工人阶级和资产阶级的层级化已经在民主政治中得到了确认。当工人阶级与资产阶级仍然保持清晰的区分的时候，国家已经成为一种调节两者关系的“中立”角色。国家的机构成为两个阶级之间利益沟通的途径，工人阶级也正可以通过它“赢得一些胜利”。对于自由主义，或者说传统的资本主义来说，国家扮演的至多是一个“守夜人”的角色，而这与“二战”期间及战后一段时间中国家实际扮演的角色是不一样的。“二战”后，国家承担了更多的社会功能。在对社会的协调之中，资产阶级和工人阶级作为两个独立的层级的状态并没有发生实质性改变。相反，这种看不见的界限在看似阶级关系已经缓和的时候实际却更加坚固了。“将国家与经济之间区分开来成为相互独立的部分是再自然不过了，这使得资本主义作为一种经济形式能够容纳这种严格的——为资本所必须的由资本与劳动力之间的关系所决定的——政治区分。工人阶级的目标是要通过国家内部中立的议会提供一种社会民主程序的先决条件，以消除由国有制中计划生产造成的贸易循环所导致的失业，以及通过税收再分配和计划性福利消灭贫困。这就是他们的目标。”①在《共产党宣言》中，马克思和恩格斯提出，无产阶级革命与过去的革命存在着大量不同，不过，有一点是相同的，那就是革命阶级发动的革命都是为了巩固阶级自身的利益。对于资本主义和资产阶级来说也是一样。“一切阶级在争得统治之后，总是使整个社会服从于它们发财致富的条件，企图以此来巩固它们已经获得的生活地位。”②按照这一表述，当今资本主义提高工人阶级的生活水平，实质上也是为了巩固自身的存在。对于知识分子来说，只有牢记和认清这一点，才能确保从事理论创作时坚持最基本的立场。

在这一情况之下，资产阶级与工人阶级间的统治与被统治关系已经变得不是那么重要了，因为这两个阶级，特别是工人阶级的注意力，已经放在了如何获得更多的利益，即所谓“创造民主先决条件”上来，而作为统治阶级的资产阶级的政治目的达到之后，他们的统治也就得心应手了。麦金太尔将资产阶级对于政治民主的控制解读为两个部分：一方面，他们虽然利用议会，在表面上让工人阶级政党获得一定话语权，但实际上仍然阻止工人阶级进入政

---

① Alasdair MacIntyre, “Labour Policy and Capitalist Planning”, *International Socialism*, 15, Winter 1963/4, p. 6.

② 《马克思恩格斯文集》第2卷，北京：人民出版社，2009年版，第42页。

治权力决策核心群体，同时还努力制造一种“幻觉”，让工人阶级认为这是争取“革命的社会主义”的代价；另一方面，资本主义与社会民主在当下恰好具有某种意义上的互助作用，这有利于资产阶级掌握议会的权力。在这种条件之下，工人阶级中出现修正主义倾向也就很容易被理解了。麦金太尔归纳出了当时的资本主义政治的三种要素，分别是特定性质的工人阶级、特定的国家观和特定的统治阶级。“在这种情况下，传统的修正观点和态度失去了现实意义，并且在这种压力之下，左派和右派的修正主义的距离较他们之前更远了。修正活动进展和程度的差别上升到了政策的差别。他们都认为传统的修正主义者已经不再能够实现他们的目的了。”①对于当时的工人阶级来说，任何的革命概念都已变得模糊，哪怕是阻碍革命的修正主义也是如此，他们也只得在这条路上越走越远了。

事实上，麦金太尔对社会层级的划分，与他对资产阶级和工人阶级的描述是密切相关的。社会的惯例形态主要是指工人阶级所处的状态。正如麦金太尔分析的，当工人阶级出现了安于现状，或者将现阶段革命行动的沉寂解释为是在创造革命先决条件的时候，他们实际就已经接受了社会的惯例。当然，惯例形态对于资产阶级来说同样适用。当他们开始利用民主程序调解和平息与工人阶级的矛盾的时候，惯例就成为他们手中的工具。实际上惯例形态之于资产阶级与工人阶级是不同的。资产阶级是要运用惯例平息社会矛盾，而对于无产阶级来说，惯例形态更像是他们在失去革命目标后的一种常规状态。阶梯形态对于大部分的工人阶级来说是不存在的，毕竟处于该形态的人数量较少。而“咖啡吧”形态则是工人阶级存在的另一种形态——它并不和惯例形态重复，或者更应该说它是惯例形态的一个直接后果。工人阶级由于无法认识到自身的存在，从而不自觉被资本主义社会同化。他们不再认为是资本主义制度让他们贫穷，而是否定了革命的对象，进而否定了自己革命的目标，丢失了革命的意志。

二、个人欲望与集体目标的理论联系

将集体概念纳入个人自由的考察之中，是麦金太尔德性理论的又一个重大发展。众所周知，麦金太尔的德性理论充满了浓厚的集体性特征，虽然他本人从来没有承认过这一点。从当时的社会模式来看，人们似乎已经生活在了“既定化”的社会之中，他们也只能扮演一种被安排好的角色。“这会让我

① Alasdair MacIntyre, “Labour Policy and Capitalist Planning”, *International Socialism*, 15, Winter 1963/4, p. 7.

们遵循已经建立好的秩序，不仅仅是德性，还有所有必要的方面。一定时期中的生活相对固定下来，从而充满了因循守旧的态度，那些没有感觉到赤裸经济专政的无产阶级也就不会受到来自社会的压力。”①对于社会主义者来说，进行斗争的方式看上去是多样的，但需要记住的是，马克思主义对资产阶级的蔑视已经成为福楼拜（Gustave Flaubert）和马克思的“口头禅”，“原因在于，在资本主义文化中的个体之所以会自由，是因为他们拒绝了社会的那种习俗。这些个体就是艺术家。在资本主义社会之中，艺术家们拥有两种选择，一种是他们像店商卖茶叶收英镑那样，遵守着诗歌的传统规则，另一种则是将自身束缚在高阁上进行独立的创作”。②

自由与传统的关系问题，事实上涉及英国左派理论界面对的一个共性问题：究竟如何正确继承马克思主义基本原理，又避免机械化理解马克思主义。自由是要让人拒绝传统，这看似是后一种潮流对前一种潮流的否定，但麦金太尔却更加认为这是对资产阶级的拒绝。早在《道德荒原笔记》中，他就已经将人的本质作为一种经济批判方式。或者说，经济批判方式也成为他阐述人的本质的一方面。他说：“以我之见，马克思用以解释资本主义经济危机的并非消费不足，而是导致资本家投资不断下降的利润率不断下降。就像关于无产阶级对危机的反应的解释一样，这一解释也是马克思对资本主义制度下的人的本质变化的看法。只有与马克思关于人的本质的一般看法联系起来，马克思的经济学才是可以理解的。也就是说，马克思的人的本质观并非其经济分析的虚假附属物。”③在这里，麦金太尔依旧遵循当时反思斯大林主义时所持的反机械决定论的基本立场。“那些普通成员们并不是在机制中扮演什么角色，而是在彼此破坏着对方的自由。他们并非在投入，而是在拒斥。相对于公共世界中的物质交换与劳动交换，他们更注重个人的状态。在这个世界中，个人是未知世界的牺牲品和产品。”④仅仅从个人的角度考察自由，是无法正确对自由概念进行全面界定的。因为当时的麦金太尔已经不再认为自由仅仅是个人的问题了。

麦金太尔在探索伦理学理论话语和形态时，兼具了个人与集体视角。他将个人行为与制度和社会联系了起来，认为新的阶级能够对人的属性进行新的拓展，进而对这些可能性进行选择。自由的概念从一定程度上来说是个人

①② Alasdair MacIntyer, “Freedom and Revolution”, *Labour Review*, Vol. 5, No. 1, February-March 1960, p. 24.

③ ［美］阿拉斯戴尔・麦金太尔：《道德荒原笔记》，张亮、熊婴编：《伦理、文化与社会主义——英国新左派早期思想读本》，南京：江苏人民出版社，2013 年版，第 83 页。

④ Alasdair MacIntyer, “Freedom and Revolution”, *Labour Review*, Vol. 5, No. 1, February-March 1960, p. 22.

与集体的张力体现。“这种思想可以在自由政党的出版物中看到。我们可以没有风险地使用这些范畴;但是,总的来说,他们又使用了两种虚假的对立抽象物。因为我们不得不记住,个人不仅没有脱离于社会的关系,而且集体如果脱离了个人也是不会存在的。同时,‘个人’与‘集体’的普遍性、抽象化运用,能够被用来概括广泛的历史环境,并且他们运用这一关联让自由问题超脱了时间,需要用各种的组织来解决,而不是依照未来某种特定的社会范式。”①自由问题是涉及主体自身的现实性问题,不应当寄托于历史来解决。这实际上涉及一个关键性命题,那就是人实现自由的活动的性质。麦金太尔认为:“因为个人生存在他的历史化关系之中,而且集体就是个人的社会,所以自由的问题不是个人反抗社会的问题,而是我们希望处在何种社会之中,以及我们要成为何种个体。不自由也是因为这些所导致的。”②由于马克思和恩格斯讨论自由问题,或者是在对黑格尔哲学的深刻反思语境下,或者是在阐述共产主义和人的解放原理的语境下开展的,在马克思主义的整体语境下,特别是在资本主义制度背景下,对人与道德进行讨论,本身就是对马克思主义关于人的话语的重要补充。麦金太尔还以此为切口,进一步批判资本主义生产方式,成为战后英国左派分子批判精神的重要代表。

马克思与恩格斯在当时实现了一种重要进步,就是对那个时段中的资本主义进行了解剖,将限制和扭曲人的属性的剥削暴露在历史之中。但是,资本主义的发展使人的属性产生了重要的形式变化。人的自由的实现离不开无阶级社会的形成。当时工人阶级地位的上升并不意味着一种新型阶级社会的诞生,而应当是阶级社会与剥削消失的前奏。另外还有一个重要的方面是,如果要人从生活的困境和制约中解脱出来,就要让个人知道他是属于自己的,而不是社会。可是现实却制造了一个难题,那就是个人对社会的改变是无力的,就算加入工人运动也是一样。就此,麦金太尔同样是以知识分子为例,阐释个人在资本主义的政治社会中可以发挥何种作用。他首先提出了一个疑问:既然人与人之间的活动和思想能够互相影响,并且个人的活动既可以被社会影响又可以被社会停止,那么究竟是什么引导了个人的活动呢?

需要清楚的一点是,麦金太尔并不是要通过解释个人与集体的关系来阐释人的自由和欲望问题。在他看来,“个人”与“集体”如果被放在这一框架下进行讨论,它们就成为“伪范畴”。因为它们之间的差异被刻意地放大了,

①② Alasdair MacIntyer, “Freedom and Revolution”, *Labour Review*, Vol. 5, No. 1, February-March 1960, p. 22.

根源在于我们将是非的范畴扩大到了“我们”同“其他人”的关系上面：“自我孤立对每一个人来说都是平常的。它在政治化组织中同样是平常的，因为成员关系和伙伴关系从中获得的首要经验，就是承认自己与他人的感觉差异。”①当面对现实的时候，会因为人与人的差异，造成认知的不同。而对于组织来说，这种情况同样也是会出现的。因此，个人与集体对事实的认知并不会因为个人的数量而产生差异。“但是要在‘个人’与‘集体’的角度对斗争进行具体化阐述的时候，就需要分清使它们产生政治歧义的政治因素了。如果不从组织的角度考察个人自由的话，就会忽略一个事实，便是人类的自由只有在一定的组织结构上才可以显现。”②如果我们再结合麦金太尔对斯大林主义的反思便可以理解，官僚主义实际上是与差异化诠释人的自由紧紧联系在一起的。这两个概念看上去分属政治学和人类学的范畴，它们原本并不具有必然联系。实际上，斯大林主义之所以如此差异化地诠释人的本质，其形式前提就是依据官僚组织形式进行一系列的政治意志力灌输。所以，麦金太尔将人的自由置于组织和集体中进行考察，实际上也是延续其在《道德荒原笔记》中对斯大林主义的批判立场。

从麦金太尔这一整段时期的作品中，我们可以发现，他所提到的“集体”概念内涵是非常丰富和多元的，不仅仅是组织，同样也包括阶级。因为这两种范畴都是他在考察人的自由和德性时出现的。他认为，对于人来说，实践共同体是他们实现善的主体环境，因此，考察人类社会的任何因素，都不能够忽略集体。“每一种新的阶级都会凭借其阶级能量为人的属性添加新的可能；每一种剥削方式都会包含新的会压抑人的潜能的力量。正如马克思和恩格斯一直都看到的，进步往往具有两面性：虽然它会一直持续下去，但是在我们的社会，资本主义经济的发展会给我们带来一些新的门槛。工人阶级的发展不再是一种新阶级诞生的标志了，剥削的方式也不会更新了；到时阶级社会和剥削只会灭亡。之前历史中出现的人的潜能被压抑的状况也就不再出现了。”③从阶级和剥削角度反映出的是道德共同体问题。麦金太尔认为，这一问题应当涉及两个方面的内容。首先，自由的实现与无阶级社会是无法分开的；其次，从压力和束缚中解脱出来，就是进入一个由人自己创造的社会。“不论一个人自身是不是能够进入无阶级社会，这不是个人的力量决定的；是不是进去也不是他能够决定的。因此我们历史中的一个巨大的悲剧情

---

①② Alasdair MacIntyer, “Freedom and Revolution”, *Labour Review*, Vol. 5, No. 1, February-March 1960, p. 22.

③ Alasdair MacIntyer, “Freedom and Revolution”, *Labour Review*, Vol. 5, No. 1, February-March 1960, p. 20.

景是个人不能和工人阶级按照一种方式或者其他方式，哪怕只是紧密地联系在一起。一个人可以考虑的是像托洛茨基那样死于他手，或者像越飞那样自我了断。"①

集体对于个人的影响是全方位的、深层次的。组织可以让它的成员保持一种意识，让他们时刻认清他们生活的环境、使命，形成一种特有的价值观。"因为我们的社会在一些方面是不自由的，因而工人阶级并不能立刻找到通向自由的道路。并且每一个参与的工人由于他们认知的自由概念范围有限，因而除非已经找到了这一条道路，否则是无法在决策过程找到正确的选项的。因此自由社会并不能作为个体政治认知的目标，除非要发动工人自觉参与政治活动。因此自由之路必须要通过一些并不是要建立自由，而是要发动工人去建立自由的组织才能建立起来。"②应当强调的是，这里的组织与官僚组织有本质的区别。在通往自由的道路上，官僚组织已经不再具有发动工人获得自由的作用，相反，它已成为束缚个人的囚笼。原本应代表成员权益的组织，到了官僚制度那边也就成为强制成员执行上级政治意愿的政治体系。在麦金太尔看来，真正的组织，应当是能够促进成员抵抗住来自其他阶级的压力，有效地反对统治阶级的。这样，当个人凝聚成为组织之后，力量得到了集中化，并且使革命的构想有了实现的基础。

三、工人阶级还能如何"革命"？

从麦金太尔接触马克思主义开始，他对马克思主义具有教义特性的立场就没有发生改变。即使是到了对之进行反思的阶段，他仍旧以此作为理论建构的一部分。不过讨论的侧重点已经发生了改变。20世纪50年代，麦金太尔依据深厚的基督教理论储备，将基督教教义与马克思主义进行了类比，并且在对斯大林主义的批判中更是将马克思主义的意识形态化作为一个十分重要的论点。当论述到无产阶级究竟是否能够找到斗争策略的时候，麦金太尔叙述了马克思主义的现实作用到底包括了哪些方面。他认为，马克思主义的现实作用，就在于它能够让工人在主观层面联结起来。首先，马克思主义可以始终存在于人的精神之中，成为一种革命信念。"理论不能够对我们起作用，或者说不是必需的，这本身就只是一种理论。它指对社会的一种整体

---

① Alasdair MacIntyer, "Freedom and Revolution", *Labour Review*, Vol. 5, No. 1, February-March 1960, p. 20. 阿道夫·阿布拉莫维奇·越飞（Адольф Абрамович Иоффе），苏联革命家、政治家、外交家，曾与孙中山共同发表《孙文越飞联合宣言》。1927年在莫斯科自杀。

② Alasdair MacIntyer, "Freedom and Revolution", *Labour Review*, Vol. 5, No. 1, February-March 1960, p. 23.

性看法，即它的进步脱离了我们的控制。并且这一理论对那些接受和宣传他们已经完全不受理论影响的人来说更加有用。"①其次，麦金太尔指出，对理论的领悟能够帮助工人个体在工人阶级中发挥作用，因为理论可以给予人以信心，这种信心不是来自自身，而是来自其他的组织："这些环境让人们不去依靠自己和工人阶级，而是一些看上去更为强大的组织，他们可以通过劝诫、命令抵消自己的疑惑，在最恶劣的风暴之中保护自己。这是让人们加入和维持斯大林主义组织的诱因之一。"②最后，理论可以让人们感受到成功的可能性。人们在革命斗争中的每一种针对资本家们的抗争不能简单地理解为革命的全部，而马克思主义在强调这些抗争的重要性和紧迫性的同时，让人们不会盲目。

以此为基础，麦金太尔力图从实践方面，对人们如何为自身自由进行斗争，抑或是进一步质疑马克思主义进行了考察。他认为，如果说当时的英国工人身处的是一种不公平的社会环境，也是"特殊的"一种环境，这让工人阶级无法找到通往自由的道路。这样导致了自由社会对于工人阶级来说同样会是模糊的目标。

首先，麦金太尔认为这些组织需要让其成员保持一种长久性的意识，那就是改变他们的生存世界的必要性。其中，如何重新诠释自由，是政党对党员进行一种"长久性教育"的重要一环。官僚制的民主主义者和斯大林主义者经常会围绕一个议题进行争辩，那就是：人文和科学是不是应当由国家权力进行控制。麦金太尔认为："这一讨论的关键问题在于这种控制是没有可能性的，从逻辑上讲就是这样。你可以阻止人们进行人文创作，阻止他们阐释和实验科学理论；你可以迫使他们为国家进行辩护。但是你不能让他们按照你的意愿从事人文和科学；因为他，他们有各自的发展规则。"③在此，麦金太尔实质上是将自由分为两个层次进行探讨，一个是组织上，一个是以组织作为基础的对个人的影响。麦金太尔在这里想要表达的意思便是，即使组织出于其存在意义考虑扮演一种向其成员宣讲斗争理念的角色，但是，由于斗争理念本身对于个体来说是多样的，成员间在主观上无法达成统一，整个组织也就无法树立统一的斗争意志和理念。

其次，麦金太尔认为，对于斗争个体来说，拥有固定纲领的政党或组织可以帮助个体避开来自其他阶级的压力。这种固定纲领并不是像党章这样可

①② Alasdair MacIntyre, "What is Marxist Theory For?", *Newsletter*, Vol. 3, No. 124, October 31, 1959, p. 309.

③ Alasdair MacIntyer, "Freedom and Revolution", *Labour Review*, Vol. 5, No. 1, February-March 1960, p. 24.

以明确用文字表达出来的，但是它却可以让党员们拥有特别的任务、责任和权利。而对于社会主义政党来说，他们感受到的往往是对"自由"这一名称的拒斥。因为社会主义者们都认为个人可以作为单独的个体存在，但是这里有一个陷阱："如果说自由是一种必要的知识，这并不意味一种被动的理论知识就可以解放我们。解放的知识要能够帮助我们改变我们的社会关系。马克思主义向我们展示的这种自由的知识并不是像私有财产那样，是个人从书中摄取，进而为个人所有的；它更应当是一种不断增长的意识，它能够通过大众政治和教育原则将人们绑定在一起。"①当个人要为自己的自由进行争取的时候，却在无形中接受了社会上的统治性意念。因此，个人与集体的矛盾始终无法在自由的层面上得到解决。

既然个人自由与党组织的斗争不可以兼容，那么它们可能合并吗？麦金太尔认为，这一问题不能够仅仅从党的规则与个人活动的关系角度进行阐述。因为前者与后者并不是单纯的被构成关系。为此，麦金太尔还是从个人与集体自由的角度进行考虑。个人与集体实质上并不应当成为对立的主体概念，相反，是一个统一的主体概念。在考察组织整体时，必然涉及成员及相互关系。

组织所拥有的纲领应当起着积极的作用，而不是相反。它应当能够保证成员拥有坚定的目标、责任感和权利。可是，这种纲领如果超过了本来的程度，就会有掺进过多主观意志的危险。"尽管如此还是有很多的社会主义者感受到党的纲领是一种陌生的东西，但却又有压抑的力量，迫使他们在自由的名义之下进行奋斗。错误之处在于一种幻觉，那就是一个个体的人可以逃脱体制以及当前微妙的现状。不论我们是不是喜欢，都不可避免要扮演一定的社会角色，而这个社会却又是我们在资产阶级社会中劳动时形成的。或者说，只要我们不知道在身上发生了什么，这种不可避免就会一直存在。"②由此可见，麦金太尔在考察组织内部机制的时候，依旧没有离开马克思的经济学话语。当组织唤醒成员的革命意识的时候，就是成员们开始树立信心改造世界的时候了："在这之后，我希望那些幽灵们不再出现了。这些争论会导致一个结果，那就是不仅是社会主义和民主是不能分开的，而且通向社会主义和民主中央集权的道路也是不可分割的。一些最为关注自由的社会主义者往往会拒绝民主中央集权。但是，如果我的论点是正确的话，这种拒绝一定会损害我们对自由自身的理解。"③在马克思和恩格斯那里，民主和集权概

①②③ Alasdair MacIntyer, "Freedom and Revolution", *Labour Review*, Vol. 5, No. 1, February-March 1960, p. 24.

念始终就是有机融合的。无产阶级革命的最直接目标就是要让“无产阶级上升为统治阶级，争得民主”，在此基础之上，依靠无产阶级政权，“把一切生产工具集中在国家即组织成为统治阶级的无产阶级手里”，最终要“尽可能快地增加生产力的总量”。①因此，考察无产阶级的组织系统，同样要涉及哲学、政治经济学和科学社会主义的所有范畴。

虽然当时麦金太尔对工人阶级的革命意志产生了怀疑，但是在对革命组织理论的构建过程中，他还是充分考虑到了工人阶级可能发挥的作用。他认为，完全将工人阶级排除在政治进程之外是不正确的。因为他们仍然具有一些请愿的举动，不过仍然是在资本主义可以容纳的范围内的：“准确地说，这些请愿是在工厂或特殊工业内部，因而会被分裂和冲散了；而到现在，他们超越了这些限制，并且建立起了可以将他们的生活和斗争快速组织到一起的机构，使他们避免了狭隘和孤立，而与雇主互有得失。但这并不是传统的政治渗透策略或非政治渗透策略；这两种现象都随着修正主义的消失而消失了。”②工党上台后并未关注这种状况，也没有对工会之于工人阶级的重要性予以太多的重视。麦金太尔认为，要重视这个问题，还要从两个方面入手。

首先，麦金太尔认为将工人阶级重新组织起来需要直接的政治引导。这对于工人阶级来说是十分急迫的，因为新资本主义已经将革命力量打散并扑灭了，留下一个“死了的工党”是无济于事的。③面对这种情况，麦金太尔指出新的组织在新资本主义环境下，要通过吸收新的成员来加强自身。“正如一些技术工人会成为关键的工人，一些之前被完全当作是中产阶级的人降低成为技术工人，比如教师、保险公司雇员、银行柜员和护士。工作条件迫使他们转向工会斗争。他们与技师和准技师们重新进行联合，以形成一个更具有文化层次和工人阶级觉悟的阶级。这样他们可能会具有更加成熟的斗争战略，来适应更加成熟的新资本主义。”④其次，要组成一个由经济学家们构成的机构，这可以帮助工人阶级分析新资本主义的属性，并且找出其弱点。对于工人阶级的诉求，应当重新回到他们的切身利益上来，而不应当继续满足于现有的劳动所得了。除了这些，工人阶级需要重新树立的主观意识还有很多。“真实的情况是新资本主义如果要崩溃就需要进行计划，包括何时、如何进行斗争。但是这些积极战略需要每一个工人都能够理解并赞成，这就要求具

---

① 《马克思恩格斯文集》第2卷，北京：人民出版社，2009年版，第52页。

②④ Alasdair MacIntyre, “Labour Policy and Capitalist Planning”, *International Socialism*, 15, Winter 1963/4, p. 8.

③ Peter Cadogan, “Freedom of Speech”, *Socialist Review*, December 1960, p. 8.

有一个国际性的民主网络，以及实施民主的工会组织。”①在工会的问题上，麦金太尔继承了马克思和恩格斯对工人组织功能的相关主张，特别是恩格斯对工会的立场。1875年3月，恩格斯在给倍倍尔（August Bebel）的信中进一步批判《哥达纲领》时就讲道：“工会是无产阶级的真正的阶级组织，无产阶级靠这种组织和资本进行日常的斗争，使自己受到训练，这种组织即使今天遇到最残酷的反动势力（像目前在巴黎那样）也决不会被摧毁。”②不论是麦金太尔，还是其他左派知识分子，对于工会的职能都是充分肯定的。但是，工会的发展问题却成为当时无产阶级的一个重要难题。毫无疑问，工会和每一个工人理应一起行动，因此，工会的革命性实际上就是由工人个人的革命性作为保障的。

麦金太尔的这一种态度也是他的德性理论被当作“革命的亚里士多德主义”的原因之一，即他并没有放弃革命理想和革命主体，并且始终按照马克思主义理论中依靠传统的无产阶级自身改变社会的设想，但是，他在当时仍然不否认“革命”才是改变现状、实现德性世界的道路。他的这种斗争的思想在一些方面与托洛茨基主义有相似的地方，而他最关心的还是后者对革命领导集体的批判：“为什么托洛茨基坚持官僚主义只是一个排他的阶层，而不是一个阶级？为什么他将积累国有财产作为社会主义的原则？从已有的观点来看，就是因为他要借助官僚主义恢复资本主义私有制。”③托洛茨基对苏联官僚组织的尖锐批评成为麦金太尔的重要参照。只不过，托洛茨基是基于苏联民众的需求，而并没有思考如何发动和引导群众，但麦金太尔当时已经对斗争的主体进行了重新构想，因而两者的理论虽然都涉及革命的领导者问题，但是基于不同的前提和方法。

归根到底，麦金太尔当时的焦点之一是革命组织，因为他以为组织是能够重新唤起工人意识的渠道。因此，对于组织的刻画成为他革命理论事实上的一个核心论点。在他看来，工党或者英国共产党已经不能够继续担任革命的领导者，因而应当重新组织起一种新型组织。如果说一些学者后来将麦金太尔的德性理论定性为是“集群主义”的，似乎从这里可以反映一二。但我们如果从后来的发展，特别是麦金太尔的马克思主义理论形态的全面转变来看，此时他根据传统马克思主义所提出的阶级“再融合”，在短期内仍面临来自左派阵营内外的双重阻力。

---

① Alasdair MacIntyre, “Labour Policy and Capitalist Planning”, *International Socialism*, 15, Winter 1963/4, p. 8.

② 《马克思恩格斯文集》第3卷，北京：人民出版社，2009年版，第413页。

③ Alasdair MacIntyre, *Against the Self-Images of the Ages: Essay On Ideology and Philosophy*, Notre Dame: University of Notre Dame Press, 1971, p. 54.

第四章　追寻美德：马克思主义“第二形态”的塑形

1964 年至 20 世纪 70 年代，是麦金太尔构建德性伦理学的起始阶段。其间，社会主义主题已不再是英国本土学术界讨论的热点，英国社会主义运动归于平静，这些促使麦金太尔在组织上离开了马克思主义，并且在理论立场上也与英国左派渐行渐远，甚至认为马克思给世人留下的印象似乎是他的“坏脾气”与对犹太人的态度了。①至 1968 年，勃列日涅夫（Леонид Ильич Брежнев）领导的苏联出兵占领捷克斯洛伐克、学生运动以及西欧共产党苍白无力的政治表现，更加证明了“马克思主义在政治上的挫折”。所以，这一阶段不再是麦金太尔的马克思主义向德性理论的转向阶段，而是正式开始了德性伦理学和马克思主义“第二形态”建构，即隐性马克思主义立场和话语同显性德性话语体系的融合性建构。

第一节　继承性反思马克思主义的“第一形态”

麦金太尔对于马克思的彻底性分析，是以 1964 年发表的长文《马克思》作为起点的，之后他又陆续发表了《近期政治思想》及系列文章。在这些作品中，麦金太尔对当时的马克思理论和以苏联为代表的社会主义发展形态展开了系统性反思，并进行彻底性重构。当时，麦金太尔仍然担任着《国际社会主义》杂志的编辑，但是他已经不再认为这一职业对革命还有什么特殊的意义了，至多也只是与托洛茨基主义划清界限。②在麦金太尔实现德性话语转向之后，汤普森还曾希望麦金太尔能够对“人们认识更多的理性和道德机

---

① Alasdair MacIntyre, “Liberal Marx”, *International Socialism*, 21, Summer 1965, p. 30.

② Paul Blackledge and Neil Davidson (eds.), *Alasdair MacIntyre's Engagement with Marxism*, Chicago: Haymarket Books, 2009, p. xxxiii.

制以反对资本主义进程”的话题形成自己的思想。①这意味着，麦金太尔的主要任务已经转变成批判资本主义的德性理论。虽然他的表达方式与马克思主义主要话语表达方式产生了偏离，但是，却依旧采用了马克思主义基本方法论和核心概念。那么，麦金太尔德性理论话语和逻辑的最终双重转向又是如何完成的呢？

一、对马克思的更深层评价

与很多左派学者不同的是，麦金太尔将马克思一生的理论看作是阶段性的，而且彼此似乎不能够完全衔接起来。麦金太尔认为，马克思思想发展的第一阶段，是1846年及以前；第二阶段，是1846年以后至1849年的“革命年代”；第三阶段，就是1849年之后在伦敦的“流放”时期，他在这一时期中创作了“成熟的经济作品”，并建立第一国际。在第一阶段，马克思完成了《1844年经济学哲学手稿》和《德意志意识形态》；在第二阶段完成了《共产党宣言》《共产主义者同盟章程》；在第三阶段完成了《国际工人协会成立宣言》和《资本论》第一卷。

麦金太尔认为，马克思的一个重要的特质，是对于自身之前论著的“消化”，并且能够用“新的”和“令人意想不到”的方式将其结合在一起。青年马克思受黑格尔的深远影响，希望以自由和理性这种知识分子的方式参与政治斗争。黑格尔之后的一些年轻追随者，包括马克思，认为要实现自由与理性，就需要知识分子们同虚伪的信仰作政治斗争，这一斗争的对象就是当时的普鲁士政府。而马克思在《莱茵报》时期“在体验审查权力”的同时注重于分析实业家、地主和平民之间的斗争，以及隐藏在这些斗争背后的经济关系。“马克思把从魁奈和斯密到萨伊和李嘉图的传统政治经济学理论与黑格尔主义融合在一起，以发掘出含有政治经济学和他所描绘的资本主义制度的批判方法。”②马克思否定英国古典政治经济学的最根本经济动因，是他认为后者只能建立在“把资本主义制度不是看做历史上过渡的发展阶段，而是看做社会生产的绝对的最后的形式，那就只有在阶级斗争处于潜伏状态或只是在个别的现象上表现出来的时候”。③因此，只要出现阶级斗争，那么，原先的古典政治经济学就必然遇到政治革命的强大冲击，政治经济学基于现实的强烈

---

① Paul Blackledge and Kelvin Knight (eds.), *Virtue and Politics: Alasdair MacIntyre's Revolutionary Aristotelianism*, Notre Dame: University of Notre Dame Press, 2011, p. 20.

② Maurice Cranston (ed.), *Western Political Philosophers: A Background Book*, London: Bodley Head, 1964, p. 100.

③ 《马克思恩格斯文集》第5卷，北京：人民出版社，2009年版，第16页。

变化，就必然会形成新的形态。麦金太尔把握这一实质，按照马克思的思路，抓住了发展政治经济学的基本要点。另外，马克思构建的政治经济学批判，充分结合了唯物史观的基本原理，创造了属于德国的"科学的、独立的"经济学，创造了令资产阶级经济学家产生畏惧和混乱的例子，"经济学研究的不是物，而是人和人之间的关系，归根到底是阶级和阶级之间的关系；可是这些关系总是同物结合着，并且作为物出现"。[①]基于这一认知基础，实际上就完全确立了马克思主义话语和立场的唯物主义和历史主义基础。

在黑格尔那里，历史应当是人类认识的发展过程，即逻辑的内在化关联。人应摆脱虚伪的意识，克服这种自由的异化形式。麦金太尔认为，人在认知上所受到的束缚是真实存在的，这是第二性的东西。真正的异化应当是来自资本主义之下的组织体系，在那些体系下，工人们继续被当作劳动的工具，创造的生产成果被更加肆无忌惮地克扣，"他们并不是随着工业的进步而上升，而是越来越降到本阶级的生存条件以下"，[②]成为在资本主义政治经济体制之下无力的生产者。而政治经济本身因为它的客观性和抽象性，成为一个难以突破的围墙。这种围墙不但坚硬，同时，由于它的"非人格化"，会让资本主义形成一种不会终结的幻觉。资本规律控制了商品的生产与交换，而这一过程同样也是劳动力成为商品的过程，他们最终被资本剥削。

这种情形在事实上已经被理论抽象化了。生产和经济交易往往被人的总体活动概念伪装。如果用历史的眼光看待人类活动，那么就能够把握整个资本主义社会的形成和运行过程，发现其中容易被忽略的部分，特别是工业劳动阶级们被资本主义所否定的需要和需求。[③]这既赋予工人阶级以形成条件，同时又使得他们成为推翻旧制度、创造新制度的主体。而他们面对的问题，就是要彻底揭穿资本主义制度假象，不过当遇到一个个资本主义政治经济学理论的时候，这种使命的完成就变得艰难了："传统的政治经济学无法理解资本主义在特定阶段内的属性，即无法说明资本主义自身如何杜绝造成其萧条的诱因；并且对资本主义将会衰退的理解并不完全是中立性的，而是要偏袒性地伪装它。"[④]这就促使马克思开始了对资本主义以及生活在其之下人的生产生活方式的重新思考。

---

① 《马克思恩格斯文集》第2卷，北京：人民出版社，2009年版，第604页。

② 《马克思恩格斯文集》第2卷，北京：人民出版社，2009年版，第43页。

③ Maurice Cranston (ed.), *Western Political Philosophers: A Background Book*, London: Bodley Head, 1964, pp. 100—101.

④ Maurice Cranston (ed.), *Western Political Philosophers: A Background Book*, London: Bodley Head, 1964, p. 101.

麦金太尔将马克思早期的阶级理论归纳为四点。第一,我们需要从普遍利益的角度去分析社会系统。作为一个统一体的社会的政治、经济模式是由统治阶级所控制的,而其中的矛盾也是来自阶级之间。阶级在马克思那里是作为在生产过程中基于共同行为和目标基础之上的,由相同认知的人所组成的群体。第二,马克思认为,他那个时代的政治和社会关系是中产阶级和无产阶级之间的关系。在前者成为封建时代的革命力量之后,工人阶级将继任其革命主体地位,"其他的阶级,中产阶级和农民阶级,会受害于资本主义,但是他们的经验既不会训导,也不会教育他们准备迎接一个新的无阶级社会——在这个社会中为获取利润进行的商品生产会被符合人的需求的社会主义生产代替,让每个人得以分享"。[①]在马克思那里,阶级概念本质上是经济概念。第三,政治理论在阶级间进行斗争的时候往往是无法得到理解的。马克思在进行论证时往往是通过看一些来自工厂、政府和经济圈方面的报告,但是这种方法往往别人也会采用:"他们要么是像传统的政治经济学那样通过表达出自己的看法进而为统治阶级服务,要么就通过揭露当时系统的真实情况贬低自己,而为工人阶级服务",[②]马克思的做法就是后者。第四,麦金太尔认为工人阶级反对资产阶级是政治斗争,但是马克思却认为政治斗争本身是无法超过时代局限性的,法国革命就是佐证。因此,无产阶级如要创造下一个社会形态,就必须拥有超前的理论和力量。

马克思在19世纪40年代的著作给麦金太尔的启发是非常大的。因为在这段时间的作品中出现了大量将理论与实践相融合的思想,这成为麦金太尔"革命的亚里士多德主义"在实践层次的重要支撑。包括马克思本人也说:"理论的对立本身的解决,只有通过实践方式,只有借助于人的实践力量,才是可能的;因此,这种对立的解决绝对不只是认识的任务,而是现实生活的任务,而哲学未能解决这个任务,正是因为哲学把这仅仅看做理论的任务。"[③]因此,实践的概念,不论是在西方传统理论体系还是在马克思主义中都有十分重要的意义。不过,到了后者那里,实践概念真正被赋予了改革传统西方理论的使命。在分析了马克思描述的奴隶社会、封建社会、资本主义社会的革命过程之后,麦金太尔指出,资本主义的贪婪和剥

① Maurice Cranston (ed.), *Western Political Philosophers: A Background Book*, London: Bodley Head, 1964, p. 102.

② Maurice Cranston (ed.), *Western Political Philosophers: A Background Book*, London: Bodley Head, 1964, pp. 102—103.

③ 《马克思恩格斯文集》第1卷,北京:人民出版社,2009年版,第192页。

削已经超过了自身所能控制的范围，因而不能够预防周期性经济危机和阻挡工人的成长。“当工人阶级掌握了权力后，他们采取的第一个措施一定会是摧毁资本主义生产制度下的国有土地、信贷和流转制度。他们会采取措施规范税收，增加生产，为所有人提供就业和教育等。”①麦金太尔再次指出，马克思实际上并没有指出究竟工人阶级如何才能夺取权力，并且使用这些权力。“在《共产党宣言》的开头部分，马克思描绘了阶级革命的两种可能的结果：一个阶级战胜另一个阶级，或者阶级斗争的消灭。当马克思对向社会主义转变的论述如此模糊的时候，怎么会对工人阶级的胜利如此具有信心的呢？”②在面对当时英国无产阶级运动的沉寂时，麦金太尔的这种感觉显得愈加明显。

接下来，麦金太尔考察了马克思创作的最后一个阶段，并将之归为两个部分。一个是马克思重申了小部分拥有革命政治意识的革命者与工人阶级的关系，“马克思站在精英主义的立场上认为小部分的政党领导人可以代表工人阶级从事革命”；另一个是马克思认为资本主义的困难与危机是和工人阶级的革命行为联系在一起的，“他意识到如果依照19世纪后期的经验来看的话，资本主义的灭亡是不会自行唤起工人阶级革命的。因此革命政党的地位就显得重要了，并且国家的和国际的工人阶级政党会给工人阶级带来革命的潜在意识”。③

麦金太尔认为，马克思的思想虽然不同于费边主义，但是给工人阶级的政治成长留下了疑惑，原因有三点。第一，是麦金太尔所称的“纯粹的疑惑”，就是马克思在早期对于历史趋势的理解异于黑格尔，认为历史存在必然规律，可是他还尚未来得及彻底地阐释这一问题。麦金太尔又从马克思那里接受了对历史发展的“机械化和革命视野”：“马克思的思想因此而成为超自然的与乐观主义的（它的规律还决定了数字、化学结合、收获麦粒的情况等，涉及的数量就像在阶级社会中规定的那么多）。因此他的思想重新拥有了必然和必需的法则以控制人类的事物，带领他们达到目的；但是这只是年轻马克思用来批判虚伪意识和异化的概念。”④对于恩格斯如何看待历史唯物主义的问题，麦金太尔准确找到了其中的关键点。“恩格斯对唯物主义历史观革命的初步解释和论证，其解释和论证的科学史标准

---

①② Maurice Cranston (ed.), *Western Political Philosophers: A Background Book*, London: Bodley Head, 1964, p. 105.

③ Maurice Cranston (ed.), *Western Political Philosophers: A Background Book*, London: Bodley Head, 1964, p. 106.

④ Maurice Cranston (ed.), *Western Political Philosophers: A Background Book*, London: Bodley Head, 1964, pp. 106—107.

(原则),他指出的理解困难以及其他一系列问题,都成为我们今天不可逾越的历史标尺。"[①]恩格斯的唯物史观,是对马克思立场的忠实继承,同时,更加结合了马克思身后的无产阶级运动实践和资本主义社会新发展,是对马克思理论观点的重要补充和总结。

第二,马克思构建的部分抽象理论仍待进一步阐释。麦金太尔认为,资本主义生产是预测人类社会未来的主要依据,因此马克思才付出大量心血写作《资本论》。但这本著作中有的观点在逻辑方面是不完善的。马克思在"资本扩张"中认为,资本主义作为一种经济秩序,必然会有扩张和灭亡的阶段。麦金太尔将马克思对他自己的预测看作是"不太开心"的,事实是虽然他预测对了当时资本的聚集、合并,但是错误估计了利润会下降,以及阶级的绝对分化。"《资本论》并没有预料到资本的扩张会给资本家们一个开放化的后果。马克思不会同意技术革命或者福利国家政策可以避免消费不足的情况。他在这里的错误来自他的视野。他想象资本主义应当是一种已经形成的、封闭了的系统,这是他理解系统特征的第一步。他讨论资本、劳动力,以及在这种模式之下的相似范畴。造成的结果就是他不去思考资本主义具有的潜力,以防止他预测的景象崩塌。"[②]马克思主义的这一特征,让英国社会主义者在面对新情况的时候无所适从。贪婪、资产阶级的剥削这些范畴在自然和人类生活发生巨大变化的情况下已经超出了它们原先的含义,它们已经不能继续发挥历史推动力的作用,但事实是本来应当被无产阶级革命推翻的资产阶级价值观念还呈现出固定特征。而马克思在生前也更多地采用抽象化的话语进行阐释,这似乎能够防止资本家"理解这些理论并作出预防资本主义垮塌的措施"。[③]实际上,麦金太尔及众多西方左派学者未能够正确看待马克思哲学话语形态转变是其内在因素。

第三,麦金太尔认为,就当时英国的实际情况来说,单纯沿用马克思关于无产阶级革命和解放的观点显得较为机械,而马克思在生前对解放的阐释并不能够完全支撑他的预测。不论是资本主义的新发展,还是社会主义运动的现实,都在马克思主义的理论视域之外了。"工人阶级的经验和突破至少对马克思来说一直都很重要。马克思晚年时受到的来自社会主义的启示,包括巴黎公社运动和德国社会民主党的发展,比单纯依赖会对人造成极大干扰的

① 胡大平:《"一个其意义不亚于唯物主义基本观点的成果"——恩格斯与政治经济学批判》,《天津社会科学》2009年第4期。

② Maurice Cranston (ed.), *Western Political Philosophers: A Background Book*, London: Bodley Head, 1964, p. 107.

③ Maurice Cranston (ed.), *Western Political Philosophers: A Background Book*, London: Bodley Head, 1964, p. 108.

凯恩斯理论等要多得多。”①事实是，包括麦金太尔在内的英国社会主义理论者在当时均面临着一个困境，那就是在资本主义释放出新的发展潜能的同时，身陷理论和现实困境之中的社会主义运动却显得茫然不知所措。这一特性导致之后的社会主义运动容易失去明确的路线和目标，以至于西欧共产主义不论在运动中还是在理论上都难以开辟新的路径。

二、通向极权的道路之批判

大卫·汤姆森（David Thomson）于1964年主编并出版了一部文集，名为《政治观点》，麦金太尔为该书撰写了一篇文章，题为《近期政治思想》。麦金太尔指出，马克思主义的政治理论正在变得越来越复杂和多样，但它容易被扭曲化理解。“它们只是在一定角度，或者结束之后，被一些乐于接受它们的人推销出来。他们将政治理论的过去看作是一系列形而上学化的混淆，而在今天即使是实证哲学也被当作只是语言的错乱而已。”②因此，思想只有在结合现实的时候才可以被时代正视。因为传统的令人感到舒适的经验主义正在被丢弃，与现实紧密相关的政治科学的规律将会取代政治理论的想象。在这种状况之下，批判斯大林主义不同于以往的政治思想批判，因为它就存在于当时，因而也就获得了批判的支点。这似乎也成为麦金太尔反思马克思主义和斯大林主义的立足点。自建立社会主义人道主义开始，他就从英国社会主义政党、群众和运动实情出发，一步一步开展分析与反思。麦金太尔在《近期政治思想》中同样反映了类似的内容。他认为，政治思想是一种重要的批判方向，在这之中会受到政治科学经验和政治实践的双重影响。前者可以解释后者，为后者提供指导；而后者既是一种武器，可以为政治理论创造结果，又能够反过来提供理论素材。

麦金太尔始终关注苏联的制度问题。他认为，西方对苏联及其政治制度的批判首先是在民主方面。西方资产阶级学者们认为苏联不具有议会制度，这对人的自由是一种破坏，进而由此上升到对马克思主义的批判。麦金太尔认为，这些批判者的立场来自密尔的自由思想。密尔认为，政府并非是人们想象中的与民众相对立的，人应当不被任何行为干涉，除非出于“自我防卫”的目的。③而在极权制度之下，这种自由在苏联毫无落脚之地。“用另一种话说，苏联的现实与密尔的思想相悖，并且在这方面失败

① Maurice Cranston (ed.), *Western Political Philosophers: A Background Book*, London: Bodley Head, 1964, p. 108.
② David Thomson (ed.), *Political Ideas*, London: C. A. Watts & Co. Ltd., 1966, p. 189.
③ ［英］约翰·密尔：《论自由》，许宝骙译，北京：商务印书馆，2007年版，第10页。

了;这种对失败的解释就是在马克思主义中埋下的不自由的种子。因而我们直接开展了对这一问题的争论。没有人可以否定密尔,他们都对后赫鲁晓夫时代的苏联感到不满意;但是这是我们讨论苏联不自由的最佳线索吗?"①麦金太尔在反思斯大林主义的时候,自然也保持对资本主义话语体系的批判。在西方,密尔的自由主义固然影响深远,不过麦金太尔起初就怀揣突破传统话语、重新探索人的本质的初衷,这让他与西方既有理论之间始终保持着界限。

因此,麦金太尔对密尔的自由主义基本立场总体持否定的态度。他首先思考的是为什么马克思主义会造成斯大林主义的这种极权形式。他指出,马克思主义本身的历史观就容易导致这一后果。由于马克思主义始终致力于探究历史的趋势,认为无产阶级及其政党正在做的和将要做的,就是通过剥夺革命对象的自由以实现这种趋势。但是关键点就是,"这种趋势往往是不存在的"。②在1960年的《打破理性枷锁》之后,他再一次讨论了波普。波普称相信历史具有无条件和不可避免趋势的人为历史主义者。"他认为,历史主义者没有看到,历史趋势的存在需要具有一些前提要素——它们可能不是固定性的,但都是可能出现的。不只是马克思,包括其他19世纪的哲学家们,比如奥古斯特·孔德,都处在一种危险当中,因为他们忽略了绝对、对未来的无条件预言和科学家们有条件预言的区别——精确地说是忽略了他们宣称已经发现了的趋势的前提要素。"③麦金太尔在对待历史发展规律的问题上非常谨慎。在历史观上,他既遵守马克思的基本立场,又加入个人的德性理论旨趣。与波普等人相比较,麦金太尔的决定论呈现出明显的唯物史观特征。

波普将揭示社会进化的规律看作社会科学的一项重要任务,并且将孔德(Auguste Comte)、密尔、达尔文时代利用科学以验证社会发展预测正确性的方式称作"泛自然主义",即将自然规律应用于社会发展,预测社会的未来。但这种看似科学的逻辑事实上是不能够成立的。因而波普只是将这种预测的期望当作对传统的生命循环或神学的倾向。"把这种易受攻击的思想作为大胆的和革命的思想而提出来,我认为这反而透露出一种不自觉的保守主义;对这种变化怀着如此热烈感情的人,说不定会吃惊地怀疑,它是不是矛盾情绪的唯一方面呢,是否有某种需要我们加以克服的同样巨大的内在阻力呢。如果是这样的话,那么,这就说明他们何以带着宗教热情来宣称这种老

---

① David Thomson (ed.), *Political Ideas*, London: C. A. Watts & Co. Ltd., 1966, p. 190.

②③ David Thomson (ed.), *Political Ideas*, London: C. A. Watts & Co. Ltd., 1966, p. 191.

掉牙的哲学是最时髦因而最伟大的科学革命。”①对于波普的这一论述，麦金太尔认为用在马克思主义身上还是不太确切的。

在波普那里，马克思的历史观似乎就是与“预言”和“预测”联系在一起的。可是麦金太尔在这里表达出了他的看法。他认为马克思使用了类似“不可避免”的语气，这种语气也表达出了马克思对于历史必然趋势的看法，但是这种趋势并非是“无条件”的，因为马克思的目标是要构建共产主义和工人阶级的革命蓝图，在这一过程之中，所谓的“条件”是可以选择的。换句话说，马克思的理论中蕴含了关于资本主义发展的张力。“将集中的、非民主性的政党革命看作是铁一般的纪律”，但是另一方面，由于各个时代的鲜明特征，马克思并不能够为无产阶级战胜资本主义提供一种“连续性的依据”，②从而使马克思的预测被盲目地贯彻。这是导致极权主义的第一个原因。

第二个原因是，马克思主义所宣扬的是一种中央集权制，在这种制度之下的民主进程面临一个需要解决的重要课题，那就是在国家和组织内部会存在着一种“内部纪律”，这种纪律让政治工作的重心不是放在让大众说他们要说的话，而是让政党知道大众需要什么。苏联根本未能建立这样一种对话机制，而是“继承了受卢梭影响之下的雅各宾派的传统”。③因此，麦金太尔将斯大林时期的政治制度看作是一种由下而上的政治过程。这种过程造成的一系列问题不只存在于苏联，实际上在20世纪50年代的东欧也已经出现，并导致了苏联中央极权和大国沙文主义之下的民主危机。“批判者把历史必然性构成的机械图景就理解为是马克思主义的，他们将之理解为是马克思思想的斯大林式发展。对于其他的独裁式政党也是一样。对传统马克思主义的模糊理解也会发展成许多条道路，这些道路在功利主义的‘再发现’（尤其是青年马克思时期的思想）的名义之下得到重新阐释。”④显然，马克思的集权主张，包括列宁本人的集权主张，都在后来被严重误读了。列宁在《国家与革命》中就指出：“无产阶级需要国家政权，中央集权的强力组织，暴力组织，既是为了镇压剥削者的反抗，也是为了领导广大民众即农民、小资产阶级和半无产者来‘调整’社会主义经济。”⑤当然，马克思和列宁在论证集权和国家问题时是设定了明确的前提的：在不同的社会主义发展阶段，集权和国

---

① ［英］卡尔·波普：《历史决定论的贫困》，杜汝楫、邱仁宗译，北京：华夏出版社，1987年版，第128页。

② David Thomson (ed.), *Political Ideas*, London: C. A. Watts & Co. Ltd., 1966, p. 191.

③④ David Thomson (ed.), *Political Ideas*, London: C. A. Watts & Co. Ltd., 1966, p. 192.

⑤ ［苏联］列宁：《国家与革命》，北京：人民出版社，2015年版，第27页。

家存在的意义和必要性也是不同的。列宁对马克思的国家理论进行了非常准确的解读，让后者的国家观在早期的苏联得到了充分的体现，也非常成功地处理好了国家与集权之间的关系。

同波普一样，莱谢克·科拉科夫斯基同样反对历史决定论。科拉科夫斯基是波兰著名的哲学家，他于 1958 年在《新文化》(*Nowa Kultura*)发表了一篇重要的文章《责任与历史》。[①]他在这一篇文章之中极力否定社会可以按照人设想中的意识形态那样发展。“当今，资本主义具有优越的生活水准，比如联邦德国、英国的政治民主和美国的科技。只有当你看到英国的历史，你才能够百分之百正确地认为英国式民主是能够实现的，但是在实践之中很难想象无法将它灌输给大众。几乎很难相信无法在现实中将波兰转化成英国。”[②]科拉科夫斯基在这里表达的，表面上是“英美生活的吸引力”，实际上讨论的是社会主义理想与现实的问题。在他看来，可以对社会变革起到实际作用的，是优越制度本身的吸引力，而非一些特定的口号。因此，“是否应当讨论现实”这种问题根本就不应该拿出来进行讨论。因为我们无法在“历史必然”与“道德信仰”、“存在世界”与“价值世界”、“现实”与“应当”之间寻找到内在的原则，[③]因而也就不应当存在“规则”的问题。

如果以密尔的西方式传统政治理论为标尺，苏联的政治体制是完全算不上民主的。而在苏联内部却由于社会主义和资本主义的本质性意识形态差异而没有出现问题。因为与西方一样，苏联有自己的“民主标准”，哪怕是教条主义和机械主义。但是麦金太尔在这里并没有比较谁优谁劣。“美国人认为美国是一个无阶级的社会。除了收入的巨大差别。因为他们的对手苏联认为不同的收入反映着不同的权力，这些根植在阶级社会中，从一个阶级向另一个阶级的流动不会造成阶级的消失。但是在苏联社会，我们同样在其中发现了收入的差别——这反映了什么呢？在社会中有很少的工作是和美国不同的，这给了那些维护苏联的人一个回答。”[④]在美国所存在的不平等，

---

① 汤普森针对这篇文章，曾经在他给科拉科夫斯基的公开信中进行了重点陈述。汤普森针对后者反对历史决定论的态度，指出社会主义应当存在一种意识形态，这种意识形态是一种“可能性”。事实上，当时资本主义所表现出的种种特征，也是属于历史“可能性”中的部分，因此这也是“资本主义意识形态”。当然，汤普森要申明的是，他仍然站在社会主义的立场之上，也坚决反对将他的“特殊的”“意识形态”概念看作一种“伪意识”。参见 E. P. Thompson, “An Open Letter to Leszek Kolakowski”, *Socialist Register*, Vol. 10, 1973, pp. 86—87。

② Leszek Kolakowski, *Marxism and Beyond*, Letchworth: The Garden City Press Ltd., 1968, p. 127.

③ Leszek Kolakowski, *Marxism and Beyond*, Letchworth: The Garden City Press Ltd., 1968, p. 130.

④ David Thomson (ed.), *Political Ideas*, London: C. A. Watts & Co. Ltd., 1966, p. 193.

事实上在苏联同样存在着。

麦金太尔援引了当时刚去世的波兰著名社会学家斯坦尼斯罗·奥索基(Stanislaw Ossowski)的《社会意识中的阶级结构》，提出奥索基反对苏联的知识分子是因为后者的思想威胁到了已经存在的苏维埃体系。在他看来，当时的一些知识分子，例如托洛茨基在西方的一些追随者，都在力图证明苏联正在发生一些新的改变。可是，斯大林时期的苏联已经被发展成为一个收入差距巨大的经济体。由收入差异所导致的社会权力的不同分布，已经被一些其他的描述所冲淡了。这使得生活在苏联的人没有兴趣去关注这些，而去关注其他的生活方面。

三、列宁《国家与革命》的褪色

《国家与革命》是列宁于 1917 年完成的一篇著作。它完成于第一次世界大战期间，十月革命之前。当时，俄国因为战争拖累而经济崩溃、民不聊生，帝国主义国家同样因为战争而实力颓减，此时的无产阶级运动在欧洲蓬勃开展，俄国亦是如此。到了七月事变，俄国资产阶级临时政府掌握政权并且镇压群众运动，这些让列宁认识到要用暴力手段推翻资产阶级政府，建立苏维埃政权。面对当时严峻的革命形势，无产阶级急需创建一种革命理论以指导斗争。就理论层面来说，由于第二国际机会主义的干扰，马克思主义的国家学说在当时无法展露出真正的内涵，屡屡被歪曲、误读，亟待纠正。在这些背景之下，列宁创作了《国家与革命》一书。

在这一本书中，列宁需要解决的首要问题便是革命方法与国家政权的关系。列宁指出，国家是阶级矛盾不可调和的产物，是统治阶级进行统治的工具，在其中要实行无产阶级专政这一种社会主义新型民主。“国家是特殊的强力组织，是镇压某一个阶级的暴力组织。无产阶级要镇压的究竟是哪一个阶级呢？当然只是剥削阶级，即资产阶级。劳动者需要国家只是为了镇压剥削者的反抗，而能够领导和实行这种镇压的只有无产阶级，因为无产阶级是唯一彻底革命的阶级，是唯一能够团结一切被剥削劳动者对资产阶级进行斗争、把资产阶级完全铲除的阶级。”①列宁在这里强调，无产阶级的国家是为了消灭剥削阶级而建立起的暴力工具，但是这种国家是“逐渐消亡”的，因为当作为最后一个阶级制度的资本主义灭亡之后，阶级将不复存在，那么国家也就不再存在了。

列宁针对国家应实行的民主制度也专门作了描述：“在公社用来代替资

① ［苏联］列宁：《国家与革命》，北京：人民出版社，2015 年版，第 26 页。

产阶级社会贪污腐败的议会的那些机构中，发表意见和讨论的自由不会流为骗局，因为议员必须亲自工作，亲自执行自己通过的法律，亲自检查实际执行的结果，亲自对自己的选民直接负责。代表机构仍然存在，然而议会制这种特殊的制度，这种立法和行政的分工，这种议员们享有的特权地位，在这里是不存在的。"①可见，列宁曾经对于苏联的代表制度进行过设想，并且这种设想是基于马克思主义的，因为他认为自身的这一设想遵循了马克思反对"小资产阶级民主派"的原则。在马克思看来，小资产阶级民主派是有妥协性的，他们没有彻底的革命性："小资产阶级民主派，这些用阶级妥协的幻想来代替阶级斗争的假社会主义者，对社会主义改造也想入非非，他们不是把改造想象为推翻剥削阶级的统治，而是想象为少数和平地服从那已经理解到本身任务的多数。"②因此，在革命过程中，工人阶级需要时刻警惕小资产阶级的立场。事实上，真正的彻底的无产阶级革命，是不可能避免两种对立阶级之间的矛盾的，最终仍然是要消灭资产阶级。因此，工人阶级对待资产阶级就需要像马克思所说的："革命的工人政党同小资产阶级民主派的关系是：同小资产阶级民主派一起去反对工人政党所要推翻的派别；而在小资产阶级民主派企图为自己而巩固本身地位的一切场合，工人政党都对他们采取反对的态度。"③

而列宁的这一理论却不能够被后来的苏联用以阐述自身的问题，这是列宁的政治思想在本国遇到的一个重要的现实困境。在麦金太尔看来，列宁在《国家与革命》之中所讨论的社会主义组织形式是马克思主义之中最民主和公平的，每一个人都可以参与到国家的治理中去，而资本主义不能真正做到这一点。但是问题在于列宁"一定没有要将《国家与革命》的思想在年轻的苏维埃国家中实现的企图"，因为当时的苏联一方面需要可以立足的理论支撑，而另一方面又不能不脱离特权化的官僚体制，这一对矛盾是不可以兼容的。④可见，相较于之前对斯大林主义的批判，麦金太尔在面对列宁的时候，只是从理论与实际的差异出发来进行论述，并没有对列宁主义本身的理论立场产生质疑。至于斯大林主义，则完全可以认为它不仅在实际中无法全部实现社会主义的政治体制，而且在理论方面也无法承接马克思和列宁的民主设想了。

因此麦金太尔又作了这样一个设想：如果当初列宁在苏联实践了他的

---

① ［苏联］列宁：《国家与革命》，北京：人民出版社，2015 年版，第 49 页。
② ［苏联］列宁：《国家与革命》，北京：人民出版社，2015 年版，第 26 页。
③ 《马克思恩格斯文集》第 2 卷，北京：人民出版社，2009 年版，第 191 页。
④ David Thomson (ed.), *Political Ideas*, London: C. A. Watts & Co. Ltd., 1966, p. 194.

民主设想，那会怎么样呢？他以西方民主理论和现实制度作了类比。西方的自由主义是建立在议会制度之上的，在建立之初也经历了所谓“最为暴力”的时期。尽管如此，却在当时树立了一种观念，那就是：“我们严肃地认为人们应当能够基于候选者们以前的记录以及未来的方案，从利益出发，在社会中自由、负责地以少数服从多数的方式投票，选择他们的管理者。虽然不得不承认他们的理解不是完美的，但是几乎每一个人至少拥有平等的机会参与到他想参与的政治进程中去。有趣的是没有什么现有的西方政治理论希望说明这种完美是不会实现的，那就是人们不能够决定他们自己，而工业时代政治和工业管理的治理是少数精英的特殊作用，并且这种不平等是政治和社会所必需的。”①这一论点并不是麦金太尔的独创，因为莫里斯·迪韦尔热（Maurice Duverger）、约瑟夫·熊彼特（Joseph Schumpeter）等人也同样有类似的看法。如果说在资本主义制度中，政治进程是富人们一手掌控的，那么，在社会主义社会，权力又应当如何运用？列宁基于革命和斗争的角度，围绕这些问题也进行了一系列重要的思考。

对于精英拥有的政治权力，这在资本主义之中也有似乎正当的理由。那就是由于管理需要的是专业而又多样化的技能，这也在一定程度上帮助资本主义制度保持相对的稳定。对西方和苏联政治制度的区别批判，会引起两种不同的理论影响。首先，西方出于密尔的自由主义的民主相较于苏联的极权制来说引起的理论批判要平淡得多。其次，也正是因为这个原因，马克思主义者对于自由主义的批判更为尖锐。麦金太尔的质疑也由此而来。“‘冷战’的每一方都在指责对方剥夺了广大工人的政治权力。他们都用自己的理论标准抨击对方。当然，正如西方辩论者强调的，在西方会有一些精英可供整个社会选择，而在苏联只有一个。尽管如此，这会掩盖一个事实，那就是西方议会之中的对立政党会分享从选民那里剥夺过来的权力，就像在苏联剥夺的权力一样，尽管在一定意义上说前者比后者恐怖的审查制度要自由得多。”②因此，从麦金太尔的个人申明来看，他对于两种政治制度都是不认同的。

他认为，当前对于政治制度的理论工作，最为关键的是“理论角色本身”。尽管西方和苏联的政治理论十分不同，但是它们都能够获得政府的认可，并被作为维护政府合法性的理论。而公民到底是否接受各种精英的统治，他们如何看待精英的统治，则是麦金太尔希望分析清楚的。他认为，近代与之前的时代不一样，因为传统的政治理论的主要目标都是批判性的，而到

---

① David Thomson (ed.), *Political Ideas*, London: C. A. Watts & Co. Ltd., 1966, p. 195.

② David Thomson (ed.), *Political Ideas*, London: C. A. Watts & Co. Ltd., 1966, p. 196.

了霍布斯(Thomas Hobbes)与洛克(John Locke)之后,它的功效就转成为资本主义的上层建筑辩护了。“理论者不再能够成为独立的人。他所创造出的理论不只要符合他的态度,同时还要与政府的相同。这些现代寡头政府的辩护者很有可能会成为——如果他们还没有准备好的话——寡头执政者。不论针对任何的民主政体,我们描绘出相应的环境都是急迫的政治实践问题。即使现状能够让人满意,一些实践性问题仍然会以新的理论方式出现。”①在资本主义社会中,这种实践性的问题不仅出现了,而且造成了相应的工人阶级政治运动。

麦金太尔就此引入“第三世界国家”无产阶级反对赫鲁晓夫的运动,指出后者抛开了列宁的阶级观念,以苏联和西方的孰优孰劣作为政治的前提。“列宁的教义是：首先,阶级之间的斗争是不会停止的;其次,只有工人阶级才能推翻资产阶级;最后,资产阶级向工人阶级交出统治权的过程不会是和平的。但是如中国和阿尔巴尼亚人指出的,赫鲁晓夫的声音并不是列宁的声音。他并不是列宁所说的坚定的社会主义改革者。”②在列宁看来,无产阶级的革命任务并不是要与西方在国家的层面上分出孰优孰劣,而是要作为“被压迫者先锋队组织成为统治阶级来镇压压迫者,不能仅仅只是扩大民主。除了把民主制度大规模地扩大,使它第一次成为穷人的、人民的而不是富人的民主制度之外,无产阶级专政还要对压迫者、剥削者、资本家采取一系列剥夺自由的措施”。③无产阶级应当在阶级斗争层面上获得胜利。

在对待赫鲁晓夫的问题上,麦金太尔十分重视当时中国的态度。“中国人不只谴责赫鲁晓夫抛弃了列宁;他们还认为他们知道赫鲁晓夫为什么会这样。苏联人现在丰富了自身……苏联人仍然将列宁的手稿保留着,并奉为教科书;而中国现在能够避免苏联的模式,不再保留苏联政府仍然信奉的教义。”④麦金太尔的论述并没有错误,因为当时的中国正在深刻分析和反思赫鲁晓夫上台之后苏联的一系列理论和政治路线,并且深入思考自身的未来路线。⑤“目前在苏联,新资产阶级分子不仅在数量上空前地增长了,而且在社会地位上也有了根本的变化。在赫鲁晓夫上台以前,他们在苏联社会中并不占统治地位,他们的活动受到种种限制和打击。在赫鲁晓夫上台以后,随着赫鲁晓夫逐步地篡夺了党和国家的领导权,他们就在党、政、经济、文化等部

---

① David Thomson (ed.), *Political Ideas*, London: C. A. Watts & Co. Ltd., 1966, p. 197.
② David Thomson (ed.), *Political Ideas*, London: C. A. Watts & Co. Ltd., 1966, pp. 198—199.
③ [苏联] 列宁:《国家与革命》,北京：人民出版社,2015 年版,第 90—91 页。
④ David Thomson (ed.), *Political Ideas*, London: C. A. Watts & Co. Ltd., 1966, p. 199.
⑤ 《毛泽东文集》第 7 卷,北京：人民出版社,1999 年版,第 23 页。

门占据了统治的地位，形成苏联社会上的特权阶层。”①麦金太尔对这些来自“第三世界国家”的观点寄予很高的期望，因为虽然西方国家和苏联看不到它们自身的政治问题，但是其他国家的观念会“促使它们看到”。

因此，按照麦金太尔的思路，当时苏联与西方资本主义国家均不是真正民主的国家，而主要的区别就在于集权的具体形式。虽然当时苏联的“恐怖”的政治气氛已经消散很多，但是却不能够认为它不再是极权的了。因为苏联并没有跳出原先的政治制度，因而不必寻求其他的批判理论来替代现有的。事实上，这也说明，对于苏联集权形式和极权主义的讨论已在当时形成了一个共识，即苏联的体制已经无法跳出社会主义意识框架下的极权主义和国家资本主义模式。但是麦金太尔关心的话题却不止于此。在他看来，寻找到一条突破这两种政治制度的出路才是最重要的，同时也是最困难的。“如果我们认为极权主义只是一个阶段，它现在是旺盛的，但迟早会结束，这是可笑的，因为我们还没有接受一种理论能够解释我们为什么要批判极权主义。任何关于我们未来的现实理论都会同样向我们阐明这种危险。但是所有的这些阐明都会成为我所描述的那种大规模的冲突。”②对于此问题，麦金太尔仍然认为还是要在实践中才能够解决。而这对马克思主义造成的结果，就是“与密尔绑在一起”，让他们具有相同的功利主义色彩，尽管列宁仍然继承了“洞悉这个世界的传统”。③

第二节　改版《马克思主义：一种阐释》：新的态度

1968 年对于麦金太尔来说是尤为重要的一年，因为在这一年中麦金太尔的话语形态发生重大转变。在组织上，麦金太尔曾于 1959 年加入英国的托洛茨基主义组织——英国社会主义工人联盟，在第二年转投托洛茨基主义杂志——《国际社会主义》，并于 1968 年与之决裂。这其中的原因是十分复杂的。有的学者认为，面对第一代新左派的结束，第二代新左派开始登上理论舞台，麦金太尔为避免与后者发生联系而离开。④但学者们往往忽视了麦金太尔在同年的一项重大的理论工作，那就是他出版了《马克思主义：一种

① 《关于国际共产主义运动总路线的论战》，北京：人民出版社，1965 年版，第 408 页。
② David Thomson (ed.), *Political Ideas*, London: C. A. Watts & Co. Ltd., 1966, pp. 199—200.
③ A. J. Polan, *Lenin and the End of Politics*, London: Methuen & Co. Ltd., 1984, p. 49.
④ Kelvin Knight (ed.), *The MacIntyre Reader*, Notre Dame: University of Notre Dame Press, 1998, p. 2; Paul Blackledge and Neil Davidson (ed.), *Alasdair MacIntyre's Engagement with Marxism*, Chicago: Haymarket Books, 2009, p. xxxiii.

阐释》的修订版本《马克思主义与基督教》。他在此书的前言中直接认为既有的马克思主义已经“不再能够阐述现实了”。①麦金太尔究竟在1953年的版本基础上作出了哪些改变呢？这些改变的原因是什么？又为其之后的德性理论构建做了哪些重要的准备呢？

一、修订后再版的理论和时代因素

我们从新版本的目录就可以看出，相较于1953年版的《马克思主义：一种阐释》，麦金太尔确实在《马克思主义与基督教》中进行了一次较大的修改，最大的特点就是内容更加偏向于对马克思的分析，对基督教的阐述则更少了。从章节标题来看，比较重大的改变包括：他将第一章原先的标题“神圣与世俗”改为“世俗性与马克思的角色”，将原先最后三章“理论和实践的马克思主义”“历史的后果”和“基督教的困境”删除，添加了“马克思的三种前景”。这些改动是发生在他迁居美国之后，因而这些内容可以说是他对马克思主义的一种总结，又是正式构建德性理论体系，也即其马克思主义“第二形态”的重要起点。

麦金太尔在1995年《马克思主义与基督教》再版之际，在前言中结合自身当时的理论立场，对《马克思主义：一种阐释》和此书发表了自己的看法。他说，在出版前一本书的时候，他所知道的“已经比15年前多很多了”，知道当初在写这一本书的时候犯下了一些错误。“正如马克思主义从基督教那里寻得了一些事实，而基督教也同时从前者那里获益。但是这些对于大众实践和政治实践有什么特别的含义呢？当我在1953年面对这个问题的时候，我并不能找到满意的答案”，因此他寄希望于从马克思主义和基督教中发现两者的关联，进而寻找出路。②可是这也成为他后来进行大量修改的原因：“我从那些并不会被质疑的一些假设中会产生一种观念，那就是造成政治能够对资本主义经济和社会秩序不公平进行强烈反应的条件，就是政治可以在新型国家的制度模式中得到建立，这样就可以通过选举或者其他方式完成政治目的。这让我无法知道是谁要利用这些手段达到控制国家的目的，而他们自己也成为现代资本主义诸多形态中的一种。”③麦金太尔实际上要表达的意思是，他在1953年分析基督教与马克思主义的时候并没有意识到当时英国的政治因素，以为英国马克思主义政党的政治活动仍然严格遵循马克思主

① Alasdair MacIntyre, *Marxism and Christianity*, London: Gerald Duckworth & Co. Ltd., 1968, p. ix.

②③ Alasdair MacIntyre, *Marxism and Christianity*, London: Gerald Duckworth & Co. Ltd., 1968, p. xv.

义的初衷和基本方法，即代表和领导工人阶级进行政治斗争。可是之后的运动情形与麦金太尔以及其他左派学者所想象的截然相反，不论是英国共产党还是工党，在政治实践中都不可避免地向现实低头，卷进资本主义民主制度的旋涡之中。

事实上正如麦金太尔自己的论述，出版《马克思主义：一种阐释》的时候，他并没有意识到这一问题的存在，因为当时的工人和政党运动还没有完全暴露出之后出现的种种困境和异质。而目睹了十几年中社会主义在英国的存在状况之后，他产生了一种意识，那就是需要重新看待既有的运动理论和实践。在一开始，麦金太尔看到的马克思主义与基督教有十分相似的形态，是能够进行一定程度的比较性研究的，可是过了一个阶段之后，他发现事实上还有更深层次的东西需要他进行发掘。因此在《马克思主义与基督教》中，他在实践问题的探讨上获得了重要的理论进展。麦金太尔说，当时他已经准备在第一章里专门讨论实践问题，可是临近出版他又改变了原先的计划，并把这一部分删除了：“因为我之后意识到，我不知道应该怎么样定位这一问题，更不用说怎么去解决了。而在 1968 年我错误地希望要越过这个话题。但实际上这个话题是无法回避的。”①麦金太尔虽然没有将实践作为第一章的内容，但是他在后面修改过的几章之中有所论述。

除了麦金太尔自身的阐述以外，我们还应当注意到，在出版《马克思主义与基督教》的时候，他与英国托洛茨基主义尚有接触。早在 1931 年，英国托洛茨基主义就产生了第一个分支，并且是英国共产党的一部分。但是到了第二年就被清除出英国共产党，后以英国共产主义联盟(Communist League of Great Britain)的形式存在。之后，英国托洛茨基主义内部围绕是否应当通过加入工党以扩大政治影响力的问题产生严重分歧，于是在 1933 年出现分裂，一部分人组织了独立工党(Independent Labour Party)，一部分人则加入了工党的前身青年劳工联盟(Labour League of Youth)，剩下的人自己组建了马克思主义者联盟(Marxist League)。英国的托洛茨基主义组织也随之而变得十分零散。

尽管如此，这并不代表英国托洛茨基主义就不会发展。20 世纪五六十年代先后出现了社会主义工人联盟、工人革命党等组织，同时也出现了《国际社会主义》这样的杂志。麦金太尔与托洛茨基主义有联系最早是在 1959 年，他当时在社会主义工人联盟的月刊《工人评论》上发表了《新左派》。直

① Alasdair MacIntyre, *Marxism and Christianity*, London: Gerald Duckworth & Co. Ltd., 1968, p. xvi.

到1968年辞去《国际社会主义》编辑职务，他才正式与托洛茨基主义分道扬镳。这就意味着，麦金太尔在准备改版《马克思主义：一种阐释》的时间里都与托洛茨基主义有紧密关系。特别是1964年之后，他在《国际社会主义》上发表的文章明显增多。从反思斯大林主义的角度来看，麦金太尔当时形成的托洛茨基主义立场是可以理解的。当时他彻底否定马克思主义之中的历史决定论，而对斯大林主义更是如此。因此在这些文章当中，麦金太尔一方面站在托洛茨基主义的角度批判官僚主义和历史机械论，而另一方面也并没有给予托洛茨基主义太多的支持，即使是后者的不断革命理论，除非其中包含一种"革命的态度"。比如他在评论托洛茨基时认为，即使后者的批判针对的是苏联的官僚主义，但其理论也难以在现实中发扬。①

当然，麦金太尔的理论话语和理论立场的转变同样离开不了当时深刻的时代因素。1964年，勃列日涅夫和其他苏联领导人组织了一场政变，将此前全面否定斯大林主义的赫鲁晓夫赶下台，获得了苏联的领导权。赫鲁晓夫在担任苏联领导人期间曾对波兰、匈牙利等地的群众运动进行镇压，制造了波兹南事件、波兰十月事件和匈牙利十月事件。自那以后相当长的一段时间内，苏联和社会主义阵营内部的政治氛围十分紧张，而这在取代他的勃列日涅夫执政期间也没有好转，后者也制造了出兵占领捷克斯洛伐克事件，镇压布拉格之春。在麦金太尔看来，这些是马克思主义"系统性危机的进一步佐证"。之所以说是"进一步"，就是因为勃列日涅夫时期仍然延续斯大林时期的专制和沙文制度："我们应当反对南斯拉夫和勃列日涅夫，因为他们和沙皇相似。"②这种继承进一步造成苏联的理论和政治地位的松动，无助于继续维持社会主义阵营的凝聚，更无助于马克思主义的科学发展。

1967年是十月革命胜利50周年，勃列日涅夫沿用赫鲁晓夫的论调，称当时的苏联正在进行"全面的共产主义建设"。他之所以采取这一理论模式，是因为苏联当时的理论基础已经完全确立下来，否则将动摇它的存在基础。在这一前提下，苏联还发展出了"高级社会主义"概念，以显示出苏联在社会主义阵营中的先进性。同时，他们也努力对苏联的发展进行阶段性定位："对于勃列日涅夫和其他人来说，社会主义是资本主义和共产主义之间的简单过渡期，这是一个漫长的历史阶段，有它自己的发展规律，但不是所有

---

① Alasdair MacIntyre, "Only Parts", *International Socialism*, 21, Summer 1965, p. 32.

② Régis Debray, "Marxism and the National Question", *New Left Review*, 105, September-October 1977, p. 32.

的规律通过分析之前的社会发展就可以判断出来的。"[1]苏联暴露出来的问题，看似是无法避免的，这些理论也掩盖不了苏联内部的危机：一是其内部经济发展已经逐渐停滞，而军备投入的不断增加更是让国家的发展不堪重负；二是其不断恶化的政治气氛，"在政治领域，精英们日益与大众脱离，专注于他们自己的地位和特权，并镇压异己和批评的声音。因为这个系统开始衰落，因而苏联的共产主义'模式'对那些具有洞察力的反殖民国家领导人的吸引力也越来越弱。赫鲁晓夫、勃列日涅夫和戈尔巴乔夫都试图停止这种衰落，但是都失败了"。[2]这些造成了人们逐渐对苏联的共产主义失去信仰。对于英国马克思主义来说，则不得不自行摸索马克思主义的发展之路。

英国左派政党的政治表现体现了"丰裕社会"以来其失去革命性的整体趋势。20 世纪 60 年代，英国工党和共产党的目标"是要在议会中得到多数选票"，而英国共产党也在议会之中得到了一些有利条件（比如参加大选的人数从 1964 年不足 40 人增加到 50 人）。"在近些年中，政党的政策将不会发生变化。作为一部分，看起来它们的命运和工人运动联系在一起，并且依赖后者的发展。它的政策部分由当时的环境所决定，是激进而不是革命的。如果重新称呼它们为'左派联盟'，那么共产党会再一次出现缓慢的前进。"[3]在学者们的眼中，由于"历史的原因"，英国共产党处于一种孤立的地位，并成为"没有共产主义的左派"。有的学者认为，社会主义在西欧不仅不再成为一种"邪恶的名词"，而是一种"记忆化的感情"。[4]苏联的官僚制度和专制并没有给学术界之外的群体带来多少震动，民众和政党对于社会主义的观念已经和福利国家政策融合在一起了。社会主义给予人们更多的是类似于福利国家这样的再分配和平等观念，这会造成无产阶级在主观上的混淆，让他们越来越不能分辨清楚资本主义福利制度和社会主义制度的本质区别，让"革命性"在西欧丧失殆尽。

除了英国共产党，工党的政治表现也如出一辙。1963 年，支持入侵埃及以控制苏伊士运河的工党人士盖茨克尔去世。之后，由经济学家詹姆斯·哈罗德·威尔逊（James Harold Wilson）领导的工党终于时隔 13 年后再一次执政。麦金太尔同样对当时的工党政府表现出极大的失望，一方面基于国家的

---

① Mark Sandle, *Communism*, Harlow: Pearson Education Ltd., 2006, pp. 109—110.

② Mark Sandle, *Communism*, Harlow: Pearson Education Ltd., 2006, pp. 113—114.

③ Sam Mauger, "Communist Party Congress", *New Left Review*, 35, January-February 1966, p. 101.

④ John Kenneth Galbraith, *Economics and the Public Purpose*, Thetford: Andre Deutsch, 1973, p. 274.

经济状况,政府已全盘接受了凯恩斯主义,被"国民生产总值崇拜弄得不知所措";①另一方面尤其重要,那就是工人阶级团体不得不更加依附于传统的议会制度,②争夺经济的控制权。这带来的直接后果是,原先工党承诺的全民就业、福利和收入水平只得依附于资本主义的传统制度开展,自然不能达到预想的目标。威尔逊提出了新的政治口号,那就是"现代化"和"国家复兴"。"对于在议会中占少数,而被多数人支持的政党,工党的宗旨向来是不变的:什么都不做,避免交锋和挑衅,成为一个'中左'的、目标模糊的庸人。"③工党在当时的表现已经完全丧失政治影响力和政治初衷。不过,这也为即将到来的由保守党发动的改变整个英国社会的政治海啸做了铺垫。

二、对马克思主义宗教性和历史性的进一步认识

首先,在《马克思主义与基督教》一开始,麦金太尔在《马克思主义:一种阐释》的基础上,继续讨论马克思主义与基督教的关系问题。在第一章中,麦金太尔重新定义马克思主义的身份。他认为,基督教在现代化工业社会之中已经不再起到原先对人类及其社会的解释作用了。基督教从上帝的角度解释德性已经被新的主题替代,即人们已经从无神论的层面探讨世俗概念及德性问题。当然这造成的后果也是较为严重的,即难以出现真正的能够解释人类社会生存的无神论者和人类学家。在这一情况之下,马克思就成为"少数能够同时思考德性和自由的人类学家":"只有一种世俗教义继承了传统宗教的视角,这一种视角是通过在世界中自我定位、引导而超出他们当时的生活环境,继而重新解释人的生存概念。这就是马克思主义。"④与此同时,和基督教的理论相比,马克思主义更显激进。这种激进在于它一方面能够像其他教义那样让人们具有"宗教热情";另一方面又能够引导人们正视当前的生存状况,并且能够鼓励他们去批判和改变。后者是其他教义不能够做到的。

因此,麦金太尔认为马克思主义既包含了类似宗教的视野,又能够依靠科学的理性分析来自我完善,同时还能够唤起人们的自我感知,是可以激励他们去改变的"世俗宗教"。马克思主义具备类似宗教的一种新的主观意识,因为后者已经不再能够为人们提供"有效的视野和影响"了,这就让马克

① Alasdair MacIntyre, "In Place of Harold Wilson?", *The Listener*, October 10, 1968, p. 476.
② David Widgery, *The Left in Britain 1956—68*, Harmondsworth: Penguin Books, 1976, p. 240.
③ NLR Editors, "Divide and Conquer", *New Left Review*, 28, November-December 1964, p. 3.
④ Alasdair MacIntyre, *Marxism and Christianity*, London: Gerald Duckworth & Co. Ltd., 1968, p. 2.

思主义在英国获得了发展起来的机遇。“或许可以将这个话题进一步拓展成为，马克思主义不仅仅是我所要描述的基督教的功能的继承者，它更加具有破坏性，且更为强大。”①这里的破坏性是针对基督教而言的。尽管马克思主义被当作一种宗教，但是用麦金太尔的话说，它具有了教义的功能，但是并没有多少教义的内容。要理解这句话，就需要从两个方面入手。第一，要知道为什么马克思主义哲学没有多少教义的内容，就需要知道它是来自黑格尔和费尔巴哈的，这是哲学的发展角度；第二，要知道为什么虽然没有教义的内容，却具有教义的功能，就需要知道马克思主义和基督教一样都具有世俗的视界。只不过，马克思主义不仅基于世俗，更能够对世俗中的现象和表象予以深刻的学理化理解，突破经验化、主观化、神秘化的阐述，填补了基督教退却之后留下的认知真空。

说马克思主义较基督教更为强大，还有一个重要原因是它甚至拥有着超过基督教的教义性，让人们对待事物时表现出“极端化”：“他们接受对列宁的狂热，但都不是为了列宁；然后斯大林主义也成为马克思主义的范例，这是一种误导，就像要通过了解君士坦丁皇帝的态度和信仰来理解《新约全书》中的环境一样。”②麦金太尔借助君士坦丁皇帝同基督教教义之间的关系来说明斯大林主义与列宁主义的关系，是要说明斯大林主义与列宁主义已经是两种并不完全一样的概念，但是，人们却更加乐于从一种宗教化的狂热角度，视两者是紧密相连的，以至于就要像从君士坦丁那里了解基督教本身那样用斯大林主义去了解列宁主义。“这样，马克思主义在解释人类生存的时候同时具有了基督教式的内涵和功能，它能成为这样就是因为它是基督教的历史继承者”，“上帝作为造物主所创造出的人是不真实的。事实应当是人在创造上帝角色的时候将他们自己束缚住了。”③马克思在批判黑格尔关于抽象的精神观点时就指出，后者所提出的一种纯粹的、抽象的哲学概念本身就是一种思想理论异化的产物，“整个运动是以绝对知识结束的。这些对象从中异化出来的并以现实性自居而与之对立的，恰恰是抽象的思维”④。包括思想异化在内的异化的本质，是对思维外化及其扬弃的本质表述，“是抽象的思

① Alasdair MacIntyre, *Marxism and Christianity*, London: Gerald Duckworth & Co. Ltd., 1968, pp. 2—3.

② Alasdair MacIntyre, *Marxism and Christianity*, London: Gerald Duckworth & Co. Ltd., 1968, p. 6. 君士坦丁皇帝（Flavius Valerius Constantinus），306—337 年在位，古罗马帝国第一位信仰基督教的皇帝，他在位期间停止了对基督教的压迫，并且将之合法化，极大促进了基督教的发展和传播。

③ Alasdair MacIntyre, *Marxism and Christianity*, London: Gerald Duckworth & Co. Ltd., 1968, p. 6, 49.

④ 《马克思恩格斯文集》第 1 卷，北京：人民出版社，2009 年版，第 203 页。

维同感性的现实或现实的感性在思想本身范围内的对立”。[①]基督教是人的抽象思维产物，在这一主观异化生产的过程中，作为科学真理的马克思主义的建立过程与基督教的主观性创作过程的本质性差别，终于在社会形态的进化过程中凸显了出来。

其次，在明确辨清马克思主义与基督教的关系之后，麦金太尔进一步分析了马克思主义的历史性。在《马克思主义：一种阐释》第五章的基础上，他基于《神圣家族》《德意志意识形态》和《哲学的贫困》深入阐释了马克思的历史观。麦金太尔指出，马克思从以上三部作品中表现出的，是当时黑格尔左派和蒲鲁东（Pierre-Joseph Proudhon）都已经提及的“中产阶级”意识形态。那么当时的马克思有没有发表出自己的历史观点呢？麦金太尔对这一问题的答案是：既有，又没有。“因为马克思并没有否定历史所存在的局限性。但是同时，无产阶级又处在一种特殊的位置，因为他们在当时的现实环境中需要承受所有的痛苦，而中产阶级却可以用他们接受的经济地位保护他们自身。因此无产阶级，以及支持无产阶级的理论者必须要能够看到更远的历史。”[②]马克思和恩格斯始终善于运用历史的方法开展批判和理论构建。从历史当中，马克思和恩格斯凝练出人类社会发展规律，增强了马克思主义的实证性，以鲜明的事实为佐证，巩固了作为揭示人类历史发展规律真理的本质。借助历史，马克思主义就更加能够赋予工人阶级以革命信念，鼓舞无产阶级摆脱资本主义制度的现实压迫。

尽管理论话语和理论焦点发生了转变，但是，通过实践来解释历史，是麦金太尔解读马克思主义自始至终的落脚点，也是他整个理论建构过程的重要方法。当时，他把马克思主义的实践重新分为以下几个层次进行理解：首先，要在具体活动，而不仅仅是观察之中发现世界；其次，改造世界的过程同样也是人类改造自我的过程；最后，人在改造世界的同时形成了关系，这种关系的总和就是社会。[③]麦金太尔将之称为是“历史相对主义”。他认为马克思可以就此推导出这样一个命题，即所有的哲学的存在都是有理由的，但是它们又是应当被否认的。马克思在《〈黑格尔法哲学批判〉导言》中写道：“德国的法哲学和国家哲学是唯一与正式的当代现实保持在同等水平上［al pari］的德国历史。因此，德国人民必须把自己这种梦想的历史一并归入自己的现

① 《马克思恩格斯文集》第1卷，北京：人民出版社，2009年版，第203页。

② Alasdair MacIntyre, *Marxism and Christianity*, London: Gerald Duckworth & Co. Ltd., 1968, p. 58.

③ Alasdair MacIntyre, *Marxism and Christianity*, London: Gerald Duckworth & Co. Ltd., 1968, pp. 59—60.

存制度，不仅批判这种现存制度，而且同时还要批判这种制度的抽象继续。他们的未来既不能局限于对他们现实的国家和法的制度的直接否定，也不能局限于他们观念上的国家和法的制度的直接实现，因为他们观念上的制度就具有对他们现实的制度的直接否定……因此，德国的实践政治派要求对哲学的否定是正当的。”①马克思的这种立场引出了他在《德意志意识形态》中的历史唯物主义立场。青年马克思就已经围绕实践问题展开系列探讨。尽管之后在不同时期对“实践”概念的理解内容和基本立场都有差别，但是马克思始终将这一概念作为唯物史观构建的核心概念。因此，麦金太尔在研究马克思的时候，也始终融入“实践”概念和“历史”概念，整体上保留了马克思主义的核心范畴。

麦金太尔把马克思的历史范畴分为两个层次开展诠释：一是人通过生产改造环境的历史；二是在改造环境过程中，随着工人阶级出现和发展而形成的阶级斗争的历史。第一层次是第二层次产生的前提，而后者又是前者的必然结果。马克思所勾画出的历史观的结论在于，由于在资本主义阶段的生产过程中仅存在资产阶级和无产阶级两种群体，在经过斗争后，最终只产生一种阶级，阶级及其统治也就结束了。麦金太尔认为，在《共产党宣言》中，马克思终于用黑格尔之外的术语叙述了他的“成熟的声明”。麦金太尔认为，《共产党宣言》曾在短时间内对政党起过实质性作用，那就是共产主义者同盟成立的时候。随着1848年革命被资产阶级镇压，以及1852年共产主义者同盟的解散，《共产党宣言》就成为“政治党派的实践计划”。麦金太尔认为，《共产党宣言》仍然要成为无产阶级政党和社会主义者的守则，其中描绘的基本路线和原则，依旧对无产阶级运动有重要的指引意义：“共产主义的胜利就是无产阶级的胜利，当资本主义走投无路的时候，无产阶级的胜利就是历史的必然结果。”②但是麦金太尔也针对《共产党宣言》中的部分内容提出了疑问。马克思所描绘的是建立在他和恩格斯对英国和法国的政治历史研究基础之上的，但是，每一个地方的资本主义和阶级状况发展是不同的。《共产党宣言》所提供的守则只适用于资本主义处于“自我毁灭”的时候，但是“那一些资本主义还没有开始给它们自己挖掘坟墓，非人性还在不断上升，还会依照这种守则发展吗？”③当麦金太尔批判斯大林主义的

---

① 《马克思恩格斯文集》第1卷，北京：人民出版社，2009年版，第9—10页。

② Alasdair MacIntyre, *Marxism and Christianity*, London: Gerald Duckworth & Co. Ltd., 1968, p. 73.

③ Alasdair MacIntyre, *Marxism and Christianity*, London: Gerald Duckworth & Co. Ltd., 1968, p. 74.

时候,他称后者为历史机械论,在他完全转向德性话语之后,还在使用这一称谓。

最后,麦金太尔讨论了马克思主义在处理理论和实践关系时出现的问题。他认为,马克思主义在实践层面无法为英国的左派政党和工人阶级提供现实的理论方针,而其在理论本身也存在着需要进一步拓展的地方,这就是马克思主义在继承黑格尔理论的时候所出现的理论偏差。麦金太尔从两点进行了论述:第一,是黑格尔的系统性理论之中有多少内在的理论;第二,是这些理论还有多少存在于马克思的理论之中。第一个问题涉及的是马克思主义中的异化思想,即马克思的异化思想究竟是不是对黑格尔异化思想的继承和超越。而这一问题所直接牵涉的,就是马克思对人在资本主义之下被束缚的指控的合理性问题。

以此为逻辑,麦金太尔首先分析了黑格尔的异化概念,即“社会系统能够同时激发出一部分人的能量以达到一定的目标,但同时却让这些人丧失了其他的潜力和能量。这些人在活动的时候不会认识到这些丧失存在于他们自己的行为之中”。①而黑格尔希望人们能够意识到这些束缚,并且能够改变这种环境。麦金太尔指出,黑格尔的这种人道主义与马克思主义的同样是来自18世纪的宗教主题,以及一些预测历史的传统。但马克思主义的人道主义却突破了经验主义的视角。“马克思写道,人不会寻找一个问题,直到他们掌握了可以解决它的资源。他将社会的历史设想成为科学的历史,并且他也自信地认为没有科学解决不了的问题。但是科学家们不能预先给问题提供解决方法——尽管他可能会描绘出那些解决方法需要的特征——因此就马克思的观点来看,我们并不能认为在当代的社会之中就具有了解决未来问题的方法,尽管我们能够描绘出其中一些特性。因此在马克思的著作中很少有描写社会主义或者共产主义的样貌的。”②处于资本主义之中的人已经被环境控制,在此情况下,社会主义的空间被压缩,而共产主义则更加被边缘化。只是在当资本主义原本的无目的的私有制市场被国有制暂时替代之后,它们才回到人们主流的讨论域中。但是这些也丝毫没有涉及马克思提到的由必然王国向自由王国转变的课题。即使有人讨论社会主义和共产主义,在当时也只是为了暂时迎合资本主义市场的改革理论需要。

---

① Alasdair MacIntyre, *Marxism and Christianity*, London: Gerald Duckworth & Co. Ltd., 1968, p. 89.

② Alasdair MacIntyre, *Marxism and Christianity*, London: Gerald Duckworth & Co. Ltd., 1968, p. 90.

麦金太尔指出，造成这一困境的主观因素之一，便是马克思主义理论对个人认知要求是非常高的。“这就是为什么工人阶级的解放只是工人阶级自身的任务；它不能够由其他人代表。由此，这就是为什么他们要通过自我解放来构建社会，而不能由其他人通过他们自己的选择加以实施，因而这个社会也就不能进行预测了。”①而马克思对资本主义分析始终抱有“信心”，就是认为资本主义始终都在以一种特定的方式存在着。虽然马克思主义更加直接地阐述人的异化，但是麦金太尔认为需要从自由的角度来讨论这个问题。这就是麦金太尔强调考察理论性视角的原因。他希望说明马克思与恩格斯在继承黑格尔的思想时有了大量的理论创新，他们在创新过程中希望摆脱纯粹抽象的理论性，力图再从现实中获得佐证，但这又成了麦金太尔反思的另一个目标。

如果结合工人阶级的革命实践理解马克思的观点，可以看到，1848 年革命、1871 年巴黎公社运动对马克思的理论影响是十分巨大的，因为这些事件的发生推动他完成了十分强烈的理论转变。“在他的作品中往往合理地宣扬组织在马克思主义革命中起到的作用，这些革命就是最近发生的。但是马克思自己的实用主义却只会被他急于阐述时列出的一些特定条件所限制，这会剥夺工人阶级在联合、反抗社会统治力量，或者避免政治组织成为不典型宗派主义（unrepresentative sectarianism）时的真实意愿。拉萨尔和一些英国工会人员是前一情况，而巴枯宁则是后一情况。对马克思来说，组织准则不过是一种细节方案，那就是革命是如何连接现实与未来之间的鸿沟的，而不是像他的理论本身是作为一种连接介质。”②恩格斯则直接将马克思对于未来的观点作为革命的愿景：“我们必须像等待月食那样等待革命的来临。”③

与那些浪漫主义左派相比，麦金太尔的理论始终体现出保守化的特征。麦金太尔认为，马克思主义对于过去、现在和未来的理解模式，对无产阶级的理论发展来说既是重要的，也是十分有难度的。当马克思批评费尔巴哈不能完全揭开黑格尔哲学的神秘化，而黑格尔哲学又同样无法揭露基督教的神秘化的时候，如何超越社会秩序的范畴就成为寻求理论出路的重要着眼点。“因此我们发现马克思主义者在重申费尔巴哈和马克思在反对宗教的立场时是相互矛盾的，因为他们在重新创建他们自己的实践观点的时候与费尔巴

---

① Alasdair MacIntyre, *Marxism and Christianity*, London: Gerald Duckworth & Co. Ltd., 1968, pp. 91—92.

②③ Alasdair MacIntyre, *Marxism and Christianity*, London: Gerald Duckworth & Co. Ltd., 1968, p. 95.

哈和马克思所批判的宗教现象十分相像。"①作为科学的理论,马克思主义不可能超脱历史和时代,因此即便是对未来的预测,也是建立在人类过去和当时的发展状况之上的。麦金太尔从中看到,由于实践性的特质,马克思主义的发展亟待在理论上不断寻求现实支撑,这有可能会造成其对资本主义必然灭亡的判断被后来的马克思主义者们过度诠释成单一的历史决定论。因此,机械与教条也就容易获得滋生的土壤。

三、应当如何看待马克思主义?

可以说,托洛茨基主义是麦金太尔与马克思主义决裂前的最后一个尝试形态,那一研究时期也是他对马克思主义认识更为成熟的阶段。在《马克思主义与基督教》的最后一章中,他首先分析了西方社会对马克思主义可能产生的三种态度。第一种,认为它是正确的,因而人们应当去遵守它;第二种,认为它是错误的,应当被抛弃;第三种,认为它是一种教义,不能抛弃,但是又不应当去遵守,因为尽管它所说的不一定是事实,但是其中的一些构想能够与当下有某些联系。麦金太尔大体支持的是第三种。

麦金太尔分别分析了这三种态度以及可能面临的问题。如果认为应当遵守马克思主义的话,需要为马克思经济理论在当时资本主义之下的困境,以及由此所带来的马克思主义话语转变提供合理的解释。但事实是,马克思的经济理论在当时并不被英国的左派知识分子们重视,而他的历史分析也随着左派政党和无产阶级的社会主义意识淡化而逐渐淡化。"对自身消费再分配的根本性动摇,推动自身扩张的长期投资也发生动摇,这些决定资本主义发展的不平稳。即使如此,马克思所预言的资本主义的危机和工人阶级革命性的增加都没有发生。这些至少都需要另外的假说来证明。这些假说是要说明马克思主义运动是工人要从有产阶级那里得到分享社会繁荣的保证的一部分,由此造成工人阶级在革命领导权中天生的中立地位被剥夺了。"②麦金太尔认为,这种思想已经在英国左派理论者之间流行起来,不仅存在于修正主义者之间,也存在于"自觉的革命主义者"之间。

麦金太尔认为,左派理论者们的这种思想现状,会在两个方面影响马克思主义者及其运动。一个是让他们和大众的政治观念淡化,另一个则是资本主义在"二战"后通过改革获得了新的发展动力。当托洛茨基在面对德国的

---

① Alasdair MacIntyre, *Marxism and Christianity*, London: Gerald Duckworth & Co. Ltd., 1968, p. 102.

② Alasdair MacIntyre, *Marxism and Christianity*, London: Gerald Duckworth & Co. Ltd., 1968, pp. 118—119.

经济学家，同时又是马克思主义者的弗里茨·斯登伯格（Fritz Sternberg）的时候，“他表示并没有时间去学习什么统计学；不论他的申明是对还是错，都被一些他没有看到的东西约束着。我并不是要用这些态度约束托洛茨基，他始终是1930年之后最真诚、最具洞察力和智慧的马克思主义者”。①但这些马克思主义之外的新兴理论却在当代影响着马克思主义的生存环境。“国家干预和计划性市场在国家和集团之间创造出了一种新的关系，借贷流动管理纷纷诞生；但是对经济自我管理意识的政治学和社会学认知已经像资本主义的整体观念一样过时了，就像自由经济那样被边缘化。因此，不只是资本主义的危机——对于那些希望坚持传统马克思主义观点的来说——延迟到来了，在新的条件之下会有另外的理论在相同的层面上解释为什么资本主义还会出现危机。”②实质上，这里的“相同的层面”具体就是马克思的危机视域，但是已经脱离了无产阶级革命的立场。

而那些反对马克思主义的人针对马克思关于人类未来的预测同样也需要进行一番理论论证。他们面对的最大难题，是马克思主义所预测的建立社会主义国家，已经完全成为现实。尽管马克思的历史观在他们看来存在这种或者那种的不足，但是庞大的苏联却在马克思主义的理论基础上建立起来了。当然，苏联的成立给马克思主义反对者带来的难题不仅仅是马克思的预测实现了，另一个巨大的课题就是，如果要批判马克思主义，是否能够从苏联模式入手呢？“但是他们只能够通过那些被称为社会主义的国家，或者被那些国家掌控的生产方式进行批判。但只有在资本主义将社会主义定义为自由市场，甚至这种社会主义连国家所有制都不存在的条件之下，这些对社会主义的批判才能进行。如果国家具备了一定的生产方式，那关键的问题就是：谁拥有着国家？马克思设想一个社会主义国家必须越来越比资本主义国家更加民主（十分苍白的‘民主’）。相反这些想法在未来是可能的。这种拒绝的核心来自一种自由主义的信仰，那就是现实和价值是不一样的——并且这两个领域在逻辑上是彼此独立的。”③马克思主义的理论构想和马克思主义的具体实践之间的差距，给英国左派理论者们带来一系列困扰。究竟能否通过反思苏联来发展马克思主义，事关发展马克思主义的理论道路和方法，也是准确把握和发展马克思主义的关键性问题。

---

① Alasdair MacIntyre, *Marxism and Christianity*, London: Gerald Duckworth & Co. Ltd., 1968, p. 120.

② Alasdair MacIntyre, *Marxism and Christianity*, London: Gerald Duckworth & Co. Ltd., 1968, pp. 120—121.

③ Alasdair MacIntyre, *Marxism and Christianity*, London: Gerald Duckworth & Co. Ltd., 1968, pp. 121—122.

麦金太尔认为，如果理论者单单从现实的角度出发，就会同时拒绝基督教和马克思主义。个体依据其价值进行选择是个体的自由，但是在现实中，马克思主义和基督教无法让人摆脱只能依靠选择而生活的处境。他认为，在马克思主义的信仰中研究人的“选择”是很有必要的。因为马克思所设想的自由世界是个人获得自由，因而在社会主义者那里共产主义在道德方面的话语是单一的。“想想苏联干涉匈牙利，或者希特勒与斯大林达成的协议中包括的苏联将100名奥地利、德国和匈牙利共产党移交给盖世太保之类的道德败笔。如果一个共产主义者因为这些而离党并不是因为感到这些事实违反了共产主义的立场，而是因为他认为那些共产党都是错的，那么真正的问题就来了，你认为什么是‘错的’？或者你是根据什么信仰来判断这些行为是‘错的’？”①对这一问题，人往往会寻求运用功利主义的思想作为出路，但人们的行为会不断增加痛苦和困惑，而原本拥有的幸福消失了。可是这又会轻易消解人与人之间的判断差异。因此共产主义的个人道德又会遇到一个矛盾，那就是既然个人是自由的，可是又为什么只能简单依照“痛苦”“幸福”这些简单的选项对道德进行评判呢？尽管托洛茨基曾经对这个问题进行过解释，但是，他指出共产主义的实现应当只能通过“一定的方式”来实现，比如对同志们的忠诚。麦金太尔指出，托洛茨基实际上还是重新回到了实用主义。

这又引申出一个重要的问题，那就是对于马克思主义的批判是否也是对实用主义的反思。马克思主义本身并不是实用主义的，但是在发展过程中，不可避免要受到后者的侵蚀。“首先，马克思主义在继承黑格尔主义时抛弃了‘应是’的范畴，因而马克思自身的道德批判的基础，即对人属性的独特视域消失了。然后，为什么人要成为一个革命的社会主义者，或者完全的社会主义者，成为一个令人尴尬的问题。”②麦金太尔接下来提到了伯恩施坦(Eduard Bernstein)。后者在否定了社会主义目标能够继续为社会主义者提供革命动力后，转而运用康德的客观道德律。“因为马克思认为这些道德律是异化人的伪道德律中的一部分，它们的职责就是掩盖价值变迁和价值斗争的事实。”③但是伯恩施坦却偏偏强调康德“道德”范畴的作用：“工人运动并不怎样重视去掉资产阶级出身而冒充无产阶级的人的眼中视为庸俗的那些性质，工人运动根本不珍重道德的无产阶级，相反地倒有着使无产阶级化为

---

① Alasdair MacIntyre, *Marxism and Christianity*, London: Gerald Duckworth & Co. Ltd., 1968, p. 125.

②③ Alasdair MacIntyre, *Marxism and Christianity*, London: Gerald Duckworth & Co. Ltd., 1968, p. 130.

‘俗物’的倾向。至于无祖国也无家庭而放浪不羁的无产阶级，恐怕不可能搞坚决而持久的工人运动吧？”[①]那么，伯恩施坦的实用主义是不是我们反对马克思主义的依据呢？恐怕考茨基又要对此持否定态度了。

对于前两种对待马克思主义的态度，麦金太尔认为都不可取。因为马克思主义既与现实的道德建设没有直接关联，同时从某种意义上说，人的自由应当是未来道德的一种归宿。麦金太尔希望从多个角度考察马克思主义，并且为德性理论构筑牢固基础。首先是将马克思的哲学方法置于他当时所处的时代中进行思考。就当时的资本主义社会来说，自由主义并不是一种正当的理论形式，而关于自由的突破口，就在于“世界是分裂和被划分的”：“自由主义所继承的对其最具有基础性意义的，就是政治与经济的视野。正如在实际的社会实践中资本主义的目标就是国家之间纯粹的消极化和不干涉关系——只被狭隘地当作是为了保护公民不受外侵，避免内乱以及维护契约——以及自由市场经济，因此自由政治理论就会将人的政治身份从经济身份中剥离出去。”[②]这样考察自由主义所运用的就是政治因素和经济因素两种视域。在接下来的发展过程中，关于自由的各种范畴被单独剥离出来，道德也就随之出现了。

麦金太尔将马克思称作运用“自己的范畴”批判自由主义和资本主义社会的第一人。“他针对资本主义社会所利用的不是后者内部的批判范畴，而是要第一次证明它在运用自由理论时的唐突和虚伪，以及第二点，那就是理论和社会形式是如何孕育推翻它们的种子的。”[③]对于马克思与李嘉图和斯密的关系，麦金太尔总结道：“他们都置身在狭小的经济学科之中，并且用宏观经济系统的眼光看待社会，想象社会中不同的阶级有不同的职责，彼此联系以创造共同的结果。”[④]而马克思更加能够从社会现实的角度评价阶级。这种现实的角度来自由人构成的社会，其中包括了经济因素，同时还有其他因素。就社会组成来说，马克思将社会主体作了实质性区分，将他们进行敌对化划分，将他们之间的斗争看作社会前进的动力，同时也是资本主义的本质病患。因此，马克思反对将经济和政治分裂开来，而是要将这些范畴一起纳入社会之中，并且，将资本主义之中的利益斗争统一归结为是整体（阶级）的斗争。针对新左派面对工人阶级运动的消沉，马克思实际上早就已经预

① ［德］伯恩斯坦：《社会主义的前提和社会民主党的任务》，舒贻上、杨凡等译，北京：生活·读书·新知三联书店，1958 年版，第 134 页。

②③ Alasdair MacIntyre, *Marxism and Christianity*, London: Gerald Duckworth & Co. Ltd., 1968, p. 133.

④ Alasdair MacIntyre, *Marxism and Christianity*, London: Gerald Duckworth & Co. Ltd., 1968, pp. 134—135.

料到这种情况的出现,并且站在更加长远的历史角度予以论述。他说:“工人有时也得到胜利,但这种胜利只是暂时的。他们斗争的真正成果并不是直接取得的成功,而是工人的越来越扩大的联合”,“无产者组织成为阶级,从而组织成为政党这件事,不断地由于工人的自相竞争而受到破坏。但是,这种组织总是重新产生,并且一次比一次更强大、更坚固、更有力”。①显然,新左派理论者并没有马克思和恩格斯对未来的把握能力,从深层次来说,是并没有真正掌握工人阶级运动的历史性特点,而只是把无产阶级运动看成孤立、短暂的实践,忽视了斗争的长期性,以及发生质变的过程性。

自由主义中的经济类别被马克思当作一种遵守某种规律的活动,麦金太尔称之为马克思对资本主义社会的“教义化解读”:“马克思对这种教义的祛魅看上去就像是后来马克思主义者们在具体化研究的过程中所考虑的那样;但是我所怀疑的是,马克思主义本身被过度祛魅化了。本来自由社会中的消极性、顾虑性和破坏性的教义在马克思主义看来会成为一种积极的教义,准确地说,就是它将自身的一些自由主义社会的门类(自由主义无法观察社会,除非通过它自己含有的歪曲的镜头)结合在一起。进一步来说,马克思主义在批判自由主义和资本主义社会的时候,它不仅超越了它们,同时也将其思想中包含的自由范畴变得更为突出了。”②所以,马克思在政治经济学批判过程中的重大创新,就是用了资本主义自由理论之外的阶级范畴,将原本属于资本主义的范畴从起初分散的状态凝聚在一起,全面超越了斯密、萨伊(Jean-Baptiste Say)、弗·斯卡尔培克(Fryderyk Skarbek)等古典经济学家的劳动经济价值论。③因此马克思主义并不是放弃了自由的内涵,而是重新将这些被分散的概念结合到人身上,在此基础上使用阶级斗争的概念论述社会的生产关系。

可是马克思的“阶级”论述在麦金太尔看来是并不明确的。马克思的“阶级”概念是来自不同的所有制,而所有制本身却是需要界定的:“当所有制成为合法的概念,并且这一规定适合社会的机理,那么社会阶级就可以通过所有制准确地替换马克思所抨击的‘理想的现实’;因此在共产主义国家中理想被现实取代了。他们声称的无阶级,或者达到无阶级,在这些国家中都会表现为人们共有,即对生产资料的合法‘所有’。可是在现实中不同的

---

① 《马克思恩格斯文集》第2卷,北京:人民出版社,2009年版,第40—41页。

② Alasdair MacIntyre, *Marxism and Christianity*, London: Gerald Duckworth & Co. Ltd., 1968, p. 136.

③ 《马克思恩格斯文集》第1卷,北京:人民出版社,2009年版,第238—239页。

人群在对这些资料的政治、社会和经济控制有着十分不同的联系，并且连同决策的制定过程都会被‘所有制’对实际统治阶级的关心所误导。”①马克思主义在现实中所面临的困境，是他的继任者在社会认识上的僵化，并且慢慢形成一种理论习性。这种情况在西方左派和苏联内部都存在着。

按照这一思路，马克思主义到了后来恰恰失去了激进的态度，成为一种保守的思想体系，这与它本来要反教条的初衷是截然相反的。麦金太尔认为，马克思主义者缺乏对其观点的“自我批评”，他们会把那些传统概念当作分析资本主义的固定用语。这种状况当然是马克思不会想到的。“具有托洛茨基主义传统的忠诚马克思主义者清楚地看到这些对马克思基本观念的破坏性再定义，马克思式的分析被明显歪曲了。这不仅造成了苏联式的马克思模式；它同样损害了对西方新资本主义官僚性质的理解。”②麦金太尔在这里并不是要对马克思主义演变成当时的状况进行惋惜，他的目的并不是要重塑马克思主义，而是要重新思考资本主义的批判方式。在马克思使用异化概念的时候，他对资本主义的批判已经摆脱前人将政治、经济和社会割裂开来的方法，这就让马克思开辟出了新的批判视角，但是这些视角还无法克服一些问题。

因此麦金太尔认为，对于马克思的这种考察是具有意义的。首先，马克思主义本身在这方面的叙述亟待强化。正如麦金太尔多次提到过的，马克思主义理论与不断出现的新社会状况始终无法对接，以至于马克思主义者们所拥有的只是幻境（cloud-cuckoo lands）。他们就像是堂吉诃德（Don Quixote）在挑战资本主义这座风车。他们持有对马克思主义的崇拜，并且致力于丰富马克思主义，建立了苏联的理论体系。“他们给马克思的理论中关键的自由劳动概念以新的意义，来证明需要缩短劳动时间，或者和艾萨克·多伊彻那样认为马克思关于工人阶级在革命中的领导权问题会造成混淆，进而出现苏联那样的行政模式。”③马克思理论的时代性特质无法适应未来时代的发展是十分正常的，而原有的理论又被机械照搬，从而出现了马克思并未想象到的国家形式，最终还是给马克思主义本身带来了巨大的困境。

其次，马克思主义在当前的理论作用并不是全面性的。黑格尔和马克思

① Alasdair MacIntyre, *Marxism and Christianity*, London: Gerald Duckworth & Co. Ltd., 1968, p. 138.

② Alasdair MacIntyre, *Marxism and Christianity*, London: Gerald Duckworth & Co. Ltd., 1968, p. 139.

③ Alasdair MacIntyre, *Marxism and Christianity*, London: Gerald Duckworth & Co. Ltd., 1968, p. 141.

的理论在当时可以系统化地分析社会，其中的范畴都是直接来自当时的社会现实，因而两人理论的使命就是对当时的社会秩序进行批判。而马克思主义在如今的西方面临比当时更为复杂的社会构成和社会关系，对现实的把握不完整有可能导致理论中出现空洞。虽然“整个马克思主义就是用他们对未来的构想作为立足点，讨论在发展中会出现的可能，认为未来是对当前时代精神的否定和改变”，①但是这种“精神”，还有马克思主义“真正建设性的理论”在现实的社会之中却随着马克思主义在西方被遗弃和遗忘而“令人遗憾地失败了”。

最后，在麦金太尔看来，对于自由的追求还是要回归到基督教的“世俗”的视野中去，但是这并不意味着他还接受基督教——最大的问题是，尽管后者包含着麦金太尔所惯用的“自由”范畴，但是却不具有革命的态度。因此，它只能流于世俗的社会范畴之中。“因此人们希望将基督教祛魅，把其中的一些相关的核心与外壳相分离。这些尝试的悲剧在于基督教对人解放的意义认识模糊不清，并且这种模糊不清是因为基督教中体现的生活方式是基于已经建立起来的自由价值和非自由现实。”②基督教面临的困境恰好与马克思主义的相反。“悲哀的是真理的祛魅经常会急功近利地要将基督教从诺斯替教的继承中独立出来，但是远不如对待彼拉多和该亚法那么急迫。如果他们学着从其他角度思考，就难以想象他们不会从马克思主义的成功和挫折中学到些什么。”③可见，基督教的发展速度已经远远追不上时代，哪怕与英国马克思主义的发展速度相比也相形见绌。麦金太尔在这一阶段，离基督教话语和立场也更加遥远。

第三节　对马克思主义话语和立场的继续塑造

1971年，麦金太尔出版了一本自选集，书名为《与时代中的自我形象抗争：关于意识形态与哲学的论文》。这本书结构很特别，其正文一共分成两

---

① Alasdair MacIntyre, *Marxism and Christianity*, London: Gerald Duckworth & Co. Ltd., 1968, p. 141.

② Alasdair MacIntyre, *Marxism and Christianity*, London: Gerald Duckworth & Co. Ltd., 1968, p. 142.

③ Alasdair MacIntyre, *Marxism and Christianity*, London: Gerald Duckworth & Co. Ltd., 1968, p. 143. 诺斯替教(Gnosticism)的出现早于基督教，其中的一些教义对部分早期基督教众影响较大。本丢·彼拉多(Pontius Pilatus)是判处耶稣钉死于十字架的罗马帝国犹太行省第五任行政长官。该亚法(Josef Ben Caiaphas)是当时的一名大祭司，亦是处死耶稣的策划人之一。

部分，第一部分主要收录了他对列宁、斯大林等人的反思，第二部分则是关于德性方面的研究论文。在麦金太尔看来，这本书与其他书不一样的地方，在于这两个部分“属于两种不同、不是特别相关的题材”。①麦金太尔在其马克思主义主题研究的最后一段历程中一个突出的理论特点，就是他已不再对马克思主义进行主题性研究和反思，而是以马克思主义历史中出现的理论者或者重要人物作为研究对象，分别对他们进行评价。他在短短几年的时间中，理论话语就产生了巨大变化。如果把他思想转变前后的作品放在一起，不可避免会产生突兀和断层。但是麦金太尔为什么又要这样做呢？原因就是，麦金太尔在此要表明一种态度，即与19世纪的许多哲学一样，马克思主义的历史观，以及在此基础上对于“个人”自由的关注模式应当被“是”（is）—“应是”（ought）的模式取代。②那么，麦金太尔究竟是如何从卢卡奇、列宁这些马克思主义者身上论证马克思主义应当被新的德性理论模式取代的呢？究竟需要从哪些方面加强阐释马克思主义和马克思主义者们对人类自由和解放问题的理解？

一、马克思主义在苏联的存在形态与反思

关于斯大林对列宁思想的继承与变异问题，麦金太尔先后在《如何能不论述斯大林》和《如何论述列宁——如何才能不论述？》中通过探讨斯大林时期的极权、腐败，以及列宁时期的革命理论、政策来具体展开，也即讨论两位领导人之间的政治顺承关系。对于列宁来说，他对社会主义建设原则的部分“放弃”是一种“粗鲁的功利主义”，③他的工作是搭建起过去通往未来的桥梁。可是，由于他过于尊崇马克思主义的设想，因而他提供的道德并不具备牢固的现实基础。而斯大林在列宁的基础上重新定义了社会主义，塑造了苏联的集权政治形态。④

这两部作品创作于1967年到1968年期间，也是麦金太尔最后一次集中描述列宁和斯大林这两位苏联领导人。麦金太尔写作《如何论述列宁——如何才能不论述？》这一篇文章的直接动机，是对伦纳德·夏皮罗（Leonard

---

① Alasdair MacIntyre, *Against the Self-Images of the Age: Essay on Ideology and Philosophy*, Notre Dame: University of Notre Dame Press, 1971, p. vii.

② Alasdair MacIntyre, *Against the Self-Images of the Age: Essay on Ideology and Philosophy*, Notre Dame: University of Notre Dame Press, 1971, p. 91.

③ Alasdair MacIntyre, "How to Write about Lenin—and How Not to", *Encounter*, Vol. 30, No. 5, May 1968, p. 74.

④ Alasdair MacIntyre, *Against the Self-Images of the Age: Essay on Ideology and Philosophy*, Notre Dame: University of Notre Dame Press, 1971, p. 50.

Schapiro)和彼特·雷德韦(Peter Reddaway)1967年所编著的《列宁：其人、理论者与领导人》一书进行评论。这本书收录了当时众多西方或者具有西方教育经历的学者在伦敦政治经济学院进行的讨论。众所周知,伦敦政治经济学院在20世纪六七十年代有一批崇尚自由主义的学者任教和从事研究,最为典型的是哈耶克以及他的好友波普。这些人让伦敦政治经济学院成为当时西方,至少是英国学界挑战马克思主义理论的一个重要据点。而从这本书中收录的包括两位编著者的作品来看,也是以对马克思以及列宁进行的批判性反思为主。从论文中可以看出,麦金太尔对这一本书是持支持态度的,特别是对两位编著者的论文。夏皮罗认为,列宁虽然具有长久的革命意识,以及值得尊敬的个人品质,但是他仍然给人留下了巨大的困惑,那就是他在坚持决定论的同时走向了垄断集权的道路,脱离了工人本身,进而“将神秘留在历史之中”。①雷德韦在《列宁的文学、艺术与性格》中同样提到,列宁是“难以理解”的,因为他在发动革命的同时却并不真正信任人民,认为对于后者应当采取一种“利用”的态度,列宁比他的作品更加复杂,“更人性,也更深奥”。②

两者的论文为麦金太尔分析列宁提供了重要的参照。麦金太尔认为,在评价列宁的时候,关键要明确两个理论前提。第一点,是考察者个人认识的局限性。在分析人物的过程中,考察者无疑是会掺杂很多个人的主观因素的,这一点在考察像列宁这样的重要人物时,就更加会体现出来。第二点,是如何定位十月革命这一对于苏联和整个社会主义都具有标志性意义的事件。十月革命取得了成功,是因为它勾画出人类摆脱异化和剥削、实现自由的途径。可是随后这一过程又被描述为类似于宗教的历史,而那些解释马克思主义历史观的人像是“从陈旧的迷信中找到一种超自然的自赎”:“从现在对十月革命的看法来看,那些庸俗的人会认为其具有传统圣教徒精神而将之看作是明显的一场悲剧,因而是十分反共产主义的。”③针对这种看法,麦金太尔只是指出,作这些评判的人并没有看到列宁晚期的状况,否则会有更加具体的认识。

克尔恺郭尔认为列宁是一位具有“纯净心灵”的人,可以从列宁反对玩世不恭、宗教和马雅可夫斯基(Владимир Владимирович Маяковский)

---

① Leonard Schapiro and Peter Reddaway (eds.), *Lenin: The Man, the Theorists, the Leader*, London: Pall Mall Press, 1967, p. 20.

② Leonard Schapiro and Peter Reddaway (eds.), *Lenin: The Man, the Theorists, the Leader*, London: Pall Mall Press, 1967, pp. 62—63.

③ Alasdair MacIntyre, “How to Write About Lenin—and How Not to”, *Encounter*, Vol. 30, No. 5, May 1968, p. 71.

的未来主义（尽管他曾经创作了长诗《列宁》，对列宁进行歌颂）的态度，以及他对革命胜利的渴望等看出。[①]可是实际的革命要面临种种现实困境，或者是类似于“丰裕社会”这种影响大众乃至政党革命信念的因素，以至于不得不作出一些妥协让步。这些会导致马克思的预言“不可能或非常难以实现”。夏皮罗虽然提及列宁对于革命前途的关注，但是在麦金太尔看来，他还缺少了对列宁为何会如此关注前途，甚至是“惧怕失败”的分析。而这一问题恰恰又是十分必要的，因为其中所牵涉的是列宁自身的理论构建问题。实际上，左派阵营内部当时围绕如何看待列宁产生过很大分歧。例如，因为列宁“分享”了马克思主义者们的理论，伯恩施坦就立刻称他是一位经济学家。而考茨基则认为，由于列宁领导的革命之路只是实现了诸多可能性中的一种，不足以支撑人们对无产阶级革命的宏观把握，因而考茨基无法坚信资本主义仍然会按照历史规律那样走向灭亡，至少，工人运动和革命不会是让社会主义自动到来的决定因素。同时，列宁也否定伯恩施坦的修正社会主义，“事实是，当列宁在企图否定修正主义的时候，他也从中学到了什么”。[②]社会主义阵营内部的一系列争论，令马克思主义的阐释张力愈发扩大。

就当时的革命实际情况来说，要推翻沙皇，就需要所有的抗争力量结合起来，这也使得革命联合成为“有弹性”的过程：“列宁看到了各种革命目标的危险，这些目标比他想象的还要清晰。因此，他很少让自己卷入说教之中，除了在辩争的状况之下。他不断地辩争，但是每次只针对特定的敌人，这也就不奇怪为什么他很少与其他人对立，而是将其他的立场一起结合起来。”[③]麦金太尔认为，这就是列宁主义的真正来源。而列宁主义在他看来是一种“纯粹刻意的统一”的理论，因为在列宁作品中往往会出现一些与整个理论体系格格不入的概念：“比如在《国家与革命》中包含了在列宁其他作品中都找不到的因素。这些概念都在说明社会主义革命之后会立刻产生一个激进的民主社会。这一理念与列宁对工人阶级的总体态度不相符合；尽管他当时正在建立着社会主义的秩序，但在革命发生的几年之中并没有认真地讨论过这一问题。”[④]另外，麦金太尔将列宁 1902 年的《怎么办》和 1916 年的《帝国主义是资本主义的最高阶段》这两部作品进行了比较分析，认为两者在对革命的认识上有着本质性的区别：在《怎么办》中，他认为不革命是今后一种自

---

① Alasdair MacIntyre, “How to Write About Lenin—and How Not to”, *Encounter*, Vol. 30, No. 5, May 1968, p. 71.

②③④ Alasdair MacIntyre, “How to Write About Lenin—and How Not to”, *Encounter*, Vol. 30, No. 5, May 1968, p. 72.

然的发展,而在后一篇文章中将之当作批判考茨基改良主义的立论基础,进而提出要揭露“资本家阶级的工人帮办”,以及“工人贵族”阶层。[①]麦金太尔认为这里体现了列宁在理解马克思主义的时候对马克思和恩格斯关于究竟是通过议会选举还是暴力取胜的举棋不定。这是与进入20世纪之后马克思主义在面对帝国主义新状况时马克思主义者们的态度相类似的。对于“自由”的理解让马克思主义阵营内部出现了理论分歧,并且“一直在做着从社会主义原则撤退的准备”。[②]

但到了斯大林时期,左派知识分子们的自由革命立场却走向了完全对立的极端,对苏联的社会主义进行深刻的反思:“斯大林在面对这些问题的时候,反而将之作为通向社会主义的契机,那就将社会主义再定义为暴政。”[③]但两者又有相联系的地方,那就是都具有“粗俗的功利主义”。麦金太尔在当时评价斯大林的时候更加具有底气,这种底气是来自当时一个十分特殊而重要的学术事件,那就是斯大林的女儿斯大林娜·阿利卢耶娃(Светлана Аллилуева,英译为 Svetlana Alliluyeva)于1967年出版了造成极大轰动的《致友人的二十封信》。这本书是阿利卢耶娃的一本自述,她希望通过这本书“讲述我们应当知道的东西,以及希望知道的东西”。[④]这本书的内容是沉重的,虽然是一部自述,但是其中的文字所反映出的实际上是作者的一种揭露。她在书的开头说道:“这里是比较安静的。而20里之外的莫斯科像人体火山一样,它呼吸着火焰,人们的冲动、野心和政治像炙热的熔岩,而集会和各种娱乐也异常嘈杂。”[⑤]在她的眼中,莫斯科成为一个“狂热”的地方,尽管如此,她还是要强调“她的生活与其他的同代人相比是平淡无奇的”,似乎要给读者一个印象,那就是发生在她身上的就是当时苏联人民的普遍情形。这一点被后来的学者指出来:“这是一本奇怪的、难以阅读的书,不仅因为它的用语苍白、贫乏,更是因为我们无法辨认阿利卢耶娃是否只是依赖情感基础的政治文盲,还是缺乏政治脑筋的虚伪之人。或许她自己都不了解自己。”[⑥]

那么阿利卢耶娃口中的平淡的生活,对于那些关注她父亲的人来说会意味着什么呢?毕竟在后者眼里,“平凡人”的父亲并不是“平凡的父亲”。因

---

① [苏联]列宁:《帝国主义是资本主义的最高阶段》,北京:人民出版社,2001年版,第7—8页。

②③ Alasdair MacIntyre, “How to Write About Lenin—and How Not to”, *Encounter*, Vol. 30, No. 5, May 1968, p. 74.

④ Svetlana Alliluyeva, *Twenty Letters to a Friend*, London: Hutchinson & Co. Ltd., 1967, p. 11.

⑤ Svetlana Alliluyeva, *Twenty Letters to a Friend*, London: Hutchinson & Co. Ltd., 1967, p. 9.

⑥ Richard Poirier, “Review of *Twenty Letters to a Friend*”, *Commentary*, April 1968, p. 89.

此，这本书的问世引起了十分广泛的关注。特别是对于正热衷于对斯大林进行德性批判的西方学者来说，这是他们获得可靠史料的绝佳途径。这对麦金太尔同样造成了影响，并且他立刻在《耶鲁法学杂志》上发表了对这本书的书评。他认为，阿利卢耶娃这本书的出版，是用她的私人生活揭露出了一个公共性的课题，那就是以一个新的角度来审视作为革命者和政治家的斯大林。而麦金太尔所看到的，是斯大林之所以成为具有暴烈性格的统治者背后的个人因素。

在麦金太尔看来，1932 年是一个特别的年份，因为斯大林的第二任妻子娜杰日达·阿利卢耶娃（Надежда Сергеевна Аллилуева）在该年自杀，而此时斯大林又开始推行党内肃反运动。这一运动在麦金太尔看来并不具有社会主义性质，实际上真正的社会主义政策却被“抛在了后面”：“在最终的分析中，斯大林胜利了，不只是因为他战术策略的冷酷，同样还因为在那一段经济政策的实施过程中没有其他选择。”[①]这对于麦金太尔来说并不是可以用残酷之类的词语简单概括的。因为即使是当时苏联内部与斯大林意见相左的人也并不能够提出合适的政策。这在实质上反映了苏联社会主义整体发展遇到的道路创新困境。更加悖理的是，“许多人及时表达了他们的社会主义性质的欲求、理想，以及与斯大林实际建立起来的现实之间的差异，但肃反运动开始的时候，这些早期的支持者却被当作旧托洛茨基分子和布哈林主义者而遭到大批清洗”。[②]麦金太尔认为这些已经成为社会主义的歧途，而只有类似于罗斯福新政的那种“列宁式”的政策才是苏联真正应该采用的。可是斯大林选择的却是与之完全背离的道路，因为他推动的肃反运动是通过否定过去的社会主义进而重释社会主义。而实施这一政策的目的，就是为了塑造个人集权的管理系统。

在麦金太尔看来，1932 年是斯大林理论与马克思理论之间的沟壑真正产生的时间。这一年对于斯大林本人的冲击不仅仅是他妻子的自杀，同时在苏联政坛还出现了针对他的政变。麦金太尔并没有具体讨论究竟这一沟壑是如何体现在理论上的，而是从阿利卢耶娃的笔下看出将斯大林个人私生活与当时公共状况结合起来的重要性。“斯大林娜小姐用一种宗教化的眼光审视这个世界，这是十分有限的，并且也只是宗教意义上的。虽然她确实在自传中写到将永远不会离开俄罗斯。我们可以理解为什么她会在俄罗斯有那样的遭遇，因为在那个抽象神秘国家里她宣称永远爱她的父亲；特权与财

---

①② Alasdair MacIntyre, “How Not to Write About Stalin”, *Yale Law Journal*, 77, 1967/68, p. 1034.

富一直将她与社会现实隔绝。苏维埃留在人们经验中最为鲜明的景象是人们等待获取面包而排的长队;斯大林娜小姐看来并不会想到这些。这对她来说太遥远了。"①麦金太尔从阿利卢耶娃的这些写给朋友的信中获得的最大启发,就是从斯大林的个人生活中对其进行更为全面的审视。斯大林主义通向极权并不只是因为私人生活的变故,而且是与斯大林在政治上的经历相对应的。

二、社会主义革命与社会艺术的辩证法构架

虽然卢卡奇创作《历史与阶级意识》的时候,马克思的《1844年经济学哲学手稿》尚未出版,但是卢卡奇在当时就希望通过表明马克思的预言和分析是"相互独立"的,把马克思主义从"失败的预言之中"拯救出来。卢卡奇在出版这一著作的时候提道:"革命年代的经验已出色地证实了按正统(即按共产主义)理解的马克思主义的一切重要方面。战争、危机和革命,包括革命发展的所谓较慢速度和苏俄的新经济政策在内,没有提出一个问题是不能用这样理解的辩证方法解决的,而且也只有用这个方法才能解决。"②当时卢卡奇所面临的问题,同时也是麦金太尔在当时所面临的问题之一。但是卢卡奇所具有的黑格尔主义色彩,加上俄国十月革命的胜利,让他对马克思主义之于当时的状况的理论指导作用充满了信心,③他看到的,是"《资本论》的胜利"④:"至今,历史唯物主义虽然是一种极好的武器,但是从科学的观点来看,它只不过是一个纲领,一种对应该怎样写历史的指示。但是现在,我们有了进一步的任务:整个历史的确必须重新写,必须从历史唯物主义的观点来整理、分类和评价过去的事件。"⑤青年卢卡奇在撰写《历史与阶级意识》,进而吹响西方马克思主义建立的号角时就明确表明,他们要开创的这一条道路,就是要忠诚继承马克思主义,而不是去寻求另外的理论方法体系。他说:"马克思主义问题中的正统仅仅是指方法。它是这样一种科学的信念,即辩证的马克思主义是正确的研究方法,这种方法只能按其创始人奠定的方向发展、扩大和深化。而且,任何想要克服它或者'改善'它的企图已经

① Alasdair MacIntyre, "How Not to Write About Stalin", *Yale Law Journal*, 77, 1967/68, p. 1036.

② [匈]卢卡奇:《历史与阶级意识——关于马克思主义辩证法的研究》,杜章智等译,北京:商务印书馆,1996年版,第41页。

③ 张亮主编:《卢卡奇研究指南》第一卷,南京:江苏人民出版社,2022年版,第363页。

④ 张亮:《通向〈历史与阶级意识〉的道路——黑格尔对早期卢卡奇思想发展的逻辑影响》,《求是学刊》2000年第6期。

⑤ [匈]卢卡奇:《历史与阶级意识——关于马克思主义辩证法的研究》,杜章智等译,北京:商务印书馆,1996年版,第305页。

而且必将只能导致肤浅化、平庸化和折中主义。”①卢卡奇始终坚持马克思的辩证法是整个马克思主义的核心，也给麦金太尔提供了一个重要的评价马克思主义的参照点。毫无疑问，卢卡奇对待马克思主义的态度，对麦金太尔起到重要影响，引导后者不断审视在此后理论创作中正确处理好与马克思主义的重要关系。

麦金太尔认为，卢卡奇将马克思主义理解为不仅是来自个人的理论探索，而且更应当是基于社会现实的反映，并且按照这种反映的状况对未来进行预测。按照卢卡奇的理解，马克思主义在很大意义上是一种来自社会实践的“自我感知”，换句话说，就是理论与实践的“统一性”。②卢卡奇认为，实现理论与实践相统一的主体是无产阶级。在资本主义的现实中，无产阶级不断得到发展，并且在这一过程之中其自身的自由愿望不断涌现，因而对资本主义有着根本性的改革需求。当马克思主义降落在现实中时，它不再是“特殊的无产阶级”的态度，而应当是“社会中的无产阶级”的态度。“卢卡奇认为真正的无产阶级意识体现在共产党中，这一无产阶级的组织通过马克思主义定义其自身的存在，也借此成为历史的机制。”③麦金太尔认为不应该仅仅凭借这个就批判卢卡奇，认为他将马克思主义作为共产党组织“专断”和“荒唐”的信仰。“一方面，卢卡奇认为共产党作为一种组织对历史保持着开放性，并一直鼓励无产阶级创造他们自己的未来。另一方面，他认为他理论中理想的共产党是确实存在的，比如第三国际里的共产党，但是也只有在对时代的解释合法的前提之下人们才会认可这些政党。”④麦金太尔将卢卡奇的这种政党思想当作其他人群接受和推崇共产党拥有革命领导权的主张。可是当时由苏联主导的第三国际却因《布鲁姆纲领》对卢卡奇进行了批判。“因此他自己的理论逻辑抨击了他自己。”⑤卢卡奇把马克思主义解释成为工人阶级的意识，而共产党正是这一种意识的代表。此时的卢卡奇面临着一个悖论：“如果第三国际认为马克思主义并不是像卢卡奇所说的那样，那么卢卡奇肯定是错的；要么就是卢卡奇是错的，或者第三国际不是真正的共产党。但如果这些都不是，那么马克思主义就只是一种

---

① ［匈］卢卡奇：《历史与阶级意识——关于马克思主义辩证法的研究》，杜章智等译，北京：商务印书馆，1996年版，第48页。

② 张一兵：《革命的辩证法与批判的历史唯物主义——解读青年卢卡奇的〈历史与阶级意识〉》，《理论探讨》2000年第2期。

③ Alasdair MacIntyre, *Marxism and Christianity*, London: Gerald Duckworth & Co. Ltd., 1968, p. 99.

④⑤ Alasdair MacIntyre, *Marxism and Christianity*, London: Gerald Duckworth & Co. Ltd., 1968, p. 100.

理论，或者概念；它缺少物质典型。这些困境会推翻卢卡奇的前提。他的悲剧会让他无法翻身。”①因此，要解决这一问题，当然还是需要回到卢卡奇理论立场的逻辑路线中去。

麦金太尔认为，在《历史与阶级意识》中，卢卡奇从黑格尔的角度解读马克思，视马克思的作品是一个独立的理论体系，而马克思的《1844 年经济学哲学手稿》被视作是在黑格尔的框架之下创作的，与恩格斯在《反杜林论》中的思想“并不相容”。青年卢卡奇在黑格尔主义的影响之下所创作的《历史与阶级意识》是“按照马克思的思路发展，并且结合他自己的经验”得来，这就证明，卢卡奇与马克思有着某种共同的东西，而这就是英语世界不曾具备的“德国文化”：“这一重新界定卢卡奇工作的方法，就是讨论他对 1780 年到 1850 年间的德国文化的持续重释。如果做到这点，就会发现他的视角在人生的各个时期都是不稳定的，都要由其他阶段的视角来决定。”②可见，对卢卡奇的考察不仅涉及对其本人的理论阐释，还涉及对德国不同时段文化形态的专门梳理，突出研究的思想史效应。③

卢卡奇曾经在“二战”之前借助列宁和恩格斯的作品，对唯心主义和唯物主义进行了简单区分。在《马克思的面具及其浪漫主义面孔：卢卡奇评托马斯·曼》一文中，麦金太尔指出，卢卡奇通过支持德国著名作家托马斯·曼(Thomas Mann)的著作《魔山》，④表现出了对斯大林唯物主义的某种支持。曼将卢卡奇比作小说中的人物纳夫塔，而麦金太尔则指出他们都陷入了“无尽的碎片”之中，即对信仰的追求和现实的无奈。⑤当纳夫塔追求自由的时候，他“知道强调什么，才能把赞美诗变成魔鬼的拐角，才能使自己成为严格的仁爱原则的化身；结果，要区分上帝与恶魔，生命和死亡，又完全不可能了”，⑥这其中暗示了卢卡奇早期理论面临的矛盾。麦金太尔说，虽然卢卡奇没有意识到曼笔下的纳夫塔原型就是他，但是，青年卢卡奇对于曼的影响是十分巨

---

① Alasdair MacIntyre, “Marxist Mask & Romantic Face: Lukács on Thomas Mann”, *Encounter*, Vol. 24, No. 4, April 1965, pp. 65—66.

② Alasdair MacIntyre, “Marxist Mask & Romantic Face: Lukács on Thomas Mann”, *Encounter*, Vol. 24, No. 4, April 1965, p. 66.

③ 张亮：《作为马克思主义“思想家”的卢卡奇——纪念卢卡奇逝世 50 周年》，《马克思主义理论教学与研究》2021 年第 2 期。

④ 《魔山》是诺贝尔文学奖获得者、德国作家托马斯·曼于 1924 年发表的一部长篇小说。主要描述了“一战”期间在瑞士达伏斯高山肺病疗养院中的一些人，包括军官、贵妇、殖民者、天主教徒等，他们代表了当时欧洲的各种人群。其中，纳夫塔(Leo Naphta)是一名极端的犹太教徒，他反对启蒙运动，但是对现实又无可奈何，最终在一场决斗中丧命。

⑤ Alasdair MacIntyre, “Marxist Mask & Romantic Face: Lukács on Thomas Mann”, *Encounter*, Vol. 24, No. 4, April 1965, p. 72.

⑥ ［德］托马斯·曼：《魔山》，杨武能译，成都：四川文艺出版社，2010 年版，第 815 页。

大的。因此，曼在创作纳夫塔这一人物时，加入了很多与卢卡奇的相似之处，除了他们都受过基督教的影响之外，他们共同具有的，便是追求各自信仰时表现的浪漫主义。在《理性的毁灭》和《歌德的一生和他的时代》等作品中，卢卡奇通过区分“理性与非理性”的内涵，反对将德国的“浪漫主义”作为一种“非理性主义”。

麦金太尔认为，实际上不论是青年马克思还是青年卢卡奇都没有能够明确指出，黑格尔的“绝对”事实上打破了历史的相对性，“逻辑所表达的思想实际上就是上帝的思想”，前两者所做的只是按照各自的实际情况寻找新的“理论发展”。“为了解释卢卡奇为什么要这么做，我们不可避免同样要解释马克思为什么这么做；说青年马克思看起来会这样并不是十分让人厌烦的陈词滥调，因为‘青年马克思’本身就是难以勾画的‘青年时期马克思’的轮廓”，这种轮廓就是“曾经从黑格尔和青年黑格尔派那里继承异化观念的青年人道主义马克思”。[①]卢卡奇为了承接马克思的异化思想，引用“自我活动”以论述，认为：脱离了异化的、真正的人应当能够运用马克思主义解释自身。这一过程在卢卡奇看来正可以用诗句的创造进行解释：知识性的诗句产生于概念和理论之间的张力，它首先以在理论逻辑上并不十分完整的形式表达出来，然后再基于现实得到修补。这可以用由现实而来的哲学加以解释。“卢卡奇寄希望于解决文明领域和荒蛮领域之间的张力来阅读过去的文学和批判历史。对上帝的信仰在这里起到了积极的作用，特别是在定义一些悲剧的场景的时候——那些英雄既希望超越他们无法理解的经验世界，但又要与现实斗争，因为他们终究无法看到他们所期盼的，可以从现实中看到神学。”[②]这些在传统的德国哲学中得到了清晰的演绎。

对于现实社会的考察一直都是传统德国哲学的根基，马克思的唯物主义也正是源于这一传统。为了克服现实之中的一些看似神秘的规律，马克思提出了革命的实践。在卢卡奇看来，革命性实践的主体应当是“真正的工人阶级”，而不是“工人”。1919年的匈牙利革命正是由国内的工人阶级进行了革命化的实践，他们克服了本会降临在他们头上的悲剧，而工人阶级的实践也具有了历史性的意义。[③]“阅读《历史与阶级意识》，是解决‘灵魂与形式’这一卢卡奇—纳夫塔式问题的方法。”[④]麦金太尔认为卢卡奇在这里就将实践

---

① Alasdair MacIntyre, “Marxist Mask & Romantic Face: Lukács on Thomas Mann”, *Encounter*, Vol. 24, No. 4, April 1965, p. 66.

②④ Alasdair MacIntyre, “Marxist Mask & Romantic Face: Lukács on Thomas Mann”, *Encounter*, Vol. 24, No. 4, April 1965, p. 70.

③ 张亮主编：《卢卡奇研究指南》第二卷，南京：江苏人民出版社，2022年版，第24页。

的社会生活与整体性艺术结合到了一起,生活本身就应当包含艺术的内容。“他运用齐美尔和马克斯·韦伯的方法分析了资本主义社会的现实;他以浪漫的理念理解艺术和文学,并且将马克思主义与这两种学科联系在一起,这样美学就能够得到宣扬。但是这也会面临一个棘手的困难:那就是他自身的批判活动无法比他关于托马斯·曼的作品更加富有特征。”①

那么,面对托马斯·曼的隐喻,卢卡奇是如何反应的呢?麦金太尔认为是后者对前者产生了一种“同情”。曼的写作联想是基于资本主义的艺术观,因此他的态度会表现出双重性。在卢卡奇的美学观念中,艺术与社会之间是没有深邃的鸿沟的,因而卢卡奇并不会赞同曼把他比作纳夫塔。如果将他们画上等号,意味着卢卡奇采取的是纳夫塔那样的思路,就脱离了社会生活的单纯的形象,并且与他自己的“铤而走险”的事业是格格不入的。“铤而走险或者冒进并不是卢卡奇的共产主义,也不是他所希望的要去解决理论中的矛盾,以带来一种新的社会生活形式;由于社会发展的缓慢,他对待历史是缺乏耐心的。对此他自己是了解的,但是这种缺乏耐心令他接受了斯大林主义唯物主义理论,继而又否定了自身的初期理论和方法。”②麦金太尔之所以对曼的作品进行“主观删除”,是因为后者抛弃了自己青年时期的理论。

麦金太尔认为,曼将青年卢卡奇与纳夫塔相比较,意在体现出纳夫塔早期看似“不顾一切”地对斯大林主义的拥护,但实际上纳夫塔与卢卡奇都没有能够理解真正的现代艺术,他们实际上还是根植在传统的19世纪德国资本主义意识形态之上,并且卢卡奇还较纳夫塔更甚。③“在艺术框架及其自治作为防止其退化手段的时代(纳粹就是这样来攻击勋伯格和乔伊斯的),青年之后的卢卡奇的态度就比他当时批判俾斯麦(Otto Fürst von Bismarck - Schönhausen)时期德国‘权利保护意识’(machtgeschützte Innerlichkeit)的态度要更加激烈一些。”④麦金太尔将卢卡奇的这些活动看作一种坚持,但是这种坚持对于卢卡奇来说并不是没有代价的:“卢卡奇最难忘的是司汤达笔下的某个角色。和卢卡奇他们一样,这个角色生活在后

①② Alasdair MacIntyre, “Marxist Mask & Romantic Face: Lukács on Thomas Mann”, *Encounter*, Vol. 24, No. 4, April 1965, p. 70.

③ 张亮主编:《卢卡奇研究指南》第三卷,南京:江苏人民出版社,2022年版,第62页。

④ Alasdair MacIntyre, “Marxist Mask & Romantic Face: Lukács on Thomas Mann”, *Encounter*, Vol. 24, No. 4, April 1965, p. 72. 阿诺德·勋伯格(Arnold Schönberg),美国作曲家,原籍奥地利,擅长作曲和作画,支持德国的表现主义艺术风格,其作品有浓厚的浪漫主义色彩。纳粹政府上台之后,由于犹太背景而迁往美国。詹姆斯·乔伊斯(James Joyce),爱尔兰小说家、诗人,现代主义先锋派的代表之一。

革命时代，要想生存下来，就要付出比颂扬那些琐屑的价值更加多的代价，即让资产阶级专制化。并且如果卢卡奇没有将《灵魂与形式》和《历史与阶级意识》中的固定遗产伪装成为多变的教条形象化示人，那么在生命本身中表现出的浪漫艺术将不能够一如既往发挥启示的作用。”①

总的说来，麦金太尔对于卢卡奇的分析和批判，既是源于20世纪70年代随着《历史与阶级意识》英译版出版在西方掀起的卢卡奇研究的热潮，②又是建立在麦金太尔本人对马克思主义和斯大林主义整体性把握的基础上，再结合他当时对于西方左派阵营的消极看法而开展的。可以说他已经将卢卡奇的理论作为佐证他远离马克思主义“第一形态”的又一支撑。③但是不得不提的是，他对卢卡奇的批判是有所欠缺的，最明显的就是对“总体性”范畴的忽视，从而忽视了卢卡奇对“主客体分裂的二元论”的否定，④这恰恰是卢卡奇在《历史与阶级意识》中提出的核心命题之一：“只有在这种把社会生活中的孤立事实作为历史发展的环节并把它们归结为一个总体的情况下，对事实的认识才能成为对现实的认识。”⑤因此，麦金太尔在对卢卡奇进行分析的过程中将实践进行主客拆分，造成对后者的片面性判断。

三、反对历史宿命论

1970年，麦金太尔出版了《马尔库塞》一书。马尔库塞是继卢卡奇之后麦金太尔当时重点关注的另一位重要的西方马克思主义理论家。在马尔库塞那里，黑格尔的理论应当被批判，原因是他的哲学留给人们的只有疑问，并不能够起到在现实中指引人们的作用。但是，在麦金太尔看来，马尔库塞哲学的问题和黑格尔的是一样的。马尔库塞曾指出，所谓社会的一些变革力量，在已经存在的系统之中被“打败”或“消解”：“这一话题在《单向度的人》中已经得到了阐释，并且我们需要讨论，从马克思主义到悲观主义的转变是不是没有揭开马克思主义的一些特征，而这也并不是马尔库塞

---

① Alasdair MacIntyre, “Marxist Mask & Romantic Face: Lukács on Thomas Mann”, *Encounter*, Vol. 24, No. 4, April 1965, p. 72. 司汤达（Stendhal），法国作家，原名马利-亨利·贝尔（Marie-Henri Beyle），代表作《红与黑》《巴马修道院》等，现实主义的代表人物之一。

② 张亮主编：《卢卡奇研究指南》第二卷，南京：江苏人民出版社，2022年版，第108—109页。

③ 薛稷、郝晨玮：《麦金太尔对〈历史与阶级意识〉的几点误读》，《广西大学学报（哲学社会科学版）》2023年第6期。

④ 孙伯鍨、侯惠勤主编：《马克思主义哲学的历史和现状》下卷，南京：南京大学出版社，2004年版，第805页。

⑤ ［匈］卢卡奇：《历史与阶级意识》，北京：商务印书馆，1999年版，第56页。

自己的理论发展。”①麦金太尔是如何讨论这一问题的呢？

首先，与卢卡奇一样，麦金太尔对马尔库塞的分析还是从黑格尔入手的。黑格尔把世界历史总结为绝对精神持续自我发展的结果。人类的狭隘性探索，以及在哲学探讨时语言的无力，都是导致历史研究局限性的原因。在黑格尔看来，哲学家所希望的那种基于经验而进行的整体化研究，是与绝对性融合的。“黑格尔的这种解释是理论化解释的基础，虽然在这种黑格尔式的框架之下，有限的经验背后的形而上学并不会倾向于这种类似于基督教理论的现世宣言，但是黑格尔那里也包含可以让黑格尔右派与路德主义产生联系的因素。”②在黑格尔的逻辑中，历史分析是考察现实的最高形式。麦金太尔同样指出，脱离了现实，是没有办法从社会和观点角度同时理解黑格尔哲学中的经验范畴的。因为“哲学、范畴与观念的历史和社会变迁的历史，是一枚硬币的正反两面，事实也往往是，社会和概念框架的逻辑演变只有在事件发生之后才会被觉察到”。③

马尔库塞在分析黑格尔的时候，将后者理论之中的辩证思维和经验思维进行严格区分的同时，认为辩证思维应当基于经验思维，即在人们共同遵守“一套规则”的基础之上。马尔库塞认为这种规则就是普遍性规则。而他也承认，黑格尔哲学并没有与社会现实脱离。“在马尔库塞看来（准确地说，是我认为），黑格尔在其晚年认为，哲学进入了一个不同的、更为高级的社会和政治新领域，这与他自己的思想是格格不入的。但如果将这些观念结合起来，马尔库塞就会非常尴尬。他希望寻求的是一种真正符合经验化社会生活的理念，这不仅需要经验证据，还要符合他所称之为的辩证思维标准。这种需求导致了他那种逻辑是不能够实现的。”④从黑格尔的角度来看，要理解社会生活的模式是不能通过实际参与来实现的，我们只能够知道它们发展的可能。这一观念被麦金太尔认为是“消极”的。因为黑格尔眼中的社会是“自我维持”的，有了这一前提，黑格尔哲学就注定会成为马尔库塞批判的对象。

其次，对于马克思，马尔库塞的看法也与对黑格尔的看法十分相近，那就是，虽然资本主义会随着它自身的发展而灭亡，但是却并不一定会像马克思所认为的，必然是以社会主义替代的方式实现。马克思使用一种决定

---

① Alasdair MacIntyre, “Herbert Marcuse: From Marxism to Pessimism”, *Survey* 62, January 1967, p. 38.

②③ Alasdair MacIntyre, “Herbert Marcuse: From Marxism to Pessimism”, *Survey* 62, January 1967, p. 39.

④ Alasdair MacIntyre, “Herbert Marcuse: From Marxism to Pessimism”, *Survey* 62, January 1967, p. 40.

论来阐释历史观。[①]但是马尔库塞认为，按照这种方式并不能推导出真正的自由，因为在他对工人阶级与工人运动的分析中同样运用了经验性的话语：“把马克思的辩证法同阶级社会的历史明确地联系起来的概念，就是‘必然’这一概念。辩证规律就是必然规律，阶级社会的各种形式必然由于它的内在矛盾而消亡。马克思认为，资本主义的规律以‘铁的必然性不可避免地趋向其最终结果’。然而，必然性并不适用于资本主义社会的实际改造。”[②]由于马尔库塞否定马克思的“经验性”观点，这会对马克思历史观和哲学产生十分消极的后果。“他对马克思主义的描述虽然不能被证伪，但是也不能说他对社会的观点是没有意义的。马尔库塞对于工业工人阶级的定位是像黑格尔那样消极的；他也将马克思关于阶级的经验性分析纳入他自己的形而上学机器之中，并得出结论：如果资本主义生活方式会被取代，只有工业工人阶级可以做到这一点。马尔库塞认为，工人阶级的革命力量已经不能够成为他们‘历史’角色的经验性证据，事实正像黑格尔所定义的，他们生活在中产阶级社会的市民秩序系统当中。如果工人阶级接受了这种秩序，那么就会缺乏超越和打破这种秩序的、本就已经消极的框架。也就是说，只有一种特殊的社会结构才符合预期，在《单向度的人》中有所启示。”[③]由此，马尔库塞赋予经验主义一种特有的对普通行为领域的肯定功能，得出的结论是这种肯定性的力量会强迫“中立观点”失去中立性。[④]马尔库塞的这一观点是站在整体历史的角度形成的，事实上，是将马克思的客观决定论转化为主观决定论。

麦金太尔认为，马尔库塞犯了卢卡奇曾经指出的错误，那就是忽视了时代的特殊性。不仅如此，他对当代的考察立场也是有缺陷的。因为他并没有去寻找当代社会中的消极方面究竟源于哪里，而且尽管是源于黑格尔，但是他却又放弃了黑格尔对之前历史的考察。在《爱欲与文明》中，马尔库塞借用弗洛伊德的“升华”理论，意在解释当代的种种消极：“在发达的意识领域及其创造的世界中存在的一切自由，都只是派生的、不彻底的自由，是以放弃完全满足需要为代价的。就幸福乃是需要的完全满足而言，文明中的自由本质上是与幸福是相对的，因为这种自由对幸福作了压

---

① 《马克思恩格斯文集》第 2 卷，北京：人民出版社 2009 年版，第 36 页。

② ［美］赫伯特·马尔库塞：《理性和革命——黑格尔和社会理论的兴起》，程志民等译，上海：上海人民出版社，2007 年版，第 268 页。

③ Alasdair MacIntyre, “Herbert Marcuse: From Marxism to Pessimism”, *Survey* 62, January 1967, p. 41.

④ 张亮、孙乐强主编：《西方马克思主义原著选读》（第 3 版），南京：南京大学出版社，2022 年版，第 434 页。

抑性的改变(升华)”,“一旦人的志向及其实现被内化为、升华为‘高级自我’,社会问题就主要成了精神问题,而解决这些问题则成了道德的任务”。①在《单向度的人》中,马尔库塞已经不再运用弗洛伊德的逻辑了,而是将升华的主体转向了社会:“现代的西方文明由于对性需求的极大放纵,让这些欲望反抗和取代已经存在的秩序,成为人们的满足点。”②因此,马尔库塞较其他马克思主义者,特别是英国左派理论者,拥有更加丰富的精神和经验分析视域,即多了关于个人思维和欲望产生机制的研究。

可以看出,弗洛伊德的精神分析对于马尔库塞的影响是巨大的。而麦金太尔认为,这种方法只是帮助后者“部分地”解释工人阶级在当代社会中所面临的处境。当福利国家政策不断提高社会生活水平的时候,工人们的斗争意志和斗争立场发生了变化,而马克思主义的“社会自我决定论”便无法成立了。但是马尔库塞的理论缺陷也是十分明显的,那就是他在构建社会形态的时候,对革命行动过于悲观:“在他的分析中,社会结构是同一化的,其中只存在两个部分,即操纵者和被操纵者。第一种包括政府、私人管理者,以及他们的知识分子同事,后一种就是剩下的人。典型的一个案例是,马尔库塞讨论了管理者作出决策以控制整个经济的过程,而不是在特定环境下以特定的模式管理这种或者那种生产模式。从这一点上,对于所有这种复杂现象和零碎发展(这些是发达工业化生活的前提)进行考察的视角就消失了。”③而这一理论现象依旧需要从福利国家的视角来进行理解。

因此,对于福利国家的考察成为麦金太尔考察马尔库塞的一个新的话语背景。在福利国家政策之下,由阶级斗争或者工人运动实现的社会政治化发展被当作一种僵化的继承性学说,麦金太尔认为它们已经不再应当被当作政治和社会的固有学说了。福利国家已经大大改变了理论认知,对于无产阶级革命理论来说,最大的问题在于剥削已经从“绝对剥削”转为“相对剥削”,科技的发展使得工人的角色发生了变化,他们已经融入发达的工业社会之中,并且对于社会秩序发生改变的热情也不再高涨;“那就是说,一个发达的社会系统的短期稳定或许并不是像马尔库塞所说的那样建立在统一的基础上,而是要具有多种力量,它们可以让革命性的变迁具有多

---

① [美]赫伯特·马尔库塞:《爱欲与文明——对弗洛伊德思想的哲学探讨》,黄勇、薛民译,上海:上海译文出版社,1987年版,第8、198页。

② Alasdair MacIntyre, "Herbert Marcuse: From Marxism to Pessimism", *Survey* 62, January 1967, p. 42.

③ Alasdair MacIntyre, "Herbert Marcuse: From Marxism to Pessimism", *Survey* 62, January 1967, p. 43.

种迥然不同的前景。”①马尔库塞正确看到了在现代社会之中尚且存在的与 19 世纪工人阶级与资产阶级之间“类似的”矛盾，但是又将社会看作是统一的，这就是麦金太尔指出的马尔库塞的又一问题。麦金太尔指出，这一问题事实上还是可以从黑格尔那里找到源头的，因为正是对黑格尔理论的吸收，马尔库塞才将社会斗争异质成为“社会变迁”；“但是这只是一种系统性组合，一种对真实社会现象进行持续理论解释的指令性模式。它自身并不是一种理论。马尔库塞同其他马克思主义者一样，要运用一定的系统性组合构建理论，这种理论并不会对无产阶级和资产阶级进行区分，甚至都没有这种意识。这造成他认为如果当代社会并不是像马克思理论中所描写的那种传统资本主义，那么斗争就一定不会再存在下去。”②麦金太尔进而认为，或许黑格尔关于特殊社会形态拥有特殊斗争性的观点能够纠正马尔库塞的理论错误。

《马尔库塞》这本书相较于麦金太尔之前的作品来说包含了更多的哲学层面内容，同时，他的批判立场也更为明确：“赫伯特·马尔库塞已被他的一些信徒抬到了一种先知的地位；因此，如果只从这点出发来评判他的思想将是很不公正的。但他确实想维护这样一种形象，即一种对现代思想及其与现代社会的关系进行坚持不懈的批判的批判家形象。作为这样一个批判家，他对左派政治团体来说一直是一个有影响的领路人。因此，任何想对现存社会秩序作出激进批判的人，都必须问这样一个问题：马尔库塞说得对吗？在这部书中，我的关键性论点是：几乎马尔库塞的所有主要见解都是错误的。”③如果说之前麦金太尔对于马尔库塞的评价还只是质疑性质的话，那么在这里他就完全否定了后者。

1969 年，在麦金太尔出版这本书的前夕，马尔库塞出版了《论解放的论文》。这本书在麦金太尔看来是《爱欲与文明》《单向度的人》的进一步发展，因为在其中马尔库塞将社会革命的希望寄托在少部分人的道德要求之上，而这种“杰出人物统治论”和德性立场在他那里已经不是什么新鲜概念了。但是麦金太尔认为，真正重要的，是要进行一种理论探讨，而不是像马尔库塞那样，信奉雅各宾派的那种“信仰少数人”的“专政”。一种自由的理论探讨方式应该得到维持，并且避免这种方式由于被“制度化”而

① Alasdair MacIntyre, “Herbert Marcuse: From Marxism to Pessimism”, *Survey* 62, January 1967, pp. 43—44.

② Alasdair MacIntyre, “Herbert Marcuse: From Marxism to Pessimism”, *Survey* 62, January 1967, p. 44.

③ ［美］阿拉斯代尔·麦金太尔：《马尔库塞》，邵一诞译，北京：中国社会科学出版社，1989 年版，第 3—4 页。

反被同化和运用。“马克思主义从理性地把握理论到非理性地把握理论的转变,是马克思主义者断绝对自身可能的批评和反驳的结果。在苏联,把马克思主义作为一种真正的信仰用国家权力来加以捍卫的做法,致使马克思主义萎缩并产生了苏联马克思主义的不合理性。国家权力的这种使用不仅压抑了容忍,并且是少数人对付多数人的手段,这种手段非常类似于马尔库塞告诫他们的那些少数精英人物对待多数人的态度……马尔库塞请求我们重复的是斯大林主义实践的一部分。”①

虽然马尔库塞表面上继承了黑格尔的理性批判,同时还是法兰克福学派社会理论批判的代表人物,可是他对现代工业之下的人却依旧延续着一种宿命论,麦金太尔称之为悲观主义。虽然麦金太尔宣称对马尔库塞是持全面否定的态度,但两者之间也存在着明显的理论逻辑共同点,哪怕这些共同点完全不在马克思主义话语中。从整体立场来看,马尔库塞所表现出的对新工业社会环境之下人们生存状况的德性关怀,是和麦金太尔十分契合的。不过,从具体观点来看,两人的分歧也是比较大的。麦金太尔与其说是要全面否定马尔库塞,倒不如说是否定后者德性的悲观宿命论。因为麦金太尔恰恰是要反对针对少数人的道德诉求期望,他是要立足于社会大众的共同实践理性。并且,他指出的马尔库塞的斯大林式思维,映射出来的依旧是对斯大林主义的否定立场。

四、社会主义革命者的革命精神

1967年,古巴革命核心人物、马克思主义革命家格瓦拉在玻利维亚被捕杀。这一事件对于西方的影响十分巨大,大量关于格瓦拉的作品纷纷问世。可是这些作品中有一部分往往反映的是他鲜为人知的一面,比如与古巴革命领导人菲德尔·卡斯特罗(Fidel Castro)的矛盾以及后来的“叛逃”,或者“个人意气”等的“美国版本”。②而麦金太尔想要讨论的,是对这一议题的深化,那就是格瓦拉的斗争精神使他成为一个悲剧。麦金太尔将他看作一个标志性人物,只不过这种标志性具有更为广泛的意义——一种角色性的缺陷。

麦金太尔之所以称格瓦拉的缺陷是角色性的,是因为后者在人格上并没有明显的不足,而当他在参与革命时,他的这些个人素质并不能够帮助他取

---

① [美]阿拉斯代尔·麦金太尔:《马尔库塞》,邵一诞译,北京:中国社会科学出版社,1989年版,第120页。

② Alasdair MacIntyre, “Marxism of the Will”, *Partisan Review*, Vol. 36, No. 1, Winter 1969, p. 128.

得胜利。麦金太尔认为，胜利了的古巴革命并不能与格瓦拉领导的革命相等同。当时人们纷纷假设格瓦拉能够继续创造哈瓦那式的胜利，可是麦金太尔认为这是不可能实现的。在这里，他再一次引入马克思主义中的必然性讨论，并且以此认为，古巴革命并不应当作为整体化的经验写入马克思主义之中。在反对雷吉斯·德布雷（Régis Debray）将古巴革命看作“理论模范”的过程中，麦金太尔认为他身上依旧有着萨特和托洛茨基的影子：“萨特和德布雷都拥有一个特殊的观念——比列宁主义更加精英化——工人和农民都是迟钝的，他们需要领导这一种特殊的恩赐来唤醒他们进行革命活动。萨特在1952年和1954年还在轻视那些声称法国工人阶级不是革命阶级的社会主义者，还有那些声称自己是革命者的托洛茨基主义者——但是他们的革命倾向还是随着对处于斯大林主义影响下的法国共产党的反感而消失或压抑了。在萨特的观点里，工人阶级由于共产党向他们展示的目标超过了他们的暂时需求而不会成为严格意义上的革命阶级，但是他们不久就会成为；在德布雷那里，游击队的出现是在向农民们阐释超过他们现实需求的目标。这种教义让萨特和德布雷依照最为主观的方式解释工人或者农民现在正在做的事情。”①格瓦拉及其革命者的出现，显然为当时的社会主义运动增添了重要力量，也为左派学者们的研讨提供了崭新的课题。在革命过程中，究竟应当如何处理好革命实际和革命浪漫主义的关系，以及关于对社会主义运动未来斗争策略的探讨，在当时英国民众的革命热情持续消减和欧洲大陆学生运动的持续不断的鲜明对比之下，显得更加具有时代意义。

虽然格瓦拉在革命的过程中会遇到同萨特等人一样的问题，但是，如何看待这些问题，如何处理它们，却显示出革命者与理论者之间的区别。因为作为马克思主义，乃至托洛茨基主义的实践者，格瓦拉必须亲自解决种种现实问题，在这一层面上他比知识分子面临更多的抉择，甚至其中有一些理论和现实层面的问题与那些知识分子们的观点并不相容。这就导致了马克思主义、托洛茨基主义的一个现实问题：究竟如何才能够确定它们在实际斗争中的准则呢？对于格瓦拉而言，他始终怀有坚定的社会主义目标和信念。但是在托洛茨基主义和布尔什维主义两者只能有一个才能成为真正的马克思主义的情况之下，作为革命派的格瓦拉应该如何选择呢？或者说，如何才能够正确地定位格瓦拉这样的斗士呢？麦金太尔认为，如果格瓦拉要填平托洛茨基主义者与列宁主义者之间的沟壑，就要具

① Alasdair MacIntyre, “Marxism of the Will”, *Partisan Review*, Vol. 36, No. 1, Winter 1969, pp. 129—130.

有一种新的革命斗志，这种斗志超越了现实中的社会主义革命，甚至是一些“失败主义者”口中的“纯粹斗志”。①应当说，格瓦拉将革命浪漫主义推向极致，这也是对列宁主义的另一种新开拓。从另外一个角度，也可以理解成是格瓦拉在革命中需要打破列宁主义形式的马克思主义。在论述列宁的时候，麦金太尔认为他的理论并不是彻底的，因为当面临一些尚未成熟的革命环境的时候，苏联往往采用了一些类似于罗斯福新政等的方案。而在格瓦拉看来，那些“不成熟”的条件往往是对马克思主义进行刻意遵循的结果，也是造成无法越过这些“限制”的原因。“格瓦拉通过不同的方式认为文化上层建筑对经济基础相对保持独立。这让他与贝特兰和其他马克思主义者存在分歧。诸如工资机制之类的物质激励是市场经济的主流，但是这对社会主义是不适用的”，②因为只有道德才应当作为人们的激励因素。道德是格瓦拉作品中始终贯穿的一个要素：“格瓦拉是将‘工人英雄’的称号赋予杰出的工人的牧师。他在对工人们的演讲之中始终渴望着牺牲与劳动。他自己的苦行生活毫无争议地体现了这一点。”③格瓦拉通过实践，诠释了革命者的革命精神，是对无产阶级运动在精神维度的一次重要的开拓，这对当时正在开展时代责任讨论的西方左派知识分子来说是一个重要的典型。

对此，麦金太尔称，格瓦拉充分显示出了马克思主义的信念和“道德主义”（“道德英雄主义”），④然而，他的斗争精神超越了现实的物质条件，终究是不能够胜利的。格瓦拉的道德主义面临的第一个问题来自马克思主义本身的传统道德。由于马克思和恩格斯没有阐述道德，因而引发了比如伯恩施坦、考茨基、罗莎·卢森堡（Rosa Luxemburg）等马克思主义者们的诸多无法取得一致的讨论。而在麦金太尔看来，格瓦拉传承的是卡尔·李卜克内西（Karl Liebknecht）的道德观，而仅仅有这种道德英雄主义是不够的，必须要在现实中表现出来。这就成为导致他在玻利维亚丧命的原因，因为他为了实践这种道德，忽视了当时的政治和社会环境：“当我强调格瓦拉的道德主义，并不是想否认他的学术素养。美国人需要读读美洲国家组织在埃斯特角会议上拒绝联合议会的讲话；格瓦拉会议的警告，特别是针对肯尼迪的乌托邦计划的，是正确的。但是格瓦拉并不批评经验主义，他太注重用光荣的牺牲精神取代学术分析了。格瓦拉的学生们敬佩他的行动，因而约翰·杰拉西提

① Alasdair MacIntyre, “Marxism of the Will”, *Partisan Review*, Vol. 36, No. 1, Winter 1969, pp. 131—132.

②③ Alasdair MacIntyre, “Marxism of the Will”, *Partisan Review*, Vol. 36, No. 1, Winter 1969, p. 132.

④ Alasdair MacIntyre, “Marxism of the Will”, *Partisan Review*, Vol. 36, No. 1, Winter 1969, pp. 132—133.

供了将格瓦拉的演讲和作品收集起来的学术服务。但是他们所崇尚的只是马克思本人应当教会我们的抽象化的道德主义猜想。”①脱离理论，是这种极端浪漫主义的重大革命隐患。

我们可以从两个层面理解麦金太尔在其马克思主义话语立场转型之前讨论格瓦拉的深意：第一层，是借助这种反思，论证当时的马克思主义话语是否仍然具有现实指导意义。麦金太尔当时的话语旨趣正在发生深刻转变，他选择格瓦拉作为讨论对象，意在说明社会主义现有的话语和逻辑，不论在国家层面上还是在实际斗争层面上，都已经不能够寻找到成功的道路了。当从国家和社会层面上分析社会主义运动的时候，麦金太尔分别从西欧国家和苏联出发，来解释工人阶级及其政党所面临的处境。在西欧，工人阶级已经被“无阶级感”包围，而政党在堂而皇之地将资产阶级议会作为新的阵地的过程中完全脱离工人阶级，只留下工会这么一个方便与工人沟通的躯壳。在苏联，虽然社会主义面临的状况和西欧不同，但是，整个政治体系却发展成为马克思主义的一个国家体制衍生物。高度的集权化直接衍生成为斯大林主义及其之后的极权模式。从列宁时期的“模糊立场”，到斯大林以社会主义作为外壳建立的极权主义，这些反而使得马克思、恩格斯从未系统论述过的道德主题重新出现在人们的视野中。

因此便出现了麦金太尔讨论格瓦拉的第二层深意，就是对后者身上体现的道德主义进行时代评估。只不过，这种道德主义和麦金太尔所讲的道德有本质性的区别。格瓦拉曾经在给一个杂志编辑的信中讲到，他们所信仰的是一种自我牺牲精神，并且要将之作为一种意识形态，将英雄主义灌输到每一天的生活当中。②为了论述这种英雄主义的价值和必要，他不忘抨击资本主义对于人的自由的束缚：“在资本主义下，人被他无法理解的冰冷的秩序引导着。异化的个人被看不到的脐带束缚成一个社会整体：价值的规律。它存在于人类的所有维度，规定着他们的道路和命运。”③格瓦拉的这些思想被当作一种社会正义理念而得到后来一些学者的重视，不过他的这一理念始终都是在强调包括精英在内的个人的作用。格瓦拉认为，一方面，个人应当不断自我学习，以适应即将到来的更高形态的社会主义；另一方面，精英们应当担任先锋角色，富于牺牲精神，并怀有教育大众的使命感。

麦金太尔选择格瓦拉作为分析对象，十分清晰地表达了他当时的理论话

---

① Alasdair MacIntyre, “Marxism of the Will”, *Partisan Review*, Vol. 36, No. 1, Winter 1969, p. 133. 约翰·杰拉西(John Gerassi)出生于法国，曾在美、法多所大学任教，在1968年出版了《胜利！埃内斯托·切·格瓦拉讲演作品集》。

②③ Che Guevara, *Man and Socialism in Cuba*, March 1965.

语旨趣。他视道德话语和立场为革命的主体性话语，但是又异于格瓦拉的道德精神形态。因为麦金太尔在批判格瓦拉忽视了真实的革命环境的时候，就等于主张将视线重新转移到当时的社会政治、经济和阶级状况这些客观环境中去。麦金太尔认为格瓦拉既是一名理论者又是一名革命者，不过在实际革命中，格瓦拉未能处理好两者之间的关系。我们从麦金太尔马克思主义话语和逻辑转变的大体趋势可以看出，除了对马克思主义及其代表人物进行总结性概括之外，他也十分关注对英国社会的考察，这恰恰是格瓦拉不会接受的。格瓦拉甚至认为，知识分子并不能成为真正的革命者："概括起来，我们的知识分子和艺术家的缺点在于他们的'原罪'：他们并不是真正革命的。如果我们要嫁接榆树，他们会选择移到梨树上，但是同时我们必须要栽种梨树才行。"①格瓦拉的浪漫主义是全面的、深入骨髓的，不仅体现在革命意志和革命信念上，更加独特的是体现在理论层面。这是同其他革命浪漫主义有很大不同的地方。包括麦金太尔也提到，尽管卢卡奇也怀有浪漫主义色彩，但是终究还是无法完全脱离当时的马克思主义的影响，不禁形成了属于卢卡奇的斯大林主义。②远在南美的格瓦拉，由于社会的形势和斗争的环境都与西欧呈现出巨大差别，因而开创出独特的斗争模式。这对西方左派学者来说是十分具有冲击力的。

作为学者的麦金太尔及其他左派知识分子，与作为革命者的格瓦拉相比，在面对马克思主义的时候，会产生显著的思路分化。寄托的方向不一样，注定了麦金太尔与格瓦拉虽然都重视道德和正义，但仍旧不会走到一条道路上。尽管麦金太尔肯定了后者的革命者角色，但毕竟他是作为一名真正意义上的理论者来进行评价的。当格瓦拉忽视了革命实际环境的重要性，而单纯持有革命浪漫主义的时候，他只能接受被捕杀的命运。而从事理论研究的麦金太尔并非像格瓦拉那般专注地将马克思主义作为斗争目标而脱离现实，反而借助现实的名义完成了马克思主义在道德领域中的形态转变，构建出了自己的"实践道德"体系的道德史观。

第四节　马克思主义在德性伦理学中的隐匿形态

麦金太尔的马克思主义探索对西方马克思主义的发展具有重要影响。

① Che Guevara, *Man and Socialism in Cuba*, March 1965.

② Alasdair MacIntyre, *The Tasks of Philosophy* (*Selected Essays*, *Volume 1*), Cambridge: Cambridge University Press, 2006, p. 138.

作为当代西方德性理论的代表人物，麦金太尔的马克思主义探讨具有长期性和深刻性。这一段探索过程是鲜为人知的，是长期而深刻的理论和实践的双重探索历程。20 世纪 60 年代，麦金太尔已经准备前往美国发展。但是，当时的美国，早已成为保守主义横行、视马克思主义如洪水猛兽的国家。麦金太尔在这一阶段就开始注重对马克思主义，包括马克思主义者们的评价，完成出版的重要著作除了《马克思主义与基督教》，还有《伦理学简史》。《伦理学简史》从严格意义上来说是其第一部真正的伦理学著作，麦金太尔称之为一部“西方伦理学简史”。虽然麦金太尔在序言中提到，他撰写这部作品的初衷仅仅是“为在多数英国的和美国的大学中，阅读构成道德哲学学习核心的那些精选教材，提供某种历史的背景和视野”，①同时，当时他也已经成为美国普林斯顿大学人文社会科学的重要成员，这些都成为他更加侧重把伦理学作为中心学术话语的标志。在迁居美国之后，麦金太尔的学术话语经历了彻底的改变。

一、追寻美德中蕴含的马克思主义实践认识论构建

直至现今，虽然麦金太尔的理论话语大多已经转为德性话语，但是，他依旧把马克思主义作为“核心道德论点的基础”，②坚持以“实践”作为核心范畴的道德观，并且坚定地认为，正是马克思主义能够将西方传统的理论付诸现实。他说：“我想用‘实践’来意指任何融贯的、复杂的并且是社会性地确立起来的、协作性的人类活动形式，通过它，在试图获得那些既适合于这种活动形式又在一定程度上限定了这种活动形式的优秀标准的过程中，内在于那种活动的利益就得以实现，结果，人们获取优秀的能力以及人们对于所涉及的目的与利益的观念都得到了系统的扩展。”③而实践之于美德理论，亦是作为前提性范畴得以存在的。麦金太尔指出，只有在美德的践行中才能实现勇敢和正义，进而对各种美德作出评价。④

麦金太尔“第二形态”马克思主义的探索，与“第一形态”的探索一样，是受到鲜明的时代背景和社会背景推动而形成的。不论是在 60 年代的理论转

① ［美］阿拉斯代尔・麦金太尔：《伦理学简史》，龚群译，北京：商务印书馆，2003 年版，第 21—22 页。

② ［美］阿拉斯戴尔・麦金太尔：《追寻美德：道德理论研究》，宋继杰译，南京：译林出版社，2011 年版，第 139 页。

③ ［美］阿拉斯戴尔・麦金太尔：《追寻美德：道德理论研究》，宋继杰译，南京：译林出版社，2011 年版，第 238 页。

④ ［美］阿拉斯戴尔・麦金太尔：《追寻美德：道德理论研究》，宋继杰译，南京：译林出版社，2011 年版，第 348 页。

型期,还是在70年代之后的正式构建期,麦金太尔始终没有放弃马克思主义的理论内核,以至于从《伦理学简史》到《追寻美德》,直至近年发表的最新作品《现代性冲突中的伦理学》等阶段性作品,麦金太尔无一不重点提及马克思主义,并且被马克思主义的重点范畴、方法论和价值观影响至今。

麦金太尔对实践概念的继承既缘于他在中前期对马克思主义理论探索的内在继承,还缘于当时西方整体的理论发展状况和社会整体环境。在定居美国后近10年的学术探索中,他在德性理论构建过程中表露出对马克思主义一些基本观点、基本价值和基本话语的含糊不清的立场——在这期间的唯一一部以马克思主义为主题的作品中,他说:"我的怀疑论当然与普遍意义上的一种积极的哲学怀疑论有明显区别,后者认为通过基督教或者马克思主义视角观察到的世界一定是虚假的,因为它企图超越人们理解力的逻辑极限。"①向我们展示了一个曾经的马克思主义者和基督徒内心深处巨大的理论话语张力。到了80年代,麦金太尔对马克思主义难以割舍的理论留恋表现得愈加明显——当时虽然西方新自由主义泛起,但并没有阻挡他对马克思主义的继承,他更是在《追寻美德》这一部象征其德性理论正式成熟的作品中,进一步加强了对马克思主义中一些基本范畴的重点运用。

在对哲学中的经验主义进行反思的时候,麦金太尔指出了当前人类哲学进展中的一个重要问题,即在自然科技得到快速发展的今天,人类哲学中的实证考察正在不断减少,以至于经验主义又重新得到垂青。他说:"没有人,或几乎没有人意识到他们正在从事的并非全然真正意义上的自然科学。因为他们所做和所说的一切都不再符合某些具有稳固性与融贯性的准则,而且那些使他们的所作所为具有意义所必要的语境亦已丧失,甚或无可挽回了。"②这句话是麦金太尔在《追寻美德》第一章"一个令人忧虑的联想"中提出的。他为我们渲染出一幅当前西方认识论发展的新背景——自然科学的发展,非但没有让哲学更加严谨、更加符合自然,相反,反而因为越来越细化和具体的科学理论,导致哲学理论与自然之间的距离越来越大。这使得传统的经验主义、主观主义甚至形而上学有复归的可能。当然,这种复归给哲学理论界造成的影响并不是单向的——它引起了始终坚持科学真理观的人们的激烈反抗。不过麦金太尔指出,这种反抗虽然已经形成了很大规模,但是并没有为哲学提供更加现实的发展道路,反而造成了较大的混乱。现象学、

---

① Alasdair MacIntyre, *Marxism and Christianity*, London: Gerald Duckworth & Co. Ltd., 1968, p. ix.

② [美]阿拉斯戴尔·麦金太尔:《追寻美德:道德理论研究》,宋继杰译,南京:译林出版社,2011年版,第1页。

存在主义面对现实道德发展时的无力，也给人们探索道德的未来之路蒙上新的阴影。

面对这些混乱，麦金太尔重新强调了要从历史和实践当中寻求答案。他认为，现代哲学和道德的迷失，最终还是需要从后两者中去寻找，尽管这一过程充满了不确定性和混乱。麦金太尔的这一立场是坚定的，因为他仔细甄别并排除了传统的“善”在道德领域中的存在。他认为，“善”的概念表面上有一种“非自然”的属性，“实际上并没有此种属性”。任何一种“善”，终究是人们为了表达情感与态度而使用的，并且这种使用是一种人的“有关偏好和怪想的表达”。[①]他在考察亚里士多德的时候，也总结出实践之于伦理学的特殊影响。在亚里士多德德性论中，伦理学是“偶然所是的人”的状态转化到“实现其本质性而可能所是的人”的状态，这一转化过程是在“实践理性和经验的指导”下完成的，从而体现伦理学的“训诫”作用。[②]不过，麦金太尔并没有全部基于亚里士多德的伦理观进行理论构建。他深刻比较和分析亚里士多德、尼采（Friedrich Nietzsche）的伦理学观，特别是基于古希腊传统和现代性角度，提出两者伦理学的种种差别。

麦金太尔指出，亚里士多德的实践观为理性主义“设置了严格的界限”，[③]在一定程度上与柏拉图的悲观主义伦理学划清了界限，也与伦理的先天决定作用划清了界限。亚里士多德对于实践的认知是建立在政治性和城邦基础之上的，因而表现出浓厚的统一性特征。这是麦金太尔将亚里士多德与马克思的实践观进行逻辑建构的基本前提。不过，麦金太尔对两位思想家的实践概念仍然进行了明确和严格的区分——亚里士多德虽然为实践的作用进行正名，并且提出了实践与理性的关系问题，但是，这并不意味着实践完全实现了对理性的规定作用。因为其中还存在着实践经验的主观性影响。这也恰恰就是麦金太尔始终无法放弃马克思实践观，并且时至今日仍然将其奉为圭臬的原因。麦金太尔肯定尼采运用亚里士多德式的主观意识祛除道德哲学的努力，这印证了麦金太尔始终坚持实践作为道德理论和社会理论创作的理论起点。可见，麦金太尔在一定意义上对亚里士多德实践观的回归，再一次确认了马克思实践观在其德性理论中的框架性作用。

马克思在《关于费尔巴哈的提纲》中提道：“环境的改变和人的活动或自

---

① ［美］阿拉斯戴尔·麦金太尔：《追寻美德：道德理论研究》，宋继杰译，南京：译林出版社，2011 年版，第 21 页。

② ［美］阿拉斯戴尔·麦金太尔：《追寻美德：道德理论研究》，宋继杰译，南京：译林出版社，2011 年版，第 67 页。

③ ［美］阿拉斯戴尔·麦金太尔：《追寻美德：道德理论研究》，宋继杰译，南京：译林出版社，2011 年版，第 69 页。

我改变的一致，只能被看做是并合理地理解为革命的实践。”①这一表述给了麦金太尔重要的理论启示。他提出，马克思这一关于人的认识与环境之间辩证关系的论述，实际上是对亚里士多德“与人相关的‘事实’观念”的具体化论述。他认为，亚里士多德主义与机械论存在着不可调和的矛盾，即究竟如何看待“规则”“规律”“善”之于人类行为的作用。麦金太尔指出，亚里士多德继承了柏拉图的局限于城邦中的“善”，令他“看不到人类美德知识的一个重要来源和人类美德实践的一个重要环境”。②麦金太尔的实际倾向，是要从“被操纵”的人们的行为中，寻求一种个人化表达的途径。他说：“马克思所理解的是，这样一个行为者被迫把他自己的行为看成截然不同于他所操纵的那些人的行为。因为被操纵者的行为是按照他的意向、目标和理由而被设计的；他把这些意向、目标和理由看做是摆脱了那些控制着被操纵者的行为的规律，至少当他从事这类操纵时是这样。”③麦金太尔同时提出亚里士多德主义、马克思主义和机械论的原因，就在于要从目的论、决定论中，寻找到一种将客观规律与人的主观能动性和欲望相融合的模型。他是要借助亚里士多德主义中的目的论、价值论，对马克思主义进行现代性的建构。

在麦金太尔看来，马克思的实践理论和认识论是具有开创性的，因为“任何一种体现传统美德的社会关系都是脆弱和零碎的。如果美德不能在社会框架中得到实践，那么对一种制度性东西的追求也是不会持久的”。④马克思跳出了亚里士多德、阿奎那、尼采等人的伦理学范式，形成了独特的历史性实践体系。这是麦金太尔在回顾了西方伦理体系脉络的基础上提出的，能够反映马克思之于亚里士多德的重要创新。麦金太尔发现，亚里士多德道德理论本身存在的一个弱点，就是其强调了伦理的统一性。这种统一性后来受到尼采理论的集中攻击，也与斯多葛主义产生巨大的隔阂。不过，这种统一性也有一个重要的作用，即引导人们通过实践去追寻“善”的概念。⑤因此，麦金太尔在回归亚里士多德主义的时候，针对后者予以了区别看待。一方面，麦金太尔重新采用亚里士多德主义的若干重要范畴，特别是实践，寻找到了进一步拓展德性理论探索的有力支撑和传统话语依据；另一方面，麦金太尔

① 《马克思恩格斯文集》第1卷，北京：人民出版社，2009年版，第500页。

② ［美］阿拉斯戴尔·麦金太尔：《追寻美德：道德理论研究》，宋继杰译，南京：译林出版社，2011年版，第207页。

③ ［美］阿拉斯戴尔·麦金太尔：《追寻美德：道德理论研究》，宋继杰译，南京：译林出版社，2011年版，第107页。

④ Alasdair MacIntyre, “After Virture and Marxism: A Response to Wartofsky”, *Inquiry*, Vol. 26, No. 4, 1984, p. 252.

⑤ ［美］阿拉斯戴尔·麦金太尔：《追寻美德：道德理论研究》，宋继杰译，南京：译林出版社，2011年版，第278页。

回归亚里士多德主义时，只是进行有选择的、有目标的话语吸收，绝不是全面性的回归。他在其中清晰地划分了经验主义、实践主义的界限，避免在其德性理论中掺入更多的经验主义逻辑话语。比如，对建立在经验主义基础上的亚里士多德三段论，他予以了明确拒斥。这种进步之于他自己的德性理论建立是至关重要的，因为这意味着他顺利实现了对马克思主义“第二形态”基本前提的构建，并且在一定程度上实现了当代西方伦理学认识论的重要跨越。

二、追寻美德中蕴含的马克思主义叙事方式

在审视道德理论的现代性问题时，麦金太尔寻找到了一个新的理论增长点，即对话语本身的思考。麦金太尔将当代伦理学的主要争鸣归结为三种不同叙事方式的差异。一种是来自亚里士多德的美德理论；一种是来自从马基雅弗利（Niccolò Machiavelli）到俾斯麦和克劳塞维茨（Carl von Clausewitz），以人的权利为代表的政治权利与社会普遍权利的相互对立；还有一种是从费希特（Johann Gottlieb Fichte）到马克思的“解放概念”。①麦金太尔认为，人类跨入现代社会以后，面临着一次史无前例的巨大德性理论立场分歧。马克思之后，人类的实践和道德理论实际上面临话语谱系断裂的节点，即传统的话语体系已经无法解释当代的人类社会形态，哪怕连传统的形而上学体系也无法再发挥本有的作用。这对当代的哲学和伦理学体系造成的影响是深远的，甚至是历史性的。他说：“现代道德话语和实践只能被理解为来自古老过去的破碎了的残存之物，并且，在这一点被很好地理解之前，它们给现代道德理论家所造成的不可解决的问题将始终是不可解决的。”②这一质疑，推动麦金太尔同时反思古希腊哲学家和马克思等人的叙事方式，并且力图寻找到一种现代性之后的叙述话语。

在德性理论的叙事话语探索过程中，麦金太尔需要解决一个重要叙述话语主题，即如何正确处理决定论叙事话语和目的论叙事话语之间的关系。他就马克思的历史规律和西方的经验主义学说进行深刻的对比研究。这实际上涉及西方古希腊哲学传统与马克思主义决定论之间的争鸣。马克思早就已经指出：“从直接生活的物质生产出发阐述现实的生产过程，把同这种生产方式相联系的、它所产生的交往形式即各个不同阶段上的市民社会理解为整个历史的基础，从市民社会作为国家的活动描述市民社会，同时从市民社

① ［美］阿拉斯戴尔·麦金太尔：《追寻美德：道德理论研究》，宋继杰译，南京：译林出版社，2011 年版，第 1 页。

② ［美］阿拉斯戴尔·麦金太尔：《追寻美德：道德理论研究》，宋继杰译，南京：译林出版社，2011 年版，第 139 页。

会出发阐明意识的所有各种不同的理论产物和形式，如宗教、哲学、道德等等，而且追溯它们产生的过程。这样做当然就能完整地描述事物了。”①不过，麦金太尔还是期望在马克思的原有理论基础上，进一步表述清楚人类社会历史形态更加具体的内在机制。他说：“我称马克思的解释不甚完满，部分因为他希望，人类社会生活叙事的呈现方式能够相容于这样一种生活观：生活是以特定的方式为规律所支配，并且是可以预言的。然而，关键在于，在一个戏剧性的叙事的任何既定之点上，我们都不知道下一步会发生什么。”②之后，麦金太尔采用了在评价亚里士多德的“善”时所持的基本立场，即质疑绝对规律，寻求其与人的自为性之间的张力，为形成“不可语言性”叙事方式提供了理论铺垫。在从当代性视角思考希腊传统和马克思的历史观两种方法时，他提出，基于实践的历史叙事方式，是从根本上纠正会造成混乱理解世界现实的方法。他说：“我们的一般文化与学院哲学的核心部分都是一种以哲学构成其社会活动核心形式的文化的后裔，这种文化的角色与功能和我们现有文化的角色与功能极为不同。”③麦金太尔从论述实践到引入历史叙事方式，既呼应了他在新左派时期的马克思主义研究视域，又借助道德话语，阐释了这一理论话语逻辑。

一方面，马克思的历史叙事方式，给麦金太尔带来了重要启发。与其他西方哲学家相比，同样在面对历史和现实实践的关系问题时，马克思和恩格斯明确给予正面回答。他们认为，应当把历史同德国传统哲学中作为世界本源的精神概念予以明确区分：“历史不是作为‘源于精神的精神’消融在‘自我意识’中而告终的，历史的每一阶段都遇到一定的物质结果，一定的生产力总和，人对自然以及个人之间历史地形成的关系，都遇到前一代传给后一代的大量生产力、资金和环境，尽管一方面这些生产力、资金和环境为新的一代所改变，但另一方面，它们也预先规定新的一代本身的生活条件，使它得到一定的发展和具有特殊的性质。由此可见，这种观点表明：人创造环境，同样，环境也创造人。”④马克思和恩格斯在这一表述中把社会发展的历史规律和人的行为规律进行有机融合，实现了人类的总体层面同个人层面相结合，清楚阐述了规律对人类和个人行为的约束机制，以及人的实践能动与客观规律间的作用与反作用机制。从麦金太尔的具体阐述中可以发现，他对实践过

---

① 马克思、恩格斯：《德意志意识形态（节选本）》，北京：人民出版社，2018年版，第37页。

② ［美］阿拉斯戴尔·麦金太尔：《追寻美德：道德理论研究》，宋继杰译，南京：译林出版社，2011年版，第273页。

③ ［美］阿拉斯戴尔·麦金太尔：《追寻美德：道德理论研究》，宋继杰译，南京：译林出版社，2011年版，第46—47页。

④ 《马克思恩格斯文集》第1卷，北京：人民出版社，2009年版，第544—545页。

程中的经验作用始终保持十分谨慎的态度，这也是他反思实践概念的一种重要表现。例如，在谈论洛克和休谟(David Hume)的经验主义方法时，麦金太尔也认为，单纯借助心理理论是无法正确把握人格问题的，而是要借助充分的历史分析法，即“叙事性的自我概念的需要是双重的：一方面，我是在我历经从生到死的故事的过程中被他人所合理地认为是的那个存在；我是一个历史的主体，这个历史是我自己的而不是任何别的人的，并且有其自身独特的意义”。①而人生的统一性，“就在于那体现在某个单一生活中的叙事的统一性”，“人生的统一性就是一种叙事探寻的统一性”。②

另一方面，麦金太尔尝试将马克思的政治经济学批判话语作为其德性话语的话语支撑。他认为，马克思的剩余价值理论对德性理论的一个重要补充作用，就是把普通人的日常生活和劳动相结合作为理论建构的一种“关键资源”。③麦金太尔指出，马克思的政治经济学话语批判具有其他理论并不具备的视角，揭开了西方经济学具有伪装性和欺骗性的“精心设计的模式”。④这也是麦金太尔力求超越托马斯主义和天主教社会教义的重要契机。麦金太尔在老年时期，把这一话语同德性理论结合，在一定程度上弥补了他个人先前，包括整个西方德性批判中的话语缺失。这一进步的意义是十分重要和深远的，它标志着西方传统的德性话语终于开始尝试与社会经济现实有所结合，与马克思主义的基于人类历史发展一般规律的伦理学本质有了一定程度的对接。事实证明，马克思关于人类历史发展一般规律的阐释，为任何一种力图分析人类社会现象重要本质的西方理论提供了进一步发展的可能，帮助这些理论更加贴近人类社会发展的实质，也更加具备针对作为西方资本主义世界意识形态重要组成部分的道德体系的批判性。西方伦理学的部分话语在一定程度上脱离了单纯的宗教主义和形而上学传统，具备了一些重要的社会生产话语。但是，从现有成果来看，麦金太尔对马克思政治经济学批判的运用也就最多到此为止，并没有涉及更多的核心范畴。

另外，麦金太尔对马克思主义话语体系本身进行了反思。反思的第一步，是他进一步把人性论作为前提性话语，进一步深化了德性本体论的逻辑

---

① ［美］阿拉斯戴尔·麦金太尔：《追寻美德：道德理论研究》，宋继杰译，南京：译林出版社，2011年版，第276页。

② ［美］阿拉斯戴尔·麦金太尔：《追寻美德：道德理论研究》，宋继杰译，南京：译林出版社，2011年版，第277页。

③ ［英］阿拉斯代尔·麦金泰尔：《现代性冲突中的伦理学：论欲望、实践推理和叙事》，李茂森译，北京：中国人民大学出版社，2021年版，第89页。

④ ［英］阿拉斯代尔·麦金泰尔：《现代性冲突中的伦理学：论欲望、实践推理和叙事》，李茂森译，北京：中国人民大学出版社，2021年版，第96页。

研究，拓展了对道德自身内在形成和存在形式的过程性梳理。在引用西方哲学的重要传统时，麦金太尔突出了“未经教化的人性”“实现其目的而可能所是的人”“使他能够从前一状态过渡到后一状态的道德训诫”的“三要素结构”。[①]这一结构形态，是把握麦金太尔道德话语主体旨趣的内在逻辑。第二步，是对马克思主义中的“历史”范畴进行了讨论。他进一步诠释了马克思主义“历史”范畴的要义，即应当是人类实践史与理性史的有机统一。“不应当有两种历史——一种是政治与道德行为的历史，一种是政治与道德理论的历史，因为并不存在两种过去——一种仅由行为来充斥，一种仅由理论去堆积”，[②]而是要坚决加入这两种历史的互为前提的关系。麦金太尔说：“向现代性的过渡既是理论上的又是实践上的，而且无非是一种过渡而已……不可否认，作为现代文化之最有影响力的敌对理论的马克思主义对经济基础与意识形态的上层建筑的区分，无非是这同一种二元论的又一翻版。”[③]马克思主义历史观体现的这种二元对立，是对现代社会中人们关于历史理论疑惑的唯一正确解释。第三步，是探究马克思的道德观同西方传统道德观的关系。从马克思主义历史观角度，要理解亚里士多德主义，还应当凸显“一种能力和一个事实之间的关系”，应当回到各个时代的生活方式本身去理解当时的经济关系和社会关系，进而掌握亚里士多德的思维术语。[④]因此，麦金太尔的道德叙事探索，是基于对西方哲学的道德理论和叙事理论的回顾与批判，并且把马克思主义本身的历史观和政治经济学批判相关特质与道德理论充分融合。实际上，麦金太尔在形式上和逻辑上，完成了对马克思主义道德理论的视域拓展和历史视角延伸，这推动了西方伦理学者们从形式和内容上深化对马克思主义德性理论的理解。

三、追寻美德中蕴含的马克思主义价值观：基于现代性的个人欲望考察

重回对个人欲望的研究，是麦金太尔自称回归亚里士多德主义的主要原因。之所以要重回个人欲望，是因为通过对这一话题的探讨能够将作为西方传统伦理学核心范畴的“善”、作为马克思主义哲学核心范畴的“实践”以及

---

① ［美］阿拉斯戴尔·麦金太尔：《追寻美德：道德理论研究》，宋继杰译，南京：译林出版社，2011年版，第69页。

② ［美］阿拉斯戴尔·麦金太尔：《追寻美德：道德理论研究》，宋继杰译，南京：译林出版社，2011年版，第77页。

③ ［美］阿拉斯戴尔·麦金太尔：《追寻美德：道德理论研究》，宋继杰译，南京：译林出版社，2011年版，第78页。

④ ［英］阿拉斯代尔·麦金泰尔：《现代性冲突中的伦理学：论欲望、实践推理和叙事》，李茂森译，北京：中国人民大学出版社，2021年版，第92页。

历史观等重要范畴或方法论串联起来。在他看来，采用这种系统性的哲学和实践方法，能够避免由于单纯思考“善”而忽略对一些客观存在事实进行思考。因此，从个人这一社会的最小单位入手，能够真正实现从人的主观动机到整个社会的宏观实践的连通。

亚里士多德在《尼各马可伦理学》中，根据人在行为中体现出的自我控制状态的不同，考察了欲望与人的活动之间的关系。对于能够自制和不能够自制的人来说，欲望对他们产生的结果是完全不同的。对于能够自制的人，欲望能够在“社会普遍意见”的阻拦下遏制欲望。但是，欲望一旦引诱人突破这种意见，就会让人“身体的每个部分都动起来”。亚里士多德说：“在某种意义上，不能自制者的行为似乎是出于一种不是自身就与正确的逻各斯对立的意见（因为与之相反的不是意见而是欲望）。”[①]他把人的欲望同社会意识紧密结合，为欲望分析提供了个人、逻各斯（logos）及社会意识等多重视角。麦金太尔提及的“欲望”，是从个人角度开始阐述的。他进一步把亚里士多德主义的欲望内涵分解成两个层次：一是幸福来自人的欲望的满足；二是人的欲望的层次取决于人的思想和品德素质。人脱离于动物性的保证，就是教育和理性，以及由此而形成的道德。[②]在亚里士多德那里，幸福是最大的善。麦金太尔认为，亚里士多德关于善和幸福的论述的主要功绩，是解释了普通人是如何体现幸福状态的，这一研究更加接近于民众实践层次。麦金太尔则更加突出对欲望与幸福的学理性和历史性研究。这也是他在《追寻美德》及之后系列著作中德性理论的重要方法基础。他曾说：“现代性道德有概念体系中容不下亚里士多德主义和托马斯主义的概念，如目的、共同利益或自然法。他们的幸福概念是一种心理状态，是个人的欲望得到满足的状态，这和亚里士多德的幸福概念或阿奎那的至福概念非常不同。”[③]当然，这也是麦金太尔开展欲望研究以填补马克思关于人性欲望理论论述的重要初衷。

在新左派时期，麦金太尔就充分注意到个人欲望与社会发展之间的重要联系，并以之作为发展和充实马克思主义道德理论的重要理论支撑。这一倾向与西方德性话语结合之后，进一步成为麦金太尔进行现代性德性反思的理论框架。当时，麦金太尔将对人自身的欲望考察与历史性的角度相

---

① ［古希腊］亚里士多德：《尼各马可伦理学》，廖申白译注，北京：商务印书馆，2003 年版，第 200 页。

② ［英］阿拉斯代尔·麦金泰尔：《现代性冲突中的伦理学：论欲望、实践推理和叙事》，李茂森译，北京：中国人民大学出版社，2021 年版，第 193 页。

③ ［英］阿拉斯代尔·麦金泰尔：《现代性冲突中的伦理学：论欲望、实践推理和叙事》，李茂森译，北京：中国人民大学出版社，2021 年版，第 94 页。

结合,在整个英国左派中独树一帜。麦金太尔后来在考察个人欲望时,在方法论上又有了一个重点突破,那就是以马克思主义的政治经济学批判话语为工具,在立场上把市场经济理论同个人欲望的德性本体论相结合。在这一学术连接中,麦金太尔又一次突出了马克思的理论贡献。他指出,正是后者弥补了亚里士多德在《尼各马可伦理学》中描述公正交换时的缺陷。因为亚里士多德虽然在一定程度上,用经济学的话语阐释了公正问题,比如提到一些"具体的货物、货币及其交换关系",①但是他并没有涉及平等和等值的观念。更何况,马克思以剩余价值论揭示了资本主义世界的剥削本质,为考察当代资本主义制度之下的个人欲望问题提供了更为全面、更为根本的视角。正如马克思在《〈政治经济学批判〉序言》中深刻指出:"法的关系正像国家的形式一样,既不能从它们本身来理解,也不能从所谓人类精神的一般发展来理解,相反,它们根源于物质的生活关系,这种物质的生活关系的总和,黑格尔按照18世纪的英国人和法国人的先例,概括为'市民社会',而对市民社会的解剖应该到政治经济学中去寻求。"②也应看到,麦金太尔虽然在当时注意到了政治经济学批判是马克思主义社会批判理论的核心方法,但是在接下去的探索中,他并没有系统地将之融合进左派理论和德性理论的建构过程。

除了经济学视角,麦金太尔还站在欲望的心理发生角度,衡量社会历史观下人的欲望的作用机制。一方面,他把欲望作为唤起某种行为的内心驱使;另一方面,他又把欲望作为评价和判断客观实践的重要依据。欲望是理解个人行为动机和主观活动的起点,同时,又是行动主体"重新诠释过去的自我和现在的自我"的标准。③从这一层意义上,麦金太尔实现了对马克思主义实践论之主体动机的主体约束机制的学理讨论。他把反思"自由主义的个人主义"作为考察马克思主义德性理论的重要起点。他认为,现代性的生产生活方式是后者形成特定"精神气质"的前提。④麦金太尔指出,马克思在其《资本论》中隐含了激进的个人主义立场,他极力要刻画出一个"自由人联合体",⑤但实际上,马克思考察个人主义,是在其集体主义的外壳下,对个人

---

① [古希腊]亚里士多德:《尼各马可伦理学》,廖申白译注,北京:商务印书馆,2003年版,第158—159页。

② 《马克思恩格斯文集》第2卷,北京:人民出版社,2009年版,第591页。

③ [英]阿拉斯代尔·麦金泰尔:《现代性冲突中的伦理学:论欲望、实践推理和叙事》,李茂森译,北京:中国人民大学出版社,2021年版,第43页。

④ [美]阿拉斯戴尔·麦金太尔:《追寻美德:道德理论研究》,宋继杰译,南京:译林出版社,2011年版,第2页。

⑤ 《马克思恩格斯文集》第5卷,北京:人民出版社,2009年版,第96页。

解放本质的不断探索。他在《1844 年经济学哲学手稿》中，就专门将欲望和异化问题放在了统一语境中探讨，将个人欲望的客观与主观起源分别阐释出来，并结合社会主义同资本主义制度之下人的生产目的的差异，解释了人的欲望与满足欲望形式的历史进化过程。马克思关于欲望的描述，是其论述共产主义特性的重要逻辑环节，是论述人的本质和人的解放理论的重要隐性逻辑。

麦金太尔基于马克思哲学的整体面貌，提出马克思分析和实现个人欲望的相关路径。马克思和恩格斯在《德意志意识形态》中提出：“我们的出发点是从事实际活动的人，而且从他们的现实生活过程中还可以描绘出这一生活过程在意识形态上的反射和反响的发展。甚至人们头脑中的模糊幻象也是他们的可以通过经验来确认的、与物质前提相联系的物质生活过程的必然升华物。”①麦金太尔认为，马克思和恩格斯赋予了意识形态以更加明显的普遍性特征，是对社会现象的“普遍性概括”。他更加关注的是对社会个体意识形态的考察。“自然人与有教养的人所欲望的对象是不可归约地异质的，并且，将这些对象合计起来的观念无论对于诸个体还是对于某个人群，都没有任何明确的意义。”②实际上，麦金太尔与马克思、恩格斯关于意识形态的普遍性和个体化区分是一致的。因为在《德意志意识形态》中，马克思和恩格斯对意识形态的考察也特别注重意识形态在个体身上的呈现。例如，他们明确提出：“不是意识决定生活，而是生活决定意识。前一种考察方法从意识出发，把意识看做是有生命的个人。后一种符合现实生活的考察方法则从现实的、有生命的个人本身出发，把意识仅仅看做是他们的意识。”③他们并没有专门从人的理性或人性角度谈人的欲望，而是将之纳入人类整体发展过程中进行考察。

麦金太尔关于马克思主义价值观的思考，有一个重要的理论源泉，就是西方世界一些新的现代性理论体系，使他打开了新的理论视野。马克思之后，西方的哲学、政治学价值观在社会主义与资本主义意识形态的对立中经历了数次变迁，以至于身处西方的知识分子们，特别是马克思主义的知识分子的立场随着政治格局的变化更加容易出现整体性变化。麦金太尔晚年在从事德性理论研究时，自认为身处在一种马克思主义传统和现代性思潮相互交织的复杂氛围中。他认为，在当代西方，韦伯式的世界观成为一种主要世界观，这种世界观在西方甚至对马克思主义阵营都产生了巨大的影响。当

①③ 《马克思恩格斯文集》第 1 卷，北京：人民出版社，2009 年版，第 525 页。

② ［美］阿拉斯戴尔·麦金太尔：《追寻美德：道德理论研究》，宋继杰译，南京：译林出版社，2011 年版，第 89 页。

然,这种世界观,对分析资本主义世界的社会价值观有重要的指导意义。“因为在我们的文化中,我们所知道的有组织地趋向权力的运动无一不是采取了科层制的和管理性的模式,我们所知道的对于权威的合理性论证也无一不是采取了韦伯的形式。如果这一点对于尚在奔向权力途中的马克思主义来说是真实的,那么对于已获得了权力的马克思主义就更是如此了。”①麦金太尔的这句话,反映了西方政治体制发展对西方马克思主义的发展产生的重要引导作用。“恰恰因为并且仅就当代马克思主义实质上也是韦伯式的而言,我们也能够预期左翼的先知式非理性主义。60 年代学生的激进主义许多都属于这种非理性主义”,并且,韦伯和尼采多描述的是“当代社会景象中宏观的和主导性的特征”。②麦金太尔不无隐忧地表示,西方社会中既有的道德标准正在受到个人“过分膨胀”的主观的挑战,一般道德只能起到“维持某些类型的交互作用的功能”。③

麦金太尔实质上是把个人主观意图和社会道德标准之间的关系作为思考马克思主义价值观在当代西方的存在形式和意义的关键问题。在西方英雄社会中,勇敢被当作最主要的美德,因为勇敢“不只是对付特殊的伤害与危险的一种能力,而且是对付一种特殊模式的伤害与危险的一种能力”。④借助于这种认定方式,个体生命的道德状况得到了确定。而在西方社会中,这种英雄的伦理设定,与社会道德标准之间的关系显现出明显的张力。麦金太尔认为,“自我在英雄社会中只有通过其角色才成为其所是者;它是一种社会的创造而非个人的产物”。⑤就是说,英雄的个人言行也是由社会因素决定的。另外,社会的美德标准也是不断变化的。他提出,一方面,各个时期的道德评价标准都具有时代性;另一方面,只能把美德当作传统文化中的一部分进行继承。⑥在实际中,美德标准会因社会实践而不断受到挑战,这往往就是促成价值观标准进化的最直接诱因。他说:“一种实践包含优秀的各种标准、对各种规则的服从以及利益的获得。要进入一种实践,就是要承认那些

---

① [美] 阿拉斯戴尔·麦金太尔:《追寻美德: 道德理论研究》,宋继杰译,南京: 译林出版社,2011 年版,第 137 页。

② [美] 阿拉斯戴尔·麦金太尔:《追寻美德: 道德理论研究》,宋继杰译,南京: 译林出版社,2011 年版,第 144 页。

③ [美] 阿拉斯戴尔·麦金太尔:《追寻美德: 道德理论研究》,宋继杰译,南京: 译林出版社,2011 年版,第 145 页。

④ [美] 阿拉斯戴尔·麦金太尔:《追寻美德: 道德理论研究》,宋继杰译,南京: 译林出版社,2011 年版,第 157 页。

⑤ [美] 阿拉斯戴尔·麦金太尔:《追寻美德: 道德理论研究》,宋继杰译,南京: 译林出版社,2011 年版,第 163 页。

⑥ [美] 阿拉斯戴尔·麦金太尔:《追寻美德: 道德理论研究》,宋继杰译,南京: 译林出版社,2011 年版,第 160 页。

标准的权威性，并且用它们来评判我自身行为表现的不足。”①可以看到，麦金太尔在探讨欲望和价值观问题上，充分地继承了马克思的哲学话语和政治经济学话语，实现了对其早在新左派时期关于道德历史观论述的重要延伸。

四、马克思主义思想在当代西方伦理学研究的延展

麦金太尔的伦理思想在当前仍然具有重大的理论意义，对西方伦理学的发展产生重大的推动作用，西方马克思主义伦理学也同样取得了重要发展。从我国当前对西方马克思主义伦理学的研究状况来看，学者们的视角大多集中在 21 世纪之前，而对 21 世纪以来西方马克思主义伦理学的新进展涉足很少，更鲜有全面归纳西方马克思主义伦理学发展架构的研究。基于此，对 21 世纪以来西方马克思主义伦理学思想研究的进展进行系统化梳理，归纳西方马克思主义伦理学发展的新形态、新格局，有助于进一步拓展我国的“西方马克思学”和西方马克思主义伦理学研究视野。

马克思主义伦理学是马克思主义理论体系的一个重要组成部分，也是一个极易引起争论的话题。自马克思和恩格斯在西方著书立说，拉开了人类解放运动序幕开始，如何从马克思主义中抽取、分析和使用伦理思想，一直都是西方马克思主义者们致力于解决的一个问题。总体来说，受传统伦理学思想、基督教文化和社会主义运动等因素影响，西方马克思主义伦理学思想研究从 19 世纪末期出现开始，就呈现出多样化的发展路径。1893 年，欧内斯特·贝尔福·巴克斯（Ernest Belfort Bax）出版了专著《社会主义伦理学》，并于同时期发表了为数众多的论文，从政治、社会、宗教等方面，结合当时的阶级运动背景，对马克思主义伦理学进行了阐释，展现了马克思主义伦理学研究的多元化特征。在 20 世纪前期，欧洲社会变动异常剧烈，理论思潮不断涌现，给马克思主义伦理学提供了更加丰富的理论素材。之后，随着英国共产主义运动的蓬勃兴起，英国真正成为西方马克思主义伦理学研究的中心。克里斯多夫·考德威尔（Christopher Caudwell）、理查德·亨利·托尼（Richard Henry Tawney）纷纷发展具有英国本土特征的社会主义伦理学，后者建立了“伦理社会主义”，并被作为英国左派政党的重要指导思想，在现实政治运动中进行实践。20 世纪 50 年代以后，苏联内部政治局势的动荡，以及斯大林主义给社会主义留下的“道德荒原”，推动汤普森、麦金太尔、汉森、威廉·阿什（William Ash）、尤金·卡门卡（Eugene Kamenka）等纷纷走上前台，挖掘马

---

① ［美］阿拉斯戴尔·麦金太尔：《追寻美德：道德理论研究》，宋继杰译，南京：译林出版社，2011 年版，第 241 页。

克思主义中真正的人道主义和伦理学价值。[1]自80年代开始，随着西方无产阶级运动陷入低谷，特别是冷战之后“西方马克思学”本身的意识形态功能迅速弱化，西方学者对马克思主义的讨论更加朝着理论化方向发展。如：英国学者肖恩·塞耶斯（Sean Sayers）从分析马克思主义的角度，与史蒂文·卢克斯（Steven Lukes）、特里·伊格尔顿（Terry Eagleton）等探讨马克思主义与人性、自由的关系；劳伦斯·维尔德（Lawrence Wilde）从文本学角度考察马克思主义的德性范畴；德国的乔治·E. 麦卡锡（George E. McCarthy）和美国的科尔内尔·韦斯特（Cornel West）分别将马克思的伦理学与古希腊伦理学和卢卡奇等西方马克思主义者的伦理学进行比较研究；等等。

21世纪以来，西方马克思主义整体上呈现出停滞和沉闷的发展态势，这是和前三四十年以来无产阶级运动的沉寂紧密相关的。可以想象，作为一种革命的理论，马克思主义如果不能从现实中获取发展的依据，那只能流于抽象。虽然西方马克思主义依旧面临意识形态弱化、学术动力减退、学术活力降低等问题，[2]但是，仍然有为数众多的理论者在孜孜不倦地挖掘马克思主义伦理思想的理论意义，创作出为数不少的重要理论成果。研究这些成果，对理解当代西方马克思主义的发展现状，分析西方马克思主义伦理学的发展形态，区别西方伦理学和马克思主义伦理学的本质差异，以及纠正来自西方马克思主义阵营内部的一些理解偏差有着重要的现实意义。总的来看，这些理论成果呈现出以下几点特征：

第一，从代表人物的理论成果来看，数量较为可观，阵营立场差异较为显著。在西欧，研究马克思主义伦理学的学者遍布各个国家，他们主要聚焦学理性阐释，主要成果包括：欧内斯特·斯库里潘蒂（Ernesto Screpanti）的《解放的共产主义：马克思、恩格斯与自由的政治经济学》，维尔德的《马克思主义伦理学思想家》，加文·基钦（Gavin Kitching）和奈杰尔·普莱森茨（Nigel Pleasants）主编的《马克思与维特根斯坦：知识、道德与政治学》，安德鲁·塞耶尔（Andrew Sayer）的《阶级的道德意义》，布莱克里奇的《马克思主义与伦理学：自由、欲望与革命》，等等。另外，法国迈克尔·罗伊（Michael Löwy）也发表了数量众多的论文。在美国，学者们偏向于用政治视野进行考察。比如：大卫·尼尔森·杜克（David Nelson Duke）的《耶稣与马克思的间隙：哈里·F. 沃德与社会正义斗争》，比尔·马丁（Bill Martin）和鲍勃·阿瓦基安（Bob Avakian）的《马克思主义与未来的召唤：关于道德、历史和政治的对

---

① 张晓：《英国新左派运动的社会主义人道主义之争及其反思》，《天津社会科学》2016年第4期。

② 张亮：《西方马克思研究的当代进展》，《山东社会科学》2015年第10期。

话》，罗德尼·G. 佩弗的《马克思主义、道德与社会正义》，诺曼·亚瑟·费舍尔（Norman Arthur Fischer）的《西方政治理论下的马克思主义伦理学》。只是艾伦·W. 伍德（Allen W. Wood）的《卡尔·马克思》较为例外，是一部学理性的著作。另外，还有一大批学者也发表了一些重要论文。从年龄结构上来看，大部分学者普遍出生在20世纪30至50年代，而新一代理论者还未充分成长起来，缺乏代表性、系统性著作，更鲜有人开拓出新的理论视角。这也在一定程度上导致了近几年的主题著作数量较少。

第二，从理论形态来看，研究总体偏向理论化，同无产阶级革命脱离甚远。应当说，在当今西方社会主义运动普遍衰退的情况之下，西方马克思主义伦理学阵营之所以出现不同视角，是和这些理论者成长的特定时代和本土现实密切相关的。20世纪，身处西欧的学者们受本土传统思想和宗教的影响，经历了各自国内重大的政治变革和社会变迁，目睹了社会主义运动从兴起到回落甚至挫败的过程，极易催生出多元化的视角。但新生理论者并不具备如此丰富的历史和理论经历。从现有成果来看，东欧剧变和苏联解体也没有像斯大林逝世和《秘密报告》面世那样，为学者重新反思马克思主义伦理学提供足够的推动力。或者说，只是加剧了部分学者的立场松动。随着西方产业资本的进一步转移，“阶级”的界限越来越模糊，“阶级”分化导致的社会问题正不断隐藏，因而“阶级”概念越来越让西方人感到“费解和困惑”。[①]西方社会的社会主义运动和阶级斗争成为一个更加偏理论性或者政治性的话题，围绕“阶级”的时代主题已经从斗争转向人文关怀。这也在一定程度上导致马克思主义伦理学的相关探讨依旧停留在学理性阐释、政治学延伸、宗教学拓展等既有路径上。

第三，从研究主题来看，注重确立马克思主义伦理学的内涵式研究，强调回到马克思主义本身的重要性。特里·伊格尔顿在《马克思为什么是对的》中提到，马克思主义的意义在于，能够让我们从人身上找到可以言说的伦理和政治的答案。[②]可是，如何凝练出马克思主义伦理学，如何解释在国际共产主义运动中出现的“道德荒原”，[③]一直是西方马克思主义者面临的一个现实问题。为解决这个前提性问题，打好理论地基，21世纪的理论者纷纷回归马克思主义伦理学的本质寓意，发掘作为科学的马克思主义是如何阐述人类应

---

① Andrew Sayer, *The Moral Significance of Class*, Cambridge: Cambridge University Press, 2005, p. 1.

② Terry Eagleton, *Why Marx Was Right*, New Haven: Yale University Press, 2011, pp. x, 85—86.

③ 张晓：《走出道德荒原——麦金太尔的社会主义人道主义思想及其价值研究》，《晋阳学刊》2017年第6期。

有的伦理状况。一方面,是回到马克思主义的经典文本之中,重新归纳和解读马克思主义关于伦理的相关论述。从《1844年经济学哲学手稿》《共产党宣言》《资本论》等著作中,进一步提炼马克思主义伦理学的原义,概括理论特征,强调其与西方伦理学的本质性差异。另一方面,探讨马克思主义伦理学如何"改造世界"。从西方阶级运动的现实来看,如果说通过强调马克思主义伦理学来唤醒社会主义运动并不现实,那么,理论者们就自然将"改造世界"这一现实目标退却为论证革命的可能性。这也是为什么政治视野能够得到如此垂青的一个原因。

西方马克思主义者始终将马克思主义伦理学与传统伦理学相脱离。他们认为,不同的社会制度形式和经济制度决定了各自拥有不同的伦理学标准。因此,尽管马克思生前并没有专门系统地论述伦理学,但是,学者们都坚信,共产主义理论是存在道德内涵的,马克思并不是一个虚无主义者,他为伦理学作出了重要的基础性贡献,①只不过,应当采用区别于资本主义的视角,用其他视角来考察社会主义的伦理学。由此,马克思主义伦理学得到了多样化的理论阐述。

首先,确立马克思主义伦理学的实践性特质。在《马克思主义与伦理学:自由、欲望与革命》中,布莱克里奇提到的第一个问题,就是马克思主义存在的"伦理赤字"。在考察了雷蒙德・格易斯(Raymond Geuss)、杰瑞・科恩(Jerry Cohen)、西蒙・克里奇利(Simon Critchley)等人对于苏联和社会主义的伦理学责难之后,布莱克里奇指出,当今大多数批判马克思主义伦理学的人都犯下了一个错误,那就是他们极易将社会制度的科学性同马克思主义伦理学相混淆。事实上,苏联的种种问题,应当归因于其社会制度本身的科学性缺失,而不应当成为否定马克思主义伦理学的依据。马克思主义伦理学包含更加广泛的内涵,是要通过阶级化斗争,既实现现代的个体化自由,也实现实践的集体化道德。布莱克里奇谈道:人们对传统马克思主义的理解往往是和斯大林主义绑定在一起的,因而会对马克思主义伦理学持一种消极的观念。但是,马克思主义伦理学的真正意义,却是凝聚在工人阶级消灭异化的斗争欲望之中的。从这个意义上说,马克思主义伦理学具有浓厚的政治学色彩。但这并不意味着马克思主义伦理学仅仅局限于此,因为构成马克思主义体系的各个组成部分,都是对人的解放的阐述。布莱克里奇不同意阿尔都塞全面否定对马克思的伦理学维度考察,认为这会导致对马克思的虚无化理

① Paul Blackledge, *Marxism and Ethics: Freedom, Desire, and Revolution*, Albany: SUNY Press, 2012, p. 15.

解，而是支持当初麦金太尔没有坚持下来的无产阶级实践伦理，认为其中包含了一种“克服异化系统的潜能”。①

其次，从思想史角度，归纳马克思主义伦理学的理论内涵和历史渊源。在《马克思主义与道德》一文中，塞耶斯将马克思主义伦理学用分析学方法完全展示了出来。他期望采取一种完全理论化的方法来理解马克思的伦理学思想，就是通过考察黑格尔哲学对马克思哲学的塑形作用，来解释马克思主义伦理学的内在特质。通过黑格尔哲学不仅可以理解马克思早期哲学，还可以理解后者的整个思想过程。②塞耶斯认为，马克思和黑格尔都反对用一种普世化的规则去定义正义，而主张用一种符合人类历史发展趋势的眼光去考察特定时期人们的权利。因此，所谓的正义和权利标准是一种社会和历史的现象。马克思对资本主义的政治经济学批判同样是基于这一认识。斯库里潘蒂也有同样的看法。第一，马克思早期的作品，例如《1844 年经济学哲学手稿》，富含大量的道德判断；第二，马克思早期对人的认识在很大程度上受到黑格尔的启发；第三，之所以能够将马克思和恩格斯称为伦理学家，一个重要原因就是他们能够将历史上和当前人类的剥削制度，用经济学手段进行揭露。在这一过程中，他们作出的一个重要贡献，就是定义了生产过程中究竟什么是剥削。③在提到马克思的“新人类”思想时，斯库里潘蒂同样在黑格尔哲学中寻找理论来源。他认为，受到黑格尔的历史学影响，马克思认为人性是由人类的经济、社会、文化环境共同塑造的。人的本质是无从考察的，因为只有当人置身于自然之中，才能知道人的本质究竟如何；但是，由于人的发展必然会受到环境的影响，而这些环境具有历史性，也使人的发展具有历史性。在考察“新人类”概念时，马克思指出，黑格尔把人类的活动分成家庭、市民社会和国家三个层面，无法解释人的政治异化问题，马克思则进一步从经济、政治和宗教异化三方面，讨论人的解放问题。因此，马克思主义伦理学既是对黑格尔哲学的批判性发展，也是马克思哲学自身内涵不断丰富的结果。

最后，使研究马克思主义伦理学的根本出发点回到人自身。塞耶斯是西方马克思主义伦理学研究阵营中围绕人的本质展开论述最多的学者之一。20 世纪 90 年代，他出版了专著《马克思主义与人的本质》，专门从人的本质

---

① Paul Blackledge, *Marxism and Ethics: Freedom, Desire, and Revolution*, Albany: SUNY Press, 2012, p. 194.

② ［英］肖恩·塞耶斯：《马克思主义与道德》，贺来、刘富胜译，《哲学研究》2007 年第 9 期。

③ Ernesto Screpanti, *Libertarian Communism: Marx, Engels and the Political Economy of Freedom*, New York: Palgrave Macmillan, 2007, pp. 4—5, 13—14, 17.

出发,讨论马克思主义人道主义。与阿尔都塞相反,塞耶斯支持马克思“存在一种普遍的人类本质”的观点,并且这种观点含有历史性特征。①2005 年,塞耶斯又发表了《为什么要工作? 马克思与人的本质》一文,讨论了工作与实现人的本质之间的关系。他认为,在资本主义世界中,人们为了生存参加劳动,是异化的一个体现,也是马克思批判资本主义生产方式的一个重要论据。但是就人的本质而言,劳动又是体现人作为一种具有创造性的物种的必要体系。因此,讨论人的本质不能抛开劳动要素。伍德在《卡尔·马克思》中,也对马克思和道德之间的关系进行专门讨论。他认为,马克思批判传统的西方伦理学,并非拒绝伦理学本身,而是拒绝西方原有的伦理学框架。要理解马克思的伦理学,必须要结合他的道德观念、价值批判,以及历史唯物主义。因此,在探讨人的本质时,伍德提出了人的发展问题。他认为,人的本质并不是始终贪婪的,有的时候也是理性和有远见的,会去寻找更加美好的生活和劳作方式。②这也是无产阶级进行革命的主观依据。

相较于其他伦理学说,马克思主义受到了更多的现实责难。人们要么因为它与传统伦理学大相径庭而怀疑它是否含有伦理关怀,要么认为它的伦理已经成为和基督教教义一样的教条,迫使人们去遵从。③于是,那些坚持马克思主义伦理学的学者们同时考察传统西方伦理学和基督教,通过比较,论证马克思主义独特的理论范畴。

首先,与亚里士多德伦理学进行比较。亚里士多德哲学所具有的实践性和伦理性特征,给学者们考察马克思的伦理学留下了巨大的探讨空间。麦金太尔从 20 世纪 70 年代开始,正式在理论话语和形态上发生转型,就是因为他在长达 20 年的马克思主义探讨中看到,西方无产阶级在当时的社会已失去了革命性,从马克思主义中寻找人道主义已然无望,因而他选择了亚里士多德的实践伦理学。他期望能够发现一个新的可以实现人类道德的真理。21 世纪,伊格尔顿、格罗夫、伯恩斯、布莱克里奇等人顺延这一理论逻辑,展开了进一步探究。伊格尔顿甚至直接把马克思称为“一个具有亚里士多德传统的真正的道德学家”,“不过他并不是一直都认为他是而已”。④在伊格尔顿看来,马克思的著作中充满了严厉的道德判断,他所探讨的是人们如何才可以生活在一个最自由、最圆满、最能自我满足的社会之中,马克思的伦理学

① Sean Sayers, *Marxism and Human Nature*, London: Routledge, 1998, pp. 152, 164.
② Allen W. Wood, *Karl Marx*, London: Routledge, 2004, pp. xxxiii, 128, 159.
③ Eugene Kamenka, *The Ethical Foundation of Marxism*, New York, : Frederick A. Praeger, Inc., 1962, p. 3.
④ Terry Eagleton, *Why Marx Was Right*, New Haven: Yale University Press, 2011, p. 159.

的最终目标是实现自我满足，而这种人的自我满足又无法在孤立的状态之中实现，因而马克思与亚里士多德的伦理学最终也需要同政治学联系起来。格罗夫在《亚里士多德的马克思主义与马克思的亚里士多德主义》一文中同样指出，亚里士多德的自由道德理论与马克思在《资本论》第一卷中的论述十分相近：马克思揭露了资本对底层劳动人民的剥削，这是一种典型的亚里士多德式的思维方式。耐特在研究麦金太尔思想的过程中，也对马克思及其伦理学思想进行了大量的论述。在2007年出版的《亚里士多德主义哲学：从亚里士多德到麦金太尔的伦理学与政治学》中，耐特从实践概念出发，对亚里士多德、马克思和麦金太尔的伦理学进行了相应阐述。另外，伯恩斯和布莱克里奇认为，马克思的伦理学与现代伦理学的一个重要差异，是马克思与亚里士多德一样，从如何满足个人需求出发，寻求整个社会的伦理标准。

其次，通过梳理西方现代伦理学的发展脉络，与马克思主义进行一种整体性比较。伊格尔顿在2009年出版了一本重要的伦理学研究成果《陌生人困境：伦理学研究》，以情感主义伦理学为起点，从经验主义视角梳理了17世纪以来西欧重要伦理学家的理论逻辑，包括斯宾诺莎（Baruch Spinoza）、休谟、康德、尼采、叔本华（Arthur Schopenhauer）、克尔恺郭尔、列维纳斯（Emmanuel Lévinas）、拉康（Jacques Lacan）等，并将之与马克思的伦理哲学进行了线性化对比。伊格尔顿总结道，马克思是在用一种他自己并未感知的传统的方式探索道德。马克思在讨论的过程中，急于用道德主义的话语来组织道德学说，因而使用了大量的意识形态化修饰，这才会导致人们把他的伦理思想与康德学派、情感主义学派、自由主义学派和教会学派混淆起来。伊格尔顿提醒人们，虽然马克思对资本主义民主和道德给予高度评价，但是，它们最终是“无法走得足够远的”，因为它们并不能将抽象化的公民自由和平等在具体的人上实现，只有社会主义民主才能跨越政治国家和人民的生活、劳动、束缚，实现个人的平等自由。①在伊格尔顿看来，坚持个人欲望非但不与伦理原则相左，相反，这是伦理学真正应当注重的地方。因此，西方伦理学到了马克思那里，才真正实现了政治伦理与个人伦理的并轨，实现了道德从康德的精神化状态到现实的回归。通过这一系列的比较，伊格尔顿在2011年出版的《马克思为什么是对的》一书中，对马克思的伦理学予以进一步肯定，并将马克思的唯物主义上升为一种比其他理论更加能够“深刻兼顾道德与精神说服力”的理论，一种能够鼓励人们为了解放、反法西斯、赢得殖民地自

① Terry Eagleton, *Trouble with Strangers: A Study of Ethics*, Chichester: John Wiley & Sons Ltd., 2009, pp. 314—315, 325.

由而去奋斗的观念。

最后,基于西方的基督教背景文化,延续对基督教和马克思主义的关系考察。我们发现,在众多研究马克思主义伦理学的学者中,有相当一部分人与宗教有过非常密切的接触。譬如20世纪信仰基督教的伯恩斯,以及出身基督教家庭、尝试将马克思主义进行基督教化阐释的麦金太尔。[①]但是,随着基督教在当代西方社会中的影响力不复从前,21世纪以来,专门从事基督教和马克思主义比较研究的学者和成果也在不断减少。不过,由于基督教的影响依旧深远,仍然有学者在研究马克思主义的过程中将之作为一个重要的讨论话题。具有代表性的,是杜克的《耶稣与马克思的间隙:哈里·F.沃德与社会正义斗争》一书。这本书通过回顾沃德(Harry F. Ward)的一生,将他的理论经历完整呈现了出来。[②]杜克指出,沃德在处理基督教和马克思主义的问题时,引申出一个重要问题,那就是基督教能够让经济权力从属于政治权力,会使人们忽视两者之间的关系,[③]也令那些信仰基督教的人错解马克思主义伦理学的本质。马丁和阿瓦基安认为,基督教能够通过上帝学说,告诫人们生存的原因和状态,而资本主义的本质在马克思主义诞生之前并没有被揭露,其罪恶也因之得到掩盖。直至马克思和恩格斯的政治经济学从根本上揭露了人们何以存在——被资产阶级剥削,告诉人们什么是罪恶和"真正的灾难",继而把无产阶级革命写进《共产党宣言》,才让人们知道资本主义现实并不是不可抗拒的。[④]另外,伊格尔顿在《马克思为什么是对的》中也讨论了基督教和马克思主义的理论特点。他认为,造成基督教和马克思主义在如何看待"自由"上产生分歧的原因,是它们对历史决定论的理解不同。前者用上帝决定论,赋予公民绝对的自由;而马克思主义则告诫人们,自由掌握在他们创造和斗争的过程之中。这是造成两种文化的伦理观差异的内在原因。

西方学者在研究马克思主义伦理学的过程中,始终无法绕开政治学视

---

① 张晓:《德性与科学的交轨——麦金太尔早期的基督教化马克思主义观评析》,《山东社会科学》2013年第6期。

② 沃德1873年出生于英国伦敦郊区,17岁时前往美国,之后在大学学习政治学。其间,受到基督教和马克思主义的影响,并在教会运动中担任重要角色,同时研究马克思主义。"二战"期间,担任反法西斯共产主义组织的领导人。沃德一生不仅参与众多的政治运动,理论作品也十分丰富,在美国的宗教和马克思主义发展过程中具有十分重要的地位。

③ David Nelson Duke, *In the Trenches with Jesus and Marx: Harry F. Ward and the Struggle for Social Justice*, Tuscaloosa: The University of Alabama Press, 2003, p. 238.

④ Bob Avakian and Bill Martin, *Call of the Future: Conversations on Ethics, History and Politics*, Chicago: Open Court, 2005, p. 128.

野。伊格尔顿说：“阶级社会的政治是和社会统治阶级的利益捆绑在一起的。”①在西方阶级社会，马克思主义究竟如何在资本主义社会继续发展，无产阶级的伦理学究竟如何实现，如何处理好同自由主义、社会类群（包括阶级）政治理论的关系等一系列问题，②是西方学者在讨论马克思主义伦理学过程中乐于关注的，也是颇具建树的。

首先，从马克思主义伦理学角度批判资本主义政治权力体系。斯库里潘蒂认为，要把马克思主义伦理学与权力联系起来，需要考虑个人与国家之间的关系。虽然马克思在《1844年经济学哲学手稿》中并没有系统分析工资的异化作用，但是，马克思使用了大量的伦理学判断，论证资本主义生产方式对人身体与思想的践踏。“很显然，在马克思与恩格斯的早期作品中，他们认为权力，特别是在国家机器的操控之下，是导致人类成为他们所生产的物品的奴隶的独特异化途径。在这种权力的压迫之下，人们不仅失去了自治权，还有人的身份。”③有西方学者认为，在《哥达纲领批判》中，马克思开始讨论作为理想社会的共产主义。其中解决的一个重要问题，就是在国家范畴之外，寻找出一个能够解决个人异化问题的、基于公平原则之上的集体组织。但是，斯库里潘蒂认为，马克思实际上并没有刻意追求绝对的公平，因为每个人的需求是不一样的，能力也是不一样的，因而绝对的公平反而会造成不公平。因此，马克思的共产主义社会并非像资本主义国家那样强调实际上并不可能实现的绝对公平，而是从个人发展需求出发，实现一种让人得到满足的共同体。不仅如此，“资本主义的权力结构和文化建筑是要诱导个体接受意识形态的统治”，并且“诱导这些个体像成为社会有机体的某个细胞一样去工作”。④在现实西方社会，虽然在生产过程、国家、公共决策层面，资本家比工人掌握更多的政治权力，工人阶级在生产过程、国家和社会中并没有自由，但是，工人完全可以形成一个自治性团体，包括政党、工会、团结互助体等。从这一层面来说，马克思所定义的“政治”也就能够实现了，并且这是“最为关键的一点”。⑤资本主义将人民的权力分裂成为个体权力，社会主义就是要把这些孤立的个体权力重新联合起来，成为一个新的政治联盟和政治等级体制。

---

① Terry Eagleton, *Why Marx Was Right*, New Haven: Yale University Press, 2011, p. 115.

② Morman Arthur Fischer, *Marxist Ethics with Western Political Theory: A Dialogue with Republicanism, Communitarianism, and Liberalism*, New York: Palgrave Macmillan, 2015, p. 4.

③ Ernesto Screpanti, *Libertarian Communism: Marx, Engels and the Political Economy of Freedom*, New York: Palgrave Macmillan, 2007, pp. 4—7.

④ Ernesto Screpanti, *Libertarian Communism: Marx, Engels and the Political Economy of Freedom*, New York: Palgrave Macmillan, 2007, pp. 71—74.

⑤ Ernesto Screpanti, *Libertarian Communism: Marx, Engels and the Political Economy of Freedom*, New York: Palgrave Macmillan, 2007, p. 81.

其次,通过考察国际社会主义运动,论证马克思主义社会伦理的现实存在形态。如果说,斯库里潘蒂是在资本主义的权力分析基础之上,探讨工人阶级是如何失去自由,又如何赢得自由,并以此实现社会主义伦理的,那么,塞耶尔等人就是通过资本主义的阶级现状,论证社会主义伦理的可能存在形态。在社会主义伦理形态上,塞耶尔考察了阶级信仰、阶级实践和社会结构等方面,并将伦理的主观形态和客观形态进行了区分。他认为,主观形态和客观形态的伦理只是考察角度的不同,不能强行进行比较,包括需求、欲望、满足等主观化的阶级价值取向,应当同时来自这两种形态的伦理道德。①在社会主义伦理发展趋势上,塞耶尔认为,目前资本主义仍然发展良好,固有的社会不平等依旧会有很大的市场。这会造成一个重要的局面,那就是在资本主义社会,公平问题会始终存在下去,进而带动整个政治的发展。而现有的阶级伦理,会对阶级成员产生一种较为深刻的影响。他期望能让人们从出生开始就接受一种平等的阶级观念,而不必等到成人之后,面对社会竞争和不平等时才接触那些阶级伦理。②在 2009 年出版的《启明星:超现实主义、马克思主义、无政府主义、情境主义、乌托邦》一书中,罗伊对马克思主义伦理展开了超现实主义分析。③他认为,同浪漫主义一样,马克思主义伦理是不能同现实相联系的,它属于一种理想化的道德模式。苏联的革命并不是一种彻底的社会主义革命,并不符合超现实主义者预期的那种变革模式,因而,在苏联实现的民主也是远远不能达到马克思主义的原本预期的。在美洲,卡斯特罗和格瓦拉的革命充满了革命浪漫主义,但是,哈瓦那政府支持苏联出兵占领布拉格的事实说明,美洲的社会主义运动同样也不是一种彻底的革命斗争。马克思主义及其伦理在苏联、欧洲和美洲依旧停留在革命的愿景中。

最后,积极构建新的社会模型,解决西方社会的不平等问题。应当指出,现今坚持研究马克思主义的学者,论证马克思主义在现实的可行性已成为他们的共同任务之一。马克思主义的伦理是从马克思主义的整体理论中总结出来的,同时也应遍布社会的历史发展过程中。因此,理论者们对马克思主义理论的政治学考察就具有十分突出的广泛性特征。2009 年,科恩出版了《为什么不要社会主义》一书,讨论马克思主义究竟能不能帮助人们走出资本主义的认知陷阱,实现一种理想性社会。科恩指出,当今破坏社会道德的

---

① Andrew Sayer, *The Moral Significance of Class*, Cambridge: Cambridge University Press, 2005, pp. 214—215.

② Andrew Sayer, *The Moral Significance of Class*, Cambridge: Cambridge University Press, 2005, pp. 231—232.

③ Michael Löwy, *Morning Star: Surrealism*, *Marxism*, *Anarchism*, *Situationism*, *Utopia*, Austin: University of Texas Press, 2009, pp. xx, 38.

主要是个人内心的自私和社会的正义缺失，不平等和不自由也应得到描述，并且予以避免。他引用了约翰·罗默（John E. Roemer）在1994年出版的《社会主义的未来》中关于构建“市场社会主义”的假设，①科恩认为，这种假设能够为社会主义带来效率。他希望在此基础上提出一种更加完善的社会体系，令社会主义不仅能解决效率的问题，还能解决正义的问题。他提出了“野营旅行”（the Camping Trip）的模式，②并期望将这一模式扩大到整个社会中，避免斯密已经指出但又被传统社会主义者忽视的问题，即对市场竞争进行道德批判时往往会忽视一些工具性的依据。对于科恩来说，他所要强调的这种“工具性的依据”，就是社会生产本身也会造成不平等的存在。而“野营旅行”就是要改变传统的社会生产，提倡一种互助式的劳动共同体。可以判断，科恩的马克思主义伦理学是一种温和的、经验的政治性构想。事实上，在这本著作中，科恩也并不确定他的这种构想是否可以真的得到实现，但也足以反映出这位马克思主义理论者、经济学家和政治学家为全面、有机实现马克思主义而作出的努力了。

---

① G. A. Cohen, *Why Not Socialism*, Princeton: Princeton University Press, 2009, pp. 29, 70.

② 科恩认为，“野营旅行”具有三个显著特征：一是每一个成员都拥有平等的身份，二是每一个成员都享有公平的机会，三是可以将整个旅行团体看作马克思的“共同体”概念。

结　语

麦金太尔把自己的哲学家生涯分成了三个阶段，其中1949年至1971年是第一阶段。这一阶段的研究成果虽然不能够代表麦金太尔全部的思想，并且他本人对这一阶段并不看重，但是他还是承认“最后仍然从中学到了很多东西”。①而在20世纪80年代和90年代，他在作品中越来越少地提及马克思主义，哪怕是在批判卢卡奇和法兰克福学派时同样如此。与此同时，亚里士多德主义成为他构建德性理论的主要话语来源。②不过，进入21世纪，麦金太尔关于马克思主义的研究又逐渐增加，在近年来推出的作品中，关于马克思主义的讨论重新占据了较多篇幅。作为一位以德性理论闻名于世的思想巨擘，其研究中包含着复杂的理论和社会因素，当它们一齐被纳入马克思主义视野中时，便呈现出了异常丰富的外延理论。对麦金太尔来说，如何处理这些思想与马克思主义的联系，如何分析其与当时实际的社会、阶级状况之间的关系，并且从中探寻出理论出口，就成为一个长期的任务。而我们在分析这一复杂过程的时候，如何在多样的理论逻辑中对之进行准确定位，又是首先需要解决的问题。

一、麦金太尔的马克思主义角色勘正

麦金太尔出生在一个毫无社会主义氛围的家庭，在经历了一段高校生活之后，他似乎被一股巨大的潮流推动加入在资本主义中孕育起来，又要批判和消灭资本主义的新左派运动当中。他首先是加入了共产党组织，但在一年之后就匆匆退党；然后参与新左派运动的讨论，并先后担任了新左派杂志和托洛茨基主义杂志的编辑；最后又发生话语和逻辑的德性双重转向。可以

① Mark C. Murphy (ed.), *Alasdair MacIntyre*, Cambridge: Cambridge University Press, 2003, p. 1.

② Alasdair MacIntyre, “Comments on Frankfurt”, *Synthese*, Vol. 53, No. 2, 1982, p. 292.

说，麦金太尔这种丰富的组织经历是当时其他左派知识分子难以比拟的。"二战"后，随着冷战以及麦卡锡主义的到来，社会主义运动在西方面临异常严峻的形势，在英国也不可避免地受到了极大压制，但麦金太尔还是加入了共产党组织（虽然紧接着即退出，但原因是其所在组织的低效，而非他对马克思主义本身产生抵触）。接着他以《马克思主义：一种阐释》为第一部著作的标题，毅然展开了对马克思主义的研究。这充分说明麦金太尔在当时对马克思主义的一种强烈的探索欲望，展示的完全是一名马克思主义者的应有形象。

那么，又是什么原因让麦金太尔在研究话语和理论形态上均出现了重要的转变呢？事实上，我们已经提到，麦金太尔所出生的家庭环境决定他的出身与社会主义没有任何关系，因而接触社会主义只能是因为他之后的经历。他的马克思主义研究是以基督教、伦理学以及无产阶级运动实际作为理论或现实依据的。从英国的国家特征来看，首先，它拥有悠久的宗教渊源；其次，英国学术界对伦理学具有关注传统；最后，英国国内在"二战"后产生了社会主义思潮及运动，并由工党发起福利国家政策。因此，是时代将麦金太尔推向了马克思主义。从他自身来说，并没有对马克思主义本身的理论、理念产生某种程度上的信仰。如果说麦金太尔真的信仰什么，那就是人类的德性。从而我们也可以理解，麦金太尔在 20 多年与马克思主义的接触中为什么不断变换话语阵地和逻辑，而对德性的追求却始终没有改变。

在本科期间加入共产党可以说是麦金太尔与马克思主义的第一次真正接触，但是由于他当时并没有形成固定的理论旨趣，因而对于英国共产党也只是一种尝试性的加入。但是他的退出并不意味着对社会主义的放弃。因为退党才是其马克思主义理论形成的第一步。之后，他的第一部著作就以马克思主义为主题出版了。不仅如此，紧接着他便以一名真正的理论者身份参与到新左派运动当中，并且与本土化特征紧紧结合到了一起。本土化是当时英国新左派学者"强调马克思主义的科学方法论本质，认为只有在马克思主义的指导下科学地认识世界才能革命地改造世界"，从而"主张运用马克思主义分析、解决英国问题，并将马克思主义与英国本土思想资源和理论传统结合起来，以期激发出英国民众的革命热情"的诉求。[①]虽然这一种诉求对于新左派来说是明确的，但是并不意味着其就拥有了"系统化的哲学基础"。[②]虽然麦金太尔和汤普森、汉森、泰勒等人一起针对斯大林主义而讨论社会主

---

① 张亮：《"英国马克思主义"的历史、理论道路与理论成就》，《马克思主义研究》2012 年第 7 期。

② Lin Chun, *The British New Left*, Edinburgh: Edinburgh University Press Ltd., 1993, p. 33.

义人道主义，但是，他的理论取向却是十分独特的。

这一独特性在麦金太尔随后加入托洛茨基主义组织——英国社会主义工人联盟和担任《国际社会主义》编辑就可以看出。实际上，在当时的英国马克思主义阵营内，托洛茨基主义阵营与新左派阵营是格格不入的。新左派理论者认为托洛茨基主义是“宗派主义和理论刻板”的重复，而托洛茨基主义者们则质疑前者的“马克思主义理论”是否还存在着，认为他们的“工人主义”恰恰成为其脱离工人的标志。①而麦金太尔先后加入这两种阵营，也是任何英国的左派理论者都没有的经历。这一特征从麦金太尔发表文章的期刊亦可以体现出来。1958 年和 1959 年是麦金太尔构建其社会主义人道主义的主要时期，也是他与新左派运动结合得最为紧密的时期。批判斯大林主义、提倡人道主义成为他们的共同关注点。在这两年中，麦金太尔在《大学与左派评论》和《新理性者》上面发表了大量的文章，尤以《道德荒原笔记》为代表。但有趣的是，这一情况在 1959 年夏天发生了变化。从那以后，麦金太尔没有再在这两份杂志，包括它们合并之后的《新左派评论》上发表过一篇文章。他转而在托洛茨基主义色彩十分浓重的《工人评论》和《社会主义工人联盟手册》(*Socialist Labour League Pamphlet*)上寻得发表的机会，一篇就是《新左派》这篇文章，另一篇则是质疑工党工人政策本质的《从麦克唐纳到盖茨克尔》。

从 1960 年开始，麦金太尔正式开始了托洛茨基主义的理论探索。他在《国际社会主义》《社会主义评论》等杂志发表了大量的文章，并且已经不再是那种在新左派运动中对马克思主义的建构工作，而是逐渐从理论转向对现实的关注。“因此麦金太尔会认为他加入了一个独立于托洛茨基主义而发展的组织，它拒绝托洛茨基的某些特定理论和组织结论。”②那么他算得上是“异端的托洛茨基主义者”吗？我们认为，托洛茨基主义对于麦金太尔来说，同样是为论述自由而采用的理论素材。从麦金太尔的作品可以看出，在刚加入托洛茨基主义阵营时，他对后者的评价和定位都是相当高的，甚至认为，只有它才真正领导了英国马克思主义。③而到了 20 世纪 60 年代末，正如他评价格瓦拉那样，他认为托洛茨基主义者所从事的只是将原在发达国家才能奏效的革命政策施加在了充斥着困难的地方，这种失败是“无法避免的”。或

---

① Peter Sedgwick, “Lidchester Leads the Way”, *Clarion*, 12, February 1960, pp. 11—12.

② Paul Blackledge and Kelvin Knight (eds.), *Virtue and Politics: Alasdair MacIntyre's Revolutionary Aristotelianism*, Notre Dame: University of Notre Dame Press, 2011, p. 162.

③ Alasdair MacIntyre, “Communism and British Intellentuals”, *The Listener*, 7, January 1960, p. 21.

许我们会认为,麦金太尔在20世纪60年代作为一位托洛茨基主义者放弃了立场。但是其中需要深究的是,同当年退出新左派运动一样,麦金太尔究竟是从何种意义上要脱离托洛茨基主义的?答案就是德性。

麦金太尔在撰写《伦理学简史》的时候就明确说明,撰写此书是要强调“相互对立的道德哲学如何表达了不同类型的道德概念和道德判断的合理要求,并且这些不同类型的道德概念和判断本身又是如何根植于不同的实际的和可能的社会秩序形式中,并表达了这些社会秩序”。[①]那么,如何将这些不同的甚至是对立的德性理论进行融合,以形成“善”的真正概念呢?那就是像亚里士多德主义那样,将善作为人类实践的最终目的。因此,“实践”范畴就成为麦金太尔德性理论中的一个核心范畴,通过它,麦金太尔既继承了亚里士多德的德性目的论,同时,又可以避免其形而上学的不足。通过这些,他终于可以描绘出一个独特的以主体自由为基础的、试图跳出当今社会规范约束的道德构想。

这部著作可以说是麦金太尔的一份伦理学研究小结,但其更为深远的任务,是提倡“从过去的东西中挑选我们现在所认为的归于道德哲学标题之下的东西”,“我们应尽可能地让哲学的历史来打碎我们当代的偏见,以便在思想、言语、行为的史实面前,抛弃那关于什么是可思、可说、可做的和什么是不可思、不可做和不能做的我们的太狭隘的观念”。[②]因此,麦金太尔已经将哲学的任务归结在伦理学的讨论范围之内,而后者也成为人类行为和言行的标尺。而反观他关于马克思主义的作品,一个很明显的特征,便是视角中掺入了道义成分。事实上,他已经不再将当时的道德批判简单归结为是社会主义对资本主义的批判,而是针对“资本主义本身的非道德和邪恶”。[③]

不论是麦金太尔加入英国共产党,或是投身新左派运动,还是加入托洛茨基主义阵营,这些都不能说明他永远都会采用显性的马克思主义话语体系和形态,因为尚有一个重要的维度在决定着他的话语走向,那就是德性。尽管麦金太尔从事德性理论研究已有半个世纪的时间,但他在近乎鲐背之年出版的著作中再一次总结其德性理论时,仍然无法割舍马克思主义的方法论和话语。这充分体现了马克思主义话语、逻辑和立场在其整个理论历程中的在场。当然,本书对他的马克思主义理论文章进行分析的时候,尚未覆盖其全

① [美]阿拉斯代尔·麦金太尔:《伦理学简史》,龚群译,北京:商务印书馆,2003年版,第15页。

② [美]阿拉斯代尔·麦金太尔:《伦理学简史》,龚群译,北京:商务印书馆,2003年版,第26页。

③ Alasdair MacIntyre, *Against the Self-Images of the Ages: Essay on Ideology and Philosophy*, Notre Dame: University of Notre Dame Press, 1971, p. 39.

部的德性和宗教学作品，如果进一步发掘，相信可以更加完整地归纳其理论思想中的马克思主义隐性形态。我们可以得出的结论是，麦金太尔在学术生涯中从事的是对各种理论立场的不断取舍，包括基督教、马克思主义和西方传统道德理论等。麦金太尔始终相信，马克思和马克思主义本身并不是反对道德的，相反，从另一层面来说，道德也是马克思的一种追求："马克思一生都把经济发展和道德进步看作紧密相关的两件事，但他又始终认为，在这两者之间存在着深刻的矛盾，它们虽然相互依赖、相互贯通，但却又彼此对立、排斥和冲突。在政治经济学的研究过程中，他之所以从道德批判开始而以科学批判结束，并且不断地拓宽自己的研究领域，用辩证的同时是严格唯物主义的科学态度和方法深入探究迄今为止的全部人类历史，就在于道德的进步并非出于人们的善良意志，其真正的基础深藏在人类历史和经济发展的规律之中。"①麦金太尔或许不可能明白，他所抛弃的正是基于物质实践的、反抗资本主义"颠倒了的"假象的最为彻底的手段。②虽然麦金太尔同样追求德性，并且也力图从马克思主义中吸取道德因素，但究其目的，就是要找到一个论述其道德意向的载体。令人可惜的是，他并没有看到马克思用经济学追求德性这一方法的科学性，相反，却极力排斥这种方法，依照他自身的经验性推测。如果说黑格尔和费尔巴哈的人本学本质上同康德的道德律一样不能基于"现实工业社会的发端"，那么，麦金太尔的德性则是基于这种现实，却同样又具有"浪漫主义"的构想。③综合起来看，麦金太尔是一名曾经的西方马克思主义者、新左派知识分子和托洛茨基主义者；从他整个学术生涯来看，则是一名以马克思主义的显性和隐性话语和逻辑为理论支撑的德性论者。

二、麦金太尔马克思主义思想的理论特质

麦金太尔在其研究工作的前 20 多年时间里经历了十分复杂的思想转变。当研究者们都把眼光聚焦在他之后的德性创作的时候，我们应当注意的是，这一体系的构成是以他之前另一理论系统的转向过程为铺垫的。麦金太尔的马克思主义本土性研究始终是以对人性的探索作为最终目标的，因此他的马克思主义理论都基于德性向度进行展开。从麦金太尔在同时期所写的

---

① 孙伯鍨：《历史、实践与社会》，南京：江苏人民出版社，2013 年版，第 95—96 页。
② 张一兵：《回到马克思——经济学语境中的哲学话语》，南京：江苏人民出版社，2003 年版，第 7 页。
③ 张一兵主编：《马克思哲学的历史原像》，北京：人民出版社，2009 年版，第 195—196 页。

其他著作来看,对于人的本质和自由的讨论始终是一个重要主题。他从学术研究的初期就将亚里士多德、康德、基督教和马克思主义放到了视域中间。在之后的研究中,马克思主义成为他构建德性理论的载体。麦金太尔根据青年马克思对人本学以及人的解放思想的研究,以及他自身对斯大林主义的德性批判,得出了最终结论,那就是马克思主义并不能够直接在现实的资本主义环境中指导工人阶级及其政党完成解放运动。不过,马克思主义依旧是麦金太尔进行德性理论建构的理论基石。具体来说,是工人阶级运动和资本主义发展的现实,让马克思主义在麦金太尔那里从显性形态退居到隐性形态,即"第二形态"。但是,马克思主义的革命性和实践性依旧是麦金太尔哲学体系的特质。从其思想的发展过程,我们可以解读出多维度的深刻内涵。

第一,麦金太尔马克思主义话语和形态的转变折射出复杂的理论建构和重构过程。我们从麦金太尔的著作中可以看到,当初他完成的第一部著作可以说是他对高校理论学习和实践经历的一个总结。他将这本著作命名为《马克思主义:一种阐释》。这意味着,他是要用自己的切身理解,对马克思进行一种新的阐释。但是在之后的几年中,他并没有继续对马克思主义进行深入的研究,而是继续从事 1953 年之前的基督教和康德德性研究。到了 50 年代后期,他之所以回归到社会主义人道主义研究,并且与新左派知识分子展开讨论,正是基于对苏联社会主义的反思。在此之后,麦金太尔由于立场原因,与新左派发生了分歧,他甚至在 1963 年公开指出新左派的道德思想是模糊的。①而在担任托洛茨基主义杂志编辑的过程中,他更加着重对密尔式的资本主义自由展开批判,实际主张进行一种"革命的亚里士多德主义"。随后,麦金太尔不断寻求新的伦理学话语和形态的建构,但始终未放弃马克思主义的立场。虽然在这一过程中,马克思主义已经从显性形态转匿成为隐性形态,但是实质上,麦金太尔将马克思主义的实际存在领域扩充到认识论、叙事方式、个人欲望的最终考察。由此,马克思主义之于麦金太尔理论体系的重要性又提升至一个全新的高度。

第二,麦金太尔马克思主义话语和形态的转变折射出极其鲜明的时代背景。麦金太尔走向马克思主义的一个客观背景是,随着"二战"后共产主义的长足发展,英国国内的社会主义思潮也不断涌现,加上福利国家政策的出现推动社会主义在英国的进一步普及,这些为麦金太尔接触和深入了解马克思主义提供了十分现实和有力的社会支撑。但是当时英国国内的工人阶级政党已不能够抵抗资产阶级民主的冲击,不仅与工人阶级严重疏远,甚至还

① Alasdair MacIntyre, "Marx and Morals", *International Socialism*, 14, Autumn 1963, p. 35.

产生了对立：代表工人阶级的政党的上层均由于中产阶级的身份，而在本质上抛弃了工人阶级利益。就工人阶级自身来说，随着资本主义剩余劳动率不断增大，虽造成了更高的失业率和更低的养老金，但是对劳动者素质要求的不断提高加剧了工人的内部竞争，使工会、生产联合委员会的凝聚性大大下降。这一状况造成了“二战”后英国社会理论的多元性特征，当时盛行的理论既包括凯恩斯主义和新自由主义，同时还有新左派以及托洛茨基主义。而麦金太尔本身也可以说怀揣着追求德性的目标而在不同的话语体系间游离。

同时，在国际层面，斯大林和苏联的对外政策也是麦金太尔对马克思主义的现实形态产生严重质疑的重要缘由。当然，这种影响之大不仅仅体现在麦金太尔身上。我们之前也提到，苏联的斯大林主义、官僚主义直接促成了英国新左派的诞生，同时，也是这些成为麦金太尔分析和反思的依据，并直接导致了麦金太尔左派理论立场的转向。对于未来的态度，是他否定决定论、肯定未来革命的起点：青年马克思尽管不同意黑格尔所认为的世界的历史是不可改变的，但马克思之后从恩格斯那里接受了对历史发展的乐观预测，将历史的发展看作一种可预见的步骤，因此在他和恩格斯的著作中充满了“必然”“一定”“不会”等词汇。①如何通过解释“应是”（ought）继续阐释道德革命成为麦金太尔思考的重点。因此可以说，麦金太尔从理论上彻底反思马克思主义，是受到来自理论和现实的双重影响。

第三，麦金太尔的马克思主义研究的转变与英国新左派的代际转变有高度的同步性。在1956年之前，麦金太尔尚处于独立探索时期，但从新左派成立开始，特别是1958年之后，他与其他理论者便拥有了相同的马克思主义本土化探讨氛围。对于新左派理论者而言，马克思主义并不是以一种固定的形态存在的。斯图亚特·霍尔的观点具有一定的代表性。他说，“新左派一直认为马克思主义是一个问题，一个难题，一种危险，而不是一种解决办法”，原因在于当代的马克思主义已经不能作为一种可以给人们提供答案的理论出现了。②这在一定意义上造成了新左派运动自身的多样性向度，但也为之后的代际差异埋下了伏笔。戴维斯在其论文《英国新左派的马克思主义》中认为，新左派的马克思主义整体上来说是一种脱离了阶级的“理论主义”，这也是他们所留下的最大的遗产。③从新左派发展的阶段性来看，英国的马克思

① Alasdair MacIntyre, “Prediction in Politics”, *International Socialism*, 13, Summer 1963, p. 15.

② Stuart Hall, “Culture Studies and Its Theoretical Legacies”, Lawrence Grossberg *et al.* (ed.), *Culture Studies*, London: Routledge, 1992, p. 279.

③ Madeleine Davis, “The Marxism of the British New Left”, *Journal of Political Ideologies*, October 2006, p. 355.

主义事实上并未能够找到现实的出路。他们在为实现英国马克思主义本土化进行努力的过程中先后产生了两种近乎对立的立场,而麦金太尔在这一时期同样也经历了重大的理论形态变化。

总体来看,第一代新左派运动对麦金太尔的理论创造产生了重要的推动作用。理论者们希望通过经验性理论,利用马克思主义的传统和系统性方法论改造英国社会,而麦金太尔同样基于宗教学和德性的经验性前提分析了马克思主义,并且暂时进入与汤普森等人共同的人道主义语境之中。因此,他们都"获得了一种具有英国本土特色的重构形态"。[①]但随着新左派运动的继续开展,原先汤普森等人的传统性立场不再被下一代新左派知识分子坚持下去,后者注重的是一种"体系化建构"的具有普遍特征的"结构主义马克思主义",并且认为应当重视"自上而下看的历史",[②]实际上怀疑和否认工人阶级的领导地位。这一思想在麦金太尔结束和第一代新左派理论者的人道主义讨论之后就逐渐显露出来。戏剧性的是,作为第一代新左派代表的汤普森与第二代新左派代表的安德森,他们对于麦金太尔的评价是完全不一样的。由于麦金太尔在社会主义人道主义观点上与汤普森相近,因而得到了汤普森的肯定,他认为麦金太尔是"坚定的马克思主义人道主义者";而安德森则认为麦金太尔是一个"变节者",只是在坚持他自己的一套意识形态。[③]面对安德森的指责,麦金太尔并没有示弱,他也指责安德森是一个"决定论者",[④]并且最终与以后者为核心的第二代英国新左派分道扬镳,转向了系统的伦理学研究。

三、麦金太尔马克思主义思想的价值解读

与蜚声世界的德性论体系相比较,麦金太尔的马克思主义显性话语和逻辑研究显得是"另类的"和"破碎的",但这绝不意味着该段研究历程就没有价值。相反,由于这一过程在麦金太尔个人思想史中所占据的重要地位,以

---

① 张亮:《"英国马克思主义"的历史、理论道路与理论成就》,《马克思主义研究》2012 年第 7 期。

② 张亮:《从文化马克思主义到"结构主义的马克思主义"——20 世纪 60 年代初至 80 年代初英国马克思主义的发展历程》,《文史哲》2010 年第 1 期。

③ Paul Blackledge and Neil Davidson (eds.), *Alasdair MacIntyre's Engagement with Marxism*, Chicago: Haymarket Books, 2009, p. xvii. 高国希:《麦金太尔:亚里士多德式的马克思主义》,《马克思主义与现实》2011 年第 1 期。

④ Alasdair MacIntyre, "Marx and Morals", *International Socialism*, 14, Autumn 1963, p. 35.

及它与那个时代的西方社会文化发展的紧密相关性，研究麦金太尔马克思主义的思想发展具有显著的学术意义。

具体来说，首先，早期的显性马克思主义话语和逻辑是麦金太尔追寻美德之路的重要理论铺垫，因此对这一阶段的把握，是我们完整理解麦金太尔伦理观必不可少的步骤。从他走向马克思主义，到反省马克思主义，再到形态转型，这段历程是他个人的理论兴趣和社会政治、文化环境等共同推动的结果，也是其理论追求形成的一个显著特色。我们可以看到，不论是他就学的专业、毕业论文的写作，还是著作的出版，都是紧紧围绕德性目标进行的。麦金太尔的马克思主义研究经历始终伴随着对无产阶级运动现状的观望和立场话语的不断修饰，直至他沉浸在纯粹价值观的话语之中。阶级革命是无产阶级改造人类历史的最强大的政治方式，是马克思主义理论中最显著的历史进化标志，而麦金太尔的社会主义人道主义只能是一种借助马克思理论以及当时英国社会主义运动表达其道德实践理论的产物。他真正需要从马克思那里汲取的是一种实践理论，以及"人的本质"这样能够使道德与欲望合二为一的概念，即"它带来了基于现实状况而又超越现实状况进行判断的可能性"。[①]如果说其他同时代的第一代英国新左派理论者追寻的是一种非抽象化的本土化马克思主义，那么，麦金太尔从一开始就走上了一条寄托于主观的道德实践之路。而这种实践道路在马克思的革命理论中又得到了完整的阐释：社会主体以"广义的革命性"为原则，追求自身目标，并且，这里的目标同样也超越了资本主义性质的"自由、平等、博爱"。[②]从麦金太尔之后的德性观点可以清楚地看到，麦金太尔不仅不忌讳"革命"的概念，还将之作为其追求德性的方式。他在《亚里士多德主义是如何具有革命性的：伦理、反抗与乌托邦》一文中认为，在《追寻美德》这本书中他重点运用了"实践"概念，这也成为他摆脱道德乌托邦的基础，"我们离能够发现社会生活的道德模型还很远，除非能够认知一种实践理性，这样我们才会开始意识到我们需要学习的东西"，[③]他并不否认马克思曾认为的实践能够让人类"开辟真正获得自己主导地位的现实可能性"。[④]清楚了这一点，当我们在分析其德性理论的时候，就能够基于其整个思想发展史进行鸟瞰，为研究提供更为宽广和全面的视野。

---

① Alasdair MacIntyre, "Culture and Revolution", *International Socialism*, 5, Summer 1961, p. 28.

② 唐正东：《有原则的实践：马克思实践概念的应有之义及当代意义》，《马克思主义与现实》2014年第3期。

③ Paul Blackledge and Kelvin Knight (eds.), *Virtue and Politics: Alasdair MacIntyre's Revolutionary Aristotelianism*, Notre Dame: University of Notre Dame Press, 2011, p. 19.

④ 张一兵主编：《马克思哲学的历史原像》，北京：人民出版社，2009年版，第314页。

其次，麦金太尔的马克思主义研究能够帮助我们进一步理解英国新左派运动的发展历程。虽然麦金太尔并不是首先在英国公开提出构建社会主义人道主义的理论者，在新左派内部的影响也不能同汤普森和威廉斯（第一代）、霍尔和安德森（第二代）相提并论，但是，如果考察新左派运动时忽略了英国马克思主义的早期发展史，特别是麦金太尔那段思想史，将是不完整的。原因是他与其他新左派理论者不仅仅拥有相似的马克思主义话语，同样还有对社会主义人道主义的共同追求，这些无疑深化了英国马克思主义理论内涵，是对英国马克思主义的重大发展。再加上后来他在马克思主义立场上的退却，使得这一转变过程的内涵显得更为丰厚，也可以为理解新左派由第一代向第二代的革命立场转变提供重要借鉴。麦金太尔不是从显性马克思主义形态退却的唯一一人，作为新左派第二代旗手的安德森同样如此。当然，他们的退却不是发生在同一时期（安德森的退却是在2000年之后重新担任《新左派评论》的主编时），但是两人退却的缘由却十分相近。安德森认为："当代资本主义已经全面击退自己所面临的制度威胁，成为当前最为强大的经济力量，经济结构的这种革变从根本上改变了杂志（《新左派评论》——引者注）原先赖以面对现实的政治、意识形态和文化基础；左派必须理性地承认这一历史性的失败，杂志也必须因此放弃自欺，现实主义地面对现实，改变自己的风格和编辑理念，同时保持自己的激进立场。"①这一理念与麦金太尔当初对英国新左派和马克思主义的定位极其相似。因此，将麦金太尔马克思主义探索过程完整地展现出来，既是我们理解其社会主义人道主义相关主张，同时也是发掘他与其他新左派理论者的思想联系，进而加强对整个新左派运动的总体化认识的必要环节。

最后，这一研究有助于理解英国马克思主义的本土化特质。②本土化，是包括早期麦金太尔在内的英国新左派理论者研究马克思主义的鲜明特征，而对麦金太尔当时思想的研究可帮助我们对整个英国新左派进行把握。虽然西方学术界对于本土化的定位还有异议，但是多数学者都赋予马克思主义一种英国特性："霍尔以及相关的英国黑人文化研究传统与本土化这个思想的关系是非常重要的。他们不仅解构了英国人这个概念，而且也像许多其他人那样解构了民族国家本身的自然性——正如本土化的马克思主义这样的思想所暗含的那样，民族国家把世界分割成许多独立的实

① 张亮：《从激进乐观主义到现实主义——佩里·安德森与〈新左派评论〉杂志的理论退却》，《马克思主义研究》2003年第2期。

② 张亮：《在发展中坚持历史唯物主义："英国马克思主义"的理论启示》，《理论探讨》2013年第5期。

体。"[①]事实上,当英国新左派理论者批判苏联官僚主义的时候,就已经将其看成一种马克思主义形式了。就当时的社会主义形势来看,苏联作为马克思理论的重要成就,在为其他国家的社会主义者树立模型的同时,也带来了诸多思考的话题。总的来说就是英国本土的理论者们都不认同斯大林主义对马克思主义的教条主义解释,纷纷试图寻找到适应本国的理论出路,这成为马克思主义本土化问题的根源。虽然麦金太尔研究马克思主义是为了构建德性理论,但是这也是一个典型的马克思主义英国化的过程。以此为基础,我们可以将麦金太尔的马克思主义探索进行正确定位,那就是:尽管麦金太尔一开始并不是一名马克思主义者或马克思主义理论者,但是他为了探寻人类社会的德性构建这一理论目标,选择了马克思主义作为话语载体、立场载体、价值观基础和方法论依据。并且马克思主义对他的影响一直存在于其整个探索过程中。如果放大到对整个英国马克思主义的考察层面,与其说英国马克思主义是一种马克思主义的本土化研究产物,倒不如说,是马克思主义的本土化运用产物。这样,英国的马克思主义本土化含义也就进一步加深了。而从西方伦理学考察角度来看,作为代表人物的麦金太尔对马克思主义的继承和运用,更加说明一些西方学者指责马克思主义缺乏道德理论是完全错误的。

研究麦金太尔的马克思主义思想涉及较多理论层面,包括 20 世纪中期到中后期马克思主义在英国政治进程、社会运动和学术研究中的存在形态,麦金太尔自身的伦理学意向,以及马克思主义自身的理论结构等。麦金太尔凭借其多元的理论话语和逻辑展示出的马克思主义本土化工程,为我们全面把握英国马克思主义的发展历程提供了参照。尽管他最终的马克思主义理论转向隐性的"第二形态",但是,此项研究对我们理解马克思主义在西方的多元化发展,加深对马克思主义自身的道德向度反思具有重要意义,我们应当予以充分重视。

---

① [美]丹尼斯·德沃金:《斯图亚特·霍尔与英国马克思主义》,《学海》2011 年第 1 期。德沃金同时指出,"英国性"与"本土化"是应当予以区分的两个概念,因为后者较前者更加多了一层"获得公民身份"的意味,因此"马克思主义的移民身份正在被归入英国国籍和英国性之中"。虽然德沃金认为英国新左派应当是指以霍尔为代表的文化马克思主义,但是不可否认的是,这样的定义会大大削减作为一个整体的英国新左派理论者的影响和贡献。

主要参考文献

一、中文部分

（一）马克思主义经典著作

1.《马克思恩格斯全集》第13卷，北京：人民出版社，1998年版。
2.《马克思恩格斯全集》第25卷，北京：人民出版社，2001年版。
3.《马克思恩格斯文集》第1卷，北京：人民出版社，2009年版。
4.《马克思恩格斯文集》第2卷，北京：人民出版社，2009年版。
5.《马克思恩格斯文集》第3卷，北京：人民出版社，2009年版。
6.《马克思恩格斯文集》第4卷，北京：人民出版社，2009年版。
7.《马克思恩格斯文集》第5卷，北京：人民出版社，2009年版。
8.《马克思恩格斯文集》第7卷，北京：人民出版社，2009年版。
9.《马克思恩格斯文集》第9卷，北京：人民出版社，2009年版。
10.［苏联］列宁：《帝国主义是资本主义的最高阶段》，北京：人民出版社 2001年版。
11.［苏联］列宁：《国家与革命》，北京：人民出版社，2015年版。
12.［苏联］列宁：《共产主义运动中的"左派"幼稚病》，北京：人民出版社，2016年版。
13.《关于国际共产主义运动总路线的论战》，北京：人民出版社，1965年版。

（二）其他著作与编著

1.［美］阿拉斯代尔·麦金太尔：《马尔库塞》，邵一诞译，北京：中国社会科学出版社，1989年版。
2.［美］阿拉斯代尔·麦金太尔：《伦理学简史》，龚群译，北京：商务印书馆，2003年版。
3.［美］阿拉斯戴尔·麦金太尔：《追寻美德：道德理论研究》，宋继杰译，南京：译林出版社，2011年版。
4.［英］阿拉斯代尔·麦金泰尔：《现代性冲突中的伦理学：论欲望、实践推理和叙事》，李茂森译，北京：中国人民大学出版社，2021年版。

5. [英] 阿瑟·马威克:《一九四五年以来的英国社会》,马传禧等译,北京:商务印书馆,1992 年版。
6. [英] 安东尼·克罗斯兰:《社会主义的未来》,轩传树等译,上海:上海人民出版社,2011 年版。
7. [德] 伯恩斯坦:《社会主义的前提和社会民主党的任务》,舒贻上、杨凡等译,北京:生活·读书·新知三联书店,1958 年版。
8. [美] 杜娜叶夫斯卡娅:《马克思主义与自由》,傅小平译,沈阳:辽宁教育出版社,1998 年版。
9. [德] 费尔巴哈:《基督教的本质》,荣震华译,北京:商务印书馆,1984 年版。
10. [美] 赫伯特·马尔库塞:《爱欲与文明——对弗洛伊德思想的哲学探讨》,上海:上海译文出版社,1987 年版。
11. [美] 赫伯特·马尔库塞:《理性和革命——黑格尔和社会理论的兴起》,程志民等译,上海:上海人民出版社,2007 年版。
12. [德] 黑格尔:《法哲学原理》,范扬、张企泰译,北京:商务印书馆,1961 年版。
13. [德] 黑格尔:《小逻辑》,贺麟译,北京:商务印书馆,1980 年版。
14. [英] K. R. 波珀:《科学发现的逻辑》,查汝强、邱仁宗译,北京:科学出版社,1986 年版。
15. [英] 卡尔·波普:《历史决定论的贫困》,杜汝楫、邱仁宗译,北京:华夏出版社,1987 年版。
16. [英] 克里门特·艾德礼:《走向社会主义的意志和道路》,郑肃译,北京:商务印书馆,1961 年版。
17. [匈] 卢卡奇:《历史与阶级意识——关于马克思主义辩证法的研究》,杜章智等译,北京:商务印书馆,1996 年版。
18. [英] 史蒂文·卢克斯:《马克思主义与道德》,袁聚录译,田世锭校,北京:高等教育出版社,2009 年版。
19. [德] 托马斯·曼:《魔山》,杨武能译,成都:四川文艺出版社,2010 年版。
20. [古希腊] 亚里士多德:《尼各马可伦理学》,廖申白译注,北京:商务印书馆,2003 年版。
21. [英] 约翰·密尔:《论自由》,许宝骙译,北京:商务印书馆,2007 年版。
22. 高国希:《走出伦理困境——麦金太尔道德哲学与马克思主义伦理学研究》,上海:上海社会科学院出版社,1996 年版。

23. 胡大平:《回到恩格斯——文本、理论和解读政治学》,南京: 江苏人民出版社,2011 年版。
24. 钱乘旦、许洁明:《英国通史》,上海: 上海社会科学院出版社,2002 年版。
25. 乔瑞金等:《英国的新马克思主义》,北京: 人民出版社,2013 年版。
26. 秦越存:《追寻美德之路: 麦金太尔对现代西方伦理危机的反思》,北京: 中央编译出版社,2008 年版。
27. 孙伯鍨:《历史、实践与社会》,南京: 江苏人民出版社,2013 年版。
28. 孙伯鍨、侯惠勤主编:《马克思主义哲学的历史和现状》上卷,南京: 南京大学出版社,2004 年版。
29. 孙伯鍨、侯惠勤主编:《马克思主义哲学的历史和现状》下卷,南京: 南京大学出版社,2004 年版。
30. 孙乐强:《马克思再生产理论及其哲学效应研究》,南京: 江苏人民出版社,2016 年版。
31. 孙乐强:《〈资本论〉的哲学思想及其当代效应研究》,北京: 北京师范大学出版社,2022 年版。
32. 唐正东:《从斯密到马克思——经济哲学方法的历史性诠释》,南京: 江苏人民出版社,2009 年版。
33. 张亮:《阶级、文化与民族传统——爱德华·P. 汤普森的历史唯物主义思想研究》,南京: 江苏人民出版社,2008 年版。
34. 张亮编:《英国新左派思想家》,南京: 江苏人民出版社,2010 年版。
35. 张亮主编:《卢卡奇研究指南》第 1—3 卷,南京: 江苏人民出版社,2022 年版。
36. 张亮、孙乐强等:《21 世纪国外马克思主义哲学若干重大问题研究》,北京: 人民出版社,2020 年版。
37. 张亮、孙乐强主编:《西方马克思主义原著选读》第 3 版,南京: 南京大学出版社,2022 年版。
38. 张亮、熊婴编:《伦理、文化与社会主义——英国新左派早期思想读本》,南京: 江苏人民出版社,2013 年版。
39. 张一兵:《回到马克思——经济学语境中的哲学话语》,南京: 江苏人民出版社,2003 年版。
40. 张一兵主编:《马克思哲学的历史原像》,北京: 人民出版社,2009 年版。
41. 周嘉昕:《重访青年马克思: 历史、理论与文本》,南京: 江苏人民出版社,2021 年版。

（三）论文及报刊

1. [美] 丹尼斯·德沃金：《斯图亚特·霍尔与英国马克思主义》，《学海》2011年第1期。
2. [英] 玛德琳·戴维斯：《资本主义新变化与新左派的“丰裕社会”之争——论英国新左派在社会主义论战中的思想贡献》，《南京大学学报(哲学·人文科学·社会科学版)》2014年第1期。
3. [德] W. J. 冯·德·达森：《论历史的实践领域——科林伍德的哲学》，《国外社会科学》1982年第12期。
4. 高国希：《康德的德性理论》，《道德与文明》2009年第3期。
5. 高国希：《麦金太尔：亚里士多德式的马克思主义?》，《马克思主义与现实》2011年第1期。
6. 龚群、蔡紫薇：《德性与传统——与陈真教授商榷》，《道德与文明》2018年第6期。
7. 韩伟：《论麦金太尔现代性道德批判中的马克思主义因素》，《马克思主义与现实》2023年第1期。
8. 胡大平：《“一个其意义不亚于唯物主义基本观点的成果”——恩格斯与政治经济学批判》，《天津社会科学》2009年第4期。
9. 黄楠森：《论辩证唯物主义体系的不变性与可变性》，《中共中央党校学报》2001年第4期。
10. 乔瑞金：《英国新左派的社会主义政治至善思想》，《中国社会科学》2014年第9期。
11. 邵永选：《基督教、道德与马克思主义——麦金太尔对马克思主义的人道主义解读》，《理论月刊》2012年第10期。
12. 宋薇、秦明利：《从社会实践论看麦金太尔与马克思主义的关系》，《沈阳大学学报(社会科学版)》2015年第5期。
13. 唐正东：《有原则的实践：马克思实践概念的应有之义及当代意义》，《马克思主义与现实》2014年第3期。
14. 万俊人：《重建美德伦理如何可能——序秦越存博士新著〈追寻美德之路〉》，《伦理学研究》2008年第4期。
15. 万俊人：《美德伦理的现代意义——以麦金太尔的美德理论为中心》，《社会科学战线》2008年第5期。
16. 习近平：《深入学习中国特色社会主义理论体系 努力掌握马克思主义立场观点方法》，《求是》2010年第7期。
17. 习近平：《在哲学社会科学工作座谈会上的讲话》，《人民日报》2016年5

月 19 日。
18. 薛稷、郝晨玮：《麦金太尔对〈历史与阶级意识〉的几点误读》，《广西大学学报（哲学社会科学版）》2023 年第 6 期。
19. 姚大志：《德性与实践——评麦金太尔的德性观》，《社会科学辑刊》2013 年第 5 期。
20. 姚大志：《麦金太尔的善观念批判》，《四川大学学报（哲学社会科学版）》2013 年第 1 期。
21. 姚大志：《“小社群主义”——麦金太尔社群主义研究》，《求是学刊》2013 年第 1 期。
22. 张亮：《通向〈历史与阶级意识〉的道路——黑格尔对早期卢卡奇思想发展的逻辑影响》，《求是学刊》2000 年第 6 期。
23. 张亮：《从激进乐观主义到现实主义——佩里・安德森与〈新左派评论〉杂志的理论退却》，《马克思主义研究》2003 年第 2 期。
24. 张亮：《从文化马克思主义到“结构主义的马克思主义”：20 世纪 60 年代初至 80 年代初英国马克思主义的发展历程》，《文史哲》2010 年第 1 期。
25. 张亮：《“英国马克思主义”的历史、理论道路与理论成就》，《马克思主义研究》2012 年第 7 期。
26. 张亮：《〈新理性者〉、〈大学与左派评论〉和英国新左派的早期发展》，《晋阳学刊》2013 年第 1 期。
27. 张亮：《在发展中坚持历史唯物主义：“英国马克思主义”的理论启示》，《理论探讨》2013 年第 5 期。
28. 张亮：《〈新左派评论〉的“更新”及新左派的再兴》，《江西社会科学》2018 年第 1 期。
29. 张亮：《马克思的理论创新道路及其当代效应》，《哲学研究》2019 年第 1 期。
30. 张亮：《追寻“英国马克思主义”道德之维的历史生成》，《国外理论动态》2022 年第 2 期。
31. 张亮、孙乐强：《21 世纪国外马克思主义思潮的发展趋势及其效应评估》，《马克思主义与现实》2019 年第 6 期。
32. 张亮、孙乐强：《新时代的历史方位与当代国外马克思主义哲学研究的初心使命》，《山东社会科学》2020 年第 5 期。
33. 张霄：《经济关系的人格化与自由个人的现代联合——从马克思的社会学看麦金泰尔的德性论》，《江苏行政学院学报》2020 年第 4 期。
34. 张霄：《麦金太尔的德性理论：一种实践筹划——以〈追寻德性〉为叙事

背景》,《江苏社会科学》2020 年第 6 期。
35. 张晓:《德性与科学的交轨——麦金太尔早期的基督教化马克思主义观评析》,《山东社会科学》2013 年第 6 期。
36. 张晓:《麦金太尔早期的本土化马克思主义探索:历程与归宿》,《马克思主义与现实》2014 年第 5 期。
37. 张晓:《“未知的麦金太尔”及其再发现》,《国外理论动态》2014 年第 12 期。
38. 张晓:《英国新左派运动的社会主义人道主义之争及其反思》,《天津社会科学》2016 年第 4 期。
39. 张晓:《工人和知识分子的再发现:阿拉斯戴尔·麦金太尔早期的社会主义革命观》,《理论探讨》2017 年第 3 期。
40. 张晓:《走出道德荒原——麦金太尔的社会主义人道主义思想及其价值研究》,《晋阳学刊》2017 年第 6 期。
41. 张晓:《社会主义人道主义的批判与重建——麦金太尔〈道德荒原笔记〉解读》,《江西社会科学》2018 年第 1 期。
42. 张晓:《西方左派对中国道路的认知形态及时代回应》,《教学与研究》2020 年第 11 期。
43. 张晓:《追问马克思主义知识分子的时代责任——兼论英国新左派理论者的自我使命之争鸣》,《广西大学学报(哲学社会科学版)》2022 年第 5 期。
44. 张晓:《马克思主义在麦金太尔德性论中的隐匿形态》,《马克思主义哲学》2023 年第 5 期。
45. 张言亮:《论麦金太尔对道德分歧的解决——基于〈追寻美德〉的分析》,《伦理学研究》2021 年第 2 期。
46. 张言亮、李义天:《试论马克思对麦金太尔美德伦理学的影响》,《道德与文明》2012 年第 3 期。
47. 张言亮、唐虎:《麦金太尔“传统”观念探究——基于“追寻美德筹划”的分析》,《世界哲学》2023 年第 6 期。
48. 张一兵:《革命的辩证法与批判的历史唯物主义——解读青年卢卡奇的〈历史与阶级意识〉》,《理论探讨》2000 年第 2 期。
49. 张一兵:《“思想构境论”想说明什么——答王金福》,《学术月刊》2009 年第 7 期。
50. 张永刚:《论麦金太尔道德哲学中的三种思想来源》,《学术研究》2018 年第 8 期。

51. 张永刚:《麦金太尔早期理解人性的双重维度》,《道德与文明》2018 年第 4 期。
52. 张永刚:《从道德无序到美德统一:麦金太尔道德叙事的构思逻辑》,《学术研究》2022 年第 12 期。

二、外文部分

(一) 著作与编著

1. A. J. Polan, *Lenin and the End of Politics*, London: Methuen & Co. Ltd., 1984.
2. Alasdair MacIntyre, *Marxism: An Interpretation*, London: SCM Press Ltd., 1953.
3. Alasdair MacIntyre, *Difficulties in Christian Belief*, London: SCM Press Ltd., 1959.
4. Alasdair MacIntyre, *A Short History of Ethics*, New York: Touchstone, 1966.
5. Alasdair MacIntyre, *Secularization and Moral Change*, Oxford: Oxford University Press, 1967.
6. Alasdair MacIntyre, *Marxism and Christianity*, London: Gerald Duckworth & Co. Ltd., 1968.
7. Alasdair MacIntyre, *Herbert Marcuse: An Exposition and a Polemic*, London: William. Collins & Co. Ltd., 1970.
8. Alasdair MacIntyre, *Against the Self-Images of the Age: Essay on Ideology and Philosophy*, Notre Dame: University of Notre Dame Press, 1971.
9. Alasdair MacIntyre, *After Virture: A Study in Moral Theory*, Notre Dame: University of Notre Dame Press, 2007.
10. Bernhard Giesen and Daniel Suber (eds.), *Religion and Politics: Cultural Perspectives*, Leiden and Boston: Brill, 2005.
11. Callum G. Brown, *Religion and Society in Twentieth-Century Britain*, Harlow: Pearson Education Ltd., 2006.
12. Che Guevara: *Man and Socialism in Cuba*, March 1965.
13. David Boucher and Bruce Haddock (eds.), *Collingwood Studies*, Swansea: The Collingwood Society, 1995.
14. David Thomson (ed.), *Political Ideas*, London: C. A. Watts & Co. Ltd., 1966.
15. David Widgery, *The Left in Britain 1956—68*, Harmondsworth: Penguin

Books, 1976.

16. Derek Fraser (ed.), *The Evolution of the British Welfare State*, Basingstoke: Palgrave Macmillan, 2003.
17. E. P. Thompson, *Out of Apathy*, London: Stevens & Sons Limited, 1960.
18. G. D. H. Cole, *Socialist Economics*, London: Gollancz, 1950.
19. Giovanna Borradori (ed.), Rosanna Crocitto (trans.), *The American Philosopher*, Chicago: University of Chicago Press, 1994.
20. Howard Glennerster, *British Social Policy since 1945*, Oxford: Wiley-Blackwell Publishers Ltd., 1995.
21. John Kenneth Galbraith, *Economics and the Public Purpose*, Thetford: Andre Deutsch, 1973.
22. John Ruskin, *The Ethics of the Dust*, London: J. M. Dent & Sons Ltd., 1908.
23. John Ruskin, *Unto This Last*, Glasgow: The Grant Educational Co. Ltd., 1920.
24. Kelvin Knight (ed.), *The MacIntyre Reader*, Notre Dame: University of Notre Dame Press, 1998.
25. Keith Laybourn, *The Evolution of British Social Policy and the Welfare State*, Keele: Keele University Press, 1995.
26. Keith Robbins, *England, Ireland, Scotland, Wales: The Christian Church 1900—2000*, Oxford: Oxford University Press Inc., 2008.
27. Lawrence Grossberg *et al.* (ed.), *Cultural Studies*, London: Routledge, 1992.
28. Leonard Schapiro and Peter Reddaway (eds.), *Lenin: The Man, the Theorists, the Leader*, London: Pall Mall Press, 1967.
29. Leszek Kolakowski, *Marxism and Beyond*, Letchworth: The Garden City Press Ltd., 1968.
30. Lin Chun, *The British New Left*, Edinburgh: Edinburgh University Press Ltd., 1993.
31. M. Cranston (ed.), *Western Political Philosophers: A Background Book*, London: The Bodley Head, 1964.
32. Mark C. Murphy (ed.), *Alasdair MacIntyre*, Cambridge: Cambridge University Press, 2003.
33. Mark Sandle, *Communism*, Harlow: Pearson Education Ltd., 2006.

34. Michael Kenny, *The First New Left: British Intellectuals After Stalin*, London: Lawerence & Wishart, 1995.

35. Michael Löwy, *Morning Star: Surrealism, Marxism, Anarchism, Situationism, Utopia*, Austin: University of Texas Press, 2009.

36. Noel Thompson, *Political Economy and the Labour Party*, London: Routledge, 2006.

37. Paul Addison, *The Road to 1945: British Politics and the Second World War*, London: Pimlico, 1994.

38. Paul Blackledge, *Marxism and Ethics: Freedom, Desire, and Revolution*, Albany: SUNY Press, 2012.

39. Paul Blackledge, *Reflections on the Marxist Theory of History*, Manchester: Manchester University Press, 2006.

40. Paul Blackledge and Kelvin Knight (eds.), *Virtue and Politics: Alasdair MacIntyre's Revolutionary Aristotelianism*, Notre Dame: University of Notre Dame Press, 2011.

41. Paul Blackledge and Neil Davidson (eds.), *Alasdair MacIntyre's Engagement with Marxism*, Chicago: Haymarket Books, 2009.

42. Peter McMylor, *Alasdair MacIntyre: Critic of Modernity*, London: Routledge, 1994.

43. R. G. Peffer, *Marxism, Morality, and Social Justice*, Princeton: Princeton University Press, 1990.

44. Robert Millward and John Singleton (eds.), *The Political Economy of Nationalisation in Britain 1920—50*, Cambridge: Cambridge University Press, 1995.

45. Robin George Collingwood, *An Essay on Philosophical Method*, London: Oxford University Press, 1933.

46. Rudolf Schlesinger, *Marx: His Time and Ours*, London: Routledge & Kegan Paul Ltd., 1950.

47. Svetlana Alliluyeva, *Twenty Letters to a Friend*, London: Hutchinson & Co. Ltd., 1967.

48. Thomas D. D' Andrea, *Tradition, Rationality, and Virtue: The Thought of Alasdair MacIntyre*, Hampshire: Ashgate Publishing Ltd., 2006.

49. William H. Dray, *History as Re-enactment*, Oxford: Clarendon Press, 1995.

50. William L. Davidson, *Political Thought in England*, London: Williams and

Norgate, 1915.

(二) 论文

1. Alasdair MacIntyre, "Review of M. Pontifex and I. Trethowen, the Meaning of Existence", *Philosophical Quarterly*, Vol. 4, No. 16, 1954.
2. Alasdair MacIntyre, "A Society without a Metaphysics", *The Listener*, September 13, 1956.
3. Alasdair MacIntyre, "Marxist Tracts", *Philosophical Quarterly*, Vol. 6, No. 25, 1956.
4. Alasdair MacIntyre, "On Not Misrepresenting Philosophy", *Universities and Left Review*, 4, 1958.
5. Alasdair MacIntyre, "The Algebra of the Revolution", *Universities and Left Review*, 5, 1958.
6. Alasdair MacIntyre, "Notes from the Moral Wilderness—I", *The New Reasoner*, 7, 1958—59.
7. Alasdair MacIntyre, "Doctor Marx and Doctor Zhivago", *The Listener*, January 8, 1959.
8. Alasdair MacIntyre, "Symptoms of Disease", *New Statesman*, 7, February 1959.
9. Alasdair MacIntyre, "Labour Purge", *New Statesman*, 11, July 1959.
10. Alasdair MacIntyre, "Notes from the Moral Wilderness—II", *The New Reasoner*, 8, 1959.
11. Alasdair MacIntyre, "Marcuse, Marxism and the Monolith", *The New Reasoner*, 9, 1959.
12. Alasdair MacIntyre, "The 'New Left'", *Labour Review*, Vol. 4, No. 3, October-November 1959.
13. Alasdair MacIntyre, "Communism and British Intellectuals", *The Listener*, January 7, 1960.
14. Alasdair MacIntyre, "Freedom and Revolution", *Labour Review*, Vol. 5, No. 1, February-March 1960.
15. Alasdair MacIntyre, "Is a Neutralist Foreign Policy Possible?", *International Socialism*, 3, Winter 1960/1.
16. Alasdair MacIntyre, "The Man Who Answered the Irish Question", *New Left Review*, 8, March-April 1961.
17. Alasdair MacIntyre, "Marxists and Christians", *The Twentieth Century*,

Autumn 1961.

18. Alasdair MacIntyre, "Rejoinder to Left Reformism", *International Socialism*, 6, Autumn 1961.

19. Alasdair MacIntyre, "Review of *Religious Belief* by C. B. Martin", *Philosophical Quarterly*, Vol. 12, No. 48, 1962.

20. Alasdair MacIntyre, "The Factory", *International Socialism*, 9, Summer 1962.

21. Alasdair MacIntyre: "Going into Europe", *Encounter*, Vol. 22, No. 2, February 1963.

22. Alasdair MacIntyre, "Prediction in Politics", *International Socialism*, 13, Summer 1963.

23. Alasdair MacIntyre, "Marx and Morals", *International Socialism*, 14, Autumn 1963.

24. Alasdair MacIntyre, "Labour Policy and Capitalist Planning", *International Socialism*, 15, Winter 1963/4.

25. Alasdair MacIntyre, "Marxist Mask & Romantic Face: Lukács on Thomas Mann", *Encounter*, Vol. 24, No. 4, April 1965.

26. Alasdair MacIntyre, "Liberal Marx", *International Socialism*, 21, Summer 1965.

27. Alasdair MacIntyre, "Only Parts", *International Socialism*, 21, Summer 1965.

28. Alasdair MacIntyre: "Herbert Marcuse: From Marxism to Pessimism", *Survey* 62, January 1967.

29. Alasdair MacIntyre, "How Not to Write About Stalin", *Yale Law Journal*, 77, 1967/68.

30. Alasdair MacIntyre, "How to Write about Lenin—and How Not to", *Encounter*, Vol. 30, No. 5, May 1968.

31. Alasdair MacIntyre, "In Place of Harold Wilson?", *The Listener*, October 10, 1968.

32. Alasdair MacIntyre, "Marxism of the Will", *Partisan Review*, Vol. 36, No. 1, Winter 1969.

33. Alasdair MacIntyre, "Comments on Frankfurt", *Synthese*, Vol. 53, No. 2, 1982.

34. Alasdair MacIntyre, "How Aristotelianism Can Become Revolutionary:

Ethics, Resistance, and Utopia", *Philosophy of Management*, 2008, Vol. 7, No. 1.

35. Alasdiar MacIntyre, "Review of *Christian Faith and Natural Science* and *The Transformation of the Scientific World View*", *Philosophy*, Vol. 29, 1954.
36. Brian Behan, "Socialists and the Trade Unions", *Labour Review*, Vol. 3, No. 4, August-September 1958.
37. Cliff Slaughter, "The 'New Left' and the Working Class", *Labour Review*, Vol. 4, No. 2, July-August 1959.
38. Dinah Birch, "The Ethics of the Dust: Ruskin's Authorities", *Prose Studies: History, Theory, Criticism*, July 16, 2008.
39. E. P. Thompson, "An Open Letter to Leszek Kolakowski", *Socialist Register*, Vol. 10, 1973.
40. E. P. Thompson, "Socialist Humanism: An Epistle to the Philistines", *The New Reasoner*, 1, 1957.
41. Editorial, "Hungary, H-Bomb, Germany", *Universities and Left Review*, 2, 1957.
42. Francois Fejto, "Hungary and Socialism", *Universities and Left Review*, 3, 1958.
43. John Gregson, "Marxism, Ethics and Politics: The Work of Alasdair MacIntyre", *American Catholic Philosophical Quarterly*, January 2019, 93(4).
44. John Marsden, "Frederick Denison Maurice, Christian Socialism and the Future of Social Democracy", *The Heythrop Journal*, Volume 45, Issue 2, April 2004.
45. John Saville, "A Note on Dogmatism", *The New Reasoner*, 1, 1957.
46. Kenneth Muir, "Marx's Conversion to Communism", *The New Reasoner*, 3, 1957—58.
47. Madeleine Davis, "The Marxism of the British New Left", *Journal of Political Ideologies*, October 2006.
48. "New Left and CND", *The Spectator*, May 3, 1962.
49. NLR Editors, "Divide and Conquer", *New Left Review*, 28, November-December 1964.
50. Paul Blackledge, "Utopias: Future, Present and Concrete in Alasdair MacIntyre and C. L. R. James", *International Critical Thought*, Vol. 9,

No. 3, 2019.

51. Peter Sedgwick, "Lidchester Leads the Way", *Clarion*, 12, February 1960.

52. Philip Kohlenberg, "Review of Marxism and Christianity", *The Journal of Religion*, Vol. 50, No. 1, January 1970.

53. R. Beermann, "Rudolf Schlesinger—An Appreciation", *Soviet Studies*, Volume 21, Issue 4, 1970.

54. Régis Debray, "Marxism and the National Question", *New Left Review*, 105, September-October 1977.

55. Richard Hoggart and Raymond Williams, "Working Class Attitudes", *New Left Review*, 1, January-February 1960.

56. Ruth Groff, "Aristotelian Marxism/Marxist Aristotelianism: MacIntyre, Marx and the Analysis of Abstraction", *Philosophy & Social Criticism*, 38, 2012.

57. Sam Mauger, "Communist Party Congress", *New Left Review*, 35, January-February 1966.

58. Stephen J. Fortunato Jr., "The Soul of Socialism: Connecting with the People's Values", *Monthly Review*, Vol. 57, No. 3, July-August 2005.

59. Stuart Hall, "Life and Times of the First New Left", *New Left Review*, 61, January-February 2010.

60. Stuart M. Hall, "The New Conservatism and the Old", *Universities and Left Review*, 1, 1957.

* 主要参考文献所列中文著作，其出版信息均按照相应版权页信息，部分出现同一人物国籍、外文译名不一致的情况，并非讹误。

附录　阿温纳里“犹太马克思学”的21世纪建构：缘起、主题及评价

摘要： 21世纪以来，具有深厚犹太民族背景的阿温纳里在西方马克思主义整体发展面临困境、地区和世界格局发生巨大变化的形势下，保持对马克思理论的学理性坚守，以及对社会批判的革命性坚守，侧重从犹太民族角度出发，探讨马克思关于犹太人问题的相关论述，重新评估马克思主义的当代价值，展开对当代中东问题和西方政治经济体系的全面批判，开辟出一条独特的犹太视角的马克思学探索之路。其研究成果是对当代“西方马克思学”的重要补充。但是，阿温纳里的研究也暴露出研究和批判话语单一、现实可参照性不足、社会主义本质理解出现偏差等问题。

关键词： 阿温纳里；犹太；马克思学；21世纪

21世纪以来，西方世界继续蚕食鲸吞苏联解体和东欧剧变后留下的意识形态真空，其内部也纷纷加强文化思想控制，造成西方马克思主义面临越来越严重的“信仰危机”。[①]与马克思一样拥有深厚犹太民族渊源的当代左派学者希洛姆·阿温纳里（Shlomo Avineri）在接受了西方教育之后，回到以色列这片有着浓厚民族和宗教氛围，且始终处于动荡和战乱之中的土地上，坚持研究马克思理论，开展时代批判，探索出一条独特的犹太马克思学研究路径，成为21世纪国外马克思研究中一位集民族性、学理性和时代性于一体，且成果丰富的马克思学研究者。近年来，国内学术界开始关注到这位犹太左派学者，陆续有译文和研究成果问世。但是，阿温纳里构建犹太马克思学的动机是什么、他是如何构建这一套理论的、其中的理论逻辑是什么、我们又应当如何看待这一套理论等问题，仍然需要进一步探析，这是完整理解21世纪国外马克思主义发展现状的一项重要工作。

---

① 张亮、孙乐强等：《21世纪国外马克思主义哲学若干重大问题研究》，北京：人民出版社，2020年版，第6页。

一、21世纪马克思学研究与左派批判的演变逻辑及整体形态

阿温纳里1933年出生于波兰的别尔斯克(Bielsk),6岁移居今以色列。在犹太民族的社会文化氛围中成长并且接受高等教育,对阿温纳里的思想塑形产生了深远的影响。随后,他又在英国伦敦政治经济学院获得博士学位,接触了包括马克思主义在内的系统人文教育,知识体系得到扩展,逐渐形成了以黑格尔和马克思主义为中心旨趣并结合民族文化,特别是犹太复国主义思想的知识体系。虽然在完成学业之后他再次回到了以色列,并在那里定居下来,但是,阿温纳里的知识体系和理论视域一直没有发生太大的变化。并且从21世纪以来,他又进一步加强马克思学研究,直到80多岁的高龄,仍然撰写和出版马克思主义、犹太民族及建国理论、社会政治批判等领域的相关论著。

阿温纳里之所以在21世纪以来依旧保持较为活跃的理论创造力,是同其前期的马克思学探索经历密不可分的。从阿温纳里的思想发展阶段来看,虽然他的学术历程保持了高度的主题和话题统一性,但是,在各个时期也呈现出了潜在而深刻的旨趣转移或者话语更迭。大体来看,阿温纳里的学术研究进程是按照两条逻辑路径来开展的:一条是对黑格尔,特别是对马克思的法哲学话语的继承与反思;另一条是对国际共产主义运动和犹太民族国家发展的时代关注。从形态来看,他的探索主要可分为三个阶段。

第一个阶段,是从20世纪60年代初至70年代末的理论奠基期。阿温纳里的学习和研究初期,时值冷战阴云笼罩西方,他立志于让马克思理论能够始终保持充足的活力。在1968年出版的《卡尔·马克思的社会与政治思想》一文中,阿温纳里就提出,“我写这本书的目的,就是为那些在西方由于冷战而正处在停滞中的关于马克思主义的创作作品及探讨松绑。期望一种类似的松绑也发生在东方”;同时,他还提出,写这本书的另一个目标,是要真正去研究马克思的多元化思想渊源,排除研究者们因各自的文化背景差异导致的对马克思主义的多元化解读。①随着研究的深入,在6年之后,阿温纳里积累了足够的关于黑格尔的相关研究资料,得以系统地将马克思与黑格尔进

① Shlomo Avineri, *The Social & Political Thought of Karl Marx*, Cambridge: Cambridge University Press, 1968, pp. vii—viii, 3.

行比较性研究，并且期望在研究黑格尔的问题上形成自己的话语，“我致力于描绘黑格尔思想中的社会与政治问题，以尽力呈现一种后者思想中多元化和丰富内涵的可理解的图景”，并且避免一些黑格尔作品翻译者和评论者的旧理解，特别是在“国家”问题上。①因此，这一时期他的作品主要是以研究批判黑格尔和马克思的法哲学为主，也为犹太马克思学的构建奠定了重要的理论基础。

第二个阶段，是从 20 世纪 70 年代末至 90 年代末的时政批判聚焦期。这一阶段，阿温纳里的学术聚焦点发生了第一次转移。“二战”后 30 多年的恢复发展，令社会主义阵营和西方资本主义阵营内部不断积蓄变革力量，导致其间不论是社会主义阵营或西方资本主义阵营都发生了巨大的变革，犹太民族和以色列也在时代的动荡洪流中不断发展着。1979 年和 1981 年，以英国首相撒切尔夫人（Margaret Hilda Thatcher）和美国总统里根（Ronald Wilson Reagan）先后上台为标志，西方正式掀起新自由主义浪潮，令原本就已经消沉的西方左派面临更加巨大的发展阻碍。东欧剧变和苏联解体给全世界带来的冲击同当初十月革命和苏联的建立一样巨大。同时，巴以关系的曲折发展，也牵动着整个国际社会的整体发展趋势。时势的巨大变革，推动阿温纳里着重于对国际政治的考察。在这一段时间，阿温纳里发表论文的频率并不算高，出版著作的数量也不多，但是，对现实的关注，令他的政治哲学话语脱离了第一阶段的高度学理化和内在性形态，加强了时代化关切。其间，阿温纳里的分析主题囊括巴勒斯坦与以色列关系问题、东欧剧变和苏联解体问题、南联盟问题等，发表了一系列基于犹太左派学者立场针对本民族和国际形势变化的研究成果，强化了其学术研究的民族性，特别是基于犹太民族的现实关怀。

第三个阶段，是 21 世纪以来的马克思学旨趣回归期。随着社会主义阵营剧变带来的震动效应逐渐平息，世界政局总体不断缓和，阿温纳里的政治关切也逐渐冷却。但是，西方阵营内部却出现巨大危机，又推动阿温纳里重新回到马克思学的研究中去。21 世纪初，西方世界遭受经济、政治、文化、外交等多重困境，特别是 2008 年金融危机爆发，以及北约组织深陷侵略战争泥潭，给资本主义阵营内部造成了深远的政治、经济影响，民族主义、民粹主义、贸易保护主义泛起对西方价值观的毁灭性冲击，导致西方民主制度的合法性危机频发。这些为阿温纳里开展理论和现实研究提供了重大契机。

① Shlomo Avineri, *Hegel's Theory of the Modern State*, Cambridge: Cambridge University Press, 1974, pp. viii—ix.

加之阿温纳里本身就身处全球政治和社会局势最为动荡，也是国家和民族问题最为复杂的地区之一，令他无法逃避对现实社会政治的关切，因而推动他将发展马克思主义、现代西方社会批判和犹太民族等重大问题相融合。

应当说，客观因素是阿温纳里在21世纪转移学术焦点的重要原因，但是更主要的原因来自其主观方面。他在20世纪后期开展全面的政治学批判尝试之后，发现始终无法构建起有力的理论体系，最终只有马克思学研究才是符合他自身的理论旨趣和所处社会及时代特点的。因此，从21世纪以来，阿温纳里在其理论生涯的第三个阶段，对既有理论进行反思和再整合，特别是将马克思学探索与犹太民族理论构建进行深度整合，并持续针对西方开展全面的时代批判，体现其对学术立场、学术批判的坚持，保持了高度的学术聚焦。一是他对研究人物的相对聚焦。黑格尔和马克思是阿温纳里的主要理论导师。阿温纳里在学术生涯初期发表的论文，主题就涵盖了黑格尔思想中的战争观、黑格尔与国家主义、黑格尔的犹太民族解放思想，以及马克思的民族思想、左派的马克思主义立场考察、马克思与黑格尔的政治理论关系，等等。进入21世纪之后，阿温纳里始终沿着初期的研究方向进一步深挖，形成了关于国家观、殖民主义、国家和民族独立问题等一系列成果。并且，他的专著和编著主题也涵盖了马克思的政治与社会理论、黑格尔现代国家理论、马克思主义当代发展、以色列国家发展、现代殖民主义等问题。当然，他近年的著作《卡尔·马克思的哲学与革命》，也继续关注了马克思关于无产阶级革命等问题。二是他对研究主题的相对聚焦。作为生长于犹太世界的左派学者，阿温纳里对黑格尔和马克思的国家、民族问题保持了持续的关注。这种关注，是深深扎根于其理论基础和分析基础方法之上的。黑格尔的《法哲学原理》、马克思的《黑格尔法哲学批判》及其与恩格斯共著的《共产党宣言》，为阿温纳里理论脉络的形成提供了重要的前提。这也使得阿温纳里的理论探讨呈现出了高度的宏观性与融合性。黑格尔的法哲学原理与马克思对前者的批判，以及以色列的犹太民族问题与国家问题，成为阿温纳里的研究紧密围绕的几个核心问题，这些核心问题的不断交叉，诱发他形成了独特的犹太马克思学研究路径。在其21世纪的作品中，就包括了对政治学者弗兰克·米歇尔曼（Frank I. Michelman）和美国大法官史蒂芬·布莱耶（Stephen Breyer）的社会平等理论、现代化与民主化进程、民族和宗教问题、欧盟和全球化进程、西方自由民主价值观现状等问题的讨论。这些时代状况，确保他深化聚焦马克思学，并进一步将犹太问题与马克思学合轨。

二、对马克思理论遗产的再评估

在目睹了社会主义运动和马克思主义理论在西方的发展过程,特别是新自由主义泛起以来西方马克思主义的发展状况后,阿温纳里并没有在马克思主义立场上退却,反而在继续坚持马克思主义方法论和基本原理的同时,不断将马克思主义进行时代化延伸。他对马克思主义历史观的继承,是基于对黑格尔法哲学批判和对马克思的历史观的研究,这令他拥有了较为扎实的理论功底和较为坚定的理论立场,也确保了他在 21 世纪始终致力于重新发现马克思主义的时代价值,不断试图开辟马克思主义新阐释方式。

首先,是基于资本主义和当今世界格局形势的新发展变化,运用正确的历史观重新认识马克思的基本立场和观点,判断马克思和马克思主义的时代价值。在《卡尔·马克思的哲学与革命》中,阿温纳里提出,当前资本主义并没有像马克思当年在《共产党宣言》或者《资本论》中诊断的那样行将灭亡,但是,他指出,如果因此就认为马克思错了的观点本身就是错误的。他说:"他(马克思——引者注)所描绘的资本主义经济是以国家的完全不干预为总前提的。"①但是,在 20 世纪 20 年代之后的一段时间,以及"二战"前后,由国家主导的系列福利机制改革彻底改变了马克思时期的自由主义市场状态。因此,不应当站在不同的资本主义市场阶段对马克思的作品予以判断。当然,新自由主义的泛起曾经在一定程度上冲击了国家在资本主义制度中的作用,但是,这并不影响"自由市场已经不复存在"的事实。②一方面,阿温纳里在面对马克思主义在西方的现实发展挫折时,进一步从理论方面肯定了马克思主义的应有价值;另一方面,从整体理论形态来看,马克思提供的哲学方法和政治经济学方法依旧具有重要的理论影响力和指导价值。阿温纳里认为,当前马克思主义正在面临一个重要悖论,即马克思理论对现代学术产生深厚影响的同时,在实践层面的现代工业社会中,其引导的工会和工人政党的政治作用却不断削弱。这是始终困扰西方马克思主义者的一个普遍问题,往往又会直接造成他们的理论困惑。阿温纳里说:"有时似乎马克思遗产的学术成就可以弥补他的实践哲学在政治上的受挫;可以说,他的哲学可以被

① Shlomo Avineri, *Karl Marx: Philosophy and Revolution*, New Haven: Yale University Press, 2019, p. 187.

② Shlomo Avineri, *Karl Marx: Philosophy and Revolution*, New Haven: Yale University Press, 2019, p. 188.

理解为是回到理想化的黑格尔立场……马克思对人类行为众多领域的知识论述充分证明了他的理论理想，并且他确实对政治和社会的正确发展进行引导，即使这种引导是间接的。”①他认为，马克思的一些标志性的著作往往并不是当初恩格斯偏向于出版的，比如《1844年经济学哲学手稿》、《资本论》部分手稿、《政治经济学批判大纲》、《德意志意识形态》等，而这些著作恰恰又奠定了马克思哲学和政治经济学的多重逻辑，以至于在马克思去世之后，西方的左派学者们反而掀起了马克思主义的第二次研究热潮。②因此，马克思的著作蕴含着巨大的逻辑张力，这种张力能够让马克思主义者们在面对各种社会主义斗争形势时，始终能够寻找到充足的理论支撑。

其次，是要运用马克思主义的基本观点，正确解释国际共产主义运动中出现的重大问题。19世纪和20世纪，马克思主义和共产主义运动在世界范围内先后经历了形成、发展、分化的过程，对它们的发展过程进行科学的定位和探因，对正确理解马克思主义具有十分重要的意义，也事关后者在21世纪的发展。一方面是马克思主义在现实中的实践问题。从巴黎公社运动到苏联的建立，包括德国社会民主党的政治作为等，都反映了马克思主义在各国的具体实现形态。这些实现形态具有各自的特点，推动了马克思成功的多元化形式。阿温纳里说：“列宁的十月革命是在一个总体与马克思设想的完全不一样的情势下发生的……它发生在一个正处于战争阵痛中的国家，导致了沙皇制度的失败和非法化：它不是一场反对统治阶级的大众革命，而是由一小组革命者领导的，因而算不上是一场大规模的工人阶级运动。”③同时，在讨论《布列斯特和约》时，阿温纳里也指出，这是列宁政府在当时为了保护新政权而采取的措施，而与此同时，德国社会民主党却由于反对本国的领土扩张和吞并政策导致自身的分裂。从这一角度上来说，革命的策略与马克思主义应当予以区别对待。另一方面是马克思主义在现实中遇到的挫折问题。苏联的解体毫无疑问对当时的国际共产主义者和马克思主义者来说是一个重大的现实打击，但是，阿温纳里并没有因为苏联而牵扯到整个马克思主义。他从苏联模式与整个马克思主义发展之间的关系出发，提出苏联的解体并不意味着马克思主义的失败。他认为，冷战的独特政治氛围给人们正确认识马克思主义带来了重大的干扰，特别是对苏联带有偏见的认识，造成马克思主义受到了很多不公正的非议。他说：“正如马克思本人所强调的那样。他的

---

①② Shlomo Avineri, *Karl Marx: Philosophy and Revolution*, New Haven: Yale University Press, 2019, p. 192.

③ Shlomo Avineri, *Karl Marx: Philosophy and Revolution*, New Haven: Yale University Press, 2019, p. 188.

理论是构建于西方的欧洲社会基础之上的。”①这就让苏联解体的问题从对马克思主义本身正确与否的判定转移到了对马克思主义在苏联的道路是否成功的判定上。总之，阿温纳里实际上是区分了原理与现实道路、统一性与多样性的关系问题。这就有效避免马克思主义因某种特殊原因在某一特殊地区的失败而招致整体性的质疑。而“马克思在自己的著作中也很少会涉及苏联式的一系列问题”。②在评价其他社会主义国家时，同样也应当正确处理好马克思主义与特殊道路之间的关系。

最后，是要站在马克思主义的立场上，重新审视以“历史终结论”“历史循环论”为代表的资产阶级观点。20 世纪 80 年代，新自由主义在西方迅速蔓延，以上述两种论断为代表的一系列资本主义论断甚嚣尘上，以意识形态斗争中的胜利方自居。福山（Francis Fukuyama）就在《历史的终结与最后的人》中借用黑格尔和马克思的人类历史演化视角，通过理论嫁接的方式，把“自由民主”这一种现实的状态作为人类发展的最终形态，而不是黑格尔口中的“自由国家”或者马克思口中的“共产主义社会”这些属于未来的人类社会形态。③阿温纳里认为，随着东欧剧变和苏联解体，似乎人类在未来的政治制度构建上只剩下资本主义的民主制度可以选择。回望“二战”之后的社会主义体制，要么是对苏联模式的高度沿袭，要么就是纠正原先的政治体制，改革成为苏联模式的政治制度。这种制度随着苏联的解体而解体，为资本主义的民主话语腾出了巨大的空间。因此，“历史终结论”和“历史循环论”就获得了很大的市场。但是，福山等学者所犯的一个重要的错误，就是他们将理论的起点放在黑格尔的客观唯心辩证法；而资产阶级政客和理论者的一个共同的错误，就是寄希望于运用黑格尔辩证法获得人民对资本主义“自由民主”的“承认”。④阿温纳里说：“历史模式并非都是完全被决定下来的。但是这些决定力量不会轻易消失，使得历史需要具备强大的补偿性力量改变这些决定力量，并且走向它们的对立面。这就是造成根本性变化的原因。如果没有这些补偿性力量，未来将会与过去的种种高度一致。”⑤但问题是，整个社

---

① Shlomo Avineri, *Karl Marx: Philosophy and Revolution*, New Haven: Yale University Press, 2019, pp. 190—191.

② Shlomo Avineri, *Karl Marx: Philosophy and Revolution*, New Haven: Yale University Press, 2019, p. 191.

③ Shlomo Avineri, *Karl Marx: Philosophy and Revolution*, New Haven: Yale University Press, 2019, p. xii.

④ Francis Fukuyama, *The End of History and the Last Man*, New York: The Free Press, 1992, p. 144.

⑤ Shlomo Avineri, “After Communism: Travails of Democratization”, *Dissent*, Vol. 55, No. 3, Summer 2008, p. 21.

会要避免这种“补偿性力量”是不可能的。因此，与共产主义相比，“历史终结论”或者“历史循环论”更像是一个理想化的构建。虽然在现实当中，西方在推行自由民主的时候，往往会取得一些意想不到的效果。譬如，美国及西方国家在推倒萨达姆政权的时候，又能够让另一同犹太人处于类似状态下的民族——伊拉克境内的库尔德人获得史上从未拥有过的能够“站在阳光下”的权利，似乎印证了自由民主的现实“作用”。然而，阿温纳里认为，这种源自布什政府的“可疑政治”显然与“我们的道德偏好”相悖。①要真正地解释这一问题，恰恰应当从马克思的辩证法，而不是在黑格尔的那种披着辩证法外衣的历史决定论中寻找答案。

三、对马克思关于犹太民族阐释的当代解读和发展

作为“犹太三杰”之一的马克思在生前留下了一定数量的犹太民族分析作品。当然，由于无神论立场，马克思不会全面研究犹太教，而是从犹太民族角度出发讨论了哲学、社会学和政治学等问题。身处以色列的阿温纳里，出于对犹太民族的关注，以及对马克思的法哲学批判的研究，对马克思关于犹太问题的阐释产生了浓厚的兴趣。阿温纳里关于马克思与犹太问题的论述中，体现出了以下几个基本立场或者特点。

首先，研究马克思的思想生成路径应结合他本人的犹太背景和犹太论述。犹太问题是马克思早年众多理论和现实旨趣中的一个，我们若要全面理解马克思早期的哲学和政治学立场建构，他的关于犹太问题的讨论是无法绕开的。在2019年出版的《卡尔・马克思的哲学与革命》中，阿温纳里就再次基于马克思的文本，回顾了马克思的理论经历，重新思考后者的犹太身份在其立场形成过程中产生的重要作用。当然，阿温纳里在其中也着重加入了对马克思及其家庭犹太身份的特殊关注。譬如，阿温纳里在21世纪初的著作《人类的神圣史与其他成果》中，反复借用摩西・赫斯(Moses Hess)的犹太复国主义阐释，着重将马克思主义与犹太民族主义结合起来。他说：“今天，当赫斯在历史研究过程中被提及时，人们通常会将他与卡尔・马克思并列在一起，他们同是早期共产主义运动的同志和传播者；另一方面，在以色列，赫斯

① Shlomo Avineri, “Self-Determination and Realpolitik: Reflection on Kurds and Palestinians”, *Dissent*, Vol. 52, No. 3, Summer 2005, p. 33

又被尊称为是犹太复国主义先驱……正是他把小6岁的马克思引向了共产主义理念，后者矛盾地将他称为‘我的共产主义导师（拉比）’。”①确实，从马克思的著作来看，赫斯对马克思的引导不仅仅是在社会主义本身的理论上，还有在将犹太研究与社会主义研究结合的话语转化上。阿温纳里说：“在罗马和耶路撒冷，赫斯同样将他的旨趣从犹太民族的融入过程转到了社会主义上，从普适性的欧洲问题转向更加多元化的问题：现在他呼吁犹太民族通过在巴勒斯坦建立犹太国家而融入一个动荡的世界之中。”②事实上，马克思也正是延续了赫斯的这一理论旨趣，转向了科学社会主义的创作之中。虽然赫斯的哲学并不具备完全意义上的革命特性，用科尔纽（Auguste Cornu）的话说，是“在共产主义和无政府主义、个人主义之间的中间路线”，但是，赫斯已经为费尔巴哈哲学和法国社会主义“建立起了一座桥梁”，这已经完全能够为当时致力于寻求解决革命问题和社会问题的马克思打开一条崭新的思路了。③因此，阿温纳里感受到了马克思在早期理论构建中确实带有浓厚的赫斯的印记，不仅仅是在社会主义理论层面，也包括对犹太民族的探讨方面。譬如，在《神圣家族》中，马克思就连同恩格斯一道，通过批判鲍威尔（Bruno Bauer）的系列宗教思想，阐释了国家、宗教之间的关系，提出作为政治理论的国家批判应当同宗教批判区别开来，明确“国家仅仅是消灭‘批判’的敌人即非批判的宗教和神学的工具”，宗教问题与国家问题不应当混为一谈。④

其次，犹太问题和民族分析是马克思整个思想体系中不可缺少的一部分。事实上，讨论犹太问题的意义，不仅仅在于它在马克思思想形成时期起到了重要作用，并且也因其能够彰显马克思主义当中重要的人文关切和方法论。由于20世纪的一系列政治原因，马克思有关以色列和犹太民族的论述并没有得到应有的重视。特别是在当时的苏联，因一系列政治立场的关系，马克思的这些论述被人为地忽视了。但是，阿温纳里始终坚持，犹太问题应当成为分析马克思的不可缺少的理论组成。⑤马克思生前围绕犹太问题有过明确的阐述，并且从其字里行间可以深刻地感受到他对犹太历史的关注，以

---

① Shlomo Avineri, *The Holy History of Mankind and Other Writings*, Cambridge: Cambridge University Press, 2004, pp. ix—x.

② Shlomo Avineri, *The Holy History of Mankind and Other Writings*, Cambridge: Cambridge University Press, 2004, p. xxiv.

③ Auguste Cornu, *The Origins of Marxian Thought*, Spring Field: Charles C. Thomas, 1957, p. 72.

④ 《马克思恩格斯文集》第1卷，北京：人民出版社，2009年版，第312页。

⑤ Shlomo Avineri, *The Holy History of Mankind and Other Writings*, Cambridge: Cambridge University Press, 2004, pp. 196—197.

及对犹太人在过去的境遇的同情。比如，1853年，沙俄同奥斯曼帝国开战，而在1854年英法对沙俄宣战之际，马克思就进一步探讨了东方问题，他借助对东方历史的考察，实际上提出了东西方在宗教问题上的区别，进而引申出了一系列深刻的社会文化问题。再比如，在《论犹太人问题》中，包括在《神圣家族》中，马克思对鲍威尔的连续的批判，也充分体现了青年马克思鲜明的哲学和政治学特点。他将市民社会、宗教、国家等政治范畴的关系进行了明确的梳理，并且提出了宗教与国家的对立、宗教国家与民主国家的对立、政治解放与普遍的人的解放等一系列关键问题，这对我们理解和分析马克思的历史观方法论具有重要的意义。阿温纳里也从中得到了一个启示，那就是马克思的这一系列关于犹太民族的分析在过去的时间中被忽略了，导致我们并不能够完整描述马克思的理论转化过程。青年马克思在谈论犹太问题时，既涉及其伦理关怀、历史分析方法、宗教观、国家观等，还涉及复杂的政治辩证法和历史考证法。因此，阿温纳里认为，如果我们忽略了这些重要的方面，那么，在面对马克思的思想转变时，我们终归会陷入困惑之中。①从表面上来看，马克思在中期以后就没有再专门围绕犹太问题展开论述，但是，由于他在之前已经留下了相当数量的代表性作品，因此，这种"缺憾"反而为阿温纳里从犹太角度开展进一步的分析留下了充足的空间。

最后，马克思关于犹太民族的讨论对该民族的发展仍然具有重要指导意义。一方面，马克思对犹太民族的合理诉求予以了声援。阿温纳里引用了马克思在当时围绕耶路撒冷的阐述："耶路撒冷的定居居民约有15500人，其中有4000穆斯林，8000犹太人。穆斯林约占全部居民的四分之一，其中有土耳其人、阿拉伯人和摩尔人，他们当然在各方面都是主人……耶路撒冷的犹太人所遭受的贫困和痛苦非笔墨所能形容，他们居住在耶路撒冷的最肮脏的地区，即锡安山和莫里亚山之间的一个叫作哈拉斯-耶胡德的地区（那里有他们的犹太教会堂），他们经常遭到穆斯林的压迫和排斥；他们受到正教徒的侮辱，受到天主教徒的迫害，仅仅依靠从他们的欧洲弟兄那里获得的微薄的施舍为生……他们之所以被吸引到耶路撒冷来，只是希望居住在约萨法特河谷，并在救世主应当出现的地方死去。"②在这一段叙述中，马克思是从人口数量、宗教处境、现实诉求等方面对当时犹太民族的处境进行了客观阐述。阿温纳里认为，单从作品中，马克思显然并没有对他的犹太身份给予足够多

---

① Shlomo Avineri, *Karl Marx: Philosophy and Revolution*, New Haven: Yale University Press, 2019, p. 198.

② 《马克思恩格斯全集》第13卷，北京：人民出版社，1998年版，第187页。

的关注，但是，马克思也充分表达了维护犹太民族应有权利的意愿。比如，当时一些人主张对包括社会主义者在内的犹太知识分子进行以“革命”为幌子的屠杀，因为他们指责后者通过控制银行和报纸进而成为资本主义的代理人。马克思对这种立场予以了坚决的反对。①另一方面，马克思也对犹太人运动的发展予以了明确的定位。他指出宗教和民族问题在东方世界的存在特点完全不同于西方，因此，需要充分、全面地基于东方的地理人文特点进行研究。由此，阿温纳里重新阐明以色列和犹太民族的基本主张，澄清人们对犹太民族力图“犹太化”耶路撒冷及伊斯兰世界的误解。②从历史来看，犹太人在很长一段时间中已经占耶路撒冷总人口的大多数，刻意从宗教方面来解读以色列建国问题并不能完全反映现实，而是要从政治和社会基础上全面谈论这个问题。在历史上，马克思对鲍威尔将犹太人的解放仅仅归因于宗教的解放也予以了彻底的批判，前者指出，犹太人的解放本质上应当是人类“从犹太精神中解放出来”，以摆脱经商牟利和金钱的“世俗的神”的束缚。③马克思是要从人的本质的角度为犹太人的未来发展提出方向，以及从伦理的角度探讨如何声援犹太民族，而不是从宗教形式的角度进行指导。犹太人实现解放的侧重点应当放在人的解放以及社会制度的重新构建上。

四、延续马克思的社会和时代批判精神

2021 年 1 月，阿温纳里在接受洛杉矶加利福尼亚大学尤尼斯与索拉亚·纳扎里安以色列研究中心（UCLA Younes & Soraya Nazarian Center for Israel Studies）主题为“以色列的民主：过去、现在与未来”的专访时，就阐述了以色列民主制度形成的独特道路。在他看来，由于犹太民族一开始并没有按照西方的民主模式来构建自身的政治体系和国家体系，而是充分基于犹太人的“自决”（self-government）传统，因此，以色列反而能够在没有受到主权国家干预的情况之下，建立起一种类似于古希腊城邦制度的体系，民主没有囿于一个国家发展起来，从而呈现出比西方民主制度更加宽松的政治生态。④更何况，在以色列还存在着一个“唯一真正的犹太阿拉伯政党”和“唯一合法

---

① Shlomo Avineri, *Herzl's Vision: Theodor Herzl and the Foundation of the Jewish State*, New York: Blue Bridge, 2014, p. 38.

② Shlomo Avineri, *Karl Marx: Philosophy and Revolution*, New Haven: Yale University Press, 2019, pp. 188—196.

③ 《马克思恩格斯文集》第 1 卷，北京：人民出版社，2009 年版，第 49—50 页。

④ https://israeled.org/shlomo-avineri-democracy-in-israel-past-present-and-future/

的共产党”——以色列共产党。①犹太民族在异常艰苦的政治和地缘环境之下，建立起的当前的国家形式，以及在中东进程中折射出的整个世界的政治社会形势变化，为阿温纳里的政治思想建构，及其对西方政治制度的历史性和根本性反思提供了重要的参照。

首先，是对西方社会民主制度的批判。在东欧剧变和苏联解体之后，西方民主政治和价值观迅速侵蚀社会主义国家的意识形态和经济社会空间，政治和经济霸权主义表现得更加露骨。21世纪以来，西方国家先后以民主、人权为幌子，对这些地区的侵略就是明显的印证。阿温纳里对“历史终结论”的批判不仅是在理论层面开展，同时也在现实层面开展。他认为，近年来在西方涌现出的极右翼个人和政党，是西方传统自由民主制度运行造成的结果，而并不是偶然发生的。特别是在东欧剧变之后，这些极右翼思潮同样给当地的政治社会带来了深刻而负面的影响。这说明，西方式的民主制度所谓的“自由民主”并不能够取代共产主义而成为一种理想的政治制度。前者给西方和全世界带来的消极后果，让“历史终结这种近乎救世主般的幻觉远没有被现实的历史发展所证实”。②在《“人民”反对民主?》一文中，阿温纳里认为，西方民主制度正在经历深刻的变革。自从东欧剧变和苏联解体之后，西方的民主和政党制度越发官僚化，这在一定程度上催生了新的民主体制，特别是民众参与政治的新方式，而一些传统的政党正在遭到抛弃。随着社会网络的不断建构，民众得以更加直接地表达自身的立场，扁平化的直接民主机制正在建立起来——“英国脱欧表明，民粹主义的公投可以现实地摧毁传统政党的凝聚力和相关性”。③这种机制的建立，预示着传统政党民主的衰退。更何况，欧盟三大机构的设置，还曾让欧洲国家民众离本国事务更加遥远，让民众认为一些更加重大的决定是在“远离他们掌握和影响的地方作出的”。阿温纳里认为，在阿拉伯地区，民主机制的建构是非常急迫的，一方面有助于和平问题，另一方面也有助于地区的政治文明塑造。他说：“这些民主政策可以将这个世界的重要地区纳入现代和民主的轨道之中。阿拉伯被边缘化的历史应当在此终结。无论是关于全球化、现代性的内在原则——启蒙、自由与平等的承诺、妇女解放等——不应当再被阿拉伯公共讨论排除在外。”④

---

① Alan Baker (ed.), *Israel's Rights as a Nation-State in International Diplomacy*, Jerusalem: Jerusalem Center for Public Affairs, 2011, p. 41.

② Shlomo Avineri, "'The People' Against Democracy?", *In Depth*, Vol. 16, Issue 4, July 2019, p. 2.

③ Shlomo Avineri, "'The People' Against Democracy?", *In Depth*, Vol. 16, Issue 4, July 2019, p. 4.

④ Shlomo Avineri, "Failed Democratization in the Arab World", *Dissent*, Fall 2002, p. 25.

其次，是对以色列在建国和发展过程中与地区和国际关系的思考。阿温纳里对以色列建国问题的长期关注，是他对马克思关于犹太问题理论解读的现实延伸。一方面，他从历史角度，考察了以色列在建国和发展过程中的理论和实践发展。在《赫茨尔视野：西奥多·赫茨尔与犹太国家的建立》中，阿温纳里总结道，作为犹太复国主义运动的代表人物，赫茨尔（Theodor Herzl）真正赋予犹太建国问题以现实的效力，即把这一概念从“少数受过教育但处于边缘的犹太人所宣扬的概念转变为了国际政治议程中的一部分”，①扩大了犹太人建国问题的世界化影响。同时，阿温纳里也得出结论，即赫茨尔对犹太人建国的不懈努力，又反映出了当时另外一个重要问题，那就是不能高估大国在犹太国家建立的过程中发挥的建设性作用。当然，这一点尽管属于过去，但是放到今天仍然能够验证——例如美国和欧洲国家在中东进程中的影响力越来越弱。阿温纳里在《中东和平进程与美国力量的局限》中就提出，西方国家对中东的影响力在20世纪90年代处于巅峰，但是2000年戴维营会谈的失败，标志着美国等国家在中东问题上的话语权正在不断丧失。而中东问题越来越依靠当事者来解决——“这里并没有捷径可循，也没有一种国际冲突可以借助外方得到解决”。②另一方面，阿温纳里也基于历史和发展现实，分析了以色列当前和未来面临的问题。以色列在全球化过程中，一个需要解决的突出问题，就是从形成过程中遗留下来的自我认同困难。阿温纳里认为，犹太民族自身具有较大的异质性，这也导致犹太民族内部难以实现广泛的自我认同，更不用说实现广大阿拉伯地区对犹太民族和国家的广泛认同了。③中东问题在推进过程中，矛盾异常复杂和突出。这一问题的发展离不了外部国家的推动，但是，随着国际格局的变化，原本影响巴以和平问题的内部因素又重新成为主导因素。在这一背景下，阿温纳里主张推进一种根本性的政治结构：在尊重以色列的社区型社会存在形式的基础之上，重新设计一种针对各个社区的分治模式。这种建国模式能够将犹太复国主义和殖民主义区分开来，并且，能够在充分借鉴“共产主义意识形态下建立多民族国家的经验”的基础上，④创立出一种比苏联和东欧更加民主的政治模式。

最后，是对全球化进程的考察。21世纪以来，虽然地区和全球化的冲突

① Shlomo Avineri, *Herzl's Vision: Theodor Herzl and the Foundation of the Jewish State*, New York: Blue Bridge, 2014, p. 259.

② Shlomo Avineri, “Middle East Peacemaking and the Limits of American Power”, *Israel Journal of Foreign Affairs*, Vol. 2, Issue 3, 2008, p. 13.

③ Shlomo Avineri, “Truth Lies in the Details: Comment on Natan Sznaider”, *International Politics and Society*, No. 2, 2003, p. 186.

④ https://israeled.org/shlomo-avineri-democracy-in-israel-past-present-and-future/

矛盾依旧突出，但是，这些却没有阻挡全球化的推进，反而进一步催生全球对治理模式调整、缩小国内贫富差距、社会权利维护等方面的共同需求。①阿温纳里认为，全球化的进展对西方的政治进程产生了深刻影响，即全球化的推行会加速推动西方国家传统产业向第三世界国家转移，从而让西方的工人阶级生活更加艰难。“甚至解决工人阶级的权利问题也已经转变成为解决‘贫穷’问题，这剥夺了那些工业社会重要社会成员们的自豪感和自尊心，让他们觉得自己就像是乞丐在乞讨一样。正是这样的团体把特朗普送上权力宝座，让英国脱欧在传统工党支持者中获得支持，也成为法国和当前德国极右翼的支持力量，特别是前德意志民主共和国的地区更是如此。”② 2011年，同为犹太人的霍布斯鲍姆出版了《如何改变世界》一书，认为苏联的解体非但不会真正影响马克思主义的发展，相反，会在很大程度上将马克思主义从苏联社会主义中“释放”出来，再加上资本主义陷入了自大萧条以来的最大危机，马克思重新获得应有的地位也在情理之中了。③阿温纳里认为，霍布斯鲍姆从马克思的资本主义危机理论出发继续探讨当前资本主义的危机，是对继续维持马克思的理论活力的重要尝试，也是对抗新自由主义的重要工作。在面对现代化和全球化经济秩序时，霍布斯鲍姆也想和当时面对处于启蒙时代的德国社会的马克思那样，试图寻找一个“普遍正义、团结、公平和人性的社会”，④这种努力能够让马克思主义在当前一直保持活力，并鼓舞其他人继续沿着马克思的思路研究下去。阿温纳里同时指出，除了马克思讲的阶级以外，国家、民族、宗教信仰等，仍然是考察社会历史发展的重要因素。在全球化的进程中，推动社会发展的因素将更加复杂，但是由于苏联和东欧的社会主义的失败，马克思主义要想在现实层面立刻推动人类发展将变得更加困难。

五、阿温纳里犹太马克思学研究的意义及不足

阿温纳里与马克思一样具有深厚的犹太民族渊源，但是，与马克思不同

① Niklas Potrafke, “The Evidence on Globalisation”, *The World Economy*, Vol. 38, Issue 3, 2015, p. 531.

② Shlomo Avineri, “‘The People’ Against Democracy?”, *In Depth*, Vol. 16, Issue 4, July 2019, p. 3.

③ Eric Hobsbawm, *How to Change the World, Reflections on Marx and Marxism*, New Haven: Yale University Press, 2011, p. 5.

④ Shlomo Avineri, “The Strange Triumph of Liberal Democracy, Europe's Ideological Contest”, *Foreign Affairs*, Vol. 91, No. 1, January/February 2012, p. 74.

的是,他将犹太民族作为其理论研究的着眼点,形成了一套体系化的马克思主义研究和社会批判理论。可以说,他是继马克思之后,第一位将犹太问题与马克思主义紧密结合的重要学者,其理论也是当今犹太民族身份学者发展马克思主义成果的集中体现。第一,阿温纳里较为正确地意识到马克思主义的当代价值。他充分意识到了马克思主义道路的多元性,提醒了那些从马克思主义阵地上退却的西方马克思主义者们,衡量马克思主义是一个综合性的问题,需要将社会主义运动现实与马克思主义理论相结合,不能够仅凭现实而武断否定理论本身。即使部分社会主义国家在现实发展中遇到了挑战,马克思主义依旧能提供广阔的理论发展空间。①第二,阿温纳里从犹太民族角度实现了对马克思的解读,并且在一定意义上延续了民族问题在马克思主义话语中的探讨。尽管马克思一生中专门讨论犹太民族的作品数量十分有限,但是,以《论犹太人问题》为代表的著作的出版,却能够呈现出巨大的理论张力。因此,从某种程度上说,阿温纳里这种基于犹太民族角度对马克思的解读,续写了马克思的犹太问题篇章。第三,阿温纳里依然坚持对西方资本主义的当代批判,在中东地区举起了左派的大旗。在地区和全球经济社会发生深刻变化的背景下,特别是在西方左派阵营整体沉寂之时,身处中东地区的阿温纳里依然能够开展左派理论著述,体现了一位学者的学术坚持,成为当前“西方马克思学”发展的重要代表。

但是,阿温纳里的马克思学探究及左派理论建构也存在着重大的缺陷。首先,他没有延续马克思的政治经济学批判理论,对西方的政治经济体制开展批判。从阿温纳里的学术生涯来看,他对马克思主义的理论研究,包括立论依据,基本是停留在哲学层面,特别是法哲学层面,缺乏对政治经济学的全面研究。事实是,“二战”后西方经历了社会经济迅速恢复到繁荣的过程,以及新自由主义泛起之后经济机制的巨大变革,再到 2008 年金融危机,以及随后美国主导的贸易保护主义的泛起等一系列重要的经济政治变迁,这些都引起了一批批西方左派学者对马克思政治经济学的研究热潮。但是,阿温纳里却似乎对此并不热衷和敏感,因而缺乏马克思当时除唯物史观之外又一批判资本主义生产方式的政治经济学视角,这导致他的批判理论不仅无法具备马克思那种彻底性,甚至也影响了他在东欧剧变之后对国际共产主义运动的整体判断。其次,他并未能从马克思主义的犹太人分析中,进一步探索犹太人解放的现实路径。《论犹太人问题》是马克思专门讨论犹太民族问题的重要

① Shlomo Avineri, *Karl Marx: Philosophy and Revolution*, New Haven: Yale University Press, 2019, p. 193.

理论文本。马克思在这一著作中，实质是要借助犹太人问题阐述人自身的解放问题，并且还要解决一个重大问题，就是探讨市民社会与政治国家建立的联系与区别。对于这两点，阿温纳里并没有能够充分地继承和发展。虽然他意识到了马克思讨论犹太问题的重要性和价值所在，但是，他并没有能够系统地针对犹太人的自我解放或者政治解放，再或者犹太市民社会，探讨如何构建一个犹太社会，而只是在近年提出了一些模糊的、理想化的社会模型，并未能够真正明确马克思的犹太民族解放道路。最后，他对社会主义和共产主义本质内涵的理解过于狭隘。他并未理解社会主义的本质目标，对国际共产主义不能够进行客观的评价。从20世纪后期开始，在目睹了苏联和东欧社会主义的发展挫折之后，他对于共产主义运动的看法也陷入了悲观主义之中，即便在理论上仍然坚持对马克思主义的探索，但并未对现实的共产主义运动有准确全面的认识。阿温纳里在批判西方政治体制方面展现出了全面性，但是，这种全面性未能体现在他对共产主义运动的考察之中——他始终把视野放在苏联和东欧地区，始终未意识到马克思主义在世界其他地区的多元化发展。如果要对21世纪以来阿温纳里的左派身份进行一个明确的定位，那么，称他为“犹太马克思学者”是最为恰当的。

后　　记

本书基于我的博士论文《阿拉斯戴尔·麦金太尔早期马克思主义思想研究》完善、扩展而成，是国家社科基金后期资助项目的结项成果。这本小书涵盖了我从攻读博士学位期间初涉英国马克思主义，到逐渐深入研读，再到毕业之后不断反思、拓展的收获和体悟。这段学习和研究经历注定会一直深刻影响着我的探索之路。在此，我要表达对我在这段旅程中所有良师、益友、亲属的迟到的谢意。

我首先要由衷感谢恩师张亮教授。与老师的第一次谈话我还历历在目，那次谈话既让我对之后的学业有了明确的目标，当然，也刷新了我对学习研究模式的认知，直至现在，我还时常回想当时的场景和老师发人深省的劝诫。跟随老师读书，我见识到了什么是广阔的学术视野、前瞻的学术眼光、厚重的学术沉淀、严谨的学术态度、缜密的学术思维，当然，也体验了紧张的学业节奏。老师对我的教导是全方位的，也是我个人成长和发展过程中的榜样。尽管老师平时极为繁忙，但总是专门拨出时间和我详细讨论，给予关键点拨，也为我提供各种学习锻炼的机会。现在也成为人师的我，回想种种过往，更加体会到老师给予的悉心培养和宽容，乃至容忍。并且，这些感受正愈发深刻。

在本书交付出版之际，我有幸获赠老师的第 3 版《"崩溃的逻辑"的历史建构：阿多诺早中期哲学思想的文本学解读》。这部著作亦是老师修改自 20 多年前的博士论文而推出的成果。从这部著作以及老师其他系列作品的厚重叙事、深邃思想和宽宏视界中，我又一次认清思想史研究和文本研究应当具有的水准和态度，这再次提醒我，学路漫漫，书山巍巍，对研究和方法本身都应当时刻保持充分的敬畏，要把文本解读和思想史研究做得更加扎实，把跟随老师的所学、所思、所悟更多体现在研究的成果中。

在南京大学哲学系这样一座有着光辉传统和富有开创精神的重镇读书，让我深深感受到了中外交织、古今相通，以及实践、文本互融的学术氛围。在这里，我十分有幸受益于各位老师的教诲。张一兵教授、姚润皋教授、姚顺良教授、唐正东教授、胡大平教授、刘怀玉教授、张传平教授、尚庆飞教授、蓝江教授、周嘉昕教授、孙乐强教授等良师们精深的文本解读功力、鲜明的学术个性，让我始终在富有张力的氛围中受益，也深刻领略到哲学的魅力。同时，哲学系吴雨芳老师、王玲老师、李跃华老师、曹立群老师、于真美老师等，山西大学哲学学院薛稷教授，郭珍师姐、马曦博士和各位同门兄弟姐妹，以及博士生同窗们给予的关心和帮助，我也一直感念在心。尤其要感谢孙乐强教授。自从进校之后，不论是在学业上，还是在公共工作中，孙老师都给予我细致耐心的引导和关心。从学生时期，再到走上工作岗位，这些教导都一直让我受益万千。

在攻读博士学位期间，我获教育部国家留学基金委的资助，前往麦金太尔曾经就读的伦敦大学玛丽王后学院进行为期 1 年多的交流访学。该校位于工人阶层集中、左派氛围浓厚的伦敦东区。在这里居住学习，令我对当年麦金太尔加入英国共产党，形成马克思主义研究旨趣有了更加切实的感知。感谢迈克尔·肯尼教授、玛德琳·戴维斯高级讲师对我在相关主题上的建议和引导，安德鲁·拉夫兰专员的业务帮助，以及当时同在英国留学的蒋天婵师姐、周展兄及诸兄弟姐妹的关心。

感谢在本书写作和出版过程给予指导和关心的领导、学者，特别是对本书提出重要修改建议的各位专家，本书根据每一条宝贵建议、意见进行了逐一完善。感谢苏州大学人文社科处陈一处长、吴新星副处长和各位领导老师的长期关照。感谢田芝健教授、方世南教授、李文娟主任等学院领导同事的关心帮助。感谢任平教授、万俊人教授、王建明教授、温波教授、刘兆杰副书记、张琼予科长、徐俊毅老师等良师益友对本研究的指引、点拨和支持。

本书的出版，荣幸得到上海辞书出版社各位编辑给予的大力帮助。本书包含大量对不同语种文献的引用和对不同国家历史人物的分析，其中还有一大批文献的历史相当久远，大大增加了编辑和审核的工作量和难度。我深深感受到这一家声誉卓著的出版社富有的专业、热心和高效的人文精神。尽管各位一再婉辞，但本人仍然期望在此表达诚挚谢意。

最后，我要感谢我的家人。由于平日不善于表达，抑或是没有勇气表达，我想借此机会一并抒发感恩。感谢我的父母和各位长辈亲友，我的每一个进步都得到你们的热情肯定，每一个决定都得到你们无保留的支持。感谢我的爱人钱梦旦女士的陪伴和付出，并为家庭增添了一个可爱的小天使，给家人们带来了无限的欢乐。

张晓　于苏州

2024 年 5 月 20 日

图书在版编目(CIP)数据

阿拉斯戴尔·麦金太尔马克思主义思想研究 / 张晓著. -- 上海 : 上海辞书出版社, 2024. -- ISBN 978-7-5326-6304-0

Ⅰ. A81

中国国家版本馆 CIP 数据核字第 2024VJ4839 号

阿拉斯戴尔·麦金太尔马克思主义思想研究

张 晓 著

责任编辑 陈旖旎
装帧设计 王轶颀
责任印制 曹洪玲

出版发行 上海世纪出版集团
上海辞书出版社®(www.cishu.com.cn)
地 址 上海市闵行区号景路 159 弄 B 座(邮政编码: 201101)
印 刷 上海展强印刷有限公司
开 本 720 毫米×1000 毫米 1/16
印 张 20.5
字 数 357 000
版 次 2024 年 12 月第 1 版 2024 年 12 月第 1 次印刷
书 号 ISBN 978-7-5326-6304-0/A·52
定 价 138.00 元

本书如有质量问题,请与承印厂联系。电话:021-66366565